普通高校"十三五"规划教材

全国高等学校法学系列教材·基础与应用

禁毒法

黄开诚　李　德◎主　编

姜祖祯◎副主编

朱晓莉　祝卫莉　张理恒◎参　编

张小华　马　岩　唐　伟

清华大学出版社

北京

图书在版编目(CIP)数据

禁毒法/黄开诚,李德主编. —北京：清华大学出版社，2019（2024.8重印）

（普通高校"十三五"规划教材　全国高等学校法学系列教材·基础与应用）

ISBN 978-7-302-50503-7

Ⅰ. ①禁…　Ⅱ. ①黄…②李…　Ⅲ. ①禁毒－法律－中国－高等学校－教材　Ⅳ. ①D922.14

中国版本图书馆 CIP 数据核字(2018)第 136958 号

责任编辑：刘　晶
封面设计：汉风唐韵
责任校对：王荣静
责任印制：丛怀宇

出版发行：清华大学出版社
　　　　　网　　　址：https://www.tup.com.cn，https://www.wqxuetang.com
　　　　　地　　　址：北京清华大学学研大厦 A 座　　　　邮　编：100084
　　　　　社 总 机：010-83470000　　　　　　　　　　邮　购：010-62786544
　　　　　投稿与读者服务：010-62776969，c-service@tup.tsinghua.edu.cn
　　　　　质量反馈：010-62772015，zhiliang@tup.tsinghua.edu.cn
印 装 者：涿州汇美亿浓印刷有限公司
经　　销：全国新华书店
开　　本：185mm×260mm　　　　印　张：20.75　　　字　数：429 千字
版　　次：2019 年 3 月第 1 版　　　　　　　　　　印　次：2024 年 8 月第 7 次印刷
定　　价：68.00 元

产品编号：077837-01

前　言

中华人民共和国成立以来,特别是改革开放以来,为了推动禁毒工作开展,我国先后颁布、公布了大量的禁毒法律、法规、规章、规范性文件、有关毒品犯罪的会谈纪要、意见、司法解释以及我国参加、缔结的禁毒国际条约,形成了中国特色的禁毒法体系。与此同时,随着《中华人民共和国禁毒法》这部法典于 2008 年 6 月 1 日起施行,禁毒法如同其他部门法一样,在部门法体系中找到了自身的坐标并确立了其应有的地位。现在,理论界对禁毒法的研究不断走向科学,实务界对禁毒法的正确适用也日趋成熟。

但是,长期以来,我国的高等法学教育方阵中却缺乏一部具有较高水平的《禁毒法》统编教材,以致在较大程度上影响了高等院校禁毒法教育的全面展开、科研工作的进一步开展以及专门人才的培养。有鉴于此,我们决定组织在禁毒法研究领域有建树的专家、学者着手撰写《禁毒法》统编教材,以弥补上述工作的不足,为中国的禁毒事业做出应有的努力和贡献。

本书共分十二章,力图全面、系统和深入地阐述我国禁毒法的基本概念、基本规定、基本原理;阐述中华人民共和国成立至今禁毒立法的历史演变及特点;阐述禁毒工作的方针、工作运行机制;阐述禁毒工作中的专门机构、社会组织;阐述禁毒宣传与教育;阐述国家对毒品的管制措施;阐述吸毒违法行为的现状、特点及管控;阐述社区戒毒、自愿戒毒、强制隔离戒毒、社区康复四种戒毒措施的主要内容及其衔接;阐述毒品犯罪与刑法、刑事诉讼法的适用问题;阐述禁毒国际合作;等等。他山之石,可以攻玉。基于树立禁毒世界眼光的深刻观念,本书也对欧美主要国家及我国港澳台地区的禁毒立法做了较全面的介绍。本书紧扣禁毒法写作,既以禁毒法典规定的体系结构为红线展开,又照顾到法典以外的禁毒法体系;既注意吸收禁毒法理论最新研究成果,又突出禁毒法的应用品质。同时,本书收集的国外研究资料大多数是第一手的。这些构成了本教材的写作特点。

本教材由黄开诚、李德任主编,姜祖祯任副主编。本教材写作大纲由黄开诚先拟出,交由集体讨论、修改、确定后,在各撰稿人之间进行分工并写出初稿,经主编李德、副主编姜祖祯初审,最后由主编黄开诚进行统稿、定稿。

各撰稿人写作分工如下:

黄开诚:前言、第一章、第二章第三节、第十一章

李德:第二章第一节、第二节,第十二章

祝卫莉:第三章、第四章

唐伟:第五章

张小华：第六章

朱晓莉：第七章

马岩：第八章

姜祖祯：第九章

张理恒：第十章

本教材在立项、编写过程中，得到了清华大学出版社的领导、编辑和其他同志的大力支持，在此表示衷心的感谢。

编　者

2018 年 9 月 9 日

说 明

本书中法律、法规及相关司法解释缩略语如下：

《中华人民共和国宪法》——《宪法》

《中华人民共和国禁毒法》——《禁毒法》

《中华人民共和国刑法》——《刑法》

《中华人民共和国治安管理处罚法》——《治安管理处罚法》

《中华人民共和国治安管理处罚条例》——《治安管理处罚条例》

《中华人民共和国刑事诉讼法》——《刑事诉讼法》

《中华人民共和国民法总则》——《民法总则》

《中华人民共和国行政处罚法》——《行政处罚法》

《中华人民共和国药品管理法》——《药品管理法》

《中华人民共和国未成年人保护法》——《未成年人保护法》

《中华人民共和国反洗钱法》——《反洗钱法》

《中华人民共和国预防未成年人犯罪法》——《预防未成年人犯罪法》

《中华人民共和国民事诉讼法》——《民事诉讼法》

根据 2018 年国务院机构改革方案：

1. 将国家卫生和计划生育委员会、国务院深化医药卫生体制改革领导小组办公室、全国老龄工作委员会办公室的职责，工业和信息化部牵头的《烟草控制框架公约》履约工作职责，国家安全生产监督管理总局的职业安全健康监督管理职责整合，组建国家卫生健康委员会，作为国务院组成部门。

不再保留国家卫生和计划生育委员会。

2. 将司法部和国务院法制办公室的职责整合，重新组建司法部，作为国务院组成部门。

不再保留国务院法制办公室。

3. 组建国家市场监督管理总局。将国家工商行政管理总局的职责，国家质量监督检验检疫总局的职责，国家食品药品监督管理总局的职责，国家发展和改革委员会的价格监督检查与反垄断执法职责，商务部的经营者集中反垄断执法以及国务院反垄断委员会办公室等职责整合，组建国家市场监督管理总局，作为国务院直属机构。同时，组建国家药品监督管理局，由国家市场监督管理总局管理。

不再保留国家工商行政管理总局、国家质量监督检验检疫总局、国家食品药品监督管理总局。

4. 组建国家广播电视总局。在国家新闻出版广电总局广播电视管理职责的基础上组建国家广播电视总局，作为国务院直属机构。

不再保留国家新闻出版广电总局。

5. 组建国家林业和草原局。将国家林业局的职责，农业部的草原监督管理职责，以及国土资源部、住房和城乡建设部、水利部、农业部、国家海洋局等部门的自然保护区、风景名胜区、自然遗产、地质公园等管理职责整合，组建国家林业和草原局，由自然资源部管理。国家林业和草原局加挂国家公园管理局牌子。不再保留国家林业局。

为更明确追溯禁毒立法过程中各机构、部门的分管领域及职责权限，本书涉及原国家卫生与计划生育委员会、国务院法制办、国家食品药品监督管理局、国家广播电视总局、国家林业局的立法、监督、管理职责时，均以当时生效法律、法规、司法解释等文件中确定发布、颁布的名称为准，不再逐一标注"原……""现……"等字样，敬请读者悉知。

目　录

第一章　禁毒法概说 ………………………………………………………… 1

第一节　禁毒法的概念、特点及体系 ……………………………………… 1

第二节　禁毒法制定的目的及根据 ………………………………………… 7

第三节　禁毒法的调整对象及功能 ………………………………………… 9

第四节　禁毒法的适用范围 ……………………………………………… 14

第二章　世界各国禁毒立法概述 ………………………………………… 18

第一节　欧美国家禁毒立法的历史演进及特征 ………………………… 18

第二节　中国港澳台地区禁毒立法的历史演进及特征 ………………… 32

第三节　中国大陆禁毒立法的历史演进及特征 ………………………… 39

第三章　禁毒工作方针与禁毒工作机制 ………………………………… 49

第一节　禁毒工作方针 …………………………………………………… 49

第二节　禁毒工作机制 …………………………………………………… 51

第四章　禁毒工作中的专门机构、社会组织 …………………………… 57

第一节　禁毒委员会及其成员单位 ……………………………………… 57

第二节　公安机关、人民检察院、人民法院、司法行政机关 …………… 59

第三节　其他专门机构 …………………………………………………… 64

第五节　禁毒工作中的社会组织 ………………………………………… 68

第五章　禁毒法律责任 …………………………………………………… 74

第一节　法律责任的概念、特征及其构成要件 ………………………… 74

第二节　禁毒法律责任的分类和种类 …………………………………… 76

第三节　禁毒法律责任的适用原则 ……………………………………… 80

第四节　禁毒法律责任的免除 …………………………………………… 82

第六章　禁毒宣传教育 …………………………………………………… 84

第一节　禁毒宣传教育概述 ……………………………………………… 84

第二节　禁毒教育的工作体系 …………………………………………… 89

第三节　禁毒宣传教育的主体与对象 …………………………………… 94

第四节　禁毒宣传教育的任务和模式 …………………………………… 100

第七章　国家对毒品的管制 ……………………………………………… 108

第一节　国家对麻醉药品和精神药品的管制 …………………………… 108

第二节　国家对易制毒化学品的管制 ·· 121

第三节　国家对新精神活性物质的管制 ·· 139

第八章　吸毒违法行为及防控 ·· 148

第一节　世界吸毒情况概览 ·· 148

第二节　吸毒行为的性质及危害 ·· 150

第三节　中国吸毒行为的现状、特点 ·· 154

第四节　吸毒成瘾认定 ··· 156

第五节　我国吸毒行为的原因分析 ·· 158

第六节　我国对吸毒行为的防治 ·· 165

第七节　对吸毒者的处罚 ··· 169

第九章　戒毒措施 ·· 170

第一节　戒毒措施概述 ··· 170

第二节　世界主要国家和地区的戒毒模式 ··· 174

第三节　中国戒毒工作的原则 ··· 181

第四节　自愿戒毒与戒毒药物维持治疗 ·· 184

第五节　社区戒毒 ·· 189

第六节　强制隔离戒毒 ··· 194

第七节　社区康复 ·· 210

第八节　各戒毒模式之间的衔接 ·· 214

第九节　行为主体违法犯罪行为的法律责任 ·· 217

第十节　戒毒方法及诊断评估 ··· 222

第十章　毒品犯罪与刑法适用 ·· 232

第一节　毒品犯罪概述 ··· 232

第二节　走私、贩卖、运输、制造毒品罪 ·· 234

第三节　其他毒品犯罪 ··· 245

第十一章　毒品犯罪与刑事诉讼法的适用 ·· 255

第一节　毒品犯罪案件的立案和侦查 ··· 255

第二节　毒品的提取、扣押、称量、取样、送检程序 ································ 272

第三节　毒品的检验与鉴定 ·· 279

第四节　毒品犯罪案件证据的收集与审查判断 ······································ 283

第十二章　禁毒国际合作 ··· 291

第一节　禁毒国际体制的形成与禁毒国际合作的开展 ···························· 291

第二节　禁毒国际合作的基本原则 ·· 301

第三节　禁毒国际合作的基本内容 ·· 305

第四节　禁毒国际合作中涉案财物的处理 ·· 322

第一章 禁毒法概说

【学习目标】 本章主要学习禁毒法的概论,包括禁毒法的概念、特点、体系、制定的目的及根据、调整对象、功能、适用范围等,其目的是对中国的禁毒法有一个总体认识。

第一节 禁毒法的概念、特点及体系

一、禁毒法的概念

概念是反映事物本质属性的思维形式。毛泽东同志说,"概念这种东西已经不是事物的现象,不是事物的各个片面,不是它们的外部联系,而是抓着了事物的本质,事物的全体,事物的内部联系了"。[1] 由于禁毒法的概念是研究全部禁毒法其他问题的基础,因此,讨论全部禁毒法的问题,首先要从禁毒法的概念开始。

禁毒法有狭义与广义之分。狭义上的禁毒法,仅指 2007 年 12 月 29 日第十届全国人民代表大会常务委员会第三十一次会议通过的 2008 年 6 月 1 日起施行的《禁毒法》这部法典。

广义上的禁毒法,不仅指以上专门的禁毒法典,而且包括:(1)现行刑法典第六章第七节关于"走私、贩卖、运输、制造毒品罪"的规定。(2)《治安管理处罚法》第二章和第三章中关于涉及毒品违法行为的处罚规定。(3)最高人民法院、最高人民检察院和公安部(以下简称"两高一部")就毒品犯罪定罪与量刑所发布的会谈纪要、意见、规定和司法解释。2000 年至今,最高人民法院就审理毒品犯罪案件发布了三个会谈纪要,即 2000 年"南宁会谈纪要"、2008 年"大连会谈纪要"和 2015 年"武汉会谈纪要";出台了两部司法解释:最高人民法院《关于审理毒品案件定罪量刑标准有关问题的解释》和最高人民法院《关于审理毒品犯罪案件适用法律若干问题的解释》;两高一部于 2007 年、2009 年、2012 年和 2016 年分别发布了《办理毒品犯罪案件适用法律若干问题的意见》《关于办理制毒物品犯罪案件适用法律若干问题的意见》《关于办理走私、非法买卖麻黄碱类复方制剂等刑事案件适用法律若干问题的意见》和《关于办理毒品犯罪案件毒品提取、扣押、称量、取样和送检程序若干问题的规定》。(4)以国务院令先后颁布的《戒毒条例》(2011 年 6 月 26 日起施行)、《易制毒化学品管理条例》(2005 年 11 月 1 日起施行)、《麻醉药品和精神

---

〔1〕《毛泽东选集》第一卷,285 页,北京,人民出版社,1991。

药品管理条例》(2005 年 11 月 1 日起施行)等行政法规。(5)地方性禁毒法规。可分为三个层次：首先是各省、自治区、直辖市的人民代表大会及其常务委员会根据本行政区域的具体情况和实际需要，在不同宪法、法律、行政法规相抵触的前提下，所制定的禁毒地方性法规。据统计，目前，共有二十多个省、自治区、直辖市制定了"禁毒条例"，它们是：《云南省禁毒条例》《贵州省禁毒条例》《四川省禁毒条例》《福建省禁毒条例》《安徽省禁毒条例》《浙江省禁毒条例》《江苏省禁毒条例》《吉林省禁毒条例》《黑龙江省禁毒条例》《宁夏回族自治区禁毒条例》《陕西省禁毒条例》《山西省禁毒条例》《湖北省禁毒条例》《湖南省禁毒条例》《广东省禁毒条例》《广西壮族自治区禁毒条例》《海南省禁毒条例》《内蒙古自治区禁毒条例》《上海市禁毒条例》《重庆市禁毒条例》等。其次是各省、自治区的人民政府所在地的市、经济特区所在地的市和国务院批准的较大的市制定的禁毒地方性法规，如《厦门市禁毒条例》《武汉市禁毒条例》《沈阳市禁毒条例》等。最后是设区的市的人民代表大会及其常务委员会根据本市的具体情况和实际需要，在不同宪法、法律、行政法规和本省、自治区的地方性法规相抵触的前提下，所制定的禁毒地方性法规，如《包头市禁毒条例》《鞍山市禁毒条例》等。(6)禁毒单行条例。这主要是指实行民族自治的州、县人民代表大会根据当地民族的特点，在不违背宪法、法律和行政法规的基本原则的前提下，对某些禁毒法律、法规所作的补充和变通的规定。禁毒单行条例需报所在省、自治区、直辖市的人民代表大会常务委员会批准后生效。禁毒的单行条例主要集中在云南省，包括：《云南省大理白族自治州禁毒条例》《云南省德宏傣族景颇族自治州禁毒条例》《云南省西双版纳傣族自治州禁毒条例》《云南省澜沧拉祜族自治县禁毒条例》《云南省孟连傣族拉祜族佤族自治县禁毒条例》《云南省宁蒗彝族自治县禁毒条例》等。(7)禁毒规章。分为部门禁毒规章和地方政府禁毒规章。前者是指国务院各部门以及具有行政管理职能的直属机构，根据法律和国务院的行政法规、决定、命令，在本部门的权限范围内，制定的禁毒规章。禁毒部门规章按时间的近远考察，主要有：公安部、国家卫生与计划生育委员会 2017 年发布的《吸毒成瘾的认定办法》，公安部 2016 年发布的《吸毒检测程序规定》，国家禁毒委员会 2016 年印发的《104 种非药用类麻醉药品和精神药品管制品种依赖性折算表》的通知，公安部 2016 年印发的《公安机关缴获毒品管理规定》的通知，商务部 2006 年制定的《易制毒化学品进出口管理规定》，国家食品药品监督管理总局、公安部、国家卫生与计划生育委员会三部门 2006 年联合发布的《关于戒毒治疗中使用麻醉药品和精神药品有关规定的通知》，国家食品药品监督管理总局 2005 年印发的《麻醉药品和精神药品生产管理办法(试行)》的通知、国家食品药品监督管理总局 1999 年制定的《戒毒药品管理办法》，国家食品药品监督管理总局 1999 年制定的《麻黄素管理办法(试行)》，国家食品药品监督管理总局 1998 年颁布的《罂粟壳管理暂行规定》等。后者是指各省(自治区、直辖市)的人民政府，省会城市、自治区首府所在城市、国务院批准的较大的市的人民政府以及经济特区所在地的人民政府，依法制定的关于禁毒的规范性文件，如《四川省戒毒管理办法》《湖北省戒毒管理办法》《宁夏回族自治区易制毒化学品管理办法》

《海口市禁毒办法》等。(8)我国签署和加入的国际禁毒公(条)约。主要包括:经《修正一九六一年麻醉品单一公约的议定书》修正的《一九六一年麻醉品单一公约》;联合国1971年2月21日颁布的《精神药物公约》;联合国1988年12月19日通过的《联合国禁止非法贩卖麻醉药品和精神药物公约》(简称《八八公约》)。

　　一些带行业或部门特点的地方性禁毒规范性文件(指省、自治区、直辖市以及地市级、县市级的公检法司部门以及医药卫生等部门依法制定的禁毒规范性文件)是否属于禁毒法的范畴? 有不同看法。我们认为,应分两种情况:一是为落实国家禁毒法律、法规、规章而制定的实施细则或办法,只要不违背国家的禁毒法律、法规的精神,可视为禁毒法;二是以上部门依职权而制定的禁毒规范性文件,如公、检、法三长就办理毒品犯罪案件举行的联席会议所作出的纪要等,因欠缺"法"应当具备的一些形式要素和实质要素,故不应属于禁毒法的范畴。广义上的禁毒法的范畴,如下图所示:

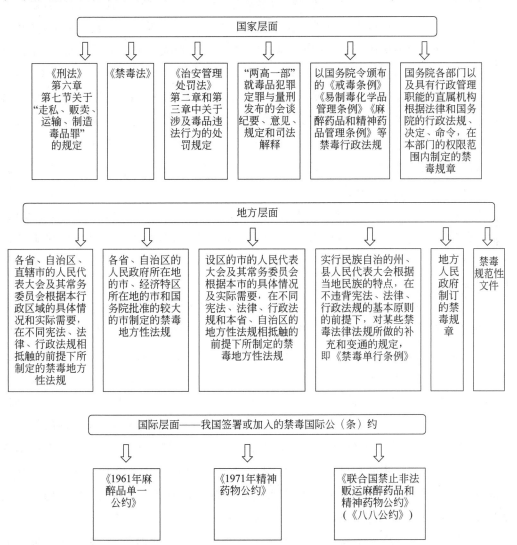

在禁毒司法实践与禁毒理论研究中,通常是在广义上理解禁毒法的。因此,所谓禁毒法,概括地说,就是指国家关于禁毒工作所颁布的禁毒法律、法规、规章、规范性文件、有关毒品犯罪的会谈纪要、意见、司法解释以及禁毒国际公(条)约的总称。

二、禁毒法的特点

与其他部门法相比较,禁毒法具有如下特点:

(1)就涉及的法律责任而言,禁毒法确立的法律责任范围最广、法律责任种类最多。这是禁毒法区别于其他部门法的重要特征。在其他部门法中,行为主体承担的法律责任范围通常是单一的。例如,行为主体违反刑法,承担刑事责任;行为主体违反民法,承担民事责任;行为主体违反行政法,承担行政责任;如此等等。但是在禁毒法中,行为主体因违法所要承担的法律责任范围则包括刑事责任、行政责任、民事责任三个种类(以前两个种类为主)。在这里,行为主体既存在单独承担刑事责任或者行政责任的情形(多数),也存在同时承担两种法律责任的情形(例如,吸毒人员对他人造成损害的,则行为主体不仅要承担治安罚款、行政拘留的行政责任,其本人或者其监护人还要承担民事责任;又如,行为人"以贩养吸"的,则不仅要承担治安罚款、行政拘留的行政责任,还要承担刑事责任);还存在同时承担三种法律责任的情形(例如,吸毒人员对他人造成伤害,同时又贩毒的,则行为主体既要承担治安罚款、行政拘留的行政责任,也要承担刑事责任,其本人或者其监护人还应当承担民事责任)。就行为主体涉及的刑事责任论,有死刑、无期徒刑、有期徒刑、拘役、管制、罚金、没收财产等法律责任种类;就行为主体涉及的行政责任论,有拘留、罚款、吊销营业资格或执业证书、取消资格、赔偿损失、没收财物、责令改正、停业整顿或停止活动(停止受理)等十多种法律责任种类;就行为主体涉及的民事责任论,有赔偿损失等法律责任种类。因此,与其他法律部门相比,禁毒法确立的法律责任种类是最多的。

(2)就涉及的社会关系而言,禁毒法调整的社会关系最为广泛。《禁毒法》第三条规定:"禁毒是全社会的共同责任。国家机关、社会团体、企事业单位以及其他组织和公民,应当依照本法和有关法律的规定,履行禁毒职责或者义务"。也就是说,一切国家机关、社会团体、企事业单位、个人——整个社会,因负禁毒工作之责(义务),其成员在禁毒工作领域的权利、义务关系即社会关系,均由禁毒法调整。这是问题的一方面。另一方面,禁毒法不仅调整不平等主体之间的社会关系——禁毒的刑事法律关系和禁毒的行政法律关系,而且也调整平等主体之间的社会关系——禁毒民事法律关系(这个特点在本章第三节第一目中进一步展开讨论)。而反观其他法律部门,都是调整某一领域的平等主体或不平等主体之间的社会关系。例如,民法调整对象只是平等主体之间发生的财产关系和人身关系;行政法调整的对象只是行政关系和监督行政关系;等等。

(3)就法律渊源的角度来讲,禁毒法的表现形式最多。就性质论,禁毒法既包括了

《禁毒法》《刑法》《治安管理处罚法》《行政处罚法》《民法总则》等法律的相关规定,也包括了禁毒法规,还包括了禁毒单行条例,还包括了禁毒规章和规范性文件,最后还包括了禁毒司法解释(注:"两高一部"就毒品犯罪定罪量刑发布的"意见""会谈纪要""规定"在实践中起司法解释的作用);就效力层级论,禁毒法既有最高国家权力机关制定的,又有最高国家行政机关和最高国家司法机关制定的,也有地方国家权力机关制定的,甚至还有国务院各部门以及具有行政管理职能的直属机构以及地方人民政府制定的,不同层级制定的禁毒法的效力和适用范围不同;就国内国际因素论,既有国内的禁毒立法,也有禁毒国际公(条)约。以上这些特点,都是其他部门法不具有的。

三、禁毒法的体系

这里所说的禁毒法的体系,是指禁毒法典即 2008 年 6 月 1 日起实施的《禁毒法》的组成和结构。禁毒法的体系,可以从如下几个方面去理解:

(1) 整个法典共分七章七十一条。章下面没有设节。

(2) 第一章是"总则",共十个条文。该章的主要内容,是规定了禁毒法制定的目的;毒品的概念、禁毒工作的方针、工作机制;国家禁毒委员会和地方禁毒委员会的职责;禁毒工作纳入国民经济和社会发展规划、禁毒经费列入财政预算;禁毒工作的社会捐赠与税收优惠;禁毒工作的科学技术研究;公民举报毒品违法犯罪行为;国家鼓励志愿人员参与禁毒宣传教育和戒毒社会服务工作;等等。

(3) 第二章是"禁毒宣传教育",共八个条文。该章的内容主要包括:国家采取各种形式开展全民禁毒宣传教育的规定;各级人民政府及群众团体组织开展禁毒宣传教育的规定;教育行政部门、学校应当将禁毒知识纳入教育教学内容的规定;宣传单位、媒体开展禁毒宣传教育的规定;公共场所的经营者、管理者负责本场所禁毒宣传教育的规定;单位加强对本单位人员禁毒宣传教育的规定;居民委员会、村民委员会有禁毒宣传教育义务的规定;未成年人的父母、监护人应当对未成年人进行毒品危害教育的规定;等等。

(4) 第三章是"毒品管制",共十二个条文。该章主要包括如下内容:其一,国家对麻醉药品和精神药品的管制,其中包括国家对麻醉药品药用原植物种植的管制;国家关于麻醉药品种植企业和存储仓库的规定;国家对麻醉药品、精神药品实行许可和查验制度;国家对麻醉药品、精神药品的出口、进口实行许可制度。其二,国家对易制毒化学品的管制,其中包括国家对易制毒化学品实施的生产、经营、购买、运输许可制度;国家对易制毒化学品实施进出口许可制度,等等。其三,国家关于麻醉药品、精神药品和易制毒化学品流入非法渠道时的处理措施。其四,国家关于禁止非法传授麻醉药品、精神药品和易制毒化学品的制造方法的规定。其五,国家专门机关对毒品、易制毒化学品的检查、巡查。其六,反洗钱行政主管部门对可疑毒品资金的监测。其七,毒品和涉毒财物的收缴与处理等。

（5）第四章是"戒毒措施"，共二十二个条文。该章在禁毒法典中所占比重最大，主要内容有：第一，关于社区戒毒的规定，其中包括社区戒毒的对象、社区戒毒的决定机构和负责机构、社区戒毒的期限及时间计算、社区戒毒的终止和中止，等等。第二，关于自愿戒毒，其中包括戒毒医疗机构的设置、戒毒医疗机构的权利与义务，等等。第三，关于强制隔离戒毒，其中包括强制隔离戒毒的适用对象及除外规定，强制隔离戒毒的期限及时间计算，强制隔离戒毒的决定程序和变更程序，强制隔离戒毒的内容，对强制隔离戒毒人员的分级管理，等等。第四，关于社区康复，其中包括社区康复的适用对象、期间及场所，社区康复的适用程序，社区康复人员的权利和义务。第五，自愿戒毒、社区戒毒、强制隔离戒毒和社区康复工作的衔接，等等。

（6）第五章是"禁毒国际合作"，共六个条文。这六个条文主要涉及禁毒国际合作的基本原则、禁毒国际合作的基本内容以及禁毒国际合作中涉案财物的分配等内容。

（7）第六章是"法律责任"，共十二个条文。该章规定了涉毒违法犯罪行为主体应当承担的各种法律责任。从性质来看，包括了刑事责任、行政责任和民事责任；从种类来看，有责令改正、停业整顿或停止活动（停止受理）、赔偿损失、没收财物、罚款、吊销营业资格或执业证书、取消资格、行政拘留，等等。其中，关于刑事责任范围的规定与《刑法》第六章第七节规定的略有不同，例如，《刑法》第三百四十七条规定，走私、贩卖、运输、制造毒品，无论数量多少，都应当追究刑事责任，予以刑事处罚。但《禁毒法》第五十九条则规定："走私、贩卖、运输、制造毒品不构成犯罪的，依法给予治安管理处罚。"

（8）第七章是"附则"，也是最后一章，只有一个条文，是关于禁毒法典生效日期以及《全国人民代表大会常务委员会关于禁毒的决定》同时废止的规定。

（9）概括地说，与其他法律部门体系相比，禁毒法体系至少有以下三个特点：首先是条文结构上无"但书"之规定。有学者指出，"一个条文的同一款中包含有两个或两个以上意思的，在学理上称为前段、后段，或者前段、中段、后段，或者第一段、第二段……在具有这种结构的条款当中，如有用'但是'这个连词来表示转折关系的，则从'但是'开始的这文字，学理上称之为'但书'"。[2] 纵观整个禁毒法典条文，无一处有"但书"之规定。其次是规定违法犯罪主体承担法律责任形式的多样化，包括了从刑事责任中最重的否定性评价——判处死刑到最轻的行政处罚——责令改正这样的法律责任形式，这是任何其他法律部门体系不具有之特点。最后是法典的许多条文规定得比较抽象，带有号召性、宣示性特点。例如《禁毒法》第七条规定："国家鼓励对禁毒工作的社会捐赠，并依法给予税收优惠"即为适例。又如，该法第十一条第一款规定，"国家采取各种形式开展全民禁毒宣传教育，普及毒品预防知识，增强公民的禁毒意识，提高公民自觉抵制毒品的能力"。第二款规定，"国家鼓励公民、组织开展公益性的禁毒宣传活动"，这也是适例。

---

〔2〕 高铭暄、马克昌主编：《刑法学》，22页，北京，北京大学出版社、高等教育出版社，2016。

第二节　禁毒法制定的目的及根据

一、禁毒法制定的目的

《禁毒法》的颁布和实施,是中国禁毒史上的重大事件,也是中国禁毒立法史上的重大事件。它是基本法律,统领了禁毒工作的全局,所有其他禁毒法律、法规、单行条例、规章、司法解释和我国参加的禁毒国际公(条)约的内容,都应当围绕它展开。因此,禁毒法典制定的目的,也就反映了整个禁毒法制定的目的。《禁毒法》第一条规定,"为了预防和惩治毒品违法犯罪行为,保护公民身心健康,维护社会秩序,制定本法。"依据这一法律条文的精神,禁毒法制定的目的,包括了相互联系、有机统一的三个方面:

(1)预防和惩治毒品违法犯罪行为。首先,预防和惩治毒品违法犯罪活动,必须依法进行,这是全面依法治国的必然要求。我国《宪法》第五条规定,"中华人民共和国实行依法治国,建设社会主义法治国家"。我国在长期的禁毒实践中,逐步形成了与禁毒工作需要基本相适应的效力层级分明的多层次的法律体系。如前所述,在这个法律体系中,包括了禁毒刑法、禁毒行政法、禁毒全国性和地方性法规、禁毒单行条例、禁毒规章、禁毒司法解释、我国签署和加入的禁毒国际公(条)约等。《禁毒法》正式施行,则标志着我国将预防、惩治毒品违法犯罪,全面纳入了法制轨道。其次,在禁毒工作中,"预防"和"惩治"两个方面是紧密联系、相辅相成、相互促进的。一方面,只有确立预防为主的深刻观念并且通过卓有成效的预防工作,才能有效地减少吸毒人员、有力地控制毒品来源、大大地减轻毒品的危害、有效地遏制毒品犯罪,也才能从根本上扭转禁毒工作的被动局面。另一方面,只有通过法律制裁手段严惩毒品违法、犯罪行为特别是走私、贩卖、运输、制造毒品等严重的毒品犯罪行为,才能使违法者特别是犯罪者付出必要的代价,并且剥夺其再违法犯罪的能力。就这个角度而言,"惩治"也就是"预防",是特殊预防;而通过对毒品违法犯罪分子实施制裁,威慑、警戒潜在的违法犯罪分子,防治他们走上违法犯罪道路,则是一般预防。

(2)保护公民身心健康。这是贯彻以人民为中心的执法理念的具体表现。第一,毒品会严重损害吸毒者的身心健康。既表现在:毒品会严重损害吸毒者的生理健康。包括吸毒者的神经系统、消化系统、心血管系统、免疫系统、性功能系统等都会受到严重的损害,从而使其患上各种疾病和感染各种传染性疾病。也表现在:毒品会严重损害吸毒者的心理健康。吸毒者因吸毒而导致的心理依赖,可改变其"生活方式、情感性格、心理素质和意志行为,从而导致一系列非正常行为乃至危害行为的发生"。[3]第二,由于吸毒者易患艾滋病等传染性疾病,因此,如何防止这些传染性疾病在社会上的扩散就成为严重

---

〔3〕刘建宏主编:《新禁毒全书(第一卷)》,4页,北京,人民出版社,2014。

的事关全社会公共健康的大问题。因此,保护公民身心健康,是禁毒法制定的另一个重要目的。

(3)维护社会秩序。毒品违法犯罪行为对社会秩序的冲击是很大的。这表现在:第一,吸毒者不仅造成自身身心健康的损害,而且祸及家庭和亲友——一方面使家庭的劳动力减弱,另一方面又不断消耗家庭的收入,引起和加剧了家庭成员之间的矛盾。第二,毒品问题不仅诱发了种植、走私、贩卖、运输、制造毒品等与毒品相关的违法犯罪活动,而且还是滋生其他违法犯罪问题的温床。[4] 有论著指出,吸毒人员以贩养吸、以盗养吸、以抢养吸、以骗养吸、以娼养吸的现象严重,一些地区抢劫、抢夺和盗窃案件中60%甚至80%是吸毒人员所为。[5] 第三,因贩毒等犯罪而形成的犯罪集团、黑社会组织,是社会的毒瘤,对我国社会稳定构成了严重的威胁。因此,制定禁毒法,依法开展禁毒工作,维护社会秩序,是构建和谐社会,实现中华民族伟大复兴的中国梦的必然要求。

二、禁毒法制定的根据

根据宪法、法律规定的精神,禁毒法制定的根据有两个:宪法根据和禁毒司法实践根据,分述如下:

(一)宪法根据

宪法是国家通过科学民主程序形成的根本大法,是党和人民意志的集中体现,因此也必须是禁毒法制定的根据。《宪法》总纲第二十八条规定:"国家维护社会秩序,镇压叛国和其他危害国家安全的犯罪活动,制裁危害社会治安、破坏社会主义经济和其他犯罪的活动,惩办和改造犯罪分子。"《宪法》总纲第四条第三款规定:"各民族聚居的地方实行区域自治,设立自治机关,行使自治权。"《宪法》总纲的这些规定以及《宪法》中"公民的基本权利和义务""国家机构"的有关规定,都是禁毒法制定和修订必须遵循的。也就是说,禁毒法的制定和修订的内容及程序必须以《宪法》的规定为根据,并且必须在整个禁毒工作中,贯彻《宪法》的精神和基本原则,从而保证《宪法》在禁毒工作领域的实施。反过来说,禁毒法的制定和修订,若违法了《宪法》规定的精神,则是无法律效力的。

(二)禁毒司法实践根据

成熟的禁毒法理论是禁毒立法的先导,而丰富的禁毒实践则是禁毒法理论的源泉。自中华人民共和国成立至今,在长期的禁毒司法实践中,我国的禁毒工作积累了许多宝贵的实践证明是行之有效的经验、办法。对这些经验和办法,进行理论的概括和提炼,就成为禁毒立法的重要根据。例如,禁毒人民战争的理念及实践;禁毒工作实行预防为主,综合治理,禁种、禁制、禁贩、禁吸并举的方针;禁毒的宣传教育制度;强制隔离戒毒制度;

〔4〕 黄太云主编:《中华人民共和国禁毒法解读》,6页,北京,中国法制出版社,2008。
〔5〕 黄太云主编:《中华人民共和国禁毒法解读》,6页,北京,中国法制出版社,2008。

对毒品的管制制度等,是禁毒领域中具有中国特色的成功做法,都在禁毒法中以立法的形式固定下来了。应当注意的是:我们这里所说的禁毒司法实践,首先是指中国的,但也不仅限于此,其次也指国际上一切先进的禁毒经验和做法,这是其一。其二,对禁毒司法实践,不能孤立、静止地看待,应当用发展的眼光观察,也就是说,禁毒实践不仅指现实的,也指未来发展的状况。综上所述,我们的禁毒立法需有前瞻性。

第三节　禁毒法的调整对象及功能

一、禁毒法的调整对象

任何一个部门法皆因其调整的社会关系不同而形成自己特有的调整对象和法律体系。例如,民法调整的对象是平等主体的自然人、法人和非法人组织之间的人身关系与财产关系;行政法调整的对象是行政关系和监督行政关系;国际法的主要调整对象是国家间形成的有拘束力的原则、规则和制度,等等。总体上看,这些部门法要么调整不平等主体即领导与被领导、管理与被管理、制裁与被制裁之间的社会关系,要么调整平等主体即没有领导与被领导、管理与被管理、制裁与被制裁的社会关系,而禁毒法调整的对象有其特殊性,一方面它调整不平等主体之间的发生在禁毒工作领域的社会关系,这是为主;另一方面它又调整平等主体之间的发生在禁毒工作领域的社会关系,这是为次。分析如下:

（一）禁毒法主要调整不平等主体之间发生在禁毒领域的社会关系

首先,禁毒法调整的不是所有的不平等主体之间的社会关系,而仅是在禁毒工作领域所发生的不平等主体之间的社会关系。

其次,禁毒工作领域所发生的不平等主体之间的社会关系即不平等主体之间的权利、义务关系,一是由于国家基于禁毒工作的需要所规定的职责而产生。例如,在禁毒宣传教育方面,《禁毒法》第十二条第二款规定:"工会、共产主义青年团、妇女联合会应当结合各自工作对象的特点,组织开展禁毒宣传工作"。这样,工会、共产主义青年团、妇女联合会就负有禁毒宣传、教育之义务,同时享有相关的权利。在毒品管制方面,《禁毒法》第十九条第二款规定,"地方各级人民政府发现非法种植毒品原植物的,应当立即采取措施予以制止、铲除。村民委员会、居民委员会发现非法种植毒品原植物的,应当及时予以制止、铲除,并向当地公安机关报告"。也就是说,各级人民政府、村民委员会、居民委员会发现非法种植毒品原植物的,负有立即(及时)制止、铲除的义务,村民委员会、居民委员会还负有向公安机关报告的义务,同时他们也享有相应的权利。戒毒工作方面,《禁毒法》第三十四条第二款规定:"城市街道办事处、乡镇人民政府,以及县级劳动行政部门对无职业且缺乏就业能力的戒毒人员,应当提供必要的职业技能培训、就业指导和就业援助"。在这里,相关部门对于无职业且缺乏就业能力的戒毒人员,就负有提供必要职业技能培训、就业指导和就业援助的义务,同时也享有相应的权利。禁毒国际合作方面,《禁毒法》第五十四条规定:"国家禁毒委员会根据国务院授权,负责开展禁毒国际合作,履行国际禁毒公约义务"。依照这一条文精神,在开展国际禁毒合作过程中,国家禁毒委员根据授权,就享有相关的权利和义务。二是基于毒品违法犯罪行为的发生以及国家开始行使公权力而产生。例如,根据《禁毒法》第三十四条第一款的规定,吸毒者因吸毒成瘾被责令在社区戒毒,那么,负责社区戒毒的基层组织则要与其签订社区戒毒协议,明确规定双方各自的权利义务。又如,根据《禁毒法》第三十八条、第四十二条、第四十四条、第四十五条、第四十六条之规定,吸毒成瘾者因被责令进行强制隔离戒毒,其在戒毒期间,享有职业技能培训、参加劳动获得劳动报酬、患有严重残疾或者疾病的获得必要的看护和治疗、经批准可以外出探视配偶和直系亲属、通信自由和通信秘密依法受保护等权利,同时也必须履行接受强制隔离戒毒所人员对其身体、携带的物品、邮件进行检查物品等义务。强制隔离戒毒所及其工作人员则有对戒毒人员进行管教,组织其进行生产劳动,对患有传染病的戒毒人员依法采取必要的隔离、治疗措施,对可能发生自伤、自残的戒毒人员采取相应的保护性约束措施等权利,但也要遵守不得体罚、虐待或者侮辱戒毒人员、依法保护戒毒人员的通信自由和通信秘密的规定。再如,根据《禁毒法》第五十九条及《刑法》第三百四十七条、第三百四十八条、第三百五十一条的规定,行为人走私、贩卖、运输、制造毒品以及种植毒品原植物,若构成犯罪的,依法追究刑事责任,尚不构成犯罪的,依法给予治安管理处罚。在这里,行为人或因犯罪或因违法,都与国家司法机关构建了相应的权利、义务关系。

最后,禁毒工作领域所产生(确立)的不平等主体之间的权利、义务关系,国家机关特别是国家司法机关在其中起主导作用。

(二)禁毒法也调整平等主体之间发生在禁毒工作领域的社会关系

禁毒法调整平等主体之间发生在禁毒领域的社会关系,归纳起来,主要有两个方面:其一是民事法律关系;其二是国家之间的平等关系。先说前者。《禁毒法》第七十条规定:"有关单位及其工作人员在入学、就业、享受社会保障等方面歧视戒毒人员的,由教育行政部门、劳动行政部门责令改正;给当事人造成损失的。依法承担赔偿责任。"这里所说的"依法承担赔偿责任",其性质就是民事责任。而民事责任就是平等主体之间的法律责任,由民法调整,但因这种民事责任及主体之间的权利义务关系发生在禁毒领域,故禁毒法也加以调整。再说后者。《禁毒法》第五十三条规定:"中华人民共和国根据缔结或者参加的国际条约或者按照对等原则,开展禁毒国际合作。"这一规定表明,我国与其他国家之间开展国际禁毒合作的根据是国际条约或者按照对等原则;这一规定也表明,我国与其他国家之间是基于平等关系缔结和参加禁毒条约的。由于我国缔结和加入的国际禁毒公(条)约也是我国禁毒法的组成部分,因此,禁毒法在禁毒工作领域,也调整作为平等主体的国家之间的关系。

二、禁毒法的功能

总结起来,与其他部门法相比较,禁毒法具有下列三个显著的功能:

第一是预防功能。禁毒法通过制定具有指导性的行为规范从而显示其预防毒品违法、犯罪行为的功能。从这一点上讲,禁毒法的功能与禁毒法制定的目的是相通的。进一步说,禁毒工作之所以要坚持预防为主,把预防工作放在首位,首先是因为毒品本身具有严重的危害性:它"能够使人形成瘾癖,使人产生生理和心理的强烈依赖。易粘难戒,一旦粘染上毒瘾,目前还没有有效的方法完全解除"[6]。其次是因为国家为从根本上遏制毒品犯罪所需。根据《2017年中国禁毒报告》,2016年,全国查处有吸毒行为的人员106.6万人,其中新发现吸毒人员44.5万人。如果以国际通行的测算公式计算,即在每一个显性吸毒者周围有4至5个隐性吸毒者,那么,全国吸毒人员至少也有600多万人。依据"需求拉动供给"的经济学原理,我国现有的庞大的毒品消费市场对走私、制造、贩卖、运输等毒品犯罪具有极大的刺激和诱发作用。因此,要想从根本上遏制毒品犯罪,就必须控制毒品消费市场、减少毒品需求,而要做到这一点,就必须改变以往只重惩罚、打击的错误习惯观念,在实行综合治理的同时,把预防工作放在禁毒工作的第一位。

禁毒法的预防功能表现在:它以法典条文的形式,第一次明确规定了"预防为主"作为禁毒工作方针的关键内容。《禁毒法》第四条第一款规定,"禁毒工作实行预防为主,综合治理,禁种、禁制、禁贩、禁吸并举的方针。"这样,禁毒法把"预防为主"提高到禁毒战略层面上去把握。

《禁毒法》第二章的标题是"禁毒宣传教育"。因此,禁毒法的预防功能也表现在:它以禁毒法典专章的形式,明确规定了禁毒宣传教育的内容,使禁毒宣传教育成为国家机关、社会团体、企事业单位、组织、特殊情况下的公民(《禁毒法》第十八条规定:"未成年人的父母或者其他监护人应当对未成年人进行毒品危害的教育,防止其吸食、注射毒品或者进行其他毒品违法犯罪活动")应尽的义务。

《禁毒法》第三章的标题是"毒品管制"。因此,禁毒法的预防功能还表现在:它以法典专章的形式,明确规定了毒品管制的内容。这就是说,毒品管制专章的规定以及其他相配套的法律法规,例如《药品管理法》《麻醉药品和精神药品管理条例》《易制毒化学品管理条例》等的规定,"进一步规范和加强对麻醉药品药用原植物种植、麻醉药品和精神药品以及易毒化学品的生产、经销、运输、储存、使用环节的管理",这从源头上为防止毒品流入非法渠道提供了法律依据。

第二是惩罚功能。对毒品犯罪,禁毒刑法确立了依法严厉惩处的原则。由于毒品问

---

[6] 黄太云主编:《中华人民共和国禁毒法解读》,13页,北京,中国法制出版社,2008。

题事关国家的兴亡和民族的兴衰,事关我国"两个一百年"的奋斗目标以及中华民族伟大复兴的中国梦能否实现,因此,中国政府历来予以高度重视,表现在法律上,就是坚持依法严惩毒品犯罪。依法严惩毒品犯罪的精神,可以从如下几方面去理解:(1)在犯罪的性质认定上,刑法对走私、贩卖、运输、制造毒品的犯罪构成,无毒品数量多少之要求。《刑法》第三百四十七条第一款规定,"走私、贩卖、运输、制造毒品,无论数量多少,都应当究刑事责任,予以刑事处罚";该条第四款规定,"走私、贩卖、运输、制造鸦片不满二百克、海洛因或者甲基苯丙胺不满十克或者其他少量毒品的,处三年以下有期徒刑、拘役或者管制"。也就是说,除了《刑法》第十三条中"但是情节显著轻微危害不大的,不认为是犯罪"的"但书"规定外,对走私、贩卖、运输、制造毒品的行为,一律追究刑事责任,这是第一层意思。第二层意思是,对走私、贩卖、运输、制造毒品追究刑事责任的形式,只能是刑事处罚(排除了训诫、责令具结悔过、赔礼道歉、赔偿损失等刑事责任的其他追究形式)。而"这种不计最低数量标准,不论多少,一律构成犯罪,并予以刑事处罚的规定,在刑法典所规定的涉及数量或数额的诸多犯罪中,还没有先例。我国刑法之所以这样规定,其目的是对毒品犯罪坚决严厉惩处"[7]。(2)在法定最高刑的配置上,《刑法》第三百四十七条第二款对走私、贩卖、运输、制造毒品这四种犯罪,规定了其法定最高刑为死刑。(3)在量刑制度上,刑法规定了对毒品犯罪再犯从重处罚的制度。《刑法》第三百五十六条规定,"因走私、贩卖、运输、制造、非法持有毒品罪被判过刑,又犯本节规定之罪的,从重处罚"。这说明,"只要因走私、贩卖、运输、制造、非法持有毒品罪被判过刑,无论判处的是实刑还是缓刑,无论刑罚是否执行完毕,也无论刑罚执行完毕之后多长时间,只要再犯《刑法》第六章第七节规定的毒品犯罪的,一律从重处罚"[8]。(4)在财产刑的适用上,《刑法》规定的十三个毒品犯罪罪名,除第三百四十九条规定的包庇毒品犯罪分子罪和窝藏、转移、隐瞒毒品、毒赃罪外,全部适用罚金或没收财产,此其一;其二,对适用财产刑的毒品犯罪罪名,一律使用"并罚制"或者"并科制"。(5)在毒品数量的计算上,《刑法》第三百五十七条第二款规定,"毒品数量以查证属实的走私、贩卖、运输、制造、非法持有毒品的数量计算,不以纯度折算"。(6)2000年至今,最高人民法院关于审理毒品犯罪案件发布的三个"会谈纪要"和相关的"通知"都强调,各级人民法院要坚持依法从严惩处毒品犯罪。其中,2015年4月7日最高人民法院刑事审判专业委员会238次会议讨论通过的《全国法院毒品犯罪审判工作座谈会纪要》直接明确了各级人民法院依法从严惩处毒品犯罪的两个方面:①在犯罪类型方面,既要依法严惩走私、制造毒品、大宗贩卖毒品和制毒物品犯罪等源头性犯罪,又要加大对零包贩卖毒品、引诱、教唆、欺骗、强迫他人吸毒以及非法持有毒品等末端犯罪的处罚力度,并严惩向农村地区贩卖毒品和国家工作人员实施的毒品犯罪。②在重点打击对象方面,要坚持严厉打击毒枭、职业毒贩、累犯、毒品再犯等主观恶

〔7〕 高贵君主编:《毒品犯罪审判理论与实务》,142页,北京,人民法院出版社,2009。
〔8〕 高贵君主编:《毒品犯罪审判理论与实务》,142页,北京,人民法院出版社,2009。

性深、人身危险性大的毒品犯罪分子,该判重刑和死刑的坚决依法判处。

第三是教育与挽救功能。禁毒法通过设立的权利义务规范,动员国家和社会的力量,帮助吸毒人员解除毒瘾,教育与挽救吸毒人员。禁毒法的这一功能,包括了以下几层意思:

其一,教育和挽救吸毒人员,从而使吸毒人员重新回归社会,是以人民为中心的执法理念的必然要求和具体体现。

其二,教育和挽救吸毒人员,是我国禁毒工作总的方针和目标之一,也是我国戒毒工作的基本方针。《禁毒法》第三十一条第一款规定,"国家采取各种措施帮助吸毒人员解除毒瘾,教育和挽救吸毒人员"。《戒毒条例》第一条规定,"为了规范戒毒工作,帮助戒毒人员解除毒瘾,维护社会序,根据《中华人民共和国禁毒法》,制定本条例。"

其三,教育和挽救吸毒人员,是一项复杂的系统的社会工程,需要进行综合治理。为此,禁毒法规定了自愿戒毒、社区戒毒、强制隔离戒毒、社区康复等各种措施,建立戒毒治疗、康复指导、救助服务兼备的工作体系,从生理脱毒、体能康复、心理治疗、回归社会四个方面对吸毒成瘾人员进行教育、挽救。例如,《禁毒法》第四十三条规定,"强制隔离戒毒所应当根据吸食、注射毒品的种类及成瘾的程度等,对戒毒人员进行有针对性的生理、心理治疗和身体康复训练"。与此相配套的《戒毒条例》第三十条规定,"强制隔离戒毒所应当根据强制隔离戒毒人员的性别、年龄、患病等情况对强制隔离戒毒人员进行分级管理;对吸食不同种类毒品的,应当有针对性地采取必要的治疗措施;根据戒毒治疗的不同阶段和强制隔离戒毒人员的表现,实行逐步适应社会的分级管理"。又如,《禁毒法》第四十八条规定,"对于被解除强制隔离戒毒的人员,强制隔离戒毒的决定机关可以责令其接受不超过三年的社区康复"。与此相配套的《戒毒条例》第三十九条则规定:"负责社区康复工作的人员应当为社区康复人员提供必要的心理治疗和辅导、职业技能培训、职业指导以及就学、就业、就医援助"。再如,《禁毒法》第五十条规定,"公安机关、司法行政部门对被依法拘留、逮捕、收监执行刑罚以及被依法采取强制性教育措施的吸毒人员,应当给予必要的戒毒治疗"。第五十二条规定,"戒毒人员在入学、就业、享受社会保障方面不受歧视",如此等等。

其四,教育和挽救吸毒人员的过程,也是感化吸毒人员和最大程度上调动其积极性的过程。为此,禁毒法规定了在特殊情况下的"免责"条款,以鼓励、奖赏吸毒人员。《禁毒法》第六十二条前段规定:"吸毒、注射毒品的,依法给予治安管理处罚",但后段则规定:"吸毒人员主动到公安机关登记或者到有资质的医疗机构接受戒毒治疗的,不予处罚"。

总之,在禁毒工作中,"教育"和"挽救"是相辅相成、互为表里的统一体,在某种程度上,"教育"即"挽救",反过来讲,"挽救"也即"教育",其共同的目的和归宿就是使吸毒人员以健康的身心回归社会。

第四节　禁毒法的适用范围

禁毒法的适用范围,通常是指禁毒法在什么地方、对什么人和在什么时间内有效力。前两个方面统称禁毒法的空间效力,后一个方面则称为禁毒法的时间效力。分述如下:

一、禁毒法的空间效力

禁毒法的空间效力,首先是指"禁毒刑法"(进一步讲,是现行《刑法》第六章第七节关于"走私、贩卖、运输、制造毒品罪"的具体规定,包含了十三个罪名)的空间效力。"禁毒刑法"的空间效力也就是刑事管辖权的范围问题。由于"禁毒刑法"是整个刑法的组成部分,因此刑法的空间效力就是"禁毒刑法"的空间效力。从世界范围来观察,各国在解决刑法的空间效力即刑事管辖权的问题上,大致有四种不同的主张:属地原则,即以地域为标准,凡是在本国领域内犯罪,无论是本国人还是外国人,都适用本国刑法;反之,在本国领域外犯罪,都不适用本国刑法。属人原则,即以人的国籍为标准,凡是本国人犯罪,不论是在本国领域内还是在本国领域外,都适用本国刑法。保护原则,即以保护本国利益为标准,凡侵害本国国家或者公民利益的,不论犯罪人是本国人还是外国人,也不论犯罪地在本国领域内还是在本国领域外,都适用本国刑法。普遍原则,即以保护国际社会的共同利益为标准,凡发生国际条约所规定的侵害国际社会共同利益的犯罪,无论犯罪人是本国人还是外国人,也不论犯罪地在本国领域内还是在本国领域外,都适用本国刑法。[9] 依照我国《刑法》第六条、第七条、第八条、第九条、第十条、第十一条之规定,我国采用的是以属地原则为基础,兼采其他原则的做法。因此,"凡是在本国领域内犯罪的,不论本国人还是外国人,都适用本国刑法;本国人或外国人在本国领域外犯罪的,在一定条件下,也适用本国刑法"[10]。

根据我国刑法空间效力的适用原则,"禁毒刑法"的空间效力适用问题,应从以下八点去理解和把握:

(1)凡在中华人民共和国领域内犯毒品之罪的,除法律有特别规定的以外,都适用我国的"禁毒刑法"。

所谓"在中华人民共和国领域内",是指在我国境内的全部区域,包括领陆、领水、领空和底土。其中,领水等于领海＋内水;内水等于内海＋内湖和内河;领空等于领陆的上空＋领水的上空;底土等于领陆的底土＋领水的底土。所谓"法律有特别规定"主要包括两项:①《刑法》第十一条规定的"享有外交特权和豁免权的外国人的刑事责任,通过外交

---

〔9〕　高铭暄、马克昌主编:《刑法学》,33 页,北京,北京大学出版社、高等教育出版社,2016。

〔10〕　高铭暄、马克昌主编:《刑法学》,34 页,北京,北京大学出版社、高等教育出版社,2016。

途径解决"。②《香港特别行政区基本法》和《澳门特别行政区基本法》作出的例外规定。需要指出的是,基于毒品犯罪的严重社会危害性和国家严厉惩治毒品犯罪的刑事政策及法律规定,我国实行民族自治的地方,目前尚无针对毒品犯罪的刑法规定作出变通或者补充的规定,这是其一;其二,国家立法机关目前在《刑法》之外也尚无针对毒品犯罪制定的特别刑法。

（2）凡在中华人民共和国船舶或者航空器内犯毒品之罪的,也适用我国的"禁毒刑法"。

（3）凡犯毒品之罪的行为或者结果有一项发生在中华人民共和国领域内的,就认为是在中华人民共和国领域内犯罪,也适用我国的"禁毒刑法"。

（4）凡中华人民共和国公民在中华人民共和国领域外犯毒品之罪的,除罪行的法定最高刑为三年以下有期徒刑可以不予追究外,也适用我国的"禁毒刑法"。

（5）凡中华人民共和国国家工作人员和军人在中华人民共和国领域外犯毒品之罪的,也适用我国的禁毒刑法。

（6）凡在中华人民共和国领域外犯毒品之罪的,依照"禁毒刑法"应当负刑事责任的,虽然经过外国的审判,仍然可以依照"禁毒刑法"追究,但是在外国已经受到刑法处罚的,可以免除或者减轻处罚。

（7）外国人在中华人民共和国领域外对中华人民共和国公民犯毒品之罪（例如强迫中国公民吸食、注射毒品）的,而依照"禁毒刑法"规定的法定最低刑为三年以上有期徒刑的,可以适用我国的"禁毒刑法",但是按照犯罪地法律不受处罚的除外。

（8）我国《刑法》第九条规定,"对于中华人民共和国缔结或者参加的国际条约所规定的罪行,中华人民共和国在所承担条约义务的范围内行使刑事管辖权的,适用本法"。也就是说,凡是我国缔结或者参加的国际条约所规定的罪行,不论犯罪分子是中国人还是外国人,也不论其罪行发生在我国领域内还是我国领域外,只要犯罪分子在我国境内被发现,我国就应当在所承担条约义务的范围内,行使管辖权。[11] 如前所述我国先后加入了联合国《1961年麻醉品单一公约》《1971年精神药物公约》《八八公约》,因此,对上述公约规定的毒品犯罪,我国就应当按照条约规定的义务,行使管辖权。

禁毒法的空间效力,其次是指"禁毒地方法规"的空间效力。"禁毒地方法规"的适用范围,有地域限制,它仅限于特定的行政区域。例如,2005年5月1日起施行的《云南省禁毒条例》第二十八条规定:"强制戒毒机构可以设立戒毒康复基地,对戒毒人员进行康复治疗。康复治疗的期限为3个月以上2年以下"。这一规定,是对《禁毒法》第四十八条规定的"对于被解除强制隔离戒毒的人员,强制隔离戒毒的决定机关可以责令其接受不超过三年的社区康复"的必要补充和变通,但其适用范围只限于云南省。又如,2010年9月29日起施行的《武汉市禁毒条例》第十条第一款规定:"非法运输、买卖、存放、使用

---

〔11〕 高铭暄、马克昌主编:《刑法学》,37页,北京,北京大学出版社、高等教育出版社,2016。

罂粟壳的,由公安机关依照《治安管理处罚法》的规定予以收缴,处十五日以下拘留,可以单处或者并处三千元以下罚款";该条第二款则规定:"在生产、销售的食物中掺入罂粟壳、籽的,除依照前款规定处罚外,由公安机关没收非法所得,情节严重的,责令停产停业。"以上规定,是对《治安管理处罚法》第七十一条的必要补充和变通,但其适用范围只限于武汉市。

禁毒法的空间效力,也指"禁毒单行条例"的空间效力。"禁毒单行条例"的适用范围更小,仅限于实行民族区域自治的州、县。例如,经 2016 年修订的《云南省德宏傣族景颇族自治州禁毒条例》第十四条第一款规定,"自治州、县(市)教育行政主管部门和各级各类学校应当将禁毒知识纳入教育、教学内容";第二款则规定,"学校每学年安排毒品预防教育课小学不得少于 4 课时,初中、高中及中专、高等院校不得少于 6 课时"。这些规定是《禁毒法》第十三条前段规定的"教育行政部门、学校应当将禁毒知识纳入教育、教学内容,对学生进行禁毒宣传教育"的必要补充和变通,其适用范围既包括在该自治州行政区域内活动的单位和我国公民,也包括在自治州行政区域内活动的外国人、国籍不明人员(国家法律、行政法规有特别规定的除外)。

二、禁毒法的时间效力

1. 关于禁毒法的生效时间问题

禁毒法的生效时间,是指禁毒法开始发挥其功能、效力的时间。就《禁毒法》而言,根据该法第七十一条的规定,其生效的时间是 2008 年 6 月 1 日。《禁毒法》本于 2007 年 12 月 29 日已由第十届全国人民代表大会常务委员会第三十一次会议通过,但基于禁毒工作的实际,有必要留出半年左右的时间做必要的宣传和相关的准备工作,以利于法典的正确实施,故最终确定该法典在 2008 年 6 月 1 日起实施。就"禁毒刑法"而论,则与 1997 年刑法典即现行刑法典的生效时间一致,即 1997 年 3 月 14 日修订并公布,于 1997 年 10 月 1 日起施行。立法机关对"禁毒刑法"生效方式的理由考虑,与其对禁毒法典生效方式理由的考虑大致相同。就其他禁毒法律、法规、规章、司法解释来讲,其生效方式大致有两种:一种是自公布之日起施行。例如,最高人民法院、最高人民检察院、公安部关于印发《办理毒品犯罪案件适用法律若干问题的意见》是 2007 年 12 月 18 日颁布的,其生效的时间就是颁布的日期。又如,《戒毒条例》是 2011 年 6 月 22 日国务院第 160 次会议通过,6 月 26 日公布,自公布之日起施行(生效)。另一种是禁毒法典和"禁毒刑法"生效的方式,即公布一段时间之后再生效,至于这段时间的长短,则各法规定不一。例如,《易制毒化学品管理条例》《麻醉药品和精神药品管理条例》都是先公布一段时间后再生效的(前者是 2005 年 8 月 17 日国务院第 102 次常务会议通过,8 月 26 日公布,2005 年 11 月 1 日起实施;后者则是 2005 年 7 月 26 日国务院第 100 次常务会议通过,8 月 3 日公布,2005 年 11 月 1 日起实施)。又如,《云南省德宏傣族景颇族自治州禁毒条例》于 2016 年 1 月

18 日经德宏州第十四届人民代表大会第四次会议通过,2016 年 3 月 31 日公布,自 2016 年 6 月 1 日起施行。总之,绝大多数的"禁毒法"生效都是采取这一方式。就禁毒国际公约方面来说,全国人民代表大会常务委员会于 1985 年 6 月 18 日通过了我国加入《1961 年麻醉品单一公约》《1971 年精神药物公约》,这意味着从该日起,这两个禁毒公约对我国正式生效;我国政府于 1988 年 12 月 20 日签署了《八八公约》,全国人民代表大会常务委员会于 1989 年 9 月 4 日批准了该公约,这也意味着从该日起,这个禁毒公约对我国正式生效。

2. 关于禁毒法的失效时间问题

可分两个层面讲。第一个层面,是《全国人民代表大会常务委员会关于禁毒的决定》的失效时间。依照《禁毒法》第七十一条后段的规定,自《禁毒法》2008 年 6 月 1 日施行起,该"决定"就失效了。从历史上看,"决定"在惩治毒品违法犯罪行为,维护社会秩序的稳定方面发挥过重大作用,但因,(1)"决定"中的"罪与罚"的内容已被 1997 年 3 月 14 日修订的《刑法》所吸收;(2)"决定"中有关行政处罚和行政措施的规定也被纳入《禁毒法》中,因此,"决定"已完成了其历史使命,不再有效。第二个层面,修订了新的"禁毒法",旧的"禁毒法"自然失效。例如,修订后的《武汉市禁毒条例》于 2010 年 9 月 29 日生效;自然地,1997 年 8 月 22 日武汉市第九届人大常委第 34 次会议通过、1997 年 9 月 28 日湖北省第八届人大常员会第 30 次会议批准实施的旧的《武汉市禁毒条例》就失效了。

3. 关于"禁毒刑法"的溯及力问题

所谓刑法的溯及力,是指刑法生效后,对于其生效以前未经审判或者尚未确定的行为是否适用的问题。如果适用,就有溯及力;如果不适用,就没有溯及力。[12] 根据我国《刑法》第十二条的规定精神,我国对于刑法溯及力的态度是采用"从旧兼从轻"的原则,依此,对于 1949 年 10 月 1 日中华人民共和国成立至 1997 年 9 月 30 日这个阶段的涉毒行为,应按如下情况处理:

其一,现行"禁毒刑法"认为是毒品犯罪的,当时的法律不认为是犯罪的,按当时的法律处理,即"禁毒刑法"没有溯及力。

其二,现行"禁毒刑法"不认为是毒品犯罪,而当时的法律认为是犯罪的,只要这种行为未经审判或者判决未经确定,就适用新刑法,即"禁毒刑法"有溯及力。

其三,现行"禁毒刑法"与当时的法律都认为毒品犯罪,并且按照现行《刑法》总则第四章第八节的规定应追诉的,按照当时的法律追究行为人的刑事责任,这时,"禁毒刑法"没有溯及力。

其四,现行《刑法》施行之前,依照当时的法律作出的毒品犯罪的生效判决,继续有效。

---

〔12〕 高铭暄、马克昌主编:《刑法学》,37 页,北京,北京大学出版社、高等教育出版社,2016。

第二章　世界各国禁毒立法概述

【学习目标】 通过学习欧美各国以及中国大陆及港、澳、台地区禁毒立法的历史演进及特征,了解各国如何实现禁毒法治化。同时,以此为基础,思考各国在禁毒立法方面如何实现相互借鉴。

第一节　欧美国家禁毒立法的历史演进及特征

一、美国禁毒立法的历史演进及特征

(一)《哈里森反麻醉品法》(*The Harrison Narcotics Tax Act*)

十九世纪末,美国处于麻醉药品(narcotic)使用的高峰期。因为在二十世纪前,药物滥用在美国通常被认为是一种公共卫生问题,而不是犯罪活动。所谓麻醉药物,是泛指可卡因、吗啡、鸦片等毒品。麻醉药物中的鸦片和可卡因在医疗使用中很常见,作为止痛药,用来缓解疼痛;作为镇静剂,用来治疗抑郁症;作为麻醉剂,用来解决肠道疾病,并缓解其他痛苦。除了医疗用途之外,可卡因亦被用于可乐饮料的配方。麻醉用品在美国市面上易于取得,许多制药公司会同时出售香烟、酒和麻醉药品。也就是说,当时的美国,麻醉药品可以合法购买出售和使用。虽然这一时期美国某些州和地方政府制定了麻醉药品管制的相关法律,如旧金山市于 1875 年颁布了《鸦片窝藏条例》(*Opium Den Ordinance*),但因总体上联邦政府法律未有毒品管制相关之规定,并且各州在立法方面各自为政,禁毒法之间有许多不协调之处,这就使得各州禁毒法发挥的作用有限。在上述背景下,美国国会于 1906 年通过了《纯净食品和药品法》(*Pure Food and Drug Act*),提醒民众注意含有麻醉药品的专利药品,开启联邦政府管制麻醉药品使用的先例。1914年,美国国会为了控制药物滥用与解决相关的社会问题,通过了《哈里森反麻醉品法》(*The Harrison Narcotics Tax Act*)。[1]

《哈里森反麻醉品法》于 1915 年生效,是美国第一部联邦禁毒法规。该法试图通过税收来控制麻醉品的贩运出售和使用。根据《哈里森反麻醉品法》,所有麻醉药品的交易

---

〔1〕 Sacco, L. N. (2014). Drug enforcement in the United States: History, policy, and trends. *Journal of Drug Addiction, Education, and Eradication*, 10(4), p. 415.

都必须向联邦政府注册,且麻醉药品的出口商、制造商以及销售业者,需要向政府注册登记,并向国家税务局(Internal Revenue Service)缴交营业税。除此之外,该法规定,美国公民须有医疗处方才能购买麻醉药物。但该法仅提供比较模糊的实施准则,因而在适用上存在若干争议。例如,该法允许医生基于合法医疗目的和在专业实践过程的情况下能替患者开立麻醉药品处方,却未具体说明在何种具体情况下医生能替患者开立麻醉药品处方。有鉴于此,美国最高法院在 1919 年作出解释[2],认为医生为药物成瘾患者开立麻醉药物是非法的。接着,美国最高法院在 1922 年的解释中进一步提出,即使将这些麻醉药物作为治疗方案的一部分,依然是非法的。可是在 1925 年,情况发生了变化:最高法院在 Linder v. U. S., 268 U. S. 5 的解释里指出,成瘾者与其他病人皆有权得到医疗照护。但该判例并未扭转"麻醉药品是非法的"这一定性局面。当时的美国吸毒成瘾者难以依法获得麻醉药品,因此,有麻醉药品需求的成瘾者转往黑市(black markets)购买毒品。[3] 1929 年美国国会通过《波特法》(Porter Act)并决定在公共卫生部门(U. S. Public Health Service)中设立禁毒处。[4] 除此之外,美国政府亦设置麻醉药品成瘾治疗农场(Narcotic Farms),用于治疗在联邦监狱系统中服役的毒品成瘾者。

(二) 1937 年《大麻税法》(*The Marihuana Tax Act of 1937*)

在 1937 年前,大麻不像鸦片和海洛因那样被联邦立法禁止,随着越来越多的美国人将大麻当作娱乐药物使用,大麻开始与公共卫生和犯罪问题联结。1937 年,联邦麻醉药品管理局(Federal Bureau of Narcotics,FBN)局长 Henry Anslinger 发起反大麻运动,促使 1937 年《大麻税法》(*The Marihuana Tax Act of 1937*)的诞生。根据该法,大麻的进出口、种植和贩卖均受到管制。除此之外,该法规定,进口商须向美国政府注册并缴纳高额税金,违法者将面临五年以下监禁和两千元以下的罚款。在《1937 年大麻税法》通过之后,美国各州政府皆立法禁止公民持有大麻。[5]

(三) 二十世纪五十年代禁毒立法: 惩罚导向的禁毒政策

美国国会在二十世纪五十年代陆续通过《1952 年博格斯法》(*The Boggs Act of 1952*)与《1956 年麻醉品控制法》(*Narcotics Control Act of 1956*),将药物滥用视为犯罪行为,并严惩毒品犯罪。1951 年,美国国会通过了《1952 年博格斯法》(*The Boggs Act of 1952*),该法案对毒品犯罪制定了强制性的最低刑期。该法案规定,行为人单纯拥有可卡因、海洛因或大麻会面临二年以上五年以下的有期徒刑;第二次再犯者面临五年以上十

---

〔2〕　In Webb v. U. S., 249 U.S. 96.

〔3〕　In Linder v. U. S., 268 U.S. 5.

〔4〕　该禁毒处随即改名为心理卫生处(Division of Mental Hygiene).

〔5〕　Bewley-Taylor, D. R. (2002). United States and international drug control, 1909-1997. A&C Black.

年以下的有期徒刑;第三次再犯者面临十年以上十五年以下的有期徒刑。[6] 1956 年,美国国会通过了《1956 年麻醉品控制法》(Narcotics Control Act of 1956),增加对毒品犯罪的处罚:规定对于贩卖海洛因给青少年的毒品犯,最高可处死刑。为规避政府对毒品的严厉惩罚,一些吸毒者转而寻找法律未规范的新兴毒品,如精神药品等。[7] 因此,以上两项法案不仅没有减少毒品的传播和使用,反而变相导致新兴毒品的产生以及滥用。

(四) 二十世纪六十年代禁毒立法:以治疗代替惩罚的禁毒政策

美国政府在二十世纪六十年代实行反对严惩毒品犯罪的政策。1963 年,总统委员会(Presidential Commission)发布的建议书中建议,政府应投入更多的资金用于毒品研究,并对毒品犯罪采取较宽容的处罚方案。为解决越来越严重的新兴毒品与精神药物滥用问题,美国国会于 1965 年通过了《药物滥用控制修正案》(Drug Abuse Control Amendments),该法将容易引发严重心理问题的危险药物列管,并在卫生教育福利部设立药品滥用管理局(Bureau of Drug Abuse Control,BDAC),管制巴比妥(Barbiturates)、安非他命(Amphetamines)等新兴毒品与精神药品,扩大了毒品管制范围。[8] 随后,美国国会于 1966 年通过了《麻醉品康复法案》(Narcotic Addict Rehabilitation Act),该法承诺某些毒品成瘾的美国公民能得到治疗机会,帮助其康复并回归社会。符合治疗资格的美国公民包括被起诉或被定罪的刑事犯,或其他未被起诉的毒品成瘾者,但暴力犯、贩卖或走私毒品犯与再犯者不符合治疗资格。而符合资格的成瘾者,则可以通过民事程序进入指定医疗机构进行治疗,用治疗代替起诉判刑和监禁。如果成瘾者治疗成功,先前被起诉的刑事罪名就会被撤销;反之,如果成瘾者在治疗期间再犯或有其他不正当行为,其民事程序会被撤销,且需继续先前的刑事程序。此项法律是美国联邦政府首次规定毒品成瘾者可以通过治疗康复程序来撤销刑事罪名。[9]

1968 年,美国国会开始支持治疗药物滥用的医疗方法,并将联邦麻醉品管理局(Federal Bureau of Narcotics,FBN)与药物滥用管制局(Bureau of Drug Abuse Control)合并重组至麻醉品与危险药物滥用管制部(Bureau of Narcotics and Dangerous Drugs),隶属于司法部(DOJ)的管辖。同年,美国国会通过了《酒精和麻醉品成瘾康复修订法》(Alcoholic and Narcotic Addict Rehabilitation Amendments)。该法是 1963 年《社区心理健康中心法》(The Community Mental Health Act of 1963)的修正案,[10] 也补充了

---

〔6〕 Mauer, M. (2004). Race, class, and the development of criminal justice policy. *Review of Policy Research*, 21(1), pp. 79-92.

〔7〕 Ferraiolo, K. (2007). From killer weed to popular medicine: The evolution of American drug control policy, 1937-2000. *Journal of Policy History*, 19(2), pp. 147-179.

〔8〕 Sacco, L. N. (2014). Drug enforcement in the United States: History, policy, and trends. *Journal of Drug Addiction, Education, and Eradication*, 10(4), p. 415.

〔9〕 Bewley-Taylor, D. R. (2002). United States and international drug control, 1909-1997. A&C Black.

〔10〕 该法的目的是由联邦政府向各州提供资助,建立社区精神卫生中心,为患有精神疾病的患者提供社区护理,作为机构处遇的替代方案。在社区中心,病人可以在工作和生活时接受治疗。

1966 年《麻醉品治疗康复法》的规定。这些法案均接受医学观点，认为吸毒者吸毒成瘾是心理疾病，须通过治疗，而非惩罚，应当帮助成瘾者回归社会。1969 年，联邦监狱局要求该局所属机构的戒毒计划必须达到《麻醉品康复法》（*Narcotic Addict Rehabilitation Act*）所订立的标准，并出版药物滥用者处遇手册，订定医疗人员与其他提供治疗者的标准。[11]

（五）二十世纪七十年代禁毒立法：禁毒战争与《滥用物质管理法》（*Controlled Substances Act*）

1969 年，尼克松政府（Nixon）发起了一场"禁毒战争"，对毒品进行"宣战"。为此，美国政府制定了一系列政治、经济、法律和外交措施，并强化国际禁毒合作，旨在斩断毒品供应和降低药物滥用。1970 年，尼克松政府颁布了《滥用物质管理法》（*Controlled Substances Act*），该法是在综合以往的联邦政府颁布的禁毒规定，并结合司法惩治和医学模式的基础上制定的。该法根据毒品的危险性、容易上瘾程度与是否能合法用于医疗用途，将毒品分为五大类：第一类为高危险性、高成瘾性且无医疗用途的毒品。第二类为高危险性、高成瘾性但有医疗用途的毒品。第三类为相对于第一、二类毒品危险性与成瘾性低且有医疗用途的毒品。第四类为相对于第三类毒品危险性与成瘾性低，且有医疗用途的毒品。第五类为相对于第四类毒品危险性与成瘾性低的毒品。[12] 此后，该法作为美国毒品管制的主要法律依据，其间虽然历经多次修改，但其毒品分类框架以及毒品控制的理念并未随着时间而改变。以后各届美国政府皆颁布综合性质的禁毒法律及政策，以从全方位、多层次的视角解决美国的毒品问题。

1973 年 7 月，美国总统尼克松授权设立联邦禁毒署（Drug Enforcement Administration-DEA），统一执行《滥用物质管理法》（*Controlled Substances Act*）的内容，且有权利增加、删除或更改毒品分类。[13] 而《滥用物质管理法》（*Controlled Substances Act*）则设立了一套"封闭"的禁毒系统，在这个系统中，所有拥有管制药品的单位和个人须向联邦禁毒署（DEA）注册，以严格管控毒品的分配。联邦禁毒署（DEA）设立的背景是这样的：在联邦禁毒署（DEA）创立之前，美国主要的禁毒机构为司法部的麻醉药物和危险药物管理局（Bureau of Narcotics and Dangerous Drugs），负责执行与麻醉药品和危险药品相关的联邦法律，但因该局与美国海关总署（US Customs and Border Protection，CBP）的责任区分模糊，严重影响毒品管制的效果。为此，1973 年 7 月，美国总统尼克松

---

〔11〕　林健阳等：《我国当前毒品戒治政策之省思与建议》，283～322 页，载《刑事政策与犯罪研究论文集》，2007（10）。

〔12〕　Courtwright，D. T. (2004). The Controlled Substances Act：How a "big tent" reform became a punitive drug law. *Drug and Alcohol Dependence*，76(1)，pp. 9-15.

〔13〕　当 DEA 收到请愿书时，会开始对请愿的药物进行调查，在收集了必要的数据之后，会交由 Department of Health and Human Services（HHS）或其他机构，进行科学和医学评估，一旦 DEA 收到了 HHS 的科学和医学评估，评估过后 DEA 署长将对所有现有数据进行评估，并对是否更改现有法律作出最终决定。

撤销麻醉药物和危险药物管理局(Bureau of Narcotics and Dangerous Drugs)设立联邦禁毒署(DEA),将海关的药品滥用管制职能以及各联邦办事机构转移到联邦禁毒署(DEA),以强化其机构规模与执法权力。作为一个单一结构的执法机构,联邦禁毒署(DEA)负责协调联邦各部门以及州政府参与反毒行动。[14] 同时,联邦禁毒署(DEA)设立海外办事处,联合各国政府共同打击国际毒品走私,全面向毒品宣战。

(六) 二十世纪八十年代禁毒立法:打击新兴合成毒品违法犯罪并继续开展禁毒战争

美国国会于 1984 年通过了《综合犯罪控制法》(*The Comprehensive Crime Control Act of 1984*),加强对毒品犯罪的处罚,并对《毒品控制法案》(*Controlled Substances Act*)进行修改,增加了诸如允许检察总长将没收的与毒品有关的财产转让给联邦政府、州政府和地方执法机构的内容。除此之外,《综合犯罪控制法》(*The Comprehensive Crime Control Act of 1984*)规定,检察总长须将暂时不受控制的药物进行监管,以避免对公共安全造成危害,此项规定有助于抗制新型合成药物的滥用。1986 年,美国国会通过了《禁毒法》(*Anti-Drug Abuse Act of 1986*),该法主要内容是:将合成药物依照《滥用物质管理法》(*Controlled Substances Act*)进行分类,实施管控;同时,也对单纯持有非法药物的人施以刑事处罚。具体内容为:《禁毒法》根据毒品犯罪的严重程度(包括毒品的数量和种类、行为人无毒品犯罪前科、造成死亡或严重的人身伤害数量等),制定了最低与最高限度的强制性刑事处罚。此其一。其二,该法特别规定,对持有可卡因犯罪的,依照可卡因的纯度和类型,其刑罚可能相差百倍(100-to-1 drug quantity ratio):例如持有 5 克强效纯可卡因(crack cocaine)者,面临至少五年不得假释的有期徒刑;但持有粉状可卡因(powder cocaine)者,数量达到 500 克,才会面临至少五年的有期徒刑,其刑期差异高达100 比 1[15]。除上述主要内容外,该法亦设置特别假释条款和规定政府可将毒品交易非法获得的利益通过刑事判决没收。至 1988 年,美国国会通过了《禁止滥用药物法》(*The Anti-Drug Abuse Act of 1988*),旨在设立国家药物管制政策办公室(Office of National Drug Control Policy, ONDCP),负责制定禁毒政策,确定优先发展事项,核实联邦政府关于药物管制预算,组织和协调联邦反毒机构,研究长期的反毒战略,并研究通过科学化的治疗和预防,达到减少药物供需的目的。该法的一项规定是确立"吸毒者问责制"(user accountability),即对吸毒者或持有毒品者应当施以惩罚。之所以如此规定,是因为联邦政府认为,基于毒品交易涉及贩毒者以及吸毒者,吸毒者或持有毒品者须对毒品相关犯罪负部分的责任。立该法的目的在于:一方面吓阻吸毒者,另一方面向公众表明政府对

---

[14] Lee, P. R., Lee, D. R., & Lee, P. (2010). 2010: US drug and alcohol policy, looking back and moving forward. *Journal of Psychoactive Drugs*, 42(2), pp. 99-114.

[15] Chanenson, S. L., & Berman, D. A. (2007). Federal cocaine sentencing in transition. *Federal Sentencing Reporter*, 19(5), pp. 291-296.

毒品零容忍的决心。根据该法,持有毒品罪者可能面临高达一万美元的民事罚款,将撤销其所有联邦机构提供的专业或商业许可证以及其他利益(如学生贷款等),同时,法院可要求其进行戒毒治疗,定期进行药物检测,并进行社区服务。除上述规定之外,该法禁止合成毒品的制造与贩卖,并规定媒体、学校与企业需实施禁毒预防,确保美国民众能从公共卫生和法律角度了解毒品滥用的情况,建立无毒品的工作场所。[16]

(七)二十世纪九十年代至二十一世纪初期禁毒立法:严惩与治疗并行,毒品法庭的设立

1990 年,美国国会通过《犯罪控制法案》(*Crime Control Act*),该法将国家和地方社区禁毒执法的拨款加倍,并扩大农村地区与学校范围的毒品执法力度,旨在建立无毒品学区。除此之外,该法亦扩大对合成毒品的管制。[17] 1994 年,美国国会通过《暴力犯罪管制和执行法》(*Violent Crime Control and Law Enforcement Act*),增加了打击农村毒品犯罪和药物成瘾治疗的资金,并为所有吸毒成瘾的联邦囚犯制订了治疗计划。此外,该法规定严厉惩处毒品犯罪,例如在儿童常出没的场所(如学校或游乐场等)进行毒品交易者,将面临比一般毒品犯罪者严重三倍的处罚;参与大规模毒品贩运的罪犯将被判处死刑;帮派成员若犯毒品罪会比一般毒品犯罪者面临更严重的处罚等规定。同时,该法中设有"三振"(tree strikes)规定,即犯下三次以上暴力重罪以及贩毒罪者,将被判处无期徒刑,并终生不得假释。另外,对于非暴力毒品犯罪者,美国国会于 1994 年通过"安全阀"(The Safety Valve)减刑规定,即对于无前科且愿意认罪或提供犯罪相关信息的非暴力毒品犯罪者,法院可在该罪三级法定刑以上档次中降低两级法定刑进行处罚。[18] 及至1997 年,美国总统克林顿签署了《无毒社区法》(*Drug-Free Communities Act of 1997*),旨在将促进美国社会参与毒品预防,并提供社区禁毒联盟资金来执行反毒任务,以减少社区青少年以及成人滥用药物的危险因素。根据该法,国家药物管制政策办公室(ONDCP)应当拨款给社区与其他非营利机构,并提供反毒技术援助和培训,以加强私营和公共部门组织间的协作,致力于减少青少年滥用药物,并以此作为促进全体公民参与禁毒战略规划的催化剂,从总体上减少药物滥用。[19] 1998 年,美国国会通过《禁毒媒体宣传法》(*Drug-Free Media Campaign Act of 1998*)旨在利用媒体宣传以减少和防止青少年药物滥用。

在药瘾戒治方面,二十世纪九十年代美国开始设置毒品法庭(Drug Courts)。佛罗里

〔16〕 Perl,R. F. (1988). Congress,international narcotics policy,and the Anti-Drug Abuse Act of 1988. *Journal of Interamerican Studies and World Affairs*,30(2/3),19-51.

〔17〕 Congress,U. S. (1990). Crime Control Act of 1990.

〔18〕 Froyd,J. L. (1999). Safety valve failure:Low-level drug offenders and the federal sentencing guidelines. *Nw. UL Rev.*,94,1471.

〔19〕 Robinson,M. B.,& Scherlen,R. G. (2014). Lies,damned lies,and drug war statistics:a critical analysis of claims made by the office of National Drug Control Policy. SUNY Press.

达州于 1990 年率先成立毒品法庭,它是集法庭司法监督特性与酒精/毒品治疗服务于一体的机构,以作为替代传统刑事司法程序之处遇方式。[20]

该法庭是一个结合公众安全与公共卫生的药瘾戒治模式,除独立于一般法庭外,其对药瘾者提供了司法监督的治疗与个案管理的服务,借以代替起诉或监禁。毒品法庭所采取的措施通常包括法庭内定期召开听证会(status hearings)、定期或不定期的尿液检测、药瘾治疗、违反治疗规定时的惩处及完成治疗计划后的奖赏等。该法庭通常会牵涉到全方面的处遇计划,包括劝诫、治疗、教育、职业训练和其他援助。

(八) 二十一世纪禁毒立法:从惩罚导向转变至治疗导向

二十一世纪初期,基于"9·11"恐怖事件,为加强国土安全,美国国会于 2001 年通过了《爱国者法案》(USA Patriot Act)。该法案旨在加强对潜在的恐怖主义行为的调查。该法案扩充了执法人员的权力,如扩大流动窃听(roving wiretaps)的适用范围;延迟发布搜索令(delayed notification search warrants),允许执法机构在不通知嫌疑人的情况下进行隐蔽搜索。但这些扩充的执法权被执法机构滥用,用以调查潜在的毒品犯罪者。与此同时,美国总统布什于 2006 年授权对《爱国者法案》(USA Patriot Act)进行修订,进一步限制甲基安非他命以及相关副产品的贩卖与走私,将甲基安非他命前驱物列入 DEA 的管制分级,增加甲基安非他命非法制造与交易相关的刑罚等。[21] 以上这些立法,表明立法者的惩罚导向功能。

但是,以往以惩罚为导向的禁毒战争是失败的,不能从根本上遏制药物滥用和毒品犯罪。故此,美国禁毒立法的导向功能发生了变化,即从惩罚导向转变至治疗导向。

美国联邦最高法院判例 United States v. Booker(2005)指出,联邦法官在审判毒品案时,可以在美国量刑委员会(Sentencing Commission)提出的量刑指导准则之外,酌情判处较轻的刑罚。也就是说,联邦量刑指导准则只起参考作用。目前美国联邦量刑指导准则仍为量刑的重要参考依据,只是法官在决定刑罚时,有更多的裁量空间。2010 年之前,行为人走私可卡因的,其量刑依据为 1986 年颁布的《禁毒法》(Anti-Drug Abuse Act of 1986)。但如前所述,按照该法,持有可卡因的惩罚依纯度和种类的差异,可能导致 100 倍的刑期差异。为降低量刑的差异,美国总统奥巴马(Obama)于 2010 年签署《公平量刑法》(Fair Sentencing Act),将持有粉状可卡因和高纯可卡因之间的量刑差异降至 18:1。该法淘汰了行为人持有可卡因被判五年强制性徒刑的规定,但有以下情形的毒品犯罪者将被加重处罚:威胁他人或使用暴力者,企图贿赂执法人员者,以及拥有制造毒

---

[20] Belenko, S. (1998). Research on drug courts: A critical review. *National Drug Court Institute Review*, 1(1), 1-42.

[21] Sacco, L. N. (2014). Drug enforcement in the United States: History, policy, and trends. *Journal of Drug Addiction, Education, and Eradication*, 10(4), 415.

品或进行毒品交易的场所。[22] 为减少联邦监狱人员和监禁造成的司法成本,2014 年,美国联邦量刑委员会对非暴力毒品犯罪采取新的量刑标准,核心内容是对毒品犯罪降低两个等级处理。例如,若根据先前使用的《联邦量刑指导准则》适用第 32 等级的罪刑,毒品犯将面临一百二十一个月以上一百五十一个月以下的有期徒刑;但根据 2014 年的修正案,其罪犯适用第 30 等级的罪刑,将有期徒刑降低为九十七至一百二十一个月。[23] 为治疗成瘾者,美国前总统奥巴马于 2016 年签署了《21 世纪治疗法案》(*The 21st Century Cures Act*)与《综合成瘾康复法案》(*The Comprehensive Addiction and Recovery Act*)。《21 世纪治疗法案》规定,国家需拨款 10 亿美元,用于改进成瘾治疗方案,培训成瘾治疗的医护人员,并研究最有效的预防成瘾方法。《综合成瘾康复法案》则是四十年来第一个以主要治疗药物滥用成瘾者为内容的联邦法案,该法强化联邦拨款计划,全方面规定了药物滥用成瘾预防与教育、药物滥用成瘾识别与治疗、药物滥用成瘾康复等方面,强调社区与刑事司法系统共同参与,建立全面性的战略合作。除此之外,该法亦规定,应制定处方药监测计划,帮助各州监督处方药滥用行为;授权纳洛酮(Naloxone)替代疗法,以应对鸦片类药物成瘾者。[24]

(九) 小结

美国政府自 1969 年起对毒品"宣战",制定以严惩为导向的禁毒法,目的是"减少供应"(supply reduction)与"降低需求"(demand reduction)。但持续四十多年的"毒品战争",造成监狱人满为患,禁毒成本高,且禁毒成效不大。根据美国 2014 年联邦监狱资料统计,联邦监狱中关押的人犯,有半数为毒品犯。虽然奥巴马政府自 2010 年实施减刑政策,2016 年联邦监狱关押人数创世纪新低,但毒品犯亦占监狱人数大部分,半数联邦监狱关押人犯皆为毒品犯。除此之外,美国的司法系统有两套独立并行的法院系统,包括联邦法院系统和州法院系统。《联邦量刑指导准则》的强制效力只限于联邦法院系统,一般不及于州法院系统。州法院的案件只有上诉至联邦法院或者受其管辖时,才会受到联邦量刑准则的约束。因此,在某些州的禁毒法与联邦禁毒法规定有所不同的情况下,虽可以上诉至最高法院,要求阻止州政府执行方案中的条令,但效力仍有限。因此,联邦政府禁毒的成效亦有限。举例而言,虽然联邦禁毒法依旧视大麻为非法毒品,但加利福尼亚州、马萨诸塞州、内华达州和缅因州却通过了娱乐用大麻(recreational marijuana)合法化提案,意即这四个州 21 岁以上的民众未来可以合法地吸食大麻。虽在 Gonzales v. Raich 案中,最高法院认为美国国会有权规定大麻的使用,但并未强制规定州政府须与联

〔22〕 Graham, K. (2010). Sorry seems to be the hardest word: The Fair Sentencing Act of 2010, crack, and methamphetamine. *U. Rich. L. Rev.*, 45, 765.

〔23〕 Tonry, M. (2017). Making American Sentencing Just, Humane, and Effective. *Crime and Justice*, 46 (1), 441-504.

〔24〕 Kesselheim, A. S., & Avorn, J. (2017). New "21st Century Cures" legislation: speed and ease vs science. *Jama*, 317(6), 581-582.

邦禁毒法一致。[25] 在州政府规定大麻使用合法的情况下,其州的缉毒单位并不会抓捕使用大麻的人。因此,使用大麻的问题很难杜绝。"毒品战争"的失败让奥巴马政府的立法政策转为以治疗为主,惩罚为辅的导向。除了签署《公平量刑法》,降低毒品犯罪者的刑期之外,亦签署毒品成瘾治疗和预防相关法案,对吸毒者提供治疗,以此来降低美国社会对毒品的需求,进而降低毒品犯罪与相关犯罪活动。2017年,特朗普上任总统后,成立专家委员会调查、探索解决毒品问题的方案,初步达成管控、预防和戒治三管齐下的国家政策,并且大幅度增加毒品成瘾治疗的开支,试图从多方面消除毒品滥用所导致的"公共卫生紧急状态"(Public Health Emergency)。

二、欧洲国家禁毒立法的历史演进与特征

(一) 英国禁毒立法的历史演进与特征

1. 十九世纪末至二十世纪中期:英国陆续制订若干禁毒法

英国在 1868 年制订第一部禁毒法:《药房法》(*Pharmacy Act*),该法规定任何人不得贩卖危险物质。1908 年颁布的《有毒物质法与药房法》(*Poisons and Pharmacy Act*)开始规定可卡因的销售形式。1914 年,英国通过了《领土防御法》(Defense of the Realm Act 1914),该法规定只有政府授权的公民才能合法销售与持有可卡因。随后,英国在 1920 年通过了《危险药物法》(*Dangerous Drugs Act 1920*),该法限制可卡因、吗啡以及海洛因的制造、持有和贩卖,规定只有持有合法执照的公民才能合法制造、持有、贩卖可卡因、吗啡以及海洛因。1925 年英国颁布了《危险药物法》(*Dangerous Drugs Act 1925*),目的是以法律手段控制进口可卡因和大麻[26]。之后,英国于 1928 年通过了《危险药物法修正案》,将持有大麻的定为犯罪行为,但规定医生可以使用任何药物(包括毒品)作为治疗成瘾的药物。1964 年,英国通过了《药物防止滥用法》(*Drugs Prevention of Misuse Act 1964*),将持有安非他命定为犯罪行为。隔年颁布的《危险药物法》(*Dangerous Drugs Act 1965*)将种植大麻定为犯罪行为。至 1967 年,英国通过了《危险药物法》(*Dangerous Drugs Act 1967*),该法要求医生向政府通报毒品成瘾者,并限制海洛因和可卡因作为处方药物。[27]

2. 二十世纪末期:英国禁毒立法渐趋成熟,实行惩罚与治疗并行的政策

为履行 1961 年颁布的《联合国麻醉品单一公约》和 1971 年颁布的《精神药物公约》中规定的义务,英国于 1971 年通过了《药物误用法》(*The Misuse of Drugs Act 1971*)。

---

〔25〕 Somin, I. (2005). Gonzales v. Raich: Federalism as a Casualty of the War on Drugs. *Cornell JL & Pub. Pol'y*, 15, 507.

〔26〕 Berridge, V. (1978). Professionalization and narcotics: the medical and pharmaceutical professions and British narcotic use 1868-1926. *Psychological medicine*, 8(3), 361-372。

〔27〕 Willis, J. H. (1971). Drug Use in Great Britain-A Review. *Contemp. Drug Probs.*, 1, 501.

作为英国主要的禁毒法,该法的主要内容是:(1)设置毒品分类系统,将毒品依危害性分为三类,并相应处罚其持有行为,即 A 类毒品是危害性最大的毒品,包括海洛因、LSD、安非他命(注射剂型)和可卡因,持有者将面临七年以下有期徒刑;B 类毒品危害性比 A 类毒品低,包括安非他命(口服剂型)、甲基安非他命、大麻[28]等,持有者将面临五年以下有期徒刑;C 类药物危害性比 B 类毒品低,包括恺他命、GHB、苯二气平和烦宁等,持有者将面临二年以下有期徒刑。(2)对意图供他人使用毒品的行为进行处罚。(3)成立滥用毒品顾问委员会,负责向各州提出反毒措施,处理药物滥用所造成的社会问题[29]。为限制毒品进出口,英国在 1979 年颁布的《海关管理法》(*The Customs and Excise Management Act 1979*)中规定了对未经授权而进出口毒品者应当进行罚款,其罚款可达到缉获毒品价值的三倍。[30] 在 1985 年,英国政府通过了《药物误用管理条例》(*Misuse of Drugs Regulations 1985*),主要针对毒品的进出口、生产、供应、处方和持有设置规定,并规定贩运 A 类毒品者将会面临十四年以上的有期徒刑刑罚,最高可处无期徒刑[31]。在 1990 年,英国政府通过了《刑事司法(国际合作)法》[*The Criminal Justice (International Co-operation) Act 1990*],该法的主要内容是规定英国履行其在 1988 年加入的联合国《禁止非法贩运麻醉药品和精神药物公约》中规定的义务,并监测和控制易制毒化学品的动向。除此之外,该法还设有反洗钱的相关规定。[32][33] 在 1994 年,英国政府通过了《毒品贩运法》(*The Drug Trafficking Act 1994*),该法的要点是:其一,规定法院可以对毒品犯贩运毒品的受益情况进行评估,并强制没收任何贩毒的非法所得。其二,对贩毒者处罚取决于其贩运药物分类,即贩运 A 类药物的刑罚会比贩卖 B 类和 C 类毒品的刑罚重。[34] 但该法仅适用于英格兰和威尔士。[35] 同年,英国通过《刑事司法和公共秩序法》(*Criminal Justice and Public Order Act 1994*),该法规定监狱可要求囚犯进行药物检测。[36] 关于毒品成瘾者治疗方面,英国于 1980 年引进美沙酮替代疗法,主要

---

〔28〕 英国政府于 2004 年将大麻降为 C 级毒品。

〔29〕 Nutt, D., King, L. A., Saulsbury, W., & Blakemore, C. (2007). Development of a rational scale to assess the harm of drugs of potential misuse. *The Lancet*, 369(9566), 1047-1053.

〔30〕 Harfield, C. (2008). The organization of "organized crime policing" and its international context. *Criminology & Criminal Justice*, 8(4), 483-507.

〔31〕 British Medical Association. (1997). *The misuse of drugs*. Psychology Press.

〔32〕 1990 年《刑事司法(国际合作)法案》对洗钱的相关规定随后并入 1994 年的《毒品贩运法案》(*The Drug Trafficking Act 1994*)。

〔33〕 Anderson, M. (1993). The United Kingdom and Organised Crime—the International Dimension. *Eur. J. Crime Crim. L. & Crim Just*, 1, 292.

〔34〕 Potter, G. (2008). The growth of cannabis cultivation: explanations for import substitution in the UK. *Cannabis in Europe: Dynamics in Perception, Policy and Markets*, 87-105.

〔35〕 苏格兰在 1995 年《苏格兰犯罪收益法》[Proceeds of Crime (Scotland) Act 1995]和 1995 年《苏格兰刑法》[the Criminal Law (Consolidation) Scotland Act 1995]中有类似的规定;北爱尔兰则在 1996 年《北爱尔兰犯罪收益法》[the Proceeds of Crime (Northern Ireland) Order 1996]中有类似的规定。

〔36〕 Bucke, T., Street, R., & Brown, D. (2000). The right of silence: The impact of the Criminal Justice and Public Order Act 1994 (p. 1). London: Home Office.

对象为海洛因与可卡因滥用者,少数为安非他命滥用者。医师可使用美沙酮来治疗成瘾者,但需要执照。[37] 此外,英国政府在 1998 年通过了《犯罪与违反秩序法》(*The Crime and Disorder Act*),该法设置 DTTO (The drug treatment and testing order)机制,对毒品成瘾的犯罪人结合刑事司法系统与社区提供治疗。具体内容和做法是:首先,犯罪者需愿意接受治疗。其次,犯罪者可以在法院的协助下接受成瘾治疗。再次,在社区内的机构进行成瘾治疗,并由观护人对犯罪人进行监控,以确保犯罪者不违规。最后,治疗机构负责制定治疗方案,协助犯罪人进行治疗。此外,接受该治疗方案的犯罪人需定期接受毒品检测,法院也会定期了解该犯罪人的情况,参与期间为六个月以上三年以下。[38]

3. 二十一世纪禁毒立法:加强对禁毒执法具体运用的规定

在 2000 年,英国政府通过了《刑事司法与法院服务法》(*Criminal Justice and Court Services Act*)。该法设置戒毒命令,授予警察观护人与法院有权对罪犯或有条件出狱的犯人实施毒品检测,以确定其是否使用 A 级毒品。若发现犯人使用 A 级毒品,法院会勒令其进行治疗。戒毒令期限为六个月以上三年以下。在 2001 年,英国政府通过了《药物误用条例》(*The Misuse of Drugs Regulations 2001*)。《药物误用条例》规定,制造、持有与供应管制药物须有执照,若无有效处方笺或执照而持有药物,将被处以刑罚。同时该法通过评估药物的治疗用途潜在的危害以及被滥用的可能性,将药物分为五类:第一类为没有治疗用途的药物,必须要有政府核准才能使用,包括大麻和 MDMA 等;第二类为具有治疗价值,但容易上瘾的药物,包括鸦片类药物,必须依照法规控管,持有者需向政府登记注册;第三类涵盖具有治疗价值但需要控制的药物,如马西泮、咪达唑仑、丁丙诺啡和甲苯比妥;第四类包括苯丙二氮杂类和类固醇,需医师处方才能购买,可合法持有,不算犯罪;第五类药物几乎没有滥用风险,不需处方笺即可购买。同年,英国政府通过《刑事司法与警察法》(*The Criminal Justice and Police Act 2001*),该法除了扩大警察权力之外,还规定法院可限制被定罪的毒贩不得出境,使毒贩更难在海外旅行。此举有助于预防和挫败毒品贩运,减少非法药物的供应。[39] 接着,英国政府在 2005 年通过了《药物滥用法》(*The Drugs Act 2005*),该法强化了 1971 年颁布的《药物误用法》。该法规定,若满 18 岁以上的毒品犯有以下行为,将面临加重处罚:(1)该罪行是在学校或学校附近发生;(2)该毒品犯利用未满 18 岁者交易毒品;(3)向他人提供毒品者。2003 年英国政府通过了《刑事司法令》(*Criminal Justice Act 2003*),该法对于有毒品使用行为的犯罪人,采取"附条件保释"的机制(Restriction on Bail),即有毒品使用行为的犯罪人须先接

---

〔37〕 Sarfraz, A., & Alcorn, R. J. (1999). Injectable methadone prescribing in the United Kingdom——current practice and future policy guidelines. *Substance Use & Misuse*, 34(12), 1709-1721.

〔38〕 Muncie, J. (1999). Institutionalized intolerance: youth justice and the 1998 Crime and Disorder Act. *Critical Social Policy*, 19(2), 147-175.

〔39〕 Hunt, N. (2008). Guidance on standards for the establishment and operation of drug consumption rooms in the UK. Joseph Rowntree Foundation.

受毒品治疗,作为保释之附带条件。[40] 同年通过的《反社会行为法》(*Anti-Social Behaviour Act*)授权政府可将毒品交易的地方关闭。此外,当警方发现毒品犯在某建筑物内使用毒品时,该法允许警察能进入该建筑物内进行取缔,且警察经被告同意后,可利用 X 光扫描毒品犯。[41] 2008 年至 2011 年期间,英国实施的"国家社区安全计划"(National Community Safety Plan),替代了原带监禁性质的"公共服务协定",它要求把毒品成瘾的犯罪人放进社区进行劳动服务,以帮助其回归社会。[42] 2012 至 2015 年,英国政府主要修订了 1971 年颁布的《药物误用法》与 2001 年颁布的《药物误用条例》,把合成毒品增加至管制药物的类别里。在 2016 年,英国政府通过了《精神活性药物管制法》(*The Psychoactive Substances Act*),该法将精神活性药物定义为:通过刺激或抑制人类的中枢神经系统,影响其心理功能或情绪状态的药物,烟草或酒精及咖啡因的食物和饮品不在此限。[43] 同时规定,除医疗以及研究用途外,任何人生产,供应或持有该法列出的精神活性药物将被定为犯罪。

(二)荷兰禁毒立法的历史演进与特征

荷兰采取自由且宽容的毒品政策,把吸毒行为视为医疗以及社会问题,而非犯罪问题。因此,荷兰政府解决毒品成瘾者的方式主要为医疗照护,而非严厉惩罚。荷兰 1912 年在海牙签署《国际鸦片公约》后,接着于 1919 年制定《鸦片法》(*Opium Act*),并于 1928 年修订,该法是荷兰的主要禁毒法。1972 年,荷兰政府在有关麻醉药品工作报告中,基于医学、药理学、社会学和心理学数据风险量表分析,将毒品分为软性毒品(大麻产品)与硬性毒品(具有高度危险性的毒品)。这一分类,在 1976 年修订的《鸦片法》中继续保持,并沿用至今。该法案有两个非法物质附表,附表一的药物呈现不可接受的风险,并依照风险程度将毒品分为三级:A 级包括鸦片、可卡因等毒品;B 级包括可待因等毒品;C 级包括安非他命和 LSD 等毒品。附表二的药物则分为两级:A 级包括镇静剂和巴比妥类;B 级包括大麻。除此之外,该法对于硬性毒品的持有、交易、制造与进出口均设置处罚规定,政府有权没收非法资产及起诉洗钱活动,但持有大麻则为轻罪,吸食大麻及小额毒品交易倾向于不罚。对轻微的毒品犯罪,检察官基于社会大众利益,可以要求犯罪人缴纳罚金或满足其他条件后,作出不起诉的处分。修订后的《鸦片法》亦包括打击毒品贩运的规定。

---

[40] Seddon, T., Ralphs, R., & Williams, L. (2008). Risk, security and the 'criminalization' of British drug policy. *The British Journal of Criminology*, 48(6), 818-834.

[41] MacGregor, S., & Thickett, A. (2011). Partnerships and communities in English drug policy: The challenge of deprivation. *International Journal of Drug Policy*, 22(6), 478-490.

[42] Bamfield, J. A. (2012). The Politics of Retail Crime Prevention. In *Shopping and Crime* (pp. 150-192). Palgrave MacMillan UK.

[43] Reuter, P., & Pardo, B. (2017). Can new psychoactive substances be regulated effectively? An assessment of the British Psychoactive Substances Bill. *Addiction*, 112(1), 25-31.

在 1976 年修订《鸦片法》后,荷兰各式咖啡店逐渐成为大麻的销售场所,但有以下限制:(1)咖啡店的大麻交易单次不得超过五克,咖啡店不得保留五百克以上的大麻,不得出售硬性毒品,不得刊登毒品销售广告,不得造成麻烦,不得出售酒精饮料,不得向未成年人(18 岁以下)出售任何药物,未成年人也不得进入出售大麻的咖啡店。若咖啡店违反规定,市长可令该咖啡店关闭且起诉犯罪者。[44] 1993 年生效的《没收立法》(Wet Ontneming wederrechtelijk verkregen voordeel),乃符合欧盟关于反洗钱规定的精神而设立,依据该法,毒品犯罪者很难保留非法活动的收益。1995 年生效的《防止化学品滥用法》(Preventing Abuse of Chemicals Act,Wet Voorkoming Misbruik Chemicaliën)规定,只有拿到荷兰政府的许可证,才能将可用于生产毒品的化学品带入荷兰。如果缺少许可证,荷兰海关会拦截货物,且违反者最高可处以六年监禁。

在对毒品成瘾者的治疗方面,1996 年 4 月 1 日生效的《康复机构质量法》(Care Institutions Quality Act),提高了现有成瘾治疗体系的有效性。2001 年《成瘾者刑事照护机构法》(Strafrechtelijke Opvang Verslaafden,SOV)的生效,使法院可借此让成瘾的犯罪者进入特殊机构接受最多二年的替代治疗,若不同意替代治疗者将入狱服刑。[45] 在 2004 年,《累犯处置特殊机构法》(Plaatsing in een inrichting voor stelselmatige daders,ISD)生效,该法的主要目标是通过最多两年的机构式治疗,减少累犯造成的公众滋扰,并通过治疗和康复措施减少再犯的可能性。[46]

近年来,荷兰政策进行“紧缩”的禁毒政策。2006 年修订的《鸦片法》规定,进出口任何管制毒品皆被视为严重犯罪行为,走私硬性毒品刑期最高达十六年。另外,进口或出口任何数量的大麻,最高的监禁刑期为四年。[47] 在 2007 年,荷兰政府为了符合欧盟关于毒品犯罪处罚的标准,对《鸦片法》进行修改,并规定了毒品犯罪的构成要件与刑罚最低标准。2011 年,15%THC 或浓度更高的大麻被列为硬性毒品,并规定警方在起诉大麻种植者时,应以危害程度而非大麻数量,作为起诉标准。[48] 在 2012 年,荷兰政府规定,只有荷兰公民或永久居民能在大麻咖啡店购买大麻,禁止其贩卖大麻给观光客,[49]充分体现了荷兰政府近年来实行的“紧缩”禁毒政策。

---

〔44〕 Leuw,E.,& Marshall,I. H. (1994). Initial construction and development of the official Dutch drug policy. *Between Prohibition and Legalization. The Dutch Experiment in Drug Policy*,23-40.

〔45〕 Mackenbach,J. P. (2003). An analysis of the role of health care in reducing socioeconomic inequalities in health:the case of the Netherlands. *International Journal of Health Services*,33(3),523-541.

〔46〕 施奕晖. 施用毒品行为刑事政策与除罪化之研究. Diss. 施奕晖, 2013.

〔47〕 Buruma,Y. (2007). Dutch tolerance:On drugs, prostitution, and euthanasia. *Crime and Justice*,35(1),73-113.

〔48〕 在 2011 年前,起诉种植大麻者的规定为:该人须种植五株以上的大麻,才能起诉。

〔49〕 Bruijn,L. M.,Vols,M.,& Brouwer,J. G. (2017). Home closure as a weapon in the Dutch war on drugs:Does judicial review function as a safety net?. *International Journal of Drug Policy*.

（三）德国禁毒法的历史演进与特征

德国在第一次世界大战中失败，受《凡尔赛条约》（*1919 Versailles Treaty*）第二百九十五条第一款的约束，被迫接受《海牙公约》（*Hague Convention of 1912*），并于 1920 年通过了该国第一部禁毒法：《鸦片法》（*Opium Law*）。但该法中存在许多漏洞，致使国内一些制药业能够继续生产海洛因。在 1925 年至 1930 年间，德国生产了 30 吨海洛因，其中只有 10 吨用于合法医疗，其余的则转入黑市贩卖。之后，为履行已加入的联合国《一九六一年麻醉品单一公约》（*UN Single Convention*）规定的义务，德国于 1971 年制定了《麻醉品管制法》（*Betäubungsmittelgesetz*，BTMG），该法取代了旧版的《鸦片法》，成为德国禁毒的主要法律。该法规定，对吸毒行为不予处罚，但非法藏有毒品属刑事犯罪。此外，依据该法，毒品交易的最低刑罚为五年；供应或贩运毒品者，将面临十至十五年刑罚。但实务上，仅有十分严重的毒品罪行才会被处以上述刑罚。但严厉的毒品政策并未帮助降低德国药物滥用情况，据此，德国政府对该法进行多次修订，并在 1981 年增修的《麻醉品管制法》中，确立以治疗代替惩罚的原则。该法规定，当毒品犯罪者在接受成瘾治疗时，可以推迟其刑事处罚。也就是说，毒品犯罪者除了接受强制治疗之外，还须接受惩罚。为了实行"减害计划"，德国政府于 1992 年增订了《麻醉品管制法》第 13 条的内容，赋予美沙酮替代疗法的法律正当性。除此之外，该法加重毒品贩运组织犯罪及向未成年人出售毒品和贩运大量毒品的处罚，并将贩运可卡因 5 克或纯海洛因 1.5 克认定为贩卖大量毒品。对于微罪者，检察官可根据毒品的数量、犯罪者的前科以及公众利益作出不起诉的裁量，并进一步整合医疗和社会资源，协助毒品成瘾者戒瘾。德国联邦法院于 1994 年规定，联邦诉讼当局应当遵守德国基本法规定的禁止过度惩罚原则，对持有微量毒品且仅供自身使用者，不予起诉，但并未统一微量毒品的认定标准。德国政府于 2000 年增订《麻醉品管制法》第 10a 条，规定设置安全注射毒品室（*Drogenkonsumräume*），并且规定，在符合法规的情况下，毒品成瘾者注射鸦片类毒品并不被视为犯罪行为。[50] 2009 年 6 月 21 日生效的《对海洛因辅助替代疗法》，强化针对海洛因成瘾者的替代疗法方案。2011 年，德国政府将大麻从德国麻醉药品管制法的附表一项降至附表三，[51] 明定大麻可用于医疗机构与临床试验。至 2017 年，德国政府通过了《大麻药用法》，允许在已有的个别重病患者案例中使用大麻作为医疗手段。该法规定，患多发性硬化症、癌症等

---

〔50〕 Böllinger，L.（2004）. Drug law and policy in Germany and the European community：Recent developments. *Journal of Drug Issues*，34（3），491-510.

〔51〕 德国《麻醉品管制法》中将麻醉药品分为三类，分类标准为能否用于医疗用途。附表一为无法用于医疗用途的"不可销售毒品"，包括海洛因和所有迷魂药类药物。附表二为合法麻醉药品，但不能用于制造其他产品，如 THC 和右旋安非他明。附表三为可作为特殊处方且可销售的可销售麻醉药品，这些都是麻醉药品，如吗啡和美沙酮。各种麻醉药品的法定惩罚范围是相同的，即麻醉品的类型和分类不会影响判刑范围。但是，在裁定判决时，法官可以，也总会考虑到涉及麻醉品犯罪个人的各种不同风险。行为人与大麻有关的刑罚，特别是涉及微量大麻的刑罚，除非与重罪——如强奸——等相关，通常可以获得豁免。

慢性病的患者,可使用大麻作为止痛药。不过,规定将大麻作为治疗药品,一定要在其他治疗手段和药剂均无效的情况下才能使用。另外,新法还规定,德国各医保公司需报销处方药大麻药品的费用。但是,选择接受大麻作为治疗药剂的患者,必须承诺参与临床研究,以便学者研究大麻的医疗作用;不同意参与医学调查的患者,其大麻费用将得不到报销。

(四) 小结

总体上看,配合联合国所制定的毒品政策,严惩毒品供给者(减少供给),治疗毒品成瘾者(减少需求)的全方位反毒策略是欧洲各国禁毒法的主轴。适例之一是,荷兰政府在1995的毒品政策白皮书中,明确该毒品政策要点为:(1)防止药物滥用和治疗吸毒者;(2)减少对吸毒者的伤害;(3)解决药物滥用造成的公共卫生问题;(4)打击生产和贩运毒品。政府容忍软性毒品,以便有效配置警力,使警方能有时间与精力处理更严重的贪污和有组织犯罪。在欧洲各国禁毒法中,值得注意的是其秉持减少伤害(Harm Reduction)的理念,以及实施以医疗代替监禁的策略。这种理念和策略的目的是减少司法成本与社会对毒犯的歧视,并帮助吸毒者回归社会。基于这样的背景,多数欧洲国家将吸毒者视为有健康问题的病人而非罪犯,并采用非正式的除刑化来减少或消除对持有少量非法药物行为的惩罚,并实施以治疗为主的毒品政策来打破毒品成瘾的循环。[52] 例如,德国禁毒法规定持有微量毒品且仅供自身使用者,则不予起诉;在接受戒瘾治疗的毒品犯罪者可以推迟刑事处罚;吸食或持有毒品者多以宣告罚金刑代替监禁刑,并设有观护监督的保安处分机制,并监督和辅导毒品成瘾者。又如,英国将吸毒者视为违反公共秩序罪行,吸食毒品者可以在社区中履行劳动服务以替代监禁。再如荷兰则将吸软性毒品行为除罪化,对于吸硬性毒品者多以医疗处遇为主刑罚为辅,借以打破毒品成瘾的循环。

第二节　中国港澳台地区禁毒立法的历史演进及特征

一、中国香港特别行政区禁毒立法的历史演进及特征

鸦片战争后,香港遭受英国的殖民统治,因此在相当长时间里,在香港贩卖鸦片是合法的。1931 年后,香港地区政府实行禁毒,鸦片买卖转入黑市。为打击吸毒和贩毒,香港地区政府于 1959 年发布《香港毒品问题白皮书》,受命当时设立的华民政务司拟订禁毒

---

〔52〕 Dorn, N., Jamieson, A., Bisiou, Y., Blom, T., Böllinger, L., Cesoni, M. L., ... & DrugScope, L. (2000). Room for Manoeuvre. Overview of comparative legal research into national drug laws of France, Germany, Italy, Spain, the Netherlands and Sweden and their relation to three international drugs conventions.

策略方针，而禁毒咨询委员会为其顾问，协调与实施禁毒政策。[53] 除此之外，香港地区在1961 年开始适用联合国《1961 年麻醉品单一公约》，致力于防止麻醉药品的非法种植和贩运。在立法方面，香港地区政府于 1969 年颁布了《危险药物条例》，并经数次修正，成为香港地区政府处理毒品犯罪的主要法律依据。该法涵盖了制造、运输、买卖、持有以及监管毒品等几个方面内容，具体是：(1)规定主要执法机关是警务处、海关和卫生署。具体分工：警务处和海关主要就毒品的贩卖、制造和其他非医疗用途采取执法行动；卫生署则负责就医疗用途的危险药物进出口、制造、销售和供应，并签发许可证。(2)依据该法，涉及贩运或制造毒品者，最高可处罚款五百万港元和实行终身监禁；持有毒品者最高可处罚一百万港元和判处七年有期徒刑；开设或经营烟窟，最高可处罚款五百万港元和判处十五年有期徒刑；种植大麻或鸦片，最高可处罚款十万港元和十五年有期徒刑。(3)向未成年人提供或贩卖毒品则要加重惩罚。1969 年，为管制精神药物和其他药物，香港地区政府以 186 号法律公告的形式发布了《药剂业及毒药条例》(第 138 章)，该法主要包括如下几个方面：规定药物制造商、批发商、零售商和进出口商需发牌照才能营业；规定药剂制品的注册和试验；规定进口或出口含有毒药列表所列药物的药剂制品，须有由药剂业及毒药管理局发出的牌照，违法者最高可罚 10 万港元和判处两年有期徒刑。[54]1971 年，香港地区开始适用联合国于同年颁布的《精神药物公约》。为了管制麻醉药物和与精神药物有关的化学品，香港地区政府于 1975 年颁布了《化学品管制条例》，该条例对化学品的制造、进出口与贩售等皆有规定。它规定：警方或海关人员，可截停与搜查抵达香港的船只；当警方或海关人员合理怀疑某处有非法药物时，可搜查该场所；违反该条例者，最高可罚款一百万港元及监禁十五年[55]。

在对毒品成瘾者的治疗方面，自 1976 年开始，香港地区全面实施美沙酮替代疗法，其门诊皆由政府特约的机构提供执行服务。门诊除提供替代疗法之外，亦提供针对毒品成瘾者的支持服务，如提供辅导、住屋及就职等服务。在毒品成瘾者治疗康复中心方面，香港地区设有滥用精神药物辅导中心及戒毒辅导中心，这些中心均由社会福利署资助。上述实践的法律依据为《药物依赖者治疗康复中心(发牌)条例》，该条例旨在通过由社会福利署确立的发牌制度，确保戒毒服务的妥善与安全，使毒品成瘾者的权利得到保障。同时，该条例明确规定无牌照的治疗中心即为犯罪，对初犯可处港币十万元及监禁六个月外，罪行持续的每一天另处以罚款港币五千元；再犯者，可处罚款港币十万元及监禁一年外，罪行持续的每一天另处以罚款港币一万元。香港地区政府确立毒品成瘾的医疗模式的理念是：毒瘾是一种慢性及易复发的疾病，须通过戒毒治疗，协助毒品成瘾者康复并

〔53〕 方敏生：《香港非政府机构在防治滥药工作的发展与挑战》，135～145 页，载《中国药物滥用防治杂志》，2007(13)。

〔54〕 Lai，C. W.，& Chan，W. K.（2013）. Legislations combating counterfeit drugs in Hong Kong. *Hong Kong Med J*，19(4)，pp. 286-293.

〔55〕《三十五年携手禁毒共创纪元迎新挑战》香港：保安局禁毒处及禁毒常务委员会，2000：19-26。

复归社会。[56] 在二十世纪七十年代末期,香港地区政府已经有了一套系统的戒毒治疗和康复计划。

在防止毒品贩运与洗钱方面,香港地区政府于 1988 年适用联合国《禁止非法贩运麻醉药品和精神药物公约》,并进一步于 1989 年 9 月 1 日颁布《贩毒(追讨得益)条例》,该条例以 1986 年英国《贩毒法》为基础,历经了多次修正。该条例授权海关由组织罪案调查科辖下的财富调查科,追查、没收及追讨贩毒所得利益。除此之外,该条例明确规定毒品犯罪的帮助行为与贩毒所得利益的藏匿行为的刑事责任。总之,该条例制定的目的是:追查、冻结以及没收贩毒的非法利益,阻止毒品犯罪者通过香港金融机构转移毒品得益。[57] 为了打击集团化和有组织化的毒品犯罪,香港地区政府于 1994 年颁布了《有组织及严重罪行条例》。该条例明确规定司法人员对有组织犯罪的侦查权。此外,规定司法机关与海关有权没收或冻结犯罪所得利益,并打击贩毒洗钱活动。[58] 最后,为打击娱乐性滥用药物行为,回归祖国后的香港特别行政区政府颁布了《2002 年公众娱乐场所条例规则》《2002 年公众娱乐场所(豁免)令》及 2003 年修订的《跳舞派对主办单位经营守则》,以防止"派对药物"危害公众安全。[59] 为维护公共安全,香港特区政府于 2010 年 12 月修正通过了《道路交通条例》,针对吸食海洛因、氯胺酮、冰毒、大麻、可卡因与摇头丸后危险驾驶导致他人身体严重受伤的罪行规定了处罚,即违法者最高可处罚款五万元、停牌五年与监禁七年。自此,香港禁毒立法已趋于较为完善状态。

二、中国澳门特别行政区禁毒立法的历史演进及特征

澳门自十六世纪被葡萄牙占领,此后,澳门的司法是葡萄牙司法体系的一部分。在相当长时期,澳门地区除适用葡萄牙法律外,尚适用其他由总督或立法会通过颁布的法律。由于葡萄牙加入联合国 1961 年《麻醉品单一公约》、1971 年的附加议定书以及《1971年精神药物公约》两公约,因此,澳门地区也适用上述公约。澳门地区政府于 1991 年 1 月 28 日颁布了《关于将贩卖及使用麻醉药品及精神药品视为刑事行为以及提供反吸毒措施事宜》,该法的主要内容:一是对毒品种类作了具体规定,并将麻醉药品与精神药物进行分类。二是规定了对贩卖、吸食毒品者的惩罚,如制造、提取、调制、提供、出售、分销、购买或进出口毒品者,可处八年以上十二年以下的有期徒刑,并科处澳门币五百元至七十万元之罚金。[60]。三是设立加重处罚情节。例如,将毒品交付予未成年人或精神病患者使用者,得加重其刑罚的最低度及最高度的四分之一。四是规定集团贩毒罪及其刑

---

〔56〕《药物倚赖者治疗康复中心(发牌)条例》第四条第三款。

〔57〕 邵小波:《香港与内地洗钱罪比较研究》,61~63 页,载《法学杂志》,2003(1)。

〔58〕 彭旭辉:《香港反洗钱立法及其与国际社会的合作简述》,206~210 页,载《中南大学学报(社会科学版)》,2004(2)。

〔59〕 杨士隆等:《毒品问题与对策》。台湾"行政院"研究发展考核委员会,2005 年。

〔60〕《关于贩卖及使用麻醉药品及精神病药品视为刑事行为以及提倡反吸毒措施事宜》第八条第一款。

罚。规定两人或两人以上所结成组织或集团，串谋行动以实施贩卖毒品及相关不法活动者，可处十二年以上十六年以下之重监禁，并科澳门币五千元至三十万元之罚金[61]。

澳门地区回归祖国大陆后，还短暂沿用了《关于将贩卖及使用麻醉药品及精神药品视为刑事行为以及提倡反吸毒措施事宜》。但该法在 2009 年被澳门特别行政区立法会废止。同年，澳门特别行政区立法会颁布新的禁毒法：《禁止不法生产、贩卖和吸食麻醉药品及精神药物》。该法第四条将毒品依照潜在的致命力、滥用症状的强烈程度，戒断的危险性与对其产生依赖的程度分为六类：第一类毒品复分为三类：A 类为鸦片类毒品与类似合成毒品；B 类为可卡因与类似合成毒品；C 类为大麻与类似合成毒品。第二类毒品亦分为三类：A 类包括可使人产生幻觉或感官产生严重错觉的天然或合成物质；B 类包括具有刺激中枢神经系统效力，属安非他命类的物质；C 类包括能产生短暂作用迅速被吸收或同化，属巴比通类的物质；以及其他非巴比通类但属安眠药类的物质。第三类毒品包括含有第一类所列物质的制剂，且有被滥用风险。第四类毒品是具有防癫痫效力的巴比通以及属抗焦虑药类的物质，且有被滥用风险。第五类与第六类毒品包括可用作不法制造麻醉药品及精神药物的物质[62]。该法制定的参考依据为 1961 年《麻醉品单一公约》、1971 年的《精神药物公约》与 1988 年联合国《禁止非法贩运麻醉品、药品和精神药物的公约》。该法除了规定毒品的分类之外，亦规定制造、贩卖、交易、吸食毒品犯罪的构成要件、加重情节与相关刑罚。例如，在贩毒方面，该法规定："未经许可而送赠、准备出售、出售、分发、让与、购买或以任何方式收受、运载、进口、出口、促成转运或不法持有第一类至第三类所列植物、物质或制剂者，处三年至十五年徒刑。"[63]若该犯罪人以实施有关犯罪作为生活方式；将或试图将植物、物质或制剂交付予未成年人、明显患有精神病的人或为治疗、教育、训练、看管或保护之目的而受托照顾之人；为数众多的人则加重所定刑罚的最低及最高限度的三分之一。[64]在吸食毒品方面，该法第十四条规定，"非法吸食第一类至第四类所列植物、物质或制剂者，或纯粹为供个人吸食而不法种植、生产、制造、提炼、调制、取得或持有其植物、物质或制剂者，处最高三个月徒刑，或科以最高六十日罚金。"

针对吸毒并进行危险驾驶行为，澳门特区政府在 2007 年颁布的《道路交通法》中规定，"如有迹象显示驾驶员受麻醉品或精神科物质影响，而服食该等物质依法构成犯罪者，则执法人员可对该名驾驶员进行测试。任何人受麻醉品或精神科物质的影响下在公共道路上驾驶车辆而其服食行为依法构成犯罪者，可科处最高一年徒刑及禁止驾驶一年至三年。"[65]为遏制日渐增长的药物滥用与贩毒罪行，澳门特区立法会于 2016 年修正了

〔61〕《关于贩卖及使用麻醉药品及精神病药品视为刑事行为以及提倡反吸毒措施事宜》第十五条第一款。

〔62〕吴霆峰：《台湾与港澳地区毒品防制政策之比较研究》，1～149 页，中正大学法律学系学位论文，2014。

〔63〕《禁止不法生产、贩卖和吸食麻醉药品及精神药物》(2009)第八条第一款。

〔64〕《禁止不法生产、贩卖和吸食麻醉药品及精神药物》(2009)第十条。

〔65〕澳门特别行政区《道路交通法》第九十条第一款。

2009 年颁布的《禁止不法生产、贩卖和吸食麻醉药品及精神药物》，总的方面提高了对贩毒和吸毒者的刑罚力度。具体为：未经许可而送赠、准备出售、出售、分发、让与、购买或以任何方式收受、运载、进口、出口、促成转运或不法持有第一类至第三类所列植物、物质或制剂者，由下限三年刑期改为五年，上限刑期不变，意即处五年至十五年徒刑。[66] 对吸毒、不适当持有吸毒器具或设备罪的刑罚，由最高有期徒刑三月，修改为三月至一年。[67] 除此之外，该法引入毒品数量限制，如持有超过规定的五日量，则不再适用吸毒罪行，法院得视具体情况，以不法制造或贩卖毒品罪论处，意即犯罪者可能面临最高十五年的有期徒刑。

三、中国台湾地区禁毒立法的历史演进及特征

台湾当局在 1955 年颁布了"肃清烟毒条例"，该条例针对贩卖、运输、制造、吸食毒品设有刑罚。例如，该条例第五条第一项规定，"贩卖、运输、制造毒品、鸦片或麻烟者，处死刑或无期徒刑。"[68]该条例第九条第一项规定，"施用毒品或鸦片者，处三年以上七年以下有期徒刑。"[69]该条例试图以重刑吓阻毒品犯罪，但效果却不彰显。1993 年后，台湾地区向毒品"宣战"，其毒品政策为断绝供给、减少需求，并以缉毒、拒毒、防毒及戒毒为打击毒品的手段，并同步纳入减害思维。在禁毒立法方面，台湾地区于 1997 年将"肃清烟毒条例"更名为"毒品危害防制条例"，将毒品根据成瘾性、滥用性及对社会危害性分为四级：第一级毒品包括海洛因、吗啡、鸦片、可卡因及其相类制品；第二级毒品包括罂粟、古柯、大麻、安非他命、配西汀、潘他唑新及其相类制品；第三级毒品包括西可巴比妥、异戊巴比妥、烯丙吗啡及其相类制品；第四级毒品包括二丙烯基巴比妥、阿普唑他及其相类制品。该分类与 1988 年《联合国禁止非法贩运麻醉药品与精神药物公约》几乎完全相同。除此之外，该条例将吸食毒品的罪行刑度降低，并引进观察勒戒与强制戒毒等措施来协助毒品犯罪者戒瘾。其政策要点为：将毒品犯罪者视为病犯，既为病人亦为犯人，对于吸食毒品行为采取去刑不除罪、治疗胜于惩罚、医疗先于司法的政策。根据该条例，吸毒犯罪者，应先送勒戒所观察、勒戒，经观察勒戒后，无继续施用毒品倾向者，可由检察官裁定为不起诉处分或法院裁定不付审理。有继续吸毒品倾向者，则需令其入强制戒治所进行戒瘾。观察勒戒乃令毒品犯罪者在看守所附设戒治所中，接受"冷火鸡疗法"，期间最长不得逾二个月，以达成生理戒瘾。强制戒治需令毒品犯罪者至专责戒治所中接受戒瘾治疗。该戒治分为三个阶段，第一阶段为调适期，第二个阶段为心理辅导期，第三个阶段为社会适应期。在每个阶段中，戒治者需学习许多课程，包括毒品危害卫教课程、健康生活

---

〔66〕《禁止不法生产、贩卖和吸食麻醉药品及精神药物》(2016)第八条第一款。
〔67〕《禁止不法生产、贩卖和吸食麻醉药品及精神药物》(2016)第十四条第一款。
〔68〕"肃清烟毒条例"第五条第一项。
〔69〕"肃清烟毒条例"第九条第一项。

管理课程、认知重构课程、自我效能辅导课程、生活技能课程与职涯规划课程,每个戒治所有不同的课程,目的为帮助戒治者成功戒瘾,戒治期间为六个月以上一年以下。[70]

在 2006 年,因共用针具与稀释液造成的艾滋病传染居高不下,台湾地区全面施行毒品病患艾滋减害试办计划,采用减少伤害的方式来应对注射药瘾者的艾滋病传染。同年,台湾地区"卫生署"订立"鸦片类物质成瘾者替代疗法作业基准",该条例规范了替代疗法执行机构与医疗人员,确保替代疗法的品质。除此之外,该条例还规定,执行减害机构于治疗期间,需定期安排戒治者接受心理辅导与艾滋病相关卫教课程。之后,在 2008 年 4 月,台湾地区通过了"毒品危害防制条例"的修正案,落实减害计划。根据修正后的该条例,吸食第一、二级毒品且在五年内再犯者将面临六月以上五年以下有期徒刑之刑罚,初犯者则面临观察勒戒以及强制戒治,期满者可获得不起诉处分。五年内再犯者得处以缓起诉附命戒瘾处分。缓起诉附命戒瘾处分期间为一年以上,二年以下。接受该处分者需定期向观护人报到,并接受验尿、戒瘾治疗、精神治疗、心理辅导或其他戒瘾措施,完成相关附命措施者,可获得不起诉处分,但违规者,其处分会被撤销并被起诉判刑。吸食第三、四级毒品者则要面临一万元以上五万元以下罚款,且需上一定时间的毒品危害课程。[71] 为应对日益严重的"夜店药物滥用",2017 年台湾地区修正了"毒品危害防制条例",增订第三十一条之一,规定"特定营业场所应于入口明显处标示毒品防制资讯与载明持有毒品者不得进入该场所;且该场所需指派一定比例工作人员参与毒品危害防制训练。未遵守规定者,其负责人会面临每次新台币五万元以上五十万元以下罚款。"[72] 该增订条文亦规定,若该场所发现疑似施用或持有毒品者,需通报警察机关处理。未通报警察机关处理者,其负责人会面临新台币十万元以上一百万元以下罚款。此后,台湾地区禁毒立法较为完备。

四、小结

中国香港、澳门特别行政区以及中国台湾地区皆以控制供应、减低需求和减低伤害的三大禁毒政策为禁毒法主轴。地区政府将吸毒者视为病人,以治疗为主,惩罚为辅;而将贩毒与制毒者则视为犯人,施以严惩,绝不宽贷。在对于吸毒者的戒治方面,香港特区继承了英国时代的医疗模式,戒毒治疗模式主要有戒毒所强制戒毒、美沙酮替代治疗、福音戒毒,以及自愿住院戒毒治疗等。戒毒所计划主要包括戒毒医疗与心理辅导服务、职业训练、释前计划、就业安排等。在出所后,由保安局惩教署执行法定释囚监管方案。此外,香港特区设有滥药者辅导中心、戒毒辅导服务中心、物质误用诊所。在青少年毒品违法犯罪预防方面,香港特区设有青少年外展工作队及青少年深宵外展服务,主动协助与

---

〔70〕 杨士隆,et al.:《药物滥用,毒品与防治》,台北:五南(2012).

〔71〕 "毒品危害防制条例"第 24 条。

〔72〕 "毒品危害防制条例"第 31 条之一。

辅导 24 岁以下的边缘青少年。

　　澳门特区禁毒工作组织主要包括社会工作局、保安司及社会文化司。社会工作局防治药物依赖厅辖下的戒毒复康处负责戒毒治疗与康复处遇。保安司及社会文化司负责禁毒执法。澳门特区政府于 2008 年成立禁毒委员会,该委员会的工作职能是:负责与禁毒相关单位的联系和合作,提升禁毒工作成效;根据当前毒品情势,协助提升禁毒立法水平与执法力度;开展国际禁毒事务的交流和合作。在毒品成瘾戒治方面,澳门特区社会工作局从 2001 年起,开始筹建戒毒综合服务中心,该中心于 2002 年 10 月运作,其工作内容包括门诊戒毒、美沙酮替代疗法、对毒品成瘾者与其家人的辅导、小组治疗、社会支援及转介、毒品尿液检验和毒品成瘾者的社会回归等服务。除此之外,尚有多个民间团体推行宗教戒毒与其他戒毒工作。

　　"毒品危害条例"是台湾地区主要的禁毒法,根据该条例,台湾"法务部"设立预算,以防止毒品危害。根据该条例,仅有对吸食重度毒品者,才会施以刑罚。在毒瘾戒治方面,分为以下四种模式:(1)司法戒治模式。该模式是目前台湾地区戒瘾工作的主要体系,依据吸食毒品类型与毒品犯罪前科决定是否对戒瘾者施以观察勒戒与强制戒治,或毒品缓起诉减害计划,观察勒戒与强制戒治为司法机构式处遇。(2)治疗性社区模式。该模式整合专业医疗以及社区辅导系统,处遇内容包括美沙酮替代疗法、辅导、社会资源联结以及医疗照护,以降低复吸的可能性。(3)毒瘾治疗门诊。包括美沙酮药瘾减害门诊,以及一般戒瘾门诊。(4)宗教戒治模式。主要为福音戒毒,内容包括生理康复、心理辅导与基督教的宗教教育[73]。

　　香港、澳门与台湾地区对毒品的分类皆依照联合国 1961 年的《麻醉品单一公约》与 1971 年的《精神药物公约》,三地对贩运毒品的刑罚乃参照 1988 年联合国《禁止非法贩运麻醉药品和精神药物公约》,因此,三地禁毒法内容基本类似。在毒品戒治方面,虽三地皆采用多元化治疗方案,但台湾地区的毒瘾戒治模式和另外两地有所差异。台湾地区在 2008 年 4 月颁布的"毒品危害防制条例"修正案中,明确司法戒治的施行模式,新增缓起诉附命戒瘾处分,该处分明确结合减害计划的理念。接受该处分者须在处分期间定期向观护人报到,并接受验尿、戒瘾治疗(美沙酮替代疗法)、精神治疗、心理辅导或其他戒瘾措施。该处分以治疗替代监禁,不仅减少司法成本缓解监狱人满为患的隐忧,亦使毒品犯罪者能在社区中正常工作,既减少了社会成本,又避免了社会对毒品犯罪者的歧视。根据许多研究发现,缓起诉附命戒瘾处分具有较好的成本效益,且成效显著,值得仿效。

---

〔73〕 杨士隆,et al.:《药物滥用,毒品与防治》,台北:五南(2012)。

第三节　中国大陆禁毒立法的历史演进及特征

中国大陆禁毒立法特指中华人民共和国成立至今的禁毒立法。纵览新中国成立至今禁毒立法的演进及特点,宏观上可分为改革开放前三十年和改革开放后近四十年两个阶段。分述如下:

一、改革开放前三十年的禁毒立法

这期间又可划分为两个阶段。第一阶段,是二十世纪五十年代即新中国成立头十年的禁毒立法。这一阶段的禁毒立法集中在五十年代初期的立法上。[74] 这一时期全国性的禁毒法律有:1950 年 2 月 24 日颁布的《政务院关于严禁鸦片烟毒的通令》;1950 年 9 月 12 日颁布的《内务部关于贯彻严禁烟毒工作的指示》;1952 年 4 月 15 日中共中央颁布的《关于肃清毒品流行的指示》;1952 年 5 月 21 日颁布的《政务院关于严禁鸦片烟毒的通令》;1952 年 10 月 3 日政务院第一百五十三次会议通过的《中华人民共和国惩治毒犯条例》;1952 年 12 月 12 日颁布的《政务院关于推行戒烟、禁种鸦片和收缴农村存毒的工作指示》。地方性禁毒立法的主要形式则是各大行政区的禁毒立法,主要有:1950 年 7 月 31 日通过的 1950 年 12 月 19 日修正的《西南军政委员会关于禁绝鸦片烟毒的实施办法》;1950 年 10 月 13 日以东北人民政府令颁布的《东北区禁烟禁毒贯彻实施办法》;1950 年 12 月 28 日颁布的《西南区禁绝鸦片烟毒治罪暂行条例》;1951 年 6 月 28 日西北军政委员会颁布的《西北区禁烟禁毒暂行办法》;1952 年 2 月 9 日颁布的《东北人民政府关于严禁鸦片烟毒及其他毒品的命令》等。也有省(自治区)一级的地方性禁毒立法,例如 1951 年 5 月 14 日内蒙古自治区人民政府颁布的《内蒙古自治区禁绝鸦片烟毒实施办法》。概括起来,这一阶段禁毒立法的主要内容是:

第一,确立禁毒立法的目的是从根本上禁绝鸦片烟毒和其他毒品,以保护人民健康、恢复和发展生产。

第二,规定各级人民政府应当协同人民团体利用各种形式,进行广泛的禁烟禁毒宣传,以使人民群众充分切实理解。

第三,规定为了使禁烟禁毒工作顺利进行,各级人民政府得设立禁烟禁毒委员会,该委员会通常由民政、公安等有关部门及各人民团体派员组成,民政部门负组织之责。

第四,关于惩治毒品犯罪方面,首先规定了九个相关罪名,它们是:种植毒品罪;非法持有毒品罪;制造、贩卖、运输毒品罪;开设烟馆罪;窝藏毒品罪;掩护、包庇毒犯罪;拒不销毁烟毒烟具罪;违法出卖制毒化学物品罪;非法购买制毒化学物品罪。其次针对以上

---

〔74〕 苏智良、赵长青主编:《禁毒全书》(上册),549 页,北京,中国民主法制出版社,1998。

毒品犯罪,规定了相应的刑罚措施,分别是:死刑(对持武器贩运烟毒或借土匪武装护运烟毒者、贩运烟毒的主犯或情节重大、情节特别严重的毒犯)、无期徒刑、有期徒刑、管制、并处或者单处罚金、没收财产或者没收毒品、资金及违法所得。再次在处理毒犯上,采取严厉惩办与改造教育相结合的方针,集中打击惩办少数,教育改造多数,即制造者、集体大量贩卖者从严,个别少量贩卖者从宽;主犯从严,从犯从宽;惯犯从严,偶犯从宽;拒不坦白者从严,彻底坦白者从宽;今后从严,过去从宽。[75] 依次方针,进一步规定了国家工作人员、社会团体工作人员犯毒品罪的,应从重处罚。

第五,凡以反革命为目的制造、贩卖、运送、种植毒品者,依《惩治反革命条例》治罪。

第六,关于禁吸戒毒方面,总的来说是采取逐步禁绝的方针。具体步骤是,其一,要求吸食烟毒者限期登记(通常做法是:城市向公安局、乡村向人民政府登记),并定期自动戒除;其二是要求发动社会舆论及吸食烟毒者的家属对吸食烟毒者施加压力,使吸食烟毒者不敢不戒;[76] 其三是要求各级人民政府卫生机关,应配制戒烟药品及宣传戒烟戒毒药方,对贫苦瘾民得免费或减价医治[77];其四是在烟毒盛行的地区(城市),设立戒烟所,收容少数无力自行戒毒的乞丐、游民,强制解除其烟瘾,戒烟后通常实行劳动改造;其五是后来采取区别对待的做法,即老(一般规定五十岁以上者)、弱、病、孕妇可以缓戒,由卫生部门加以登记和掌握,呈报同级政府批准定时发给较多的戒烟片,以免因戒毒死亡,造成不良的影响。少数因年老、病弱实不能戒者,经省市以上人民政府讨论批准可以不戒,由卫生部门供给药品。[78]

第七,对少数民族地区的种烟(毒)问题及禁烟工作,按规定须采取慎重的措施,有步骤地逐步解决,不能操之过急。[79]

这一阶段禁毒立法有如下四个特点:第一个特点是禁烟禁毒的立法主体多元化。从国家层面上,有中共中央、政务院、内务部、铁道部等;从地方层面上,有西南军政委员会、西北军政委员会、东北人民政府、内蒙古自治区人民政府等。第二个特点是禁烟禁毒立法时间虽然较短,但效率较高;内容虽然相对比较粗糙,但因都是根据实际情况所制定,故针对性强,为惩治毒品犯罪、推动禁烟禁毒工作的顺利进行提供了有力的法律保障;第三个特点是明确规定了禁毒工作实行专门机关与群众相结合的方针。即通过发动群众,

---

〔75〕《中共中央关于肃清毒品流行的指示》(1952 年 4 月)第四条。

〔76〕《政务院关于严禁鸦片烟毒的通令》(1952 年 5 月 21 日)。

〔77〕《政务院关于严禁鸦片烟毒的通令》(1950 年 2 月 24 日)第七条;《西南军政委员会关于禁绝鸦片烟毒的实施办法》第十一条。

〔78〕《政务院关于推行戒烟、禁种鸦片和收缴农村存毒的工作指示》第二条。

〔79〕《政务院关于严禁鸦片烟毒的通令》(1950 年 2 月 24 日)第三条;《政务院关于严禁鸦片烟毒的通令》(1952 年 5 月 21 日)第四条;《内务部关于贯彻严禁烟毒工作的指示》第六条;《西南军政委员会关于开展禁毒工作的指示》第五条。

教育群众,依靠群众,造成群众性的禁烟禁毒运动的方式去开展禁烟禁毒工作。[80] 第四个特点是对一些涉毒行为,规定其构成犯罪的时间要件。例如,《政务院关于严禁鸦片烟毒的通令》(1950 年 2 月 24 日)第四条规定:"本禁令颁布之日起,全国各地不许再有贩卖制造及销售烟土毒品情事,犯者,不论何人,除没收其烟土毒品外,还需从严治罪";又如,《东北人民政府关于严禁鸦片烟毒及其他毒品的命令》第一条规定,"人民手中如存有毒品者,亦限期呈缴当地政府,转送财政部,倘逾期不交者,以走私贩毒论罪,依法严惩"。

二十世纪五十年代初期新中国的禁毒立法以及开展的大规模群众性的禁烟禁毒运动,使危害中华民族百余年的鸦片烟毒,在短短的几年时间内基本上得到了肃清。新中国因此得到国际舆论的高度赞扬,在世界上获得"无毒国"的称号,这不但开辟了中国禁毒斗争的崭新时代,也创造了世界禁毒斗争史上的奇迹。

改革开放前三十年禁毒立法的第二个阶段,是从二十世纪六十年代初期到七十年代末。六十年代初期,"由于领导上放松警惕,缺乏经常的监督检查和有效措施,少数毒贩和投机倒把分子乘机贩卖毒品,牟取暴利,以致某些地区这种流毒又严重复发。目前私种鸦片,乱调滥用,私设烟馆,贩卖和吸食毒品的情况,在少数地区极为严重"[81]。为了巩固五十年代的禁烟禁毒成果,肃清死灰复燃的毒品违法犯罪,中共中央于 1963 年 5 月 26 日颁布了《关于严禁鸦片、吗啡毒害的通知》,其主要内容是:(1)各地区、各部门应立即对鸦片、吗啡、料面(海洛因)等毒品进行清查,将积存和没收的毒品一律集中上交财政部。任何机关或个人,不得私自保存毒品。(2)对毒贩依法严惩。(3)任何单位和个人,不得违法种植罂粟,违者,除彻底铲除外,依法惩处。(4)各级医疗部门必须加强对吗啡等麻醉药品的管理,凡县以下的医疗机构一律不准供应吗啡针药。(5)对于吸毒犯应强制戒毒,同时规定对吸食鸦片或打吗啡针等毒品成瘾者,必须指定专门机构严加管制,在群众的监督下,有计划,有组织,有步骤的限期强制解除,在吸毒严重的地区可以集中解除。该禁毒立法的一个重要特点是把吸毒行为加以犯罪化,即吸毒者是犯罪者,这在以前的禁毒立法中是没有的。

二十世纪七十年代我国的主要禁毒立法是国务院《关于严禁私种罂粟和贩卖、吸食鸦片等毒品的通知》,该法颁布的背景乃是这样:七十年代初期,在我国少数边境地区和历史上烟毒流行的地方,私种罂粟,贩卖、吸食鸦片、吗啡等毒品的情况比较严重;另外,受国际毒品泛滥形势的影响,国内与国际犯罪分子内外勾结,从缅甸、越南、印度、柬埔寨等国偷运大量鸦片入境;在四川、甘肃等省还发现开设地下烟馆。鉴于此,国务院于 1973 年 1 月 13 日颁布了《关于严禁私种罂粟和贩卖、吸食鸦片等毒品的通知》。该通知规定的内容和六十年代中共中央颁布的《关于严禁鸦片、吗啡毒害的通知》所规定的内容在若

---

[80] 《内务部关于贯彻严禁烟毒工作的指示》第一条;《政务院关于严禁鸦片烟毒的通令》(1952 年 5 月 21 日)第一条、第六条;《西南军政委员会关于开展禁烟禁毒工作的指示》第二条;《西北区禁烟禁毒暂行办法》第十三条;《中共中央关于肃清毒品流行的指示》(1952 年 4 月)。

[81] 中共中央《关于严禁鸦片、吗啡毒害的通知》(1963 年 5 月 26 日).

干方面(如对吸毒犯进行强制戒毒、严禁非法种植罂粟等)是相同的,但在如下方面进行了补充:重申了 1950 年 2 月 25 日《政务院关于严禁鸦片烟毒的通令》;要求公安部门在当地党委的统一领导下,发动依靠群众,加强对贩卖、吸食鸦片等毒品案件的侦破工作,而海关、边防则加强对偷运鸦片等毒品的侦缉工作,并对偷运、贩卖毒品犯罪必须依法严惩;农林、燃化、商业、卫生部门对种植、制造、供应和使用吗啡等麻醉药品要加强管理,堵塞漏洞,防止非法转售和使用。

二、改革开放后近四十年的禁毒立法

该时期拟分为三个阶段:一是新中国第一部刑法典即 1979 年《刑法》颁布至 1990 年《关于禁毒的决定》颁布前十年的禁毒立法;二是《关于禁毒的决定》颁布至 2006 年《禁毒法》实施前约十八年的禁毒立法;三是《禁毒法》实施至今约十年的禁毒立法。

第一个阶段。党的十一届三中全会的召开,标志着中国改革开放大幕的全面拉开,也标志着我国的法制建设进入了新时期。这一时期的禁毒立法分刑事和行政法规两方面展开。

刑事立法方面。1979 年 7 月 1 日第五届全国人民代表大会第二次会议通过的 1980 年 1 月 1 日起生效的《刑法》第一百七十一条分两款规定了毒品犯罪的罪名和刑罚。第一款规定:"制造、贩卖、运输鸦片、海洛因、吗啡或其他毒品的,处五年以下有期徒刑或者拘役,可以并处罚金";第二款规定:"一贯或大量制造、贩卖、运输前款毒品的,处五年以上有期徒刑,可并处没收财产"。由于 1987 年 1 月 22 日第六届全国人民代表大会常务委员会第十九次会议通过的《海关法》第四十七条规定,走私毒品行为属于《刑法》第一百一十六条规定的走私罪的表现行为之一,因此,根据《刑法》第一百一十六条的规定,"犯走私毒品罪的,处三年以下有期徒刑或者拘役,可以并处没收财产";而根据《刑法》第一百一十八条的规定,"以走私毒品为常业,走私毒品数额巨大或者走私毒品集团的首要分子,处三年以上十年以下有期徒刑,可并处没收财产"。鉴于八十年代已初显严峻的毒品形势,而刑法对于毒品犯罪配置的法定刑过低,不足以有力地打击和遏制该类犯罪,因此1982 年 3 月 8 日第五届全国人民代表大会常务委员会第二十二次会议通过了《全国人大常委会关于严惩严重破坏经济的罪犯的决定》,该决定第一条第一款对制造、贩卖、运输毒品罪的法定刑进行了修订,即将该犯罪的法定最高刑从十年有期徒刑提高到死刑;而1988 年 1 月 21 日第六届全国人大常委会第二十四次会议通过了《关于惩治走私罪的补充规定》。该规定第一条则把走私罪的法定最高刑从十年有期徒刑提高到死刑。

行政立法方面。主要有三个:(1)国务院 1987 年 11 月 28 日颁布的《麻醉药品管理办法》;(2)国务院 1988 年 12 月 27 日颁布的《精神药品管理办法》;(3)1986 年 9 月 5 日第六届全国人大常委会第十七次会议通过的《治安管理处罚条例》。前两个禁毒行政法规分别对麻醉药品和精神药品的定义作出了规定:"麻醉药品是指连续使用后易产生生理依赖性、能成瘾癖的药品"；"精神药品是指直接作用于中枢神经系统，使之兴奋或抑制，连续使用能产生依赖性的药品"。这种规定，为以后禁毒立法关于毒品的界定奠定了基础。[82] 而《治安管理处罚条例》则有两个条文对涉毒行为作出处罚规定，即第二十四条第三款规定："违犯政府禁令，吸食鸦片、注射吗啡的处十五日以下拘留、两百元以下罚款或警告"；第三十一条规定："严厉禁止违反政府规定种植罂粟等毒品原植物，违者除铲除罂粟等毒品原植物外，处十五日以下拘留，可以单处或者并处三千元以下罚款；非法运输、买卖、存放、使用罂粟壳的，收缴其非法运输、买卖、存放、使用的罂粟壳，处十五日以下拘留，可以单处或者并处三千元以下罚款"。以上禁毒行政法律法规与禁毒刑法相辅相成，共同构成预防、打击毒品违法行为的整体。

第二个阶段。在这个阶段，我国颁布了一系列禁毒法律、法规和规范性文件，但基础性的禁毒立法则是《全国人民代表大会常务委员会关于禁毒的决定》。该法出台的背景是：二十世纪八十年代中后期，由于国际、国内因素的影响，我国毒品犯罪进一步加剧，吸毒人数也较大幅度增长，毒品形势进一步严峻。为了保护公民的身心健康，保障社会主义现代化建设的顺利进行，也为了更好地履行我国加入的禁毒国际条约赋予的义务，加强禁毒国际合作，第七届全国人民代表大会常委会常务委员会第十七次会议于 1990 年 12 月 28 日通过了《全国人民代表大会常务委员会关于禁毒的决定》(以下简称《关于禁毒的决定》)。该法的内容比较丰富，但举其要者则有：

1. 对毒品的概念作了明确的界定："本决定所称的毒品是指鸦片、海洛因、吗啡、大麻、可卡因以及国务院规定管制的其他能够使人形成瘾癖的麻醉药品和精神药品"。

2. 对毒品犯罪罪名与刑罚的适用作了详细规定。其规定的具体罪名有十二个，分别是：走私、贩卖、运输、制造毒品罪；非法持有毒品罪；包庇毒品犯罪分子罪；窝藏、转移、隐瞒毒品、毒赃罪；掩饰、隐瞒出售毒品获得财物的非法性质和来源罪；走私制造麻醉药品和精神药品的物品罪；非法种植毒品原植物罪；引诱、教唆、欺骗他人吸食、注射毒品罪；强迫他人吸食、注射毒品罪；容留他人吸食、注射毒品并出售毒品罪；非法提供毒品罪。该《决定》对毒品犯罪的刑罚适用规定了五个方面内容：(1)规定了比较完整的法定刑。主刑有死刑、无期徒刑、有期徒刑、拘役和管制；附加刑则有罚金和没收财产。(2)规定了法定从重和法定从轻处罚情节。法定从重处罚情节是："国家工作人员犯本决定之罪的，从重处罚"；"因走私、贩卖、运输、制造、非法持有毒品罪而被判过刑，又犯本决定规定之罪的，从重处罚"；"引诱、教唆、欺骗或者强迫未成年人吸食、注射毒品的，从重处罚"。法定从轻处罚情节是："犯本决定规定之罪，有检举、揭发其他毒品犯罪立功表现的，可以从轻、减轻处罚或者免除处罚"。(3)关于附加刑的适用，分三种情形：其一是"并处"，即对走私、贩卖、运输、制造毒品罪、非法种植毒品原植物罪规定了并处没收财产或者并处罚金，对引诱、教唆、欺骗他人吸食、注射毒品罪和强迫他人吸食、注射毒品罪规定了并处罚

---

〔82〕　苏智良、赵长青主编：《禁毒全书》(上册)，555 页，北京，中国民主法制出版社，1998。

金;其二是"可以并处",即对包庇毒品犯罪分子罪、窝藏毒品罪、窝藏毒品犯罪所得的财物罪、掩饰、隐瞒出售毒品获得财物的非法性质和来源罪、非法提供毒品罪规定了可以并处罚金;其三是一分为二,即规定非法持有毒品罪,当数量大时并处罚金,当数量较大时则可以并处罚金。(4)关于主刑中死刑的适用,规定只有走私、贩卖、运输、制造毒品罪可以判处死刑。(5)关于构成犯罪的毒品数量问题,一方面规定了鸦片、海洛因数量标准以及与其他毒品的换算比例,另一方面规定了非法种植毒品原植物罪的入罪株数。

3. 对毒品违法行为的行政处罚作出了规定。《关于禁毒的决定》第八条第一款规定,"吸食、注射毒品的,由公安机关处十五日以下拘留,可以单处或者并处二千元以下罚款,并没收毒品和吸食、注射器具"。第八条第二款规定,"吸食、注射毒品成瘾的,除依照前款规定处罚外,予以强制解除,进行治疗、教育。强制解除后又吸食、注射毒品的,可以实行劳动教养,并在劳动教养中强制解除"。

4. 对惩治毒品犯罪的空间效力作出了特别的规定。这表现在两个方面,一是规定我国公民在中华人民共和国领域外犯走私、贩卖、运输、制造毒品罪的,适用该法;二是规定外国人在中华人民共和国领域外犯以上罪行进入我国领域的,我国司法机关有管辖权,除依照我国参加、缔结的国际公约或者双边条约实行引渡外,适用本决定。

《关于禁毒的决定》是新中国成立以来第一部系统地规定毒品犯罪及其刑罚的单行刑事法律,一方面,它大幅度地补充和拓展了 1979 年《刑法》关于毒品犯罪的规定,为司法实务部门惩治毒品犯罪提供了切实有力的法律保障;另一方面,为以后的禁毒刑事立法奠定了坚实的基础。经 1997 年 3 月 14 日第八届全国人民代表大会第五次会议修订后的《刑法》,在其第六章"妨害社会管理秩序罪"中专设第七节"走私、贩卖、运输、制造毒品罪",规定了各种毒品犯罪及其刑罚适用。该节的主要内容在多个方面与《关于禁毒的决定》规定保持一致:其一,规定的具体毒品犯罪罪名包括走私、贩卖、运输、制造毒品罪,非法持有毒品罪,包庇毒品犯罪分子罪,窝藏毒品、毒赃罪,非法种植毒品原植物罪,引诱、教唆、欺骗他人吸毒罪,强迫他人吸毒罪,非法提供麻醉药品、精神药品罪八个罪名与《关于禁毒的决定》一致。其二,规定的法定刑种类与《关于禁毒的决定》一致。其三,规定构成犯罪的毒品数量与《关于禁毒的决定》一致。其四,规定的三个从重处罚情节,即"利用、教唆未成年人走私、贩卖、运输、制造毒品的,从重处罚";"引诱、教唆、欺骗或者强迫未成年人吸食、注射毒品的,从重处罚"和毒品再犯应从重处罚的规定与《关于禁毒的决定》一致。当然,修订后的《刑法》第六章第七节也增加了"非法买卖、运输、携带、持有未经灭活的罂粟等毒品原植物种子、幼苗罪","非法买卖制毒物品罪";增加了"向未成年人出售毒品的从重处罚"内容;将掩饰、隐瞒毒赃性质、来源罪纳入修订后的《刑法》第一百九十一条规定的洗钱罪;将容留他人吸食、注射毒品并出售毒品罪修改为容留他人吸毒罪;将甲基苯丙胺(冰毒)纳入毒品概念中。这些对《关于禁毒的决定》进一步的修订,使禁毒刑事立法更加完善、更加科学、更加符合实际。

《关于禁毒的决定》将吸毒行为明确从犯罪圈中剥离出来,把其界定为违法行为,这是符合我国国情的正确选择。同时,《关于禁毒的决定》对吸毒违法行为规定的行政处罚措施,为日后制定有关吸毒问题的行政法规作了必要的铺垫。[83] 例如,国务院于1995年1月12日颁布了《强制戒毒办法》,该办法就是根据《决定》第八条规定的精神制定的一部重要行政法规。该《办法》共二十二条,详细地规定了强制戒毒的对象、强制戒毒的主管机关、强制戒毒所的设置及经费保障、强制戒毒的期限、强制戒毒所的管理制度及措施、戒毒人员的脱瘾办法及戒毒后的社会帮教等。从此,我国针对毒品犯罪的专门刑罚制裁与针对吸毒人员的相关戒毒行政措施得以配套,进一步强化了对毒品犯罪的惩处和对吸毒违法行为的教育及改造。

除以上内容外,在这一阶段,我国颁布的涉及禁毒内容的法律有三部:(1)《未成年人保护法》(1991年9月4日第七届全国人大常委会第二十一次会议通过,2006年12月29日第十届全国人大常委会第二十五次会议修订,2007年6月1日起实施),该法规定父母或其他监护人有预防和制止未成年人吸毒的法律义务;(2)《治安管理处罚法》(2006年3月1日起施行),该法对非法种植毒品原植物,非法买卖、运输、携带、持有少量未经灭活的罂粟等毒品原植物种子或幼苗,非法运输、买卖、储存、使用少量罂粟壳,持有毒品,吸食、注射毒品,向他人提供毒品,胁迫、欺骗医务人员开具麻醉药品、精神药品,教唆、引诱、欺骗他人吸毒等违法行为规定了相应的行政处罚措施;(3)《反洗钱法》(2007年1月1日起施行),该法对隐瞒毒品犯罪所得及其收益的来源和性质的洗钱活动,规定了反洗钱措施。这一阶段,颁布的禁毒法规有四部:《药品管理法实施条例》(2002年9月15日起施行)、《麻醉药品和精神药品管理条例》(2005年11月1日起实施)、《易制毒化学品管理条例》(2005年11月11日起施行)、《艾滋病防治条例》(2006年3月1日起施行)。

这一阶段,颁布的禁毒规章主要有:《阿片类成瘾常用戒毒疗法的指导原则》(1993年8月4日起施行)、《劳动教养戒毒工作规定》(2003年8月1日起施行)、《向特定国家(地区)出口易制毒化学品暂行管理规定》(2005年9月1日起施行)、《麻醉药品和精神药品经营管理办法》(2005年10月31日起施行)、《麻醉药品和精神药品生产管理办法(试行)》(2005年10月31日起施行)、《麻醉药品和精神药品运输管理办法》(2005年11月8日起施行)、《医疗机构麻醉药品、第一类精神药品管理规定》(2005年11月14日起施行)、《非药品类易制毒化学品生产、经营许可办法》(2006年4月15日起施行)、《滥用阿片类物质成瘾者社区药物维持治疗工作方案》,等等。

这一阶段,我国地方性的禁毒立法有了长足的发展,表现在三个层面,其一是云南、四川、广西、重庆、内蒙古、湖南、安徽、福建、江苏、山西、宁夏、黑龙江等省(自治区、直辖市)先后制定了"禁毒条例";其二是个别国务院批准成立的较大的市(如厦门市)和个别设区的市(如包头市)先后制定了"禁毒条例";其三是云南省的个别自治州(如大理白族

---

[83]　苏智良、赵长青主编:《禁毒全书(上册)》,558页,北京,中国民主法制出版社,1998。

自治州、西双版纳傣族自治州)和自治县(如澜沧拉祜族自治县)也先后制定了"禁毒条例"。这不仅在我国禁毒立法史上,而且在世界禁毒立法史上都是颇具特色的。

这一阶段,我国先后也颁布了若干禁毒司法解释,为司法实践定罪量刑提供可操作的标准。这些司法解释主要有:最高人民法院于2000年6月10日颁布的《关于审理毒品案件定罪量刑标准有关问题的解释》;最高人民法院、最高人民检察院、公安部于2007年12月18日颁布的《关于办理毒品犯罪案件适用法律若干问题的意见》,等等。

这样,通过约十八年的禁毒立法工作,我国初步形成了比较完整的禁毒法体系。

第三个阶段。这一阶段禁毒立法具有标志性成果的无疑是2008年6月1日起施行的《禁毒法》这部禁毒法典的制定。如前述,经过第二阶段的禁毒工作,我国初步形成了比较完整的禁毒法体系。但是"完整"的禁毒法体系不等于"完备"的禁毒法体系,由于禁毒工作涉及面广,禁毒立法的主管部门众多,故立法水平参差不齐的情况也存在,禁毒法律、法规、规章、规范性文件等之间内容重叠、不协调、甚至相互矛盾的地方也比较突出。因此,制定一部禁毒法典有助于整体提升立法水平,也能较好协调各方,形成禁毒法之合力。这是制定《禁毒法》的第一个理由。制定《禁毒法》的第二个理由,是为了履行禁毒国际条约的需要。由于中国的毒品问题是世界毒品问题的一部分,这就需要加强禁毒国际合作。目前,我国已加入三个主要禁毒国际公约(前述)和其他一些国际禁毒协议或协定,而这些禁毒国际公约、协议、协定对缔约国的禁毒立法有许多的具体要求或建议。同时,禁毒国际合作还涉及我国的公安、司法、海关、卫生、食品药品监督等部门的职责,因此制定一部较高水平的禁毒法典去统领以上工作,就显得十分必要。制定《禁毒法》的第三个理由,则是要把长期以来我国禁毒工作形成的大量的实践证明行之有效的经验和办法加以总结和提高,并以法律形式固定下来,反过来用以指导实践。总之,制定《禁毒法》的三个理由都是围绕其制定目的,即"预防和惩治毒品违法犯罪行为,保护公民身心健康,维护社会秩序"从不同层面来展开的。

《禁毒法》的结构、体系特点,我们已在本书第一章中作了必要的阐释,在此不再赘述。这里有必要指出,《禁毒法》是我国第一部反映全面规范禁毒的法律,它既重视中国自身的禁毒工作经验和办法,也注意吸收世界其他各国先进的立法理念和技术,所以,《禁毒法》的颁布,标志着我国禁毒立法水平达到了一个新的高度,对其以后的禁毒立法产生了重大影响。

《禁毒法》颁布以后,我国一系列配套的禁毒行政法规、禁毒规章、地方性禁毒法规和司法解释相继出台。为了规范戒毒工作,帮助吸毒成瘾人员解除毒瘾,维护社会秩序,国务院根据《禁毒法》规定的精神,于2011年6月26日以国务院令形式颁布了《戒毒条例》(以下简称《条例》)。

《条例》是我国第一部全面系统地规定戒毒工作的行政法规,分七章四十六条,其主要内容:一是在总则部分,规定政府统一领导,禁毒委员会组织、协调、指导,有关部门各负其责,社会力量广泛参与的戒毒工作体制;规定戒毒工作应当坚持以人为本、科学戒毒、综合矫治、关怀救助的原则以及应当采取自愿戒毒、社区戒毒、强制隔离戒毒、社区康复等多种措施,建立戒毒治疗、康复指导、救助服务的戒毒工作体系;规定了戒毒经费的来源;规定了县级以上人民政府设立的禁毒委员会可以根据戒毒工作的实际,组织有关部门开展吸毒检测、调查;规定县级以上公安机关负责对涉嫌吸毒人员进行检测,对吸毒人员进行登记并依法实行动态管控;规定县级以上人民政府公安机关对吸毒人员依法责令社区戒毒、决定强制隔离戒毒、责令社区康复;乡(镇)人民政府、城市街道办事处负责社区戒毒、社区康复工作;规定对戒毒人员的信息应当依法予以保密;规定县级以上地方人民政府公安机关、设区的市以上地方人民政府司法行政部门依各自职责对社区戒毒、社区康复工作提供指导和帮助;规定县级以上地方人民政府卫生行政部门负责戒毒医疗机构的监督管理,并依责对医疗机构服务提供指导和支持;并规定县级以上地方人民政府民政、人力资源社会保障、教育等部门依责对社区戒毒、社区康复工作提供康复和职业技能培训等指导和支持,等。

二是在《条例》第二章、第三章、第四章、第五章中,对自愿戒毒、社区戒毒、强制隔离戒毒、社区康复的具体工作运行机制,戒毒人员和有关单位之间的权利义务关系,自愿戒毒、社区戒毒、强制隔离戒毒和社区康复之间的衔接等方面作出了全面的规定。

三是在《条例》第六章对公安、司法行政等有关部门工作人员,乡(镇)人民政府、城市街道办事处负责社区戒毒、社区康复工作的工作人员以及强制隔离戒毒场所的工作人员的行政责任和刑事责任作出了规定。

这一阶段,与《禁毒法》相配套的禁毒规章主要有:《吸毒人员登记办法》(2009年7月15日起施行);《吸毒检测程序规定》(2010年1月1日起施行);《戒毒医疗服务管理暂行办法》(2010年3月1日起施行);《药品类易制毒化学品管理办法》(2010年5月1日起施行);《吸毒成瘾认定办法》(2011年4月1日起施行);《公安部强制隔离戒毒所管理办法》(2011年9月28日施行);《非药用类麻醉药品精神药品列管办法》(2015年10月1日起施行);《全国青少年毒品预防教育规划(2016—2018)》(2015年8月18日起施行);《104种非药用类麻醉药品和精神药品管制品种依赖性折算表》(2016年);《关于切实加强公务员吸毒问题防治工作的通知》(2016年4月6日颁布);《公安机关缴获毒品管理规定》(2016年5月19日起施行);《全国社会面吸毒人员风险分类评估管控办法》(2016年6月6日起施行);《关于进一步加强戒毒药物维持治疗与强制隔离戒毒、社区戒毒、社区康复衔接工作的通知》(2016年8月19日颁布);《关于修改吸毒成瘾认定办法的决定》(2017年4月1日起施行)等。以上禁毒规章概括起来有三个特点:一是立法主体上,既有部、委、办等联合颁布(如《全国社会面吸毒人员风险分类评估管控办法》是由国家禁毒办联合中央综治办、国家卫生计委、民政部等七部委出台的)的,也有部、委、办单个颁布(如《药品类易制毒化学品管理办法》由卫生部单独颁布)的;二是立法的内容重点贯彻了《禁毒法》确立的"预防为主、综合治理"的禁毒战略;三是立法水平有了进一步的提高。如《非药用类麻醉药品精神药品列管办法》第一次规定,对新精神活性物质是否需要管制,要经过国务院有关部门组成的专家委员会进行论证。禁毒内容要经过专家委员会进行论证的规定,这在以往禁毒立法中是不曾有过的,表明我国禁毒立法水平有了明显的进步。

这一阶段,与《禁毒法》相配套的地方性禁毒立法也有进展。吉林省于 2009 年 11 月 27 日颁布了《吉林省禁毒条例》;贵州省于 2011 年 5 月 1 日颁布了《贵州省禁毒条例》;海南省于 2010 年 6 月 1 日起施行《海南经济特区禁毒条例》;武汉市于 2010 年 9 月 29 日起施行修订后的《武汉市禁毒条例》;浙江省于 2012 年 1 月 1 日起施行修订后的《浙江省禁毒条例》,等等。这些地方性的禁毒法规,根据《禁毒法》的精神和地方实际予以制定,为本地的禁毒工作提供了有力的法律保障。

这一阶段,禁毒司法解释得到了进一步的补充和完善。2008 年至今,我国先后颁布的禁毒司法解释分别是:《大连会谈纪要》(2008 年 12 月 1 日最高人民法院发布);《关于办理制毒物品犯罪案件适用法律若干问题的意见》(2009 年 6 月 23 日"两高一部"发布);《武汉会谈纪要》(2015 年 5 月 18 日最高人民法院发布);《最高人民法院关于审理毒品犯罪案件适用法律若干问题的解释》(2016 年 4 月 11 日起施行);《关于办理毒品犯罪案件毒品提取、扣押、称量、取样和送检程序若干问题的规定》(2016 年 5 月 24 日"两高一部"颁发),等等。以上司法解释,始终贯彻严厉惩治毒品犯罪的精神,同时进一步细化和量化了毒品犯罪的定罪、量刑标准,解决了系列毒品犯罪的法律适用问题,为今后禁毒刑事立法的完善和发展奠定了基础。

总而言之,第三阶段的禁毒立法是对第二阶段禁毒立法的继承和发展,通过近十年的努力,我国的禁毒立法层次有了较大幅度的提升,基本上建立了比较完备的禁毒法体系。

第三章　禁毒工作方针与禁毒工作机制

【学习目标】　通过本章的学习,熟悉我国禁毒工作方针及其内涵;了解我国禁毒工作的机制及其运作。

第一节　禁毒工作方针

一、我国的禁毒工作方针的提出与发展演变

我国禁毒工作方针是指导我国禁毒工作发展的纲领、指引禁毒工作前进的方向和目标。我国禁毒工作方针有一个随着对禁毒工作认识不断深入而发展变化的过程。1991年6月,在第一次全国禁毒工作会议上,国家禁毒委员会提出了"禁吸、禁贩、禁种"三禁并举,堵源截流,严格执法,标本兼治的禁毒工作方针,这一方针是在禁毒斗争中逐步形成的,是对当时我国禁毒工作经验的高度概括。1999年8月,国家禁毒委员会把三禁并举的禁毒方针调整并确定为"禁吸、禁贩、禁种、禁制"四禁并举,堵源截流,严格执法,标本兼治,使其更加适应我国同毒品违法犯罪作斗争的形势。2004年5月,在中共中央、国务院转发的《国家禁毒委员会2004—2008年禁毒工作规划》中确定了全国禁毒工作要遵循"禁吸、禁贩、禁种、禁制"四禁并举、预防为本、严格执法、综合治理的禁毒工作方针。我国《禁毒法》在肯定这一方针的同时,作了进一步的完善,将"预防为主"放在首位,将综合治理提前,将"四禁"的顺序 作了调整。《禁毒法》第四条规定:"禁毒工作实行预防为主,综合治理,禁种、禁制、禁贩、禁吸并举的方针"。这一方针更加强调把提高全民识毒、拒毒、防毒意识作为禁毒工作的治本之策,从而最大限度地减少新吸毒人员的滋生,最大程度地发动全社会共同参与禁毒工作;同时该方针强调综合运用法律、行政、经济、文化、教育、医疗、外交等多种手段治理毒品问题,推动禁毒工作从部门行动转变为政府行为和社会行为;并且强调禁种、禁制、禁贩、禁吸工作同步推进。总之,禁毒工作方针是符合我国禁毒工作的实际和毒品问题发展规律的。

二、我国禁毒工作方针的内涵

(一)预防为主

由于毒品具有的成瘾性特点,因此吸毒人员对毒品的稳定需求导致了毒品问题的蔓

延及不断恶化。这样,减少对毒品的需求就是遏制毒品蔓延的一个重要方面,而帮助吸毒成瘾人员戒除毒瘾和减少新滋生吸毒人员则是减少毒品需求的重要途径。长期以来,我国政府一直将戒毒工作作为禁毒工作的一项重要内容,投入了大量的人力、物力、财力,但事实证明收效甚微,戒毒人员戒毒治疗后的复吸率居高不下。在这种背景下,必须转变工作理念,将预防工作放在禁毒工作重中之重的位置。这就是说,坚持预防为主才是禁毒工作的治本之策。

坚持预防为主,就是要按照《禁毒法》第二章的要求切实抓好禁毒宣传教育工作,即通过各种途径,介绍毒品知识,传播禁毒观念,宣传禁毒政策与法律,提高全民认知毒品、拒绝毒品、防范毒品的能力,鼓励公众参与禁毒斗争,从而构筑全社会防范毒品侵袭的有效防御体系。坚持预防为主,就是要按照《禁毒法》第三章的要求认真落实好对毒品的管制工作,通过对麻醉药品、精神药品和易制毒化学品的严格管制,防止毒品流入非法渠道,从源头上减少毒品的生产和供应。坚持预防为主,就是要按照《禁毒法》第五章的要求,做好对外援助工作,支持有关国家实施毒品原植物替代种植,发展替代产业,从种植根源上遏制、消灭毒品。

(二)综合治理

毒品问题之所以是世界难题,就是因为其发生、发展有着非常复杂的背景、原因,受各种错综复杂的因素影响。一方面,毒品问题的产生和发展涉及政治、经济、文化、历史等多种因素影响;另一方面,毒品问题往往与其他社会问题,如犯罪问题、黑社会问题、恐怖主义问题、民族问题、经济发展不平衡问题、甚至国家安全等问题等相互渗透、相互交织、相互作用。再加上毒品本身具有的成瘾性的特点,就使毒品问题变得十分复杂。因此,针对毒品问题的长期性、艰巨性、复杂性特点,做好禁毒工作,就必然要在各级党委和政府的统一领导下,深入分析毒品问题发生的根源性原因,掌握毒品问题发展变化的内在规律,依靠人民群众和社会各方面的力量,分工合作,综合运用法律、政治、经济、行政、教育、文化等各种手段,对毒品问题进行综合治理。

综合治理方针的第一层涵义,是指治理毒品问题的责任主体是综合性的。禁毒工作涉及的领域广泛,牵涉的部门多,这就要求各有关职能部门加强沟通协调,完善合作交流机制,在各级人民政府统一领导下,动员全社会积极参与,高效地开展禁毒工作。综合治理方针的第二层涵义是指对毒品问题综合治理的规则体系是多元化的。毒品问题复杂多面,在禁毒工作中,对不同领域、不同层面的毒品问题采取不同的处置规则是科学、合理的应对之策。如前所言,目前我国已经形成了《禁毒法》《麻醉药品和精神药品管理条例》《易制毒化学品管理条例》《治安管理处罚法》《刑法》和《戒毒条例》等系统地应对、解决毒品问题的法律体系,为禁毒工作的开展提供了坚实的法律依据和制度保障。综合治理方针的第三层涵义是指对毒品问题治理的手段是多元化的。针对吸毒问题蔓延的严峻趋势采取多途径、针对性、全民性、常态化的预防宣传教育,对易被滥用的麻醉药品、精神药品和易于被利用来制毒的易制毒化学品采取生产、运输、经营、销售、进出口等严格的管制,对涉毒违法行为进行治安管理处罚,对严重毒品犯罪给予严厉的刑事打击,对吸毒成瘾人员开展戒毒救治及康复回归等工作,运用教育、行政、法律等不同的手段解决毒品问题,这些手段不仅在各自制度框架内发挥效用,而且互相补充、互相配合,使禁毒工作实现有机统一。

综合治理是建立在中国传统的政治法律实践经验和当代中国法治实践基础上的有中国特色的社会管理模式。对此,我们应当在禁毒工作中坚持并加以完善和发展。

(三)"四禁"并举

"禁种、禁制、禁贩、禁吸"即禁止种植毒品原植物、禁止制造毒品、禁止贩运毒品和禁止吸食毒品。"四禁并举"是指禁毒工作必须全面开展,"四禁"工作一起抓。当然,这种"并举"不是平均用力,分散兵力,而是从当时、当地的毒情出发,根据禁毒工作全局的需要采取适当的对策。坚持"四禁并举",是我国政府对于毒品问题采取严肃认真对待、科学处置态度的具体体现。吸毒、贩毒、种毒、制毒这四种违法犯罪行为互有联系,相互刺激、互为因果,因此"四禁"工作也应当相辅相成,缺一不可。禁种、禁制、禁贩是从源头上和流通渠道上加强对毒品的管制,从而有效地遏制毒品的泛滥;而禁吸则致力于减轻毒品危害,减少新增吸毒人员,压缩毒品市场。只有"四禁"并举,才能有效遏制毒品问题的发展,才能截断贩运、吸食、制造、种植之间的联系,忽视哪一个环节,都将为毒品的泛滥留下缺口,从而使禁毒工作功亏一篑。

第二节　禁毒工作机制

一、我国禁毒工作机制的基本内涵

《禁毒法》第四条第二款规定,禁毒工作实行政府统一领导,有关部门各负其责,社会广泛参与的工作机制。这一工作机制,是我国长期以来禁毒工作实践不断探索的成果,是实践证明行之有效的经验总结。[1] 对这一工作机制的基本内涵应从如下几方面理解:

首先是政府统一领导。就是说,在所有的禁毒责任主体(国家机关、社会团体、企业事业单位、其他组织和公民)中,政府是第一责任主体,负领导之责。我国禁毒工作之所以实行政府统一领导,是因为禁毒工作是一项长期、艰巨、复杂的系统工程,牵涉到经济、社会生活的各个领域,若没有一个强有力的政府的统一指挥、指引和协调,很多工作难以有效开展和落到实处。我国的禁毒历史表明,一个强有力的政府的统一领导,过去、现在和将来都是禁毒工作取得全面胜利的可靠保障。

---

〔1〕　黄太云:《中华人民共和国禁毒法解读》,15 页,北京,中国法制出版社,2008。

其次是有关部门各司其职。毒品问题涉及禁毒宣传教育、毒品管制工作、惩治毒品犯罪、戒毒康复工作、国际合作等领域,而每一领域禁毒工作的有效开展又牵涉到诸多管理部门。有关部门各司其职主要体现在两方面:一是各有关禁毒部门本身,需要结合禁毒工作的要求,依法调整、完善其禁毒职责,加强其禁毒工作队伍建设,明确其经费保障,细化和完善其禁毒业务工作;二是各有关禁毒部门之间在共同承担的禁毒职责上要相互配合、相互协作,形成合力。

再次是社会广泛参与。既然毒品问题是一个社会问题,那么,解决这一特殊社会问题的根本办法,就是要充分动员社会上各种有用资源和力量,共同关注并参与到禁毒工作中来,形成扎实的群众基础,汇聚成强大的禁毒力量,把禁毒工作不断引向深入和彻底。

二、我国禁毒工作机制的具体运作

(一) 成立国家禁毒委员会统一组织、协调、指导我国的禁毒工作以及组织开展禁毒国际合作

为适应我国禁毒形势的需要,统一组织、协调、指导我国的禁毒工作,1990 年 11 月 23 日,国务院第七十二次常务会议决定成立国家禁毒委员会。同年 12 月 15 日,《国务院办公厅关于成立全国禁毒工作领导小组(对外称国家禁毒委员会)的通知》颁布,国家禁毒委员会正式成立。1998 年 3 月 29 日,全国禁毒工作领导小组撤销,同年国务院批准公安部成立禁毒局,该局同时作为国家禁毒委员会的办事机构——国家禁毒委员会办公室。国家禁毒委员会成立之初的职责有三项:"领导全国的禁毒工作""协调有关重大问题""负责研究确定禁毒方面的重要政策和措施";及至二十世纪九十年代,国家禁毒委员会的职责除以上所列三项外,尚包括"对外负责禁毒国际合作,履行国际禁毒公约义务"和"动员全社会力量开展禁毒斗争"两项。进入二十一世纪头一个十年的中后期,根据我国禁毒形势的发展变化,我国政府对国家禁毒委员会的禁毒职责作了调整:"对内负责组织、协调、指导全国的禁毒工作";"对外则根据国务院的授权,负责组织开展禁毒国际合作,履行国际禁毒公约义务"。对此,我国 2008 年 6 月 1 日生效的《禁毒法》在其第五条和第五十四条以法律形式加以确定。[2]

(二) 成立地方各级禁毒委员会,统一组织、协调、指导地方各级禁毒工作

国家禁毒委员会成立之后,全国各省、自治区、直辖市人民政府也先后相应地成立了省级禁毒委员会,负责组织、协调和指导本行政区域范围内的禁毒工作。同时,随着禁毒工作的深入开展,全国地(市、盟、州)、县(市、区、旗)中绝大多数地方政府都先后成立了

〔2〕《禁毒法》第五条第一款规定:国务院设立国家禁毒委员会,负责组织、协调、指导全国的禁毒工作;第五十四条规定:国家禁毒委员会根据国务院授权,负责组织开展禁毒国际合作,履行国际禁毒公约的义务。

禁毒委员会,负责组织、协调和指导本行政区域内的禁毒工作。但是,应当注意,根据《禁毒法》第五条第二款的规定,县级以上地方各级人民政府不是"必须"而是"可以"设立禁毒委员会,是否设立,应当"根据禁毒工作的需要"。

(三) 制定禁毒工作责任制

为了进一步落实禁毒工作责任和提高禁毒工作水平,国家禁毒委员会根据《禁毒法》《公务员法》等法律和有关规定,结合禁毒工作的实际,研究制定了《禁毒工作责任制》,并于 2014 年 9 月 22 日印发国家禁毒委员会成员单位,各省、自治区、直辖市禁毒委员会和新疆生产建设兵团禁毒委员会。《禁毒工作责任制》共分四章二十八个条文,第一章是"总则",第二章是"地方各级党委、政府的禁毒工作职责",第三章是"各级禁毒委员会的禁毒工作职责",第四章是"禁毒工作考评和责任追究"。综合以上四章内容,《禁毒工作责任制》的要点有以下七个方面:

1. 明确禁毒工作责任的内涵,禁毒工作第一责任人、主要责任人、直接责任人是谁以及禁毒工作责任原则

首先,明确禁毒工作责任的内涵。《禁毒工作责任制》第二条规定,禁毒工作责任是各级党委、政府和禁毒委员会、禁毒委员会成员单位、禁毒委员会办公室和其他有关职能部门及其禁毒工作责任人履行禁毒职责所应承担的责任。

其次,明确禁毒工作第一责任人、主要责任人、直接责任人是谁。《禁毒工作责任制》第三条规定,各级党委,政府主要领导是禁毒工作第一责任人,对本行政区域禁毒工作负总责。各级党委,政府分管禁毒工作的领导、禁毒委员会主任是主要责任人,对本行政区域禁毒工作负主要责任。各级禁毒委员会委员、其他有关职能部门负责人是本单位、本系统履行禁毒职责的直接解责任人。

再次,《禁毒工作责任制》第四条规定,禁毒工作坚持责任与职能相适应以及"谁主管、谁负责"的原则。

2. 明确地方各级党委、政府的禁毒工作职责。

对此,《禁毒工作责任制》第六条、第七条、第八条、第九条、第十条、第十一条予以规定。具体是:(1)地方各级党委、政府领导本行政区域禁毒工作,应将禁毒工作纳入当地国民经济和社会发展总体规划,摆上重要议事日程,列入全面深化改革、社会治理和公共服务的重要内容。(2)地方各级党委、政府应定期听取禁毒工作汇报,及时研究解决禁毒工作的重大问题和困难。被国家和省级禁毒委员会列为重点通报、重点整治的地(市、州、盟)和县(市、区、旗)党委或政府的主要领导任禁毒委员会主任。(3)关于队伍建设工作。地方各级党委政府应建立与本地毒情形势和禁毒任务相适应、职能配置完善、岗位设置科学的禁毒机构队伍体系;应加强本级禁毒委员会办公室建设,配备与禁毒工作相适应的禁毒专业力量,加强公安禁毒专业队伍建设,提高禁毒工作能力。(4)关于保障和考核工作。地方各级政府应根据禁毒工作需要,将禁毒工作经费列入本级财政预算,建立健全相关保障机制,切实加强经费管理,强化绩效考核,提高经费使用效益。(5)地方各级党委、政府还应鼓励全社会力量参与禁毒工作,搭建社会力量参与禁毒工作的平台,建立禁毒社会工作队伍和志愿者队伍,健全社会化禁毒工作机制,动员全社会力量参与禁毒工作。(6)乡镇、城市街道办事处应建立由党委、政府主要负责人为召集人、各村(居)民委员会主任参加的禁毒工作协调机制,明确相应的负责人和工作人员,统筹安排工作经费,做好禁毒宣传教育、社区教育和社区康复、禁种铲种等工作。

3. 规定各级禁毒委员会的禁毒工作具体职责

《禁毒工作责任制》第十二条规定,各级禁毒委员会负责组织、协调、指导开展本行政区域禁毒工作,并履行以下职责:(1)制定本行政区域的禁毒工作规划和禁毒工作措施、年度工作目标,明确奖惩措施,抓好责任落实;(2)宣传禁毒法律、法规、政策,并对禁毒法律、法规、政策的实施情况进行监督、检查;(3)建立健全毒情监测评估、滥用预警和毒情通报机制,定期发布毒情形势和变化动态;(4)明确本级禁毒委员会成员单位职责任务,协调有关部门和单位研究解决禁毒工作中的重大问题;(5)指导下级党委、政府、禁毒委员会落实本级党委、政府、禁毒委员会的禁毒工作意见,对禁毒工作完成情况进行检查,支持本级禁毒委员会成员单位履行禁毒工作职责;(6)贯彻落实上级禁毒委员会和本级党委、政府的禁毒工作部署,定期向上级禁毒委员会和本级党委、政府汇报禁毒工作。

4. 规定各级禁毒委员会成员单位的禁毒工作职责

《禁毒工作责任制》第十三条规定,各级禁毒委员会成员单位负责组织、协调、指导开展本行政区域禁毒工作,并履行以下职责:(1)按照同级党委、政府和禁毒委员会确定的禁毒职责任务分工,将禁毒工作列入本单位、本系统整体工作规划,制定工作方案,抓好工作落实;(2)落实上级业务主管部门关于禁毒工作的部署和要求,督促本系统下级部门开展禁毒工作;(3)确定责任领导,明确负责禁毒工作的部门和人员,安排专项经费,充实工作力量;(4)定期向本级禁毒委员会和上级业务主管部门汇报禁毒工作;(5)各级禁毒委员会各工作小组牵头单位应切实履行小组牵头工作职责;(6)履行有关法律、法规和文件规定的其他禁毒职责。

5. 规定各级禁毒委员会办公室的具体工作职责

《禁毒工作责任制》第十四条规定,各级禁毒委员会办公室承担本级禁毒委员会的日常工作,并负责履行以下职责:(1)分析毒情形势,开展禁毒对策研究,拟定禁毒工作任务目标、禁毒工作措施和重大行动建议,提出禁毒工作具体问题和困难,提请本级党委、政府、禁毒委员会研究部署。(2)建立完善禁毒委员会各工作小组联席会议和相关办事制度,推动本级禁毒委员会成员单位开展禁毒工作。(3)落实禁毒督导考核制度,督促本级禁毒委员会成员单位和下级禁毒委员会完成工作任务。(4)会同有关部门建立禁毒经费保障管理、效益评估制度,加强禁毒业务装备规划和建设,推进禁毒基础设施、科研和法制建设。(5)组织、协调、指导禁毒社会组织开展专业服务,鼓励支持志愿者队伍参与禁毒工作。(6)完成本级党委、政府和禁毒委员会部署的其他禁毒工作。

6. 确立禁毒工作中的考评和追究责任制度

其一,禁毒工作中的考评、责任追究制度由各级党委、政府以及各级禁毒委员会建立。《禁毒工作责任制》第十六条规定,各级党委、政府应建立禁毒工作考评和责任追究制度,将禁毒工作纳入党政领导班子和领导干部政绩考核内容。对因领导不重视、责任不落实、措施不得力,导致毒品问题泛滥的,应追究禁毒工作责任。第十七条规定,各级禁毒委员会应建立禁毒考评体系和成员单位述职讲评制度,对禁毒工作完成情况进行综合考核评估和情况通报。

其二,关于禁毒工作责任追究的形式。《禁毒工作责任制》第十八条规定,禁毒工作责任主要采用以下方式进行追究:(1)通报批评并责令整改;(2)约谈;(3)取消评先授奖资格;(4)不得提拔和交流重用;(5)给予党纪、政纪处分。

其三,关于禁毒工作责任追究的适用。根据《禁毒工作责任制》第十九条、第二十条、第二十二条,在三种情形下适用"通报批评、责令整改、约谈有关责任人":首先是各地履行禁毒工作职责过程中,出现下列情形之一的,由上级党委、政府、禁毒委员会进行"通报批评、责令整改、约谈有关责任人",这五种情形是:(1)应对本地突出毒品问题措施不力、成效不明显的;(2)禁毒工作综合考评不达标或者排名靠后的;(3)未能建立与本地毒情相适应的禁毒机构、队伍的;(4)未将禁毒经费列入本级预算,或者挪用、截留、克扣禁毒经费的;(5)未完成重大禁毒任务部署和禁毒工作主要目标的。

其次是各部门履行禁毒工作职责过程中,出现下列情形之一的,同级党委、政府、禁毒委员会应进行"通报批评、责令整改,并约谈有关责任人":(1)未将禁毒工作列入本单位、本系统整体工作规划,制定工作方案的;(2)未明确负责禁毒工作的部门和人员,落实专项经费的;(3)未按要求完成禁毒工作任务的;(4)主管禁毒工作领域发生重大问题,对禁毒工作造成严重不利影响的(《禁毒工作责任制》第二十条)。

再次是被列为重点通报和重点整治的地区,应予以"通报批评、责令整改,并约谈该地区禁毒工作有关责任人"(《禁毒工作责任制》第二十一条规定,对种毒、制毒、贩毒、吸毒以及制毒物品流失、娱乐服务场所涉毒等问题严重地(市、州、盟)和县(市、区、旗),视毒情严重程度分别列为重点通报地区、重点整治地区)。

根据《禁毒工作责任制》第二十三条,被列为重点整治的地区,除予以"通报批评、责令整改,并约谈该地区禁毒工作有关责任人"外,还包括应采取以下责任追究措施:(1)取消参加文明创建、平安创建等全国性及地区性评比的资格;(2)禁毒工作第一责任人、主要责任人原则上不得评先授奖、提拔和交流重用;(3)在被列为重点整治的地区以前,已经在该地区担任相应职务两年以上(含两年)的禁毒工作第一责任人、主要责任人,因不重视禁毒工作、履职不力导致毒情严重的,应视情给予警告、严重警告等党纪、政纪处分。同时第二十四条规定,被列为重点整治的地区,因重视不够、措施不力、责任不落实而导致不能按期完成整治目标任务的,应延长重点整治期限,并视情给予禁毒工作第一责任人、主要责任人警告、严重警告等党纪、政纪处分。对属于上述第三项规定的情形,在延长重点整治期限内仍未完成整治目标任务的,应给予禁毒工作第一责任人、主要责任人降级、撤职处分。

《禁毒工作责任制》第二十七条规定:各地禁毒工作考评和责任追究情况应及时上报上级禁毒委员会。

《禁毒工作责任制》第二十六条规定,违反本责任制规定,同时违反有关法律、法规规定的,依照有关法律、法规规定追究法律责任。

7. 国家禁毒委员会督导检查工作

为认真落实禁毒工作责任,加强对各地禁毒工作的监督检查和考核评估,推动禁毒人民战争向纵深发展,国家禁毒委员会根据《禁毒法》《中共中央国务院关于加强禁毒工作的意见》《禁毒工作责任制》等有关法律和规定,结合《全国禁毒工作考评办法》和禁毒工作实际,制定了国家禁毒委员会督导检查制度(国家禁毒委员会办公室 2015 年 10 月 24 日印发)。

(1) 关于督导检查形式

成立三十一个督导检查工作组,对全国各省(自治区、直辖市)和新疆生产建设兵团禁毒工作进行督导检查,每组负责督导检查一个省(自治区、直辖市);督导检查采取全面检查与重点抽查相结合,通过听取工作汇报、查阅有关资料、召开座谈会、基层走访调研等形式开展,对因督导检查不负责任引发问题的要承担相应责任;各督导检查组由国家禁毒委员会委员带队,相关成员单位及国家禁毒委员会办公室派员参加;督导检查原则上每年开展一次,于十月至十二月期间集中组织开展,每次督导检查时间不少于五天。

(2) 关于督导检查内容

督导检查内容主要为各地禁毒委员会和成员单位禁毒工作开展情况,包括:①贯彻落实中央决策部署情况;②贯彻落实国家禁毒委员会重点工作部署情况;③贯彻执行《禁毒法》等有关法律法规的情况;④宣传教育、执法打击、禁吸戒毒、禁毒管理、国际合作等各项禁毒业务工作情况;⑤禁毒重点整治工作情况;⑥加强禁毒工作保障情况;⑦落实禁毒工作责任制情况;⑧其他需要督导的有关工作情况。

督导检查结束后,各督导检查组应当认真总结督导检查情况,并于十个工作日内向国家禁毒委员会办公室提交督导检查报告。国家禁毒委员会办公室汇总形成督导检查总体报告,提交国家禁毒委员会全体会议审议,相关情况通报各地,并作为全国禁毒工作考评的参考依据。

第四章　禁毒工作中的专门机构、社会组织

【学习目标】　了解我国禁毒工作中的专门机构及其在禁毒工作中的任务分工和职责;了解当前我国禁毒工作中的社会组织及其发挥的作用。

第一节　禁毒委员会及其成员单位

一、国家禁毒委员会及其成员单位

(一) 国家禁毒委员会

如前所述,国家禁毒委员会是我国最高的禁毒领导机构,对内负责组织、协调、指导全国的禁毒工作;对外则根据国务院的授权,负责组织开展禁毒国际合作,履行国际禁毒条(公)约义务。2003 年 3 月 21 日,《国务院关于议事协调机构和临时机构设置的通知》将国家禁毒委员会列为议事协调机构,具体工作由公安部承担。2008 年 3 月 21 日,《国务院关于议事协调机构设置的通知》颁布,继续把国家禁毒委员会设为国务院议事协调机构。由此可知,我国的国家禁毒委员会实质上是议事协调机构,而非实体化的领导机构,其对全国禁毒工作的领导是以组织、协调、指导形式开展。

国家禁毒委员会的主要职能有如下六项:(1)负责研究确定禁毒工作的战略、方针、政策和措施,统一领导全国范围内的禁毒工作;(2)协调涉及我国国务院各部门有关禁毒工作的重大问题,按照分工充分发挥各部门的职能作用;(3)检查督导各省、自治区、直辖市和国务院各部门禁毒工作的规划和执行情况;(4)在国家内外方针政策指导下,负责与联合国禁毒机构及其他国际禁毒机构的联系,代表政府进行禁毒国际合作;(5)研究有关禁毒工作的人力、财力、装备的统筹安排,促进改善禁毒执法部门的工作条件;(6)负责向国务院报告禁毒工作。

作为国务院的议事协调机构,我国国家禁毒委员会主任由公安部部长担任,副主任设若干名,由国务院有关部门副职担任,委员则依据禁毒情况变化设置,通常设几十名不等,由国务院有关部门负责人、共青团中央、全国总工会、全国妇联、中央军委有关部门负责人担任。

国家禁毒委员会的办事机构是国家禁毒委员会办公室。国家禁毒委员会办公室下设七处一室,分别是:办公室、预防教育处、麻醉药品侦查处、情报信息处、禁吸禁种处、禁

制毒品处、国际合作处、精神药物犯罪案件侦查处。国家禁毒委员会办公室的主要职能是：(1)掌握全国各地区和政府各部门禁毒工作情况,就禁毒工作的政策、措施、计划、项目向国家禁毒委员会提出建议和方案;(2)协调政府各部门之间在禁毒工作中的合作事项;(3)对地方禁毒工作的开展提出指导性意见;(4)组织禁毒宣传工作;(5)补助地方的禁毒经费、装备的统筹安排和落实;(6)与外交部及有关部门配合,组织国际合作,负责与联合国组织、其他国际组织和各国政府间的禁毒合作业务;(7)办好《禁毒工作情况反映》《禁毒工作简报》对上对下两种刊物;(8)有关禁毒委员会的其他日常工作。

(二)国家禁毒委员会成员单位

国家禁毒委员会成立之初,其成员单位由外交部、公安部、最高人民法院、最高人民检察院等二十三个单位组成。后来,根据我国禁毒工作的需要,成员单位不断补充,截至2016年2月,国家禁毒委员会共有三十八个成员单位,分别是公安部、中共中央宣传部、国家卫生与计划生育委员会、海关总署、最高人民法院、最高人民检察院、外交部、国家发展和改革委员会、教育部、科技部、国家安全部、民政部、司法部、财政部、人力资源和社会保障部、交通运输部、工业和信息化部、环境保护部、中国铁路总公司、农业部、商务部、文化部、中国人民银行、国家工商行政管理总局、新闻出版广电总局、国家安全生产监管总局、国家林业局、国务院法制办、国务院扶贫办、国务院新闻办、中国民用航空局、国家邮政局、国家海洋局、国家食品药品监督管理局、总参谋部、全国总工会、共青团中央、全国妇联。

为充分发挥国家禁毒委员会各成员单位的职能作用,共同搞好禁毒工作,国务院办公厅曾于2001年1月5日发布了《国务院办公厅关于转发国家禁毒委员会成员单位主要职责的通知》,明确了国家禁毒委员会成员单位在禁毒工作中的主要职能。

为了进一步促进国家禁毒委员会成员单位开展禁毒工作,2014年9月20日,中共中央办公厅、国务院办公厅印发了《贯彻落实〈中共中央、国务院关于加强禁毒工作的意见〉重要政策措施分工方案》的通知,进一步明确了国家禁毒委员会成员单位在禁毒工作中的职能和任务,并且对其工作进度和工作成果提出了明确要求。

二、地方各级人民政府禁毒委员会及其成员单位

根据《禁毒法》的要求,为保障禁毒工作的深入开展,地方各级人民政府基本上都成立了禁毒委员会,负责组织、协调、指导本行政区域的禁毒工作。概括起来,地方各级人民政府禁毒委员会的主要职能有四项:(1)规划职能。就是说,地方各级人民政府禁毒委员会负责研究制定本行政区域内禁毒工作的目标、计划、方案,确定其禁毒工作任务、重点并随着禁毒工作形势的发展及时作出战略调整。(2)组织、协调职能。由于禁毒是全社会的共同责任,因此地方各级人民政府禁毒委员会就肩负着将地方国家机关、社会团体、企事业单位以及其他组织和个人这些不同社会力量进行整合,形成禁毒合力的重任。

（3）监督、指导职能。就是说,地方各级人民政府禁毒委员会对上级禁毒委员会、同级党委、政府对禁毒工作提出的目标、任务、要求,禁毒委员会成员单位对任务的完成情况,下级禁毒委员会对上级禁毒委员会所提出要求的贯彻落实情况等进行监督、指导。

与国家禁毒委员会设置相关成员单位的做法相一致,地方各级人民政府禁毒委员会也设置相关成员单位。但其如何设置,一般根据各行政区域禁毒工作的特点及实际需要确定。

第二节　公安机关、人民检察院、人民法院、司法行政机关

一、公安机关

按照国务院办公厅《关于转发国家禁毒委员会成员单位主要职责的通知》的规定,公安部在禁毒工作中的主要职能是:（1）负责掌握毒品违法犯罪动态,研究制定预防、打击对策;（2）组织、指导、监督毒品犯罪案件的侦查工作,毒品预防教育、禁吸戒毒、禁种铲毒工作,麻醉药品、精神药物安全管理和易制毒化学品管制等工作,以及因毒品犯罪被判处有期徒刑在被交付执行前剩余刑期在一年以下的和被判处拘役的罪犯的监管改造工作;（3）履行国际禁毒公约义务,统一协调禁毒国际合作。

按照国务院办公厅《贯彻落实〈中共中央、国务院关于加强禁毒工作的意见〉重要政策措施分工方案》的规定,公安机关牵头和参与承担的任务职责主要有以下几方面:

（一）加强禁毒宣传教育工作,增强全民识毒、防毒、拒毒意识和能力

按照国家禁毒委员会制定的全民毒品预防教育计划,将毒品预防教育与公民道德教育、普法教育、健康教育、科普教育、预防艾滋病教育相结合,推动毒品预防教育进学校、进单位、进家庭、进场所、进社区、进农村。广泛发动人民群众和社会力量开展形式多样的全民禁毒宣传月活动。对社会闲散人员、演艺界人员以及娱乐服务场所等涉毒高危行业从业人员,有针对性地开展毒品预防教育,努力遏制新吸毒人员滋生。

（二）创新吸毒人员服务管理

1. 吸毒人员管理工作

公安机关负责依法严厉查处吸毒行为,落实吸毒人员排查发现责任,鼓励吸毒人员主动到公安机关登记,最大限度发现隐性吸毒人员,依法责令吸毒成瘾人员接受戒毒治疗。把吸毒人员纳入网格化社会管理服务体系,通过风险评估实施分类,分级管理和动态管控,严防吸毒人员肇事肇祸。

2. 戒毒工作

公安机关负责依法规范强制隔离戒毒工作,加强戒毒治疗、康复指导和职业培训,做好强制隔离戒毒与社区康复的衔接,提高戒毒实效。研究完善戒毒康复场所管理体制,

完善功能设计,改进管理方式,提高使用效率。大力加强自愿戒毒工作力度,加快推进戒毒医疗服务机构建设,引导吸毒人员主动接受戒毒治疗。探索建立收治病残吸毒人员的专门场所和区域。

3. 戒毒人员回归社会帮扶工作

加大对戒毒康复人员就业帮扶力度,促进其尽快融入社会。完善促进戒毒康复人员就业政策,加强就业登记和失业登记,组织开展职业培训,对符合就业困难人员认定条件的戒毒康复人员按规定给予政策扶持,采取多种形式促进戒毒康复人员就业。加强戒毒康复人员社会保障工作,按规定将戒毒康复人员纳入社会保险范畴,对符合条件的戒毒康复人员提供社会保险补贴。按规定将生活困难的戒毒康复人员家庭纳入最低生活保障或特困人员供养范围,对因特殊原因导致生活暂时困难的戒毒康复人员家庭给予临时救助,努力保障戒毒康复人员有学可上、有业可就、病有所医、困有所帮。

(三)严厉打击毒品违法犯罪活动

1. 毒品查缉工作

加强对云南、广西、广东、新疆、吉林等毒品来源重点方向省份毒品查缉工作的指导,严防境外毒品流入。协调指导解放军边防部队、公安边防部队和海关等部门密切配合,严密边境地区军警民联防联控体系,严格边境管理,坚决堵截毒品走私入境和制毒物品走私出境。科学规划设置毒品查缉站点,构建覆盖全国陆海空邮及互联网的毒品立体堵截体系,加强运输监管,执法联动和信息通报。协调、指导公安、海关、海警、交通运输、邮政等部门和单位协同作战、整体联动,加大毒品查缉力度,推动堵源截流由边境地区向内地机场、沿海港口、公路、铁路全方位开展。加强重点机场、港口、车站的公安禁毒力量和装备建设,强化毒品查缉工作。

2. 打击毒品犯罪

公安机关应加强情报搜集、分析研判和信息技术运用,加大对毒品犯罪案件的侦查力度,建立跨区域办案协作机制和涉毒反洗钱工作机制,严厉打击制毒、跨境跨区域贩毒和互联网涉毒等违法犯罪活动,严厉打击幕后组织者、团伙骨干和"保护伞",严厉打击毒品洗钱犯罪和为毒品犯罪提供资金的活动,坚决摧毁毒品犯罪经济基础。将治理贫困地区非法种植毒品原植物问题纳入国家扶贫政策范畴,在产业发展等方面给予扶持。

(四)加强易制毒化学品、麻醉药品和精神药品管理

完善易制毒化学品管理机制,建立非列管易制毒化学品临时列管机制,明确部门分工,建立监管责任追究制度。建立健全易制毒化学品流失追溯制度。依法追究违法违规企业、法人和相关责任人的责任。加快易制毒化学品管理信息系统建设和应用,发挥易制毒化学品行业协会作用,倡导企业自律,市场规范和社会监督,建立企业信用等级管理制度。

（五）务实开展禁毒国际合作

向国际禁毒组织派驻代表，加强驻禁毒合作重点国家使领馆的警务联络力量配备，强化与有关国家的禁毒执法合作。加大境外罂粟替代种植和替代产业工作力度，从源头上遏制境外毒源地对我国的危害。

（六）强化工作保障

加强公安禁毒专业力量建设，省（自治区，直辖市）、市（地、州、盟）及登记吸毒人员百人以上或被列入毒品问题重点整治的县（市、区、旗）要加大禁毒工作力度，配备与禁毒任务相适应的队伍力量。针对毒品违法犯罪出现的新情况新问题，及时制定、修订相关法律法规。公安机关应着力解决娱乐服务场所涉毒活动问题、病残及怀孕哺乳期妇女等特殊群体涉足毒品犯罪、收押收治问题等。

二、人民检察院

按照国务院办公厅《关于转发国家禁毒委员会成员单位主要职责的通知》的规定，最高人民检察院在禁毒工作中主要职能有五项，分别是：（1）负责协调检察机关与有关部门和单位在禁毒工作中的关系；（2）领导、监督地方各级人民检察院对毒品犯罪案件的审查批准逮捕、审查起诉和抗诉工作，以及对毒品犯罪案件涉及的国家机关工作人员利用职权实施犯罪的立案侦查工作；（3）依据审判监督程序，对各级人民法院对于毒品案件生效的判决、裁定提出抗诉；（4）领导地方各级人民检察院依法对毒品犯罪案件的立案、侦查、审判和刑罚执行活动进行监督；（5）组织、指导全国检察机关的禁毒专业培训，提高禁毒执法水平。

按照国务院办公厅《贯彻落实〈中共中央、国务院关于加强禁毒工作的意见〉重要政策措施分工方案》的规定，检察机关承担的任务职责主要有以下几方面：一是按照国家禁毒委员会制定的全民毒品预防教育计划，将毒品预防教育与公民道德教育、普法教育、健康教育、科普教育和预防艾滋病教育相结合，推动毒品预防教育进学校、进单位、进家庭、进场所、进社区、进农村，努力增强全民识毒、防毒、拒毒意识和能力。二是严厉打击毒品违法犯罪活动。人民检察院和公安机关要协同配合，提高办案效率和质量，坚持对毒品犯罪活动"零容忍"，依法严惩各类毒品犯罪。三是会同国家禁毒委员会办公室及相关部门开展非药用类麻醉药品和精神药品的风险评估和列管工作，建立新精神活性物质及其他非药用物质临时列管机制。四是针对毒品违法犯罪出现的新情况新问题，及时制定、修订相关法律法规。五是着力解决制毒物品违法犯罪、互联网涉毒活动问题。六是着力解决病残及怀孕哺乳期妇女等特殊涉足群体，收押收治问题。七是着力解决吸毒后驾驶机动车问题。

三、人民法院

按照国务院办公厅《关于转发国家禁毒委员会成员单位主要职责的通知》的规定，最高人民法院在禁毒工作中的主要职能是：(1)负责监督地方各级人民法院和专门人民法院对毒品犯罪案件的审判工作。对地方各级人民法院和专门人民法院已经发生法律效力的判决和裁定，发现确有错误的，进行提审或者指令下级人民法院再审。(2)直接审理最高人民法院认为应当由本院审理的第一审毒品犯罪案件；各高级人民法院、解放军军事法院做出一审判决，被告人提出上诉或人民检察院按照二审程序提出抗诉的毒品犯罪案件；最高人民检察院按照审判监督程序提出抗诉的毒品犯罪案件。复核未经授权的各高级人民法院、解放军军事法院审理的毒品死刑案件，以及虽经授权但人民检察院提出抗诉，高级人民法院按照第二审程序改判死刑的毒品犯罪案件；《刑法》第六十三条第二款规定的在法定刑以下判处刑罚的毒品犯罪案件；《刑法》第八十一条第一款规定的特殊情况的毒品假释案件。(3)对毒品犯罪案件审判中出现的具体法律问题做出司法解释。(4)对地方各级人民法院的毒品犯罪案件审判工作进行检查和指导。(5)对地方各级人民法院同与我国签订司法协助条约的国家法院之间相互请求代为一定诉讼行为事宜进行审查。

按照国务院办公厅《贯彻落实〈中共中央、国务院关于加强禁毒工作的意见〉重要政策措施分工方案》的规定，最高人民法院及各级法院和公安机关要协同配合，提高办案效率和质量，坚持对毒品犯罪活动"零容忍"，依法严惩各类毒品犯罪。除此之外，人民法院还承担以下工作：

(一) 药品的风险评估和列管工作

最高人民法院应会同国家禁毒委员会办公室及相关部门开展非药用类麻醉药品和精神药品的风险评估和列管工作，建立新精神活性物质及其他非药用物质临时列管机制。

(二) 禁毒立法及法律适用工作

针对毒品违法犯罪出现的新情况新问题，及时制定、修订相关法律法规；着力解决制毒物品违法犯罪、互联网涉毒活动问题；着力解决病残及怀孕哺乳期妇女等特殊涉毒群体的收押收治问题；着力解决吸毒后驾驶机动车问题；及时出台相关司法解释和指导意见，加大依法惩治毒品违法犯罪力度，规范和统一法律适用。

(三) 打击毒品犯罪工作

协助公安机关等建立跨区域办案协作机制和涉毒反洗钱工作机制，严厉打击制毒、跨境跨区域贩毒和互联网涉毒等违法犯罪活动，加大对毒品犯罪案件的侦查力度，严厉打击幕后组织者、团伙骨干和"保护伞"，严厉打击毒品洗钱犯罪和为毒品犯罪提供资金的活动,坚决摧毁毒品犯罪经济基础。

四、司法行政机关

按照国务院办公厅《关于转发国家禁毒委员会成员单位主要职责的通知》的规定,司法部在禁毒工作中的主要职能是:(1)开展禁毒法制宣传教育,并将其纳入普法教育规划;(2)依法收容强制戒毒的劳动教养人员,积极做好强制戒毒、治疗康复和矫治恶习工作,努力降低复吸率;(3)负责对在监狱服刑的涉毒罪犯的关押改造工作,依法执行刑罚,做好教育改造工作,不断提高改造质量,努力减少重新犯罪。

按照国务院办公厅《贯彻落实〈中共中央、国务院关于加强禁毒工作的意见〉重要政策措施分工方案》的规定,司法行政机关参与负责以下几项工作:

(一)吸毒人员的管理工作

创新吸毒人员服务管理工作,具体为依法严厉查处吸毒行为,落实吸毒人员排查发现责任,鼓励吸毒人员主动到公安机关登记,最大限度发现隐性吸毒人员,依法责令吸毒成瘾人员接受戒毒治疗;把吸毒人员纳入网格化社会管理服务体系,通过风险评估实施分类,分级管理和动态管控,严防吸毒人员肇事肇祸。

(二)戒毒康复工作

参与规范强制隔离戒毒工作,加强戒毒治疗、康复指导和职业培训,做好强制隔离戒毒与社区康复的衔接,提高戒毒实效;研究完善戒毒康复场所管理体制,完善功能设计,改进管理方式,提高使用效率;探索建立收治病残吸毒人员的专门场所和区域。

(三)戒毒人员回归社会的帮扶工作

加大对戒毒康复人员就业帮扶力度,促进其尽快融入社会。完善促进戒毒康复人员就业政策,加强就业登记和失业登记,组织开展职业培训,对符合就业困难人员认定条件的戒毒康复人员按规定给予政策扶持,采取多种形式促进戒毒康复人员就业。加强戒毒康复人员社会保障工作,按规定将戒毒康复人员纳入社会保险范畴,对符合条件的戒毒康复人员提供社会保险补贴。按规定将生活困难的戒毒康复人员家庭纳入最低生活保障或特困人员供养范围,对因特殊原因导致生活暂时困难的戒毒康复人员家庭给予临时救助,努力保障戒毒康复人员有学可上、有业可就、病有所医、困有所帮。有针对性地对吸毒人员开展艾滋病预防咨询教育和监测,及时发现艾滋病感染者。对感染艾滋病的吸毒人员依据有关规定提供临床治疗,加强跟踪管理和行为干预。在强制隔离戒毒场所、戒毒康复场所、戒毒医疗机构开展艾滋病防治教育和筛查检测,对感染艾滋病人员提供免费抗病毒治疗,并按有关规定提供救助服务。

第三节　其他专门机构

一、中共中央宣传部

按照国务院办公厅《关于转发国家禁毒委员会成员单位主要职责的通知》的规定,中共中央宣传部承担的主要禁毒职能有:宣传党中央、国务院及国家禁毒委员会有关禁毒工作的部署和指示精神;参与制定禁毒宣传工作的方针、政策和规划;组织、指导、协调新闻单位宣传国家禁毒法律、法规、方针、政策、禁毒知识和禁毒斗争的成果、经验、先进典型及重大活动。

按照国务院办公厅《贯彻落实〈中共中央、国务院关于加强禁毒工作的意见〉重要政策措施分工方案》的规定,中共中央宣传部在禁毒宣传教育、增强全民识毒防毒拒毒意识和能力工作方面承担部分职责,包括把毒品预防教育作为国民教育和社会主义精神文明建设的重要组成部分、纳入平安城市、文明城市创建内容、把毒品预防教育纳入宣传工作总体规划;协调主流媒体大力开展禁毒宣传、组织报刊、广播、电视、新闻网站等媒体广泛宣传毒品预防知识、安排专门时段、版面刊播禁毒公益广告、加强禁毒影视等文化产品创作、鼓励文体界等社会公众人物参与禁毒公益宣传;建立毒品预防教育考核评估机制;推动毒品预防教育进学校、进单位、进家庭、进场所、进社区、进农村等工作。

二、国家卫生计生委、食品药品监督管理局

按照国务院办公厅《关于转发国家禁毒委员会成员单位主要职责的通知》的规定,原卫生部承担禁毒工作主要职能有:(1)监督地方各级卫生行政部门对戒毒医疗机构的设置审批工作,组织协调地方各级卫生行政部门取缔非法设立的戒毒医疗机构。(2)制定戒毒治疗的规章制度和工作规范;对强制戒毒所、劳教戒毒所、戒毒医疗机构从事医疗和护理工作的人员进行资格认证。(3)贯彻"预防为主"的方针,积极开展健康教育工作,对经吸毒引起的传染性疾病依法进行监督管理,并对治疗工作提供业务指导和技术服务。(4)加强对医疗机构内部麻醉药品和精神药物的管理并规范使用,加强处方管理。(5)指导戒毒治疗科研工作,鼓励积极探索新的临床戒毒治疗方法。(6)配合公安机关和司法行政机关开展强制戒毒和劳教戒毒工作。

国家食品药品监督管理局承担的禁毒工作主要职能有七项:(1)履行麻醉品管制国际公约义务,负责麻醉药品、精神药物的监督管理工作;(2)负责戒毒药品的监督管理工作;(3)负责麻黄素的生产、销售管理工作;(4)负责全国药物滥用监测工作,定期向国家禁毒委员会报告全国药物滥用监测情况;(5)负责组织审核戒毒治疗方案及康复模式的研究工作;(6)负责组织麻醉品专家委员会对全国戒毒工作提供咨询意见;(7)配合有关

部门管理戒毒医疗机构,开展药物滥用社区防治和预防教育工作。

按照国务院办公厅《贯彻落实〈中共中央、国务院关于加强禁毒工作的意见〉重要政策措施分工方案》的规定,国家卫生计生委、食品药品监督管理局承担的禁毒工作主要任务是:加强自愿戒毒工作,推进戒毒医疗服务机构建设,引导吸毒人员主动接受戒毒治疗;扩大戒毒药物维持治疗覆盖面、加强维持治疗人员服务管理,提高维持治疗保持率;推进社区戒毒、社区康复工作、规范强制隔离戒毒工作;加强戒毒治疗、康复指导和职业培训,做好强制隔离戒毒和社区康复的衔接,提高戒毒实效;对吸毒人员开展艾滋病预防咨询教育及对感染艾滋病的吸毒人员提供临床治疗、加强跟踪管理和行为干预;在强制隔离戒毒场所、戒毒康复场所和戒毒医疗机构开展艾滋病防治教育和筛查检测,为感染艾滋病人员提供抗病毒治疗和救助服务等。

三、教育部

按照国务院办公厅《关于转发国家禁毒委员会成员单位主要职责的通知》的规定,在禁毒工作中,教育部的主要禁毒职能是:(1)制定教育系统开展禁毒教育工作的政策、规划,将禁毒教育作为大、中、小学德育和安全教育的一项重要内容,纳入学校日常教育工作;(2)加强对学校禁毒工作的组织领导,制定有关学校防毒、禁毒的制度和措施,明确校长是第一责任人,把学校无吸毒、贩毒现象作为学校德育和安全教育的一项基本目标;(3)加强对大、中、小学生的法制教育和禁毒教育,提高其防毒、禁毒意识;配合有关部门开展对全社会的禁毒宣传教育工作。

按照国务院办公厅《贯彻落实〈中共中央、国务院关于加强禁毒工作的意见〉重要政策措施分工方案》的规定,我国教育部门承担的主要禁毒任务是:做好禁毒宣传教育工作;充分发挥学校主渠道作用,重点针对青少年等易染毒群体开展毒品预防教育,做到教学计划、大纲、师资、课时、教材五落实,实现普通中小学校、中等职业学校和高等学校毒品预防教育全覆盖;同时承担建立毒品预防教育考核评估机制、将毒品预防教育与公民道德教育、普法教育、健康教育、科普教育、预防艾滋病教育相结合;推动毒品预防教育进学校、进单位、进家庭、进场所、进社区、进农村;利用禁毒教育基地、爱国主义教育基地、学生社会实践教育基地等公共设施举办禁毒展览、宣传禁毒成果等。

四、海关总署

依照国务院办公厅《关于转发国家禁毒委员会成员单位主要职责的通知》的规定,海关总署在禁毒工作中的主要职能是:(1)在海关监管区内和沿边沿海规定地区开展禁毒执法工作,严厉打击走私毒品和易制毒化学品违法犯罪活动;(2)依照有关规定,加强对易制毒化学品和麻醉药品、精神药物进出口的监督,防止流入非法渠道。

按照国务院办公厅《贯彻落实〈中共中央、国务院关于加强禁毒工作的意见〉重要政策措施分工方案》的规定,海关总署牵头负责进出口报关企业规范化管理,建立行业协会,督促指导企业开展禁毒工作;参与负责边境管理,坚决堵截毒品走私入境、制毒物品走私出境;科学规划设置毒品查缉站点;构建覆盖全国陆海空邮及互联网的毒品立体堵截体系,加强运输监管、执法联动和信息通报;加大毒品查缉力度,推动堵源截流邮边境地区向内地机场、沿海港口全方位发展;加强重点机场、港口、车站的公安禁毒力量和装备建设,加强毒品查缉工作;加强物流寄递行业禁毒管理,落实收寄验视规定,积极探索实名寄递制度等。

五、民政部

按照国务院办公厅《关于转发国家禁毒委员会成员单位主要职责的通知》的规定,民政部在禁毒工作中的主要职能是:(1)负责加强基层政权和社区建设工作,促进禁毒、戒毒政策的落实;(2)救济符合社会救济条件、家庭人均收入低于当地最低生活保障标准的戒毒人员及其家属;(3)加强对禁毒社团的管理,支持其依法开展工作;(4)做好对禁毒英烈的抚恤工作;(5)协助公安机关对被收容人员进行禁毒、戒毒宣传教育,并对其中的吸毒、贩毒人员做好审查、移交工作。

按照国务院办公厅《贯彻落实〈中共中央、国务院关于加强禁毒工作的意见〉重要政策措施分工方案》的规定,民政部门在禁毒工作中的主要任务是:参与承担禁毒宣传教育,增强全民识毒、防毒、拒毒意识和能力以及创新吸毒人员管理方面的部分工作。

六、城市街道办事处、乡镇人民政府

社区戒毒、社区康复工作是我国禁毒工作的重要一环,其效果如何,直接关系到我国禁毒工作成败。《禁毒法》第三十四条规定,城市街道办事处、乡镇人民政府负责社区戒毒工作。《戒毒条例》第五条规定,乡(镇)人民政府、城市街道办事处负责社区戒毒、社区康复工作。由此可见,在我国,城市街道办事处、乡(镇)人民政府是社区戒毒、社区康复的执行主体。

我国将城市街道办事处、乡(镇)人民政府作为社区戒毒、社区康复执行主体具有现实必要性。

一是考虑到社区戒毒、社区康复是一项系统的、复杂的社会工作,既包括对吸毒成瘾人员进行戒毒治疗,也包括在戒毒过程中对吸毒成瘾者进行必要的帮教,还包括对被解除强制隔离戒毒者重新恢复其身心健康,再树其自尊、自信,增强其生活、工作的能力。因此由政府的某个具体职能部门很难协调各方面的工作。二是也考虑到城市街道办事处、乡(镇)人民政府是我国的基础政权,对社区情况比较了解,由其负责执行社区戒毒、社区康复比较便利。三是将社区戒毒、社区康复的执行机关确定为城市街道办事处、乡(镇)人民政府,由基层政府综合协调公安、劳动、民政、司法行政等部门的具体工作,既有利于节约执行资源,也有利于保障戒毒工作、康复工作的实效。[1]

此外,按照《禁毒法》的相关规定,城市街道办事处、乡(镇)人民政府对禁毒工作的职能还包括以下几方面:(1)鼓励公民举报毒品违法犯罪行为。就是说,城市街道办事处和(乡)镇人民政府应当对举报人予以保护,对举报有功人员以及在禁毒工作中有突出贡献的单位和个人,给予表彰和奖励;(2)组织和鼓励志愿人员参与禁毒宣传教育和戒毒社会服务工作,同时应当对志愿人员进行指导、培训,并提供必要的工作条件;(3)应当经常组织组织开展多种形式的禁毒宣传教育。居民委员会、村民委员会应当协助人民政府以及公安机关等部门,加强禁毒宣传教育,落实禁毒防范措施。(4)禁种铲毒工作。就是说,城市街道办事处和(乡)镇人民政府发现非法种植毒品原植物的,应当立即采取措施予以制止、铲除。村民委员会、居民委员会发现非法种植毒品原植物的,应当及时予以制止、铲除,并向当地公安机关报告。

七、其他部门

按照国务院办公厅《关于转发国家禁毒委员会成员单位主要职责的通知》的规定,外交部等部门在禁毒工作中的主要职能分别是:

外交部:(1)根据我国外交工作总体方针和国别政策,协助有关部门对禁毒领域的涉外事项进行政策把关,处理禁毒领域国际合作中的有关问题;(2)参与制定禁毒领域国际文书;(3)配合有关部门做好禁毒对外宣传工作。

国家安全部:(1)收集国际毒品犯罪组织的情报,以及世界各国在打击毒品犯罪方面采取的措施和工作经验,为我国研究制定禁毒政策、措施提供参考;(2)与有关国家和地区的情报安全机构,就国际毒品形势、反毒斗争业务等方面开展国际合作与交流;(3)完成中央交办的反毒品方面的专项工作。

财政部:(1)根据禁毒实际情况和工作任务,对禁毒、戒毒等所需费用,在财力上给予必要的支持;(2)认真贯彻落实"收支两条线"规定,做好对缉毒缴获的毒资、非法收益和罚没财物的管理工作;(3)研究制定禁毒经费管理制度,加强对禁毒经费的管理和监督,提高资金使用效益。

农业部:(1)根据有关规定,确定麻醉药品原植物的种植单位,会同有关部门下达当年国家指令性生产计划;负责种植单位生产和加工的组织、管理及生产基地建设规划;协调主、副产品价格和供销事宜,协助做好生产、加工和收贮环节的安全监管工作;(2)负责麻醉药品原植物种子选育、引进、审定、应用管理,承担麻醉药品原植物种质资源搜集、保存和鉴定工作;(3)协助有关部门指导麻醉药品原植物的禁种和铲除工作;(4)会同有关部门指导利用境外农作物替代罂粟种植工作和境内大麻改植工作,不断提高替代和改植

---

〔1〕　黄太云:《中华人民共和国禁毒法解读》,120～121页,北京,中国法制出版社,2008。

技术；(5)会同有关部门制定兽用麻醉药品的供应和使用管理办法。

文化部：(1)发挥文艺团体及各级群众艺术馆、文化馆(站)的作用,运用各种艺术形式宣传国家禁毒法律、法规和方针、政策；(2)支持、鼓励文艺工作者通过艺术创作反映禁毒斗争中涌现出的英雄事迹,揭露国内外毒品犯罪分子的罪恶,揭示毒品对人类生命、社会秩序、家庭和个人幸福的严重危害性；(3)按照国家禁毒委员会的部署,协助有关部门和单位做好重大宣传文艺活动的组织工作；(4)配合公安机关加强娱乐场所的管理。

国家广播电影电视总局：(1)指导各电台、电视台开展禁毒法律、法规和方针、政策及有关知识的宣传普及工作,协调中央人民广播电台、中央电视台、中国国际广播电台宣传报道禁毒工作；(2)支持、鼓励广播电影电视工作者创作反映禁毒题材的电影、电视和广播节目。

国家工商行政管理局：(1)组织各级工商行政管理机关加强对工商企业、市场的监督管理,配合公安机关查处流通领域及娱乐场所中发生的毒品犯罪行为；对查实参与贩毒、非法贩卖易制毒化学品、麻醉药品、精神药物的经营单位,依法吊销营业执照。(2)配合公安机关加强对个体工商户和私营企业的宣传教育工作。

国家林业局：(1)协调地方林业主管部门,配合地方人民政府做好东北和内蒙古国有林区毒品原植物的禁种和铲除工作,依法打击林区毒品犯罪活动；(2)配合有关部门做好林区禁毒宣传工作。

解放军总参谋部：(1)协调军队有关部门,做好军队内部的禁毒工作；(2)支持、协助各地区和有关部门开展禁毒工作。

全国总工会：(1)提出全国工会系统参与禁毒工作的指导意见；(2)组织协调直属新闻单位,配合有关部门加强对职工群众的禁毒宣传教育工作。

共青团中央：(1)加强青少年法制宣传教育工作,在青少年中普及禁毒法律知识,增强青少年拒毒防毒意识；(2)开展丰富多彩的文化、科技、体育活动,丰富青少年精神生活,教育青少年远离毒品；(3)组织青少年积极参与禁毒专项斗争和有关禁毒工作；(4)优化青少年成长环境,进一步维护未成年人的合法权益,做好涉毒青少年的帮教工作；(5)广泛开展创建优秀"青少年维权岗"活动,协调与青少年事务有关的部门共同禁毒。

全国妇联：(1)加强毒品预防教育工作,教育妇女远离毒品；(2)把禁毒工作作为各级妇联参与社会治安综合治理的重要工作内容之一,实行目标管理,通过组织形式多样的活动,推动禁毒工作；(3)组织、动员妇女积极参与禁毒斗争,特别是参与社会帮教工作；(4)发挥妇女在家庭中的特殊作用,努力做好家庭毒品预防教育工作。

第五节　禁毒工作中的社会组织

2017年1月20日,国家禁毒委员会办公室联合中央综治办等十二个部门颁布了《关于加强禁毒社会工作者队伍建设的意见》。该《意见》明确指出,禁毒社会工作是禁毒工作的重要组成部分,是坚持"助人自助"价值理念,遵循专业伦理规范,运用社会工作专业知识、方法、技能预防和减轻毒品危害,促进吸毒人员社会康复,保护公民身心健康的专门化社会服务活动。发展禁毒社会工作,加强禁毒社会工作者队伍建设,是增强禁毒工作专业力量、完善禁毒工作队伍结构、推进禁毒工作社会化的重要途径,是健全禁毒社会服务体系,创新禁毒社会服务方式、提升禁毒社会服务水平的有力手段,是推进毒品问题治理体系和治理能力现代化的必然要求。

该《意见》也指出,禁毒社会工作者是从事禁毒社会工作的专职人员,主要承担如下职责和任务:其一,提供戒毒康复服务;其二,开展帮扶救助服务;其三,参与禁毒宣传教育;协助开展有关禁毒管理事务。

禁毒工作的经验表明,要做好我国的禁毒社会工作,根本在于健全我国禁毒社会服务制度,培养和壮大我国禁毒社会工作者队伍。而以上两方面工作的开展,必然要依托一定的社会组织进行。随着我国禁毒工作的不断推进,参与禁毒工作的社会组织也越来越多。我国的禁毒社会组织经历了一个从小到大、从弱到强的发展过程,成为禁毒工作中一支不可或缺的重要力量,同我国各级禁毒专门机构形成了相互支持、相互配合的良性发展态势。以下简要介绍我国禁毒工作中几个著名的社会组织。

一、中国禁毒基金会[2]

中国禁毒基金会,其英文译名为 China Narcotics Control Foundation,即 CNCF,是1999 年 4 月在民政部注册登记的具有独立法人地位的全国性非营利社会团体。中国禁毒基金会属于全国性公募基金会。中国禁毒基金会面向公众募捐的地域范围是中国以及允许中国禁毒基金会募捐的国家和地区。中国禁毒基金会的原始基金数额为人民币五千万元,来源于国家财政拨款。中国禁毒基金会的登记管理机关是中华人民共和国民政部,业务主管单位是中华人民共和国公安部。

中国禁毒基金会的宗旨是:坚持以人为本,贯彻国家禁毒方针,动员社会各界和广大人民群众参与禁毒斗争,募集和接受捐赠,支持中国禁毒事业的发展,为创建社会主义和谐社会做出贡献。

中国禁毒基金会的业务范围主要有:(1)面向境内外开展符合本基金会宗旨的募捐活动;(2)协助、资助禁毒宣传教育、戒毒康复、禁毒执法、禁毒管理、禁毒国际合作等工作;(3)开展禁毒工作专题调研和基础理论研究;(4)奖励为禁毒事业做出突出贡献的集体和个人,抚恤禁毒斗争中牺牲和受伤的有功人员;(5)开展国际民间禁毒交流和友好往来;(6)按照国家有关政策及国家禁毒委员会、公安部有关要求开展其他活动。

中国禁毒基金会注册登记以来,遵循"边筹建、边工作"的原则,积极开展了一些力所

---

〔2〕 https://baike.baidu.com/item/%E4%B8%AD%E5%9B%BD%E7%A6%81%E6%AF%92%E5%9F%BA%E9%87%91%E4%BC%9A/8780331? fr=aladdin

能及的公益活动。例如开展经常性的抚恤慰问、开展禁毒宣传教育活动、结合禁毒业务开展项目活动、积极开展基金募集工作等。

二、上海市自强社会服务总社[3]

为了从源头上预防和减少犯罪,加强社会管理、提高社会管控水平、维护社会稳定,上海市委政法委提出构建预防和减少犯罪工作体系。2003 年由上海市委政法委牵头,通过组建三家社会组织的方式,分别为药物滥用人员、社区矫正人员和"失学、失业、失管"社区青少年提供社会工作服务。上海市自强社会服务总社作为其中一家非营利社会组织,按照"政府主导推动、社团自主运作、社会多方参与"总体思路,于 2003 年 12 月注册成立,通过政府购买服务的方式为上海社区药物滥用人员提供综合社会服务。

上海市自强社会服务总社的主要服务内容有:(1)实施社区预防。即通过在社区内张贴宣传海报和公益广告,设立禁毒宣传牌,进行摊位宣传等多种社区活动形式对各类组织、家庭及个人进行毒品预防宣传教育,从禁毒角度营造一个良好的社区环境,为社区居民和青少年提供良好的生活和成长环境。(2)实施学校预防。即为了有效防止青少年涉毒,将毒品预防宣传教育扩展到学校,通过多种形式的宣传教育,使青少年提高"知毒、防毒、拒毒"意识,使学生们在充分认识毒品的基础上,远离毒品,走好人生第一步,实现健康成长。(3)进行提前介入。即为了帮助滥药者更好地从监所过渡到社会,减轻他们重返社会时的不适和痛苦,该总社的社工们为身处监所的滥药者提供了相应的提前介入服务。例如通信、探访、座谈、签订帮教协议等都是社工目前在提前介入中常用的方法。而在某些情况下,社工也会提供维权服务,如对涉及城市拆迁的服务对象,社工会扮演代言人的角色,维护滥药者应当享受的权益。(4)从事社区康复。即该总社社工运用个案、小组、社区三大社会工作基本方法,在社区中为药物滥用者提供综合社会工作服务。这些服务包括个别辅导、家庭辅导、协助就业就学、提供技能培训等。该总社还秉承专业理念,拓展多元化的康复服务,打造了家庭联谊会、亲子平行小组、同伴辅导、新生会就业基地、"身、心、志"瑜伽小组等多个服务品牌与项目。(5)夯实就业基地建设。就业是促进药物滥用人员成功返回社会的重要因素。为了解决药物滥用人员就业信息渠道单一、就业困难等问题,该总社尝试与更多企业合作,拓展就业基地,开辟一个药物滥用人员锻炼自我、肯定自我的平台。(6)成立专业支持小组。即在药物滥用人员中成立专业支持小组。该专业支持小组在戒毒社会工作领域既表现为过程又表现为手段,它强调通过小组活动过程及小组动力去影响成员的态度和行为。在该总社社工的带领下,成员解决问题的能力和潜力透过成员间的分享、相互分担和相互支持而发挥出来。(7)美沙酮社区维持治疗引入新的理念。为了使吸毒成瘾者更好地回归社会,美沙酮社区维持治疗引入了

---

〔3〕 http://www.cszqss.org.

降低危害的理念,让多次戒毒但仍未脱瘾的海洛因成瘾者有了改变生活状态的机会。为了确保社区美沙酮维持治疗的正常运作,社工按不同阶段服务对象的不同特点提供了相应个案辅导服务。实践表明,社区美沙酮维持治疗项目开展以来,服务对象生理上逐步摆脱了对毒品的依赖,矫正了其人格障碍,人际交往功能也得到了较好的恢复。根据该总社的相关数据显示,经过参与上海美沙酮社区维持治疗的药物滥用人员脱失率远低于全国平均水平。(8)拓展爱心支教。爱心支教系该总社的拓展项目,该项目由志愿者为药物滥用人员子女提供免费的家教服务。通过发挥志愿者自身的潜能,帮助药物滥用人员周边的弱势群体,从侧面促进药物滥用人员在社区康复。目前,复旦大学、上海交通大学、华东师范大学、上海师范大学、上海海事大学等高校的志愿者组织与该总社各区(县)社工站建立了关系,共同开展帮助药物滥用人员子女工作。

三、广东联众戒毒社会工作服务中心[4]

广东联众戒毒社会工作服务中心是经广东省禁毒委员会办公室批准、在广东省民政厅登记成立的公益性非营利性社会组织,它秉承"联合社会公众力量,服务禁吸戒毒减害"的宗旨,以"尊重、平等、自律、自立"为核心价值观,帮助青少年远离毒品侵害、选择健康的生活方式,使毒品成瘾者戒除毒瘾、恢复健康并早日融入社会。

在城区中,广东联众戒毒社会工作服务中心摸索出"社公合作"模式,并形成"大社工、小社区"的工作格局,开展由公安民警与该中心禁毒社工合作的社区戒毒社区康复机制,建立"社工＋公安＋义工＋关工＋家庭"这"五位一体"新模式。在这个模式中,禁毒社工与社区民警组成工作小组,实现角色互补、管帮结合。该中心积极探索建立戒毒康复人员维持治疗、就业帮扶、心理辅导、操守监管、考评机制相结合的全方位、系统化帮扶工作体系。在这里,禁毒社工每月需到各派出所与社区民警汇报工作,并进行深入沟通交流。这样,通过相互协助、相互监督、保障工作的有效开展等,使戒毒康复效果不断增强。

在乡镇农村地区,广东联众戒毒社会工作服务中心实行"村社合作"模式,并形成"大社区,小社工"的工作格局,建立村委领导下"村治保委员＋专业社工＋驻村民警＋家属＋乡亲邻里"这种"五位一体"的新模式。概括起来,这种模式有四个特点:一是发挥村委领导下治保委员会的堡垒作用,由村治保委员"一对一"结对监管帮扶戒毒康复人员;二是通过及时掌握戒毒人员信息,与专业社工、驻村民警形成工作小组,充分发挥血缘乡情、邻里相帮的作用;三是专业社工负责根据个案评估结果制定干预、照管和服务计划;四是实行十户一格的管理模式,责任清晰,管理方便。

广东联众戒毒社会工作服务中心是全国独家实施信息化管理与服务的禁毒社会工

---

〔4〕　http://www.xinhuanet.com.

作组织,有如下几个特点:(1)工作任务、财务预算与完成情况信息化。即项目开始实施,就把所有服务对象、工作任务和资金预算落实到责任社工上。该社工每做一项工作和每花一分钱都在系统中有记录,这样就提高了财务的透明度和提升了机构的公信力。(2)评估诊断、成效评估信息化。即是说,系统中标准化的量表在社工平时的工作记录中会自动生成评估结果,该评估结果会提示社工服务对象存在的问题,社工需要加强哪方面的辅导、训练和干预等。(3)服务、管理文档记录信息化。即是说,社工所有的工作记录都在系统内完成,纸质文档是由系统中打印而成,而且系统可以自动汇总各种报表,自动汇集成台账。(4)手机终端运用的信息化。在这里,巡逻警察对 A 级人员康复状况信息通过微信扫一扫 A 级卡上二维码可及时得知;各级禁毒部门领导也可以通过手机端随时查询各区域的工作成效及排序。

四、云南戴托普药物依赖康复中心[5]

云南戴托普药物依赖康复中心成立于 1998 年 9 月 28 日,是致力于帮助药物滥用者摆脱毒品、恢复社会功能的一个专业机构,该中心采用的是目前全世界七十多个国家正在使用的最成功的集体心理治疗模式(Therapeutic community,简称 T. C.)。作为我国首家采用 T. C. 模式的非营利性戒毒机构,它将社会学、心理学、行为学、临床医学、预防医学等多学科结合,营造了一个类似家庭的环境,对患者采取心理治疗和心理康复为核心的综合治疗。在这里,患者通过无痛性的药物脱毒治疗后,在治疗集体的帮助下经过自助互助,相互支持,达到改变生活方式、接受并遵守主流社会的规则,最终达到长期良好操守的目的。

目前云南戴托普药物依赖康复中心的康复项目囊括了无痛性药物脱毒治疗、家庭咨询、心理康复、医疗保健、HIV 预防教育等,设有医疗模式戒断部,治疗社区、项目部,重返社区及省内各地的门诊部。

为了保持与世界先进戒毒经验接轨,该中心每年都会派工作人员到美国和其他国家学习和培训。目前云南戴托普药物依赖康复中心在禁吸戒毒工作中取得的成绩逐渐被人们所认可,全国各地许多的自愿和强制戒毒机构都曾来该中心学习和借鉴其成功经验,该中心也成为多所高等院校的实习基地。

五、无锡市易制毒化学品行业协会[6]

无锡市易制毒化学品行业协会是经无锡市民政局登记注册的非营利性民间社团组织,主管部门为无锡市工商业联合会。该协会工作接受无锡市公安局禁毒支队的领导和

---

〔5〕 http://www.yndaytop.com/h-about.html.
〔6〕 http://www.wxyzdxh.com.

指导。

该协会业务范围主要有：(1)认真贯彻国家的禁毒工作方针,自觉遵守宪法、法律、法规和国家政策,建立健全组织机构和规章制度;(2)依据章程开展活动,加强行业自律,维护行业形象,保护会员的合法权益,协调会员关系,促进企业共同发展;(3)加强与政府主管部门联系沟通,接受政府主管部门指导,承办政府主管部门的交办任务,积极配合有关部门查处违反易制毒化学品管理行为,积极向政府主管部门提出工作意见、建议;(4)组织业务培训和交流,提供法律、政策咨询,加强调查研究,培育、推广先进典型;(5)建立协会网站,做好收集和发布行业信息的日常维护工作,为企业提供法律法规、办证指南、管理动态、商务等方面信息;(6)建立会员单位、安全监管等级评定制度,加强指导,组织检查和考核;(7)积极发展新会员,确保协会健康发展;(8)其他相关业务。

目前,该协会有会员单位 3917 个,理事单位 63 个,常务理事单位 21 个。

六、广州白云自愿戒毒中心[7]

广州白云自愿戒毒中心隶属于广州白云心理医院,始创于 2000 年 9 月,前身是广州白云自愿医疗戒毒所。2011 年,医院响应国家创建"无毒社会"的号召,大力发展自愿戒毒业务。2012 年,经广东省禁毒委、广东省卫生厅、广州市卫生局批准,广州市白云自愿医疗戒毒所正式升级为广州白云自愿戒毒中心,成为我国首家具有医院资质的戒毒机构。

毒品在摧残吸毒者身体同时也扭曲了吸毒者的心理、家庭关系以及生活环境。为此,广州白云自愿戒毒中心致力于让病友全面康复,其独创国际领先的"四位一体"立体治疗模式不仅帮助病友戒除身体毒瘾,更帮助了他们回归健康的生活轨道。有赖于十多年的经验累积,今天的广州白云自愿戒毒中心已构筑了囊括生理治疗、心理治疗、家庭治疗、工娱治疗的"四位一体"立体治疗模式,并卓有成效地治愈了过万例吸毒重瘾病友。

多年来,广州白云自愿戒毒中心坚持以创新意识为先导,加强内涵建设,强化科学管理,突出专科特色,优化服务质量,为患者提供最优质的医疗康复服务。该中心致力于"戒毒瘾、除心瘾、防复吸"的研究,在中药戒毒、心理疗法、并发疾病的预防上取得了重大突破。

广州白云自愿戒毒中心的宗旨是:帮助戒毒患者顺利脱毒并回归社会,建立健康的生活方式,找寻生命的意义和自我价值,为社会创造更大的价值。

---

[7] http://www.baike.baidu.com.

第五章　禁毒法律责任

【学习目标】　通过本章的学习,掌握禁毒法律责任的分类和具体种类,在此基础上,进一步了解禁毒法律责任的适用原则和禁毒法律责任的免除。这样,对我国禁毒法律责任就有了一个总体上的认识。

第一节　法律责任的概念、特征及其构成要件

一、法律责任的概念

法律责任是法律的一个基本范畴,它在各个部门法中被广泛使用。但是对于什么是法律责任,无论西方法理学还是我国法理学均有不同的解释和主张。我国学者通常把法律责任分为广义上的法律责任和狭义上的法律责任两类。广义上的法律责任是一般意义上的法律义务的同义词,狭义上的法律责任则是由违法行为所引起的不利法律后果。[1]本章所说的法律责任,是取其狭义上含义使用的,即所谓法律责任,是指行为人因违反了法定义务或合同义务,或不当行使法律权利、权力所产生的,由其承担的某种不利法律后果。

二、法律责任的特征

归纳起来,法律责任具有如下基本特征:

(一)法定性

就是说,规定法律责任的只能是法律而不能是其他,或者说,行为人承担法律责任的根据只能是法律而不能是其他。当然,这里所说的法律,既可以是正式意义上的法律渊源,也可以是非正式意义上的法律渊源。[2]

(二)国家强制性

也就是说,法律责任的履行由国家强制力予以保证。但是,在法律责任的履行上,国

---

〔1〕　张文显主编:《法理学》,122页,北京,高等教育出版社、北京大学出版社,2011。
〔2〕　沈宗灵主编:《法理学》,336页,北京,北京大学出版社,2014。

家强制力只是在必要时,在责任人不能主动履行其法律责任时才会使用。[3]

(三)法律责任的大小通常同违法程度相适应

意思是,行为人违法程度越深,其承担的法律责任就越大,反之其承担的法律责任就越小。

(四)法律责任由专门的国家机关或部门认定

如前所述,法律责任是由法律规定的让违法者承担的责任,是法律适用的一个组成部分。因此,它必须由专门的国家机关或部门来认定,任何个人和无权单位都是不能确定法律责任的。

三、法律责任的构成要件

一般认为,法律责任的构成要件通常包括以下几个方面:

(一)主体

法律责任需要一定的主体来承担,这是法律责任构成的前提条件。法律责任构成要件中的主体分为自然人、法人或者其他社会组织两部分。就自然人来讲,只有到了法定年龄,具有理解、辨识和控制自己行为能力的人,才能成为法律责任承担的主体。没有达到法定年龄或者不能理解、辨认和控制自己行为的精神疾病患者,不能成为法律责任主体,即使其行为造成了损害结果,也不能令其承担法律责任。对其行为造成的损害,由其监护人承担相应的责任。而依法成立的法人和社会组织,则自其成立具有承担法律责任的能力开始,即成为法律责任主体。

(二)违法行为

如果没有违法行为,行为人就无须承担法律责任。也就是说,只要行为人没有违法,尽管有损害事实发生,也不能令其承担法律责任。例如,在正当防卫、紧急避险和执行职务的行为中,行为人虽然造成了一定的损害,但无须承担法律责任。应当注意的是:这里的违法行为既包括主动地侵害他人合法权益的行为,也包括不履行法定义务的行为;既包括直接侵害行为也包括间接侵害行为。

(三)损害事实

损害事实就是违法行为对法律所保护的权益造成的损害或者威胁。这种损害事实是客观存在的,如果一个行为不侵犯法律保护的权益,即不存在损害事实,则不构成法律责任。需要指出的是,这里所说的损害事实不同于实际损害结果(实际损害结果是违法行为对行为指向的对象所造成的实际损害)。有些违法行为尽管没有实际损害结果,但

---

〔3〕　沈宗灵主编:《法理学》,336 页,北京,北京大学出版社,2014。

是已经对法律保护的权益构成了严重的威胁,因而也要承担法律责任,如犯罪的预备、未遂、中止等。

(四)违法行为与损害事实之间具有因果关系

违法行为与损害事实之间的因果关系,指的是违法行为与损害事实之间存在客观的、必然的因果关系。换句话说,违法行为是导致损害事实发生的原因,二者存在直接的因果关系。如果存在违法行为,也存在损害事实,但两者之间不具有因果关系,则不能令行为主体承担法律责任。

(五)违法者主观上通常有过错

过错是指行为人对其行为及由此引起的损害事实所持的主观态度,包括故意和过失两种。故意是指行为人明知自己的行为可能发生危害社会的结果,却希望或者放任其发生的主观心理状态。过失则是指行为人应当预见自己的行为可能发生危害社会的结果而没有预见,或者已经预见但轻信不会发生的主观心理状态,前者也称疏忽大意的过失,后者也称过于自信的过失。但是主观过错在不同法律领域中的意义是不一样的。在刑事法律关系中,行为人主观上是故意或过失的认定非常重要,通常是区别罪与非罪、此罪与彼罪、重罪与轻罪的依据。在民事法律领域,故意和过失的区分的意义不大,两者统称过错,采用过错责任原则。但是在行政法律领域,只要违法行为符合法律规范规定的形式,一般不过问行为人的主观过错。

因禁毒法律责任的概念、特征和构成要件整体上从属于法律责任的概念、特征和构成要件,因此,基于行文上简练之考虑,不再单独对此加以阐述,特提醒读者注意。

第二节　禁毒法律责任的分类和种类

一、禁毒法律责任的分类

根据我国禁毒法规定的内容,禁毒法律责任最基本、最直接的分类是以违法行为所违反法律的性质这一标准所作的分类,即把禁毒法律责任分为民事责任、行政责任和刑事责任三类。

(一)禁毒民事责任

所谓禁毒民事责任,是指在禁毒工作中,行为人因实施了民事违法行为,根据民法所承担的对其不利的法律后果。禁毒法中关于民事责任的规定很少,只有两个条文,一条是《禁毒法》第七十条的规定:"有关单位及其工作人员在入学、就业、享受社会保障等方面歧视戒毒人员,给当事人造成损失的,依法承担赔偿责任。"另一条是《治安管理处罚法》第八条的规定:"违反治安管理的行为对他人造成损害的,行为人或者其监护人应当依法承担民事责任"。据此,禁毒民事责任在整个禁毒法律责任中,所占的比重是最小的。

(二) 禁毒行政责任

所谓禁毒行政责任,是指在禁毒工作中,行为人因违反行政法律、法规、规章所规定的义务而引起的依法应当承担的对其不利的法律后果。这里的行政责任既包括违反《行政处罚法》相关规定产生的行政责任,也包括违反《治安管理处罚法》相关规定产生的行政责任,还包括违反《禁毒法》第六章"法律责任"中相关规定产生的行政责任。在禁毒法律责任中,禁毒行政责任占了相当大的比重。

(三) 禁毒刑事责任

所谓禁毒刑事责任,是指在禁毒工作中,行为人因实施犯罪行为所必须承担的,由司法机关强制犯罪者承受的刑事惩罚或单纯否定性法律评价的负担。禁毒刑事责任主要通过《禁毒法》《刑法》和其他禁毒行政法律、法规、规章加以规定。但是,应当注意,《禁毒法》第六章"法律责任"中,虽有九个条文规定在禁毒工作中涉及十二种犯罪行为,但其与其他禁毒行政法律、法规、规章一样,并没有规定独立的罪名与法定刑,而是规定"构成犯罪的,依法追究刑事责任",即依照《刑法》中规定的罪名与法定刑追究行为人相应的刑事责任。而现行《刑法》第六章第七节"走私、贩卖、运输、制造毒品罪"中则规定了十三个具体毒品犯罪罪名及其法定刑。在刑法中,刑事责任主要通过刑罚方式去实现。

二、禁毒法律责任的种类

所谓禁毒法律责任的种类,是指禁毒法律责任的具体表现形式。基于上述对禁毒法律责任的分类,以下内容将从禁毒民事责任、禁毒行政责任、禁毒刑事责任三个方面对禁毒法律责任的种类进行分析。

(一) 禁毒民事责任的种类

依据民法规定,承担民事责任的方式主要包括:(1)停止侵害;(2)排除妨害;(3)消除危险;(4)返还财产;(5)恢复原状;(6)修理、重作、更换;(7)继续履行;(8)赔偿损失;(9)支付违约金;(10)消除影响、恢复名誉;(11)赔礼道歉。人民法院在审理民事案件时,除了适用上述规定外,还可以予以训诫、责令具结悔过、收缴进行非法活动的财物和非法所得,并可以依照法律规定处以罚款、拘留。根据《禁毒法》第七十条以及《治安管理处罚法》第八条规定的精神,在禁毒工作中,行为人实施民事违法行为,其承担民事责任的具体表现形式主要是赔偿损失,同时也包括了赔礼道歉等民事责任形式。

(二) 禁毒行政责任的种类

依据《行政处罚法》相关规定,行政处罚的种类包括:(1)警告;(2)罚款;(3)责令停产停业；（4）暂扣或者吊销许可证、执照及有关证照；（5）没收违法所得、没收非法财物（6）行政拘留；（7）法律、行政法规规定的其他行政处罚。其中，第（7）项是兜底性条款，既旨在表明现行法律、行政法规对行政处罚其他种类的规定依然是有效的，也旨在表明以后颁布的法律、行政法规可以在《行政处罚法》规定的处罚种类以外设立其他处罚种类。

依照《治安管理处罚法》的规定，治安管理处罚的种类包括：（1）警告；（2）罚款；（3）行政拘留；（4）吊销公安机关发放的许可证。对违反治安管理的外国人，可以附加适用限期出境或者驱逐出境。

依照《禁毒法》《戒毒条例》及其他禁毒法规、规章中的有关规定，在禁毒工作中，行为人的行政责任除上述规定外，还包括"责令停止违法业务活动"（如《禁毒法》第六十六条之规定）；"责令改正"（如《禁毒法》第六十七条之规定）；"依法给予处分"（如《禁毒法》第六十九条之规定；《戒毒条例》第四十三条、第四十四条、第四十五条之规定）；"取消资格"（"定点生产""种植""批发""零售"等，如《麻醉药品和精神药品管理条例》第六十六条、第六十七条、第六十八条、第七十条之规定）；"强制隔离戒毒"（如《禁毒法》第三十八条第一款、《戒毒条例》第二十五条第二款之规定）。

从总体来看，禁毒行政责任的种类，即其具体表现形式主要有十种，即（1）警告。其含义是指，在禁毒工作中，行政机关对公民、法人或者其他社会组织违反行政管理秩序行为的谴责与警示，其目的是通过给予行政违法行为人的警告，使其以后不再违法，否则，要受到更严厉的制裁。（2）罚款。其含义是指，在禁毒工作中，行政机关强制违法的行为人缴纳一定数额的金钱从而使其财产受到损失的一种处罚。行政罚款分为治安罚款和一般行政罚款，前者由公安机关负责实施，后者则由其他行政机关负责实施。行政罚款与刑罚中的罚金在性质、适用对象、适用条件方面均有不同，与作为排除妨害诉讼行为的强制措施的罚款也不同，前者是一种行政处罚行为，后者则是一种司法行为。（3）责令停产、停业（停业整顿、停止活动、停止受理）。其含义是指，在禁毒工作中，行政机关责令行政违法行为人暂时或永久地停止生产、经营和其他业务活动或者暂时停止生产、经营和其他业务活动进行整顿或者停止受理某些业务的制裁方法。（4）责令停止违法业务活动。其含义是指，在禁毒工作中，行政机关责令违法行为人停止其正在进行的违法业务，从而限制或者剥夺其生产、经营能力的一种处罚。（5）责令改正（限期改正）。其含义是指，在禁毒工作中，行政机关责令违法行为人纠正（限期纠正）违法行为，维持法定的秩序或者状态的一种处罚。（6）取消资格（"定点生产""种植""批发""零售"等）。其含义是指，在禁毒工作中，行政机关对违法行为人取消其麻醉药品药用原植物种植资格或者行政机关对违法行为人取消其麻醉药品、精神药品批发、零售资格的一种处罚。（7）暂扣或者吊销许可证、执照及有关证照。其含义是指，在禁毒工作中，行政机关依法限制、剥夺违法行为人某种从业资格的一种处罚。（8）没收违法所得、没收非法财物。其含义是指，在禁毒工作中，行政机关依法将违法行为人的非法所得、非法财物强制收归国有的一种处罚。需要指出，行政机关在作出没收违法所得、没收非法财物时，应注意区分合法所得与违法所得以及合法财物与非法财物的界限。(9)行政拘留。其含义是指,在禁毒工作中,行政机关对违反行政法规的行为人,短期内限制其人身自由的一种处罚。我国目前的行政拘留,主要表现为治安拘留,因此,行政拘留通常称为治安拘留。治安拘留分为五日以下拘留和十日以上十五日以下拘留两种情形。(10)强制隔离戒毒。其含义是指,司法行政机关以国家强制力做后盾,对吸毒成瘾人员采取强制性地限制其人身自由的一种戒毒措施。根据《戒毒条例》第二十五条的规定,有权作出强制隔离戒毒决定的是县级、设区的市级人民政府的公安机关。同时,根据《禁毒法》第四十七条的规定,强制隔离戒毒的期限为二年,最长可以延长一年。

(三) 禁毒刑事责任的种类

现行《刑法》第六章第七节"走私、贩卖、运输、制造毒品罪"中规定了十三个具体毒品犯罪罪名是：走私、贩卖、运输、制造毒品罪；非法持有毒品罪；包庇毒品犯罪分子罪；窝藏、转移、隐瞒毒品、毒赃罪；非法生产、买卖、运输制毒物品罪；走私制毒物品罪；非法种植毒品原植物罪；非法买卖、运输、携带、持有毒品原植物种子、幼苗罪；引诱、教唆、欺骗他人吸毒罪；强迫他人吸毒罪；容留他人吸毒罪；非法提供麻醉药品、精神药品罪。针对上述毒品犯罪,《刑法》配置的刑罚种类包括了主刑和附加刑两大类。主刑是对毒品犯罪适用的主要刑罚方法,其特点是只能独立适用,不能附加适用,对一个罪只能适用一种主刑,不能适用两种以上主刑。主刑的刑罚方法包括：(1)管制。它是指对犯罪人依法实行社区矫正的刑罚方法；其期限为三个月以上二年以下。(2)拘役。它是指短期剥夺犯罪分子人身自由并由公安机关就近执行,同时实行劳动改造的刑罚方法；其期限为一个月以上六个月以下。(3)有期徒刑。它是指剥夺犯罪分子一定期限的人身自由,强迫其实行劳动改造和接受教育的刑罚方法。有期徒刑期限除《刑法》第五十条、第六十九条规定外,为六个月以上十五年以下；数罪并罚时,有期徒刑总和刑期不满三十五年的,最高不能超过二十年,总和刑期在三十五年以上的,最高不能超过二十五年。(4)无期徒刑。它是指剥夺犯罪分子的终身自由,强迫其参加劳动改造和接受教育的刑罚方法。无期徒刑是剥夺自由刑最严厉的刑罚方法,其适用对象是罪行严重、虽不必判处死刑但又需要与社会永久隔离的犯罪分子。(5)死刑。它是指剥夺犯罪分子生命的刑罚方法,包括死刑立即执行和死刑缓期两年执行两种情形。根据《刑法》第四十八条规定,死刑只适用于罪行极其严重的犯罪分子。

附加刑又称为从刑,是补充主刑适用的刑罚方法,其特点是对毒品犯罪既可以单独适用,也可以附加主刑适用。附加适用时,可以同时适用两个以上的附加刑。附加刑的刑罚方式包括：(1)罚金。它是指人民法院判处犯罪分子向国家缴纳一定数额金钱的刑罚方法。根据刑法的相关规定,罚金刑有五种方式,即比例制(不规定具体的罚金数额,而是根据犯罪数额的一定比例确定罚金的数额)、倍数制(不规定具体的罚金数额,而是根据犯罪数额的一定倍数确定罚金的数额)、比例兼倍数制(不规定具体的罚金数额,而是根据犯罪数额的一定比例或倍数确定罚金的数额）、特定数额制（明确规定罚金的数额）、抽象罚金制（只抽象地规定罚金）。[4]（2）剥夺政治权利。它是指剥夺犯罪分子参加国家管理和政治活动权利的刑罚方法。剥夺政治权利是指剥夺犯罪分子的选举权和被选举权；剥夺犯罪分子的言论、出版、集会、结社、游行、示威自由的权利；剥夺犯罪分子担任国家机关职务的权利；剥夺犯罪分子担任国有公司、企业、事业单位和人民团体领导职务的权利。根据《刑法》第五十七条、第五十五条的规定，被判处死刑、无期徒刑的犯罪分子，应当剥夺政治权利终身；死刑缓期执行减为有期徒刑或者无期徒刑减为有期徒刑的时候，应当把附加剥夺政治权利的期限改为三年以上十年以下；其他犯罪分子剥夺政治权利的期限为一年以上五年以下。（3）没收财产。它是指将犯罪分子个人所有财产的一部分或者全部无偿予以收归国有。根据《刑法》分则具体条文的规定，没收财产刑的适用有三种：一是"并处"，即没收财产刑必须附加于主刑适用，审判人员无选择余地；二是"可以并处"，即没收财产刑可以附加于主刑的适用，也可以不附加于主刑的适用，由审判人员酌情处置；三是"与罚金刑选择并处"，即罚金刑和没收财产刑这两种附加刑都附于主刑后面供选择适用，审判人员既可以选择罚金刑附加于主刑，也可以选择没收财产刑附加于主刑，两者择一。此外，除以上刑罚种类，禁毒刑事责任的种类还包括若干非刑罚处罚方法，如予以训诫、责令具结悔过、赔礼道歉、赔偿损失等。

第三节　禁毒法律责任的适用原则

禁毒法律责任的适用原则，是指在禁毒工作中，对行为人责令其承担禁毒法律责任时应当遵守的原则。这些原则主要有两个：责任法定原则和责任择一适用原则。

一、责任法定原则

责任法定原则是指，禁毒法律责任作为一种否定性的法律后果，是由法律、法规、规章、司法解释等预先规定的，当毒品违法、犯罪行为或法定事由发生时，应当依照事先规定的责任性质、责任类型、责任程度、责任范围、责任方式去追究行为人的责任。责任法定原则意味着，禁毒法律责任的认定、归责必须由特定的国家机关、社会组织进行，法无授权的任何国家机关、社会组织都不能向行为人进行法律责任认定和归责；责任法定原则也意味着，特定的国家机关、社会组织不能超越其权限追究行为人的禁毒法律责任；责任法定原则还意味着特定的机关、社会组织无权向行为人追究禁毒法规定范围以外的责任；责任法定原则还意味着对法律类推适用的否定；责任法定原则最后意味着不允许使用已失去效力的禁毒法。

---

〔4〕　高铭暄、马克昌：《刑法学》，24 页，北京，北京大学出版社、高等教育出版社，2016。

责任法定原则,是刑法中"罪刑法定原则"(其基本含义是"法无明文规定不为罪,法无明文规定不处罚")和行政法中"法定职责必须为,法无授权不可为"原则在禁毒工作中的必然要求和具体表现。

二、责任择一选择适用原则

责任择一选择适用原则是指,在禁毒工作中,除单纯的吸毒行为、非法运输、买卖、储存、使用少量罂粟壳行为(《治安管理处罚法》第七十一条第三款)、胁迫、欺骗医务人员开具麻醉药品、精神药品行为(《治安管理处罚法》第七十二条第四项)等少数行为,禁毒法规定行为人直接承担相关行政责任(又分为受治安管理处罚产生的行政责任和受其他行政法规、规章处罚产生的行政责任)外,对其他多数毒品违法犯罪行为追责的时候,通常应当在刑事责任、行政责任、民事责任中选择适用。具体分十种情形:其一,司法机关对走私、贩卖、运输、制造毒品,非法持有毒品,非法种植毒品原植物,非法买卖、运输、携带、持有未经灭活的毒品原植物种子或者幼苗,非法传授麻醉药品、精神药品或者易制毒化学品制造方法,向他人提供毒品六种涉毒品行为,如果行为人的行为符合刑法规定的某一具体犯罪构成,首先要依法追究行为人的刑事责任;若不构成犯罪的,则依法给予治安管理处罚(《禁毒法》第五十九条)。其二,司法机关对包庇走私、贩卖、运输、制造毒品的犯罪分子等五种妨害司法机关查禁毒品工作行为,如果行为人的行为符合刑法规定的某一具体犯罪构成,首先要依法追究行为人的刑事责任;若不构成犯罪的,则依法给予治安管理处罚(《禁毒法》第六十条、第六十一条)。其三,司法机关对违反麻醉药品、精神药品以及麻醉药品药用原植物种植管制行为、违反国家易制毒化学品管制致使易制毒化学品流入非法渠道等若干行为,如果行为人的行为符合刑法规定的某一具体犯罪构成,首先要依法追究行为人的刑事责任;不构成犯罪的,则由有关行政部门依照有关法律、行政法规的规定给予处罚(《禁毒法》第六十三条、第六十四条、第六十五条)。其四,司法机关对娱乐场所及其从业人员、经营管理人员涉毒品行为,如果行为人的行为符合刑法规定的某一具体犯罪构成,首先要依法追究行为人的刑事责任;若不构成犯罪的,则由有关行政部门依照有关法律、行政法规的规定予以处罚(《禁毒法第六十五条》)。其五,司法机关对擅自从事戒毒治疗业务的行为,先考虑由卫生行政部门予以行政处罚(责令停止违法业务活动,没收违法所得和使用的药品、医疗器械等物品);若行为人的行为符合刑法规定的某一具体犯罪构成的,同时由司法机关依法追究刑事责任(《禁毒法》第六十六条)。其六,司法机关对于违反使用麻醉药品、精神药品的行为,如果行为人的行为符合刑法规定的某一具体犯罪构成,首先要依法追究行为人的刑事责任;若不构成犯罪的,则由有关行政机关依照有关法律、行政法规的规定给予处罚(《禁毒法》第六十八条)。其七,公安机关、司法行政部门或者其他有关主管部门的工作人员,在禁毒工作中有包庇、纵容违法犯罪人员等四种行为,如果行为人的行为符合刑法规定的某一具体犯罪构成,首先要依法追究行为人的刑事责任;若不构成犯罪的,依法予以处分(《禁毒法》第六十九条)。其八,对于歧视戒毒人员的行为,首先由有关行政部门责令改正;给当事人造成损失的,依法承担赔偿损失的民事责任(《禁毒法》第七十条)。其九,公安、司法行政等有关部门工作人员泄露戒毒人员信息的,依法给予处分;构成犯罪的,依法追究刑事责任(《戒毒条例》第四十三条)。其十,强制隔离戒毒场所的工作人员有收受、索取财物等七种行为之一的,依法给予处分;构成犯罪的,依法追究刑事责任(《戒毒条例》第四十五条)。

在禁毒法中,规定确立行为人的责任时须兼顾考虑适用的原则,这是禁毒法律责任区别于其他部门法法律责任的重要标志。

第四节　禁毒法律责任的免除

禁毒法律责任的免除,也称禁毒法律责任的免责,是指禁毒法律责任由于出现法定事由被部分或全部免除的情形。需要指出,这里所说的免责,与"无责任"以及"不负责任"是不同的概念,具有不同的内涵。免责以法律责任的存在为前提,而"无责任"或"不负责任"则是不存在任何责任。根据我国禁毒法规定的内容,禁毒法律责任的免除主要表现在两个方面:

一、吸毒行为法律责任的免除

《禁毒法》第六十二条规定:"吸食、注射毒品的,依法给予治安管理处罚。吸毒人员主动到公安机关登记或者到有资质的医疗机构接受戒毒治疗的,不予处罚"。根据以上规定,在通常情况下,对吸食、注射毒品的行为,要给予治安管理处罚。即按《治安管理处罚法》第七十二条第二项规定处罚:吸食、注射毒品,情节较轻的,处五日以下拘留或者五百元以下罚款;一般情况下则处十日以上十五日以下拘留,可以并处两千元以下罚款。但是在两种情况下,则不予处罚:一是吸毒人员主动到公安机关登记。根据2009年7月15日公安部颁布的《吸毒人员登记办法》第二条、第八条等规定的精神,所谓吸毒人员主动到公安机关登记,是指吸毒人员主动到公安机关(通常是到其居住地或者户籍所在地公安机关)就其本人的自然情况、吸毒违法行为情况、被处理情况、戒毒情况等向公安机关如实报告并登记在案。二是吸毒人员自行到有资质的医疗机构接受戒毒治疗。所谓有资质的戒毒机构,是指《禁毒法》第三十六条第二款规定的"符合国务院卫生行政部门规定的条件,报所在地的省、自治区、直辖市人民政府卫生行政部门批准,并报同级公安机关备案"的医疗机构。所谓吸毒人员,既包括已被公安机关发现的吸毒人员,也包括未被公安机关发现的吸毒人员,还包括处于保护个人隐私而异地戒毒治疗的吸毒人员,最后还包括在社区戒毒的吸毒人员。所谓自行,既包括了吸毒人员自己主动前行,也包括了吸毒人员在亲朋好友的陪同下前行。应当指出,吸毒人员在有资质的医疗机构接受戒毒治疗期间,有关部门不得以吸毒人员是吸毒成瘾者为由对其进行强制隔离戒毒。

需要说明的是,这里所说的"不予处罚",是指绝对不罚之意,不是倾向于不罚而例外地予以处罚之意。《禁毒法》之所以如此规定,有三个基本理由:(1)对吸毒违法人员进行惩罚虽是《禁毒法》制定的目的之一,但不是最终目的,教育和挽救才是《禁毒法》制定的最终目的。对吸毒人员附条件地不予惩罚,正是体现了《禁毒法》制定的宗旨和最终目的。(2)与我国加入的国际禁毒条约规定的精神保持一致。《禁止非法贩卖运输麻醉药品和精神药物公约》第三条第四项(c)规定:"尽管有以上各项规定,在性质轻微的适当案件中,缔约国可规定作为定罪或惩罚的替代办法,采取诸如教育、康复或回归社会等措施,如罪犯为嗜毒者,还可采取治疗和善后护理等措施。"因此,对吸毒人员附条件地不予处罚,是我国履行加入的国际禁毒条约所规定义务的必然要求。(3)与单一的强制隔离戒毒相比,自愿戒毒的效果通常要更好。因此,国家通过附条件不予处罚的方式,对吸毒者的改过自新予以肯定,以鼓励更多的吸毒人员戒除毒瘾,巩固禁毒工作成果。

二、非法种植罂粟或其他毒品原植物行为法律责任的免除

可分两种情形加以分析。其一,如果行为人种植罂粟不满五百株或者其他少量毒品原植物的,在成熟前自动铲除的,根据《治安处罚法》第七十一条第二款的规定,不予处罚,即绝对不罚。其二,如果行为人种植罂粟五百株以上或者其他毒品原植物数量较大的,行为人在收获前自动铲除的,根据《刑法》第三百五十一条的规定,可以免除处罚。这里出现了可以处罚也可以不处罚两种情形。在这种情况下,就要结合行为人的主客观方面的因素去考察,以决定是否给予行为人免除处罚。从刑法理论并结合司法实际情况来看,如果行为人是国家工作人员、行为人有犯罪前科、行为人多次种植罂粟或其他毒品原植物、行为人的主观恶性比较大等,不予免除刑事处罚;反之,如果行为人是一般主体、行为人是偶犯、行为人的主观恶性不大等,则免除其刑事处罚。

第六章　禁毒宣传教育

【学习目标】 通过本章的学习,了解我国禁毒宣传教育的概念、特点、分类、目标与意义,掌握我国禁毒宣传教育工作的原则、工作体系、主体、对象、主要任务和模式等。在此基础上,对我国禁毒宣传教育的情况有一个全面的认识。

如前所述,根据我国《禁毒法》第四条规定,我国禁毒工作实行"预防为主、综合治理、四禁并举"的工作方针,其中,预防为主是禁毒工作方针中具有基础性作用的一环。而禁毒宣传教育则是贯彻预防为主这一禁毒工作方针的重要载体。为此,《禁毒法》专门将"禁毒宣传教育"单列一章,并用七个条文对其作了原则的规定。按照《现代汉语词典》的解释,"宣传"主要指说明、讲解、推广之意;而"教育"除了培养人从事社会活动之意外,还包括用道理说服人使人按照规则、指示办之意。就是说,"宣传"和"教育"这两个概念,内容上是有重叠的,但侧重点有所不同,从禁毒工作的实效和目的来看,重点在"教育"。因此,一些政府规范性文件在行文上也时常用"禁毒教育"概念代替"禁毒宣传教育"概念,偶尔也使用"禁毒宣传"概念代替"禁毒宣传教育"概念。本章以《禁毒法》规定为标本,在阐明相关问题时,通常以"禁毒宣传教育"的概念为基础并展开讨论,但有时则直接使用"禁毒教育"的概念去展开讨论,个别场合则使用"禁毒宣传"概念去展开讨论,表达的也是同一层面上的意思。

第一节　禁毒宣传教育概述

一、禁毒宣传教育的概念、特点

(一) 禁毒宣传教育的概念

在我国,禁毒宣传教育,也称全民禁毒宣传教育,是指国家通过各种科学、有效的宣传、教育途径让人们了解和认识毒品,深刻认识造成毒品泛滥的原因和有关知识,以揭示毒品对个人、家庭和社会的巨大危害,提高全民识别毒品、拒绝毒品的能力,从而构筑全社会防范毒品侵袭的有效的、系统的过程[1]。禁毒宣传教育主要由禁毒宣传教育工作的体系、主体、对象、目标、任务、模式等方面组成。

---

[1] 于燕京、张义荣、莫关耀等:《禁毒学》(上册),277 页,北京,群众出版社,2005。

（二）禁毒宣传教育的特点

概括起来，我国的禁毒宣传教育具有如下六个特点，分别是：

1. 着眼点上的全局性。即开展禁毒宣传教育不是某一单位、某一部门或者某一地区的行为，而是整个国家的行为。因此，我国禁毒宣传教育在工作着眼点上带有全局性的特点。

2. 体系上的完整性。作为一项系统的社会工程，我国的禁毒宣传教育是一个有机联系的整体：在这个整体中，包括了我国《禁毒法》关于禁毒宣传教育的原则性规定；也包括了我国《戒毒条例》中对于戒毒人员所规定的带有强制性质的戒毒教育措施；还包括了为落实《禁毒法》的规定，政府有关部门各个阶段出台的各个规范性文件，而这些规范性文件又对禁毒宣传教育的指导思想、任务、原则、主体、对象、工作体系等作出了具体的规定。总之，《禁毒法》《戒毒条例》关于禁毒宣传教育的规定和政府规范性文件关于禁毒宣传教育的规定之间，相互关联，彼此照应，构成了一个不可分割的整体。

3. 工作上的主动性。这就是说，我国从事禁毒宣传教育的主体应当扑下身子、主动深入实际，积极地、有针对性地向公民提供各种形式的禁毒教育咨询服务，使工作对象从中受到必要的教育，并且通过增强工作对象的禁毒意识，使其由被动接受禁毒教育者转变为主动参与到禁毒斗争中的一员。

4. 形式上的多样性。依据我国《禁毒法》第十一条、第十二条的规定，国家以及各级人民政府应当组织、开展多种形式的禁毒宣传教育，因此，禁毒宣传教育形式上的多样性，首先为禁毒立法所确立。从实践层面来看，在各级党委、政府的领导下，在各级禁毒领导机构的部署、协调、指导下，全国各地、社会各界每年都会结合本地区、本部门、本单位的实际开展主题突出、形式多样、内容丰富的禁毒宣传教育活动。因此，形式上的多样性，是我国禁毒宣传教育的一大特色。

5. 对象上的普遍性。依据我国《禁毒法》第十一条的规定，我国禁毒宣传教育的对象是"全民"，即全体公民，也就是具有中华人民共和国国籍的人。无疑，这里的全体公民，既包括了社会各阶层的普通民众，又包括了社会各阶层的特殊群体，例如吸毒人员、戒毒人员、涉毒犯罪的服刑人员等。因此，从禁毒宣传教育的对象来看，禁毒宣传教育具有普遍性的特点。

6. 目的上的预防性。纵观我国禁毒宣传教育所采取的各种措施，从根本上都是围绕预防毒品违法犯罪行为展开。即禁毒宣传教育工作始终坚持关口前移、预防为先，有重点地针对青少年等重点对象去开展工作，并力图在全社会形成自觉抵制毒品的浓厚氛围，从而有力地遏制毒品违法犯罪行为。因此，预防性是禁毒宣传教育最显著的特点。

二、禁毒宣传教育的意义与目标

（一）禁毒宣传教育的意义

总体上说，国家开展全民禁毒宣传教育的意义有三点，具体是：

首先，禁毒宣传教育是贯彻"预防为主，综合治理，禁种、禁制、禁贩、禁吸并举"这一禁毒工作方针的重要环节。一方面，通过持久性的、有成效的禁毒宣传教育，会不断提升我国公民对毒品危害性的认知水平及抵御毒品侵袭的能力，使一部分有吸毒倾向的人群脱离毒品的引诱，免受毒品的戕害，其结果必然会不断萎缩我国毒品消费市场。另一方面，随着毒品消费市场的不断萎缩以及其中利益的不断减少，又必然会削弱走私、贩卖、运输、制造毒品等犯罪的动机，从而在总体上遏制住我国毒品犯罪的上升态势。

其次，开展全民禁毒宣传教育工作，可以增强全民的社会责任感，并激发广大人民群众参与禁毒斗争的积极性、主动性、创造性，从而把我国的禁毒工作不断推向新的阶段。

再次，开展全民禁毒宣传教育工作，可以增强全民的禁毒法治意识，并逐步造成全社会依法禁毒的局面，从而从整体上提升了我国依法治国的水平。

（二）禁毒宣传教育的目标

从禁毒工作全局来看，禁毒宣传教育工作分为初步目标和根本目标。禁毒工作的初步目标是：经过若干年的努力，全民禁毒意识显著增强，新吸毒人员滋生速度明显减缓，在全社会逐步形成自觉抵制毒品的浓厚氛围，最大限度地减少毒品需求和危害。而禁毒宣传教育的根本目标则与 2018 年"国际禁毒日"期间我国宣传的"健康人生、绿色无毒"这一主题相一致，即建立一个"无毒社会"：一个无吸毒、无贩毒、无种毒、无制毒的社会。"无毒社会"体现了我国政府执政为民的本质特征。

三、禁毒宣传教育工作的基本原则

（一）区别对待、突出重点、分类指导原则

首先，开展禁毒宣传教育必须区别对待、分类指导。这主要包括三层含义：一是要从工作对象的实际情况出发，按照他们的学习时间、工作环境、职业状况、知识文化水准等来确定教育内容的深度与侧重点；二是在不同的阶段和条件下，针对不同的对象，制定不同的教育计划，确立不同的教育目标，运用不同的教育方法，有步骤、分类别地指导完成任务；三是既坚持整体性，又注重层次性、最大限度地克服单一性。

其次，开展禁毒宣传教育必须突出重点，即突出重点对象和重点内容。就是说，禁毒宣传教育应当依据禁毒形势发展和实际需要来突出教育对象和教育内容方面的重点，分清主次，做好中心工作。

（二）持久性原则

禁毒宣传教育工作中的持久性原则，是指禁毒宣传教育应当长期坚持，常抓不懈，久久为功。毋庸置疑，在我国当前面临着严峻的毒品问题形势的大背景下，我国要在包括社会各阶层在内的全体公民中初步普及毒品危害知识、初步树立全民禁毒意识，有许多工作要做，有许多任务要落实，这必定是一个长期的过程；从这一个阶段到进一步增强我国公民的禁毒意识和法律意识，进一步提高公民抵御毒品的能力，这必定也是一个长期的过程；从这一个阶段到全体公民的禁毒意识、法律意识和禁毒工作水平的较大提升，这必定还是一个长期的过程；从这一阶段到全体公民形成强大的禁毒思想防火墙，全社会最终汇聚成磅礴的禁毒工作能量，建成一个人人向往的"无毒社会"，更是一个长期艰苦的过程。综上，我国禁毒工作、禁毒任务的艰巨性、复杂性和长期性决定了我国开展禁毒宣传教育，必须坚持持久性原则。

坚持禁毒宣传教育工作中的持久性原则，要反对两种错误思想：一要反对工作中存在着的急于求成的错误思想，因为持这种思想的人对禁毒宣传教育工作的长期性缺乏清醒的认识，因而在做具体工作时往往缺乏恒心和毅力；二要反对工作中存在着的消极怠慢的错误思想，因为持该种思想的人看不到或者忽视了禁毒宣传教育日积月累的渐变功效，因而在做具体工作时往往消极应对。

（三）注重实效原则

禁毒宣传工作中的注重实效原则，是指在禁毒宣传教育工作中，必须力戒形式主义作风，注重工作实际效果。禁毒宣传教育是一个系统的社会工程，需要花费大量的人力、物力、财力，因此，只有在工作中注重实际效果，才能充分地、合理地利用好国家和社会的资源，反之就会浪费国家和社会的资源，这是其一。其二，只有在工作中注重实际效果，才能一步一个脚印地、逐步地完成禁毒工作的任务和不断接近禁毒工作的目标。在工作中贯彻注重实效的原则，应当注意以下几点：首先，在开展禁毒宣传教育工作前，要深入实际进行调查研究，搞清楚本次工作的任务是什么，谁来承担任务，对象是谁，工作中应当注意什么事项，以及开展工作的时间、地点等，做到"胸中有数"；其次，要把禁毒宣传教育与公民法制教育、道德教育、职业教育、预防艾滋病教育结合起来，贴近实际、贴近生活、贴近群众；再次，要采取工作对象乐于见闻的方式开展工作；最后，要完善禁毒宣传教育科学评估机制，对无效的或效果式微的禁毒宣传教育方式、措施予以摒弃，对有效的禁毒宣传教育方式、措施予以保留，并根据实践的需要进一步充实和发展。

（四）群众路线原则

群众路线是共产党的生命线和根本工作路线，它过去是我国取得禁毒工作巨大胜利的重要法宝，现在是、将来必定也是保证我国禁毒工作不断走向胜利的锐利武器，任何偏离群众路线的禁毒工作必然走向歧途。因此，当前和今后，在禁毒宣传教育工作的战略层面和全局上,应当牢固地树立起禁毒工作必须贯穿群众路线的深刻观念,纠正当前禁毒宣传教育工作中存在着的孤立主义、关门主义、单纯工作人员和专业人员包办的错误思想。概言之,禁毒宣传教育工作中贯彻群众路线,就是要相信群众、发动群众、依靠群众。进一步说,要相信群众作为受教育者是可以不断提高其觉悟的;要相信生活最深刻、群众最智慧的道理,务必虚心地汲取他们关于禁毒宣传教育工作的意见、建议,并不断改进自身的工作;要相信群众最了解实际,因而在开展工作的时候,要广泛发动群众参与其中;要相信群众的首创精神,从而把群众在禁毒宣传教育实践创造出来的新鲜经验,及时发现并加以总结、概括、提升。

四、禁毒宣传教育的分类

禁毒宣传教育的分类,是指从不同的角度、维度对禁毒宣传教育所作的基础分类。

(1) 以禁毒宣传教育的对象来分,可分为对重点对象的禁毒宣传教育和对重点对象以外的一般对象的禁毒宣传教育。根据我国禁毒工作的实际以及毒品问题的形势发展,《全民禁毒教育实施意见》《关于深化全民禁毒宣传教育工作的指导意见》等规范性文件在《禁毒法》规定的基础上,进一步把禁毒宣传教育对象分为重点对象和一般对象。前者包括青少年、有高危行为的人群、有吸毒行为的人员、毒品问题严重地区的居民和流动人口、公职人员;后者则指重点人群以外的其他公民。

(2) 以禁毒宣传教育的地域性来分,可分为全国性的禁毒宣传教育、省(自治区、直辖市)级的禁毒宣传教育、地(市、州、盟)级的禁毒宣传教育、县(市、旗)级的禁毒宣传教育和乡(镇)级的禁毒宣传教育。

(3) 以禁毒宣传教育的责任主体来分,可分为各级人民政府组织开展的禁毒宣传教育;群团组织(工会、共产主义青年团、妇女联合会组织等)组织开展的禁毒宣传教育;教育行政部门、学校组织开展的禁毒宣传教育;大众传媒(新闻、出版、文化、广播、电影、电视等)组织开展的禁毒宣传教育;公共场所的经营者、管理者(飞机场、火车站、长途汽车站、码头以及旅店、娱乐场所等)组织开展的禁毒宣传教育;居民委员会、村民委员会协助组织开展的禁毒宣传教育;监护人(未成年人的父母或者其他监护人)对未成年人进行的禁毒宣传教育,等等。

(4) 以禁毒宣传教育的手段来分,有多种层面:以报刊、杂志等传统媒体方式开展的禁毒宣传教育和以互联网、微博、微信等新媒体方式开展的禁毒宣传教育;以个人(例如禁毒宣传教育大使、战斗在缉毒第一线的民警、模范人物等)形式开展的禁毒宣传教育和以小组、团队、宣传队、单位等形式开展的禁毒宣传教育;以禁毒宣教图片巡展、手抄报等无声的方式开展禁毒宣传教育和以禁毒主题巡讲、大学生禁毒辩论赛、大型禁毒主题晚会、音乐剧等有声的方式开展禁毒宣传教育;以与体育运动、文艺演出结合的方式开展的禁毒宣传教育和不与体育运动、文艺演出方式结合开展的禁毒宣传教育,等等。

（5）以禁毒宣传教育内容来分，可分为：普及毒品危害知识的禁毒宣传教育；普及毒品预防知识的禁毒宣传教育；普及我国禁毒法律、法规的禁毒宣传教育；关于我国政府禁毒立场、方针、政策的禁毒宣传教育；关于禁毒形势的禁毒宣传教育；关于我国禁毒措施与成效的禁毒宣传教育；关于我国禁毒斗争的历史与现状的禁毒宣传教育；关于我国禁毒英雄、模范人物、先进个人与集体的禁毒宣传教育，等等。

（6）以禁毒宣传教育时间节点来分，可分为特殊节点（例如每年"6·26"国际禁毒日等）的禁毒宣传教育和平日根据工作需要而开展的禁毒宣传教育。

（7）以开展禁毒宣传教育有无报酬和经济收入来分，可分为非公益性的禁毒宣传教育和公益性的禁毒宣传教育。前者是指禁毒宣传主体开展禁毒宣传教育活动时，通常有报酬（工资、经济收入等）；后者则是公民（著名艺人等）、组织（一些著名乐队等文艺团体）结合演出而开展的禁毒宣传教育，这种禁毒宣传教育不仅不收取任何的报酬，而且还把其演出所得无偿捐献给禁毒公益单位。

（8）以是否带有宗教教义的内容来分，可分为宗教组织的禁毒宣传教育和非宗教组织的禁毒宣传教育。

第二节　禁毒教育的工作体系

一、禁毒教育工作体系的概念及其特点

所谓体系，依据《现代汉语词典》的解释，是指有关事物或思想意识互相联系而构成的一个整体。[2] 我国禁毒教育的工作体系，则是指国家在设计禁毒教育工作中建立起来的包括领导体系、专家队伍体系、工作队伍体系、保障体系、评估体系、问责体系、社会各界广泛参与等要素在内的一整套完备的工作制度。

归结起来，我国禁毒教育工作体系具有如下几个特点：

（1）行政强制性。即我国禁毒教育工作体系如何建立、包括哪些要素和内容，体现着党和国家的意志，各级党委、政府均应将其纳入整个禁毒工作、政府和相关部门目标管理、社会治安综合治理考核范围，统一部署、统一检查和落实。因此，我国禁毒教育工作体系具有行政强制性的特点。

（2）系统性。即组成我国禁毒教育工作体系各要素之间既互相独立又相互关联，构成了一个不可分割的整体，共同致力于我国禁毒教育工作的目标。

（3）专业性。即在我国的禁毒教育工作体系中，需要一大批受过专业训练的工作人员去组织、开展、执行具体工作。

（4）科学性。即我国禁毒教育工作体系的构建，都力图反映我国禁毒工作的实际需

---

〔2〕《现代汉语词典》（第七版），1288 页，北京，商务印书馆，2016。

要和发展规律,并且通过科学评估手段来不断加以调整和完善。

(5)从属性。即我国禁毒教育工作体系,是我国国民教育和社会主义精神文明建设的重要组成部分,是创建平安城市、文明城市(村镇、单位)的内容之一。

二、禁毒教育工作体系的内容

(一)领导体系

根据国家禁毒委委员会等部门联合印发的《全民禁毒教育实施意见》第二条第一项规定的精神,我国禁毒教育工作的领导体系是分级负责、各司其职、齐抓共管的全民禁毒教育领导体系。它具体包含四级领导体系:

(1)一级领导体系。这是指国家禁毒委员会在党中央、国务院的领导下,负责制定、部署全国范围内的全民禁毒教育规划,提出禁毒教育年度工作安排,组织、指导和推动禁毒教育工作和重大宣传教育活动。该委员会设立全国性的全民禁毒教育协调指导组,承办具体工作。

(2)二级领导体系。这是指各省、自治区、直辖市的禁毒委员会在同级党委、政府领导下,负责制定、部署其辖区范围内的全民禁毒教育规划,提出禁毒教育年度工作安排,组织、指导和推动禁毒教育工作和重大禁毒宣传活动。该委员会设立省级性的全民禁毒教育协调指导组,承办具体工作。

(3)三级领导体系。这是指各地、市、州、盟的禁毒委员会在同级党委、政府领导下,负责制定、部署其辖区范围内的全民禁毒教育规划,提出禁毒教育年度工作安排,组织、指导和推动禁毒教育工作和重大禁毒宣传活动。各地、市、州、盟的禁毒领导机构内设立的全民禁毒教育指导中心,负责落实上级禁毒领导机构的规划和部署,安排和组织实施本地的禁毒教育工作。

(4)四级领导体系。这是指根据禁毒工作的需要设立的县(市、旗)级禁毒委员会,在同级党委、政府领导下,负责制定、部署其辖区范围内的全民禁毒教育规划,提出禁毒教育年度工作安排,组织、指导和推动禁毒教育工作和重大禁毒宣传活动。

另外,根据《全民禁毒教育实施意见》,各级全民禁毒教育协调指导组和指导中心由禁毒领导机构的相关成员单位组成,各成员单位要充分发挥各自职能部门的作用,坚持各司其职,密切配合,共同推动全民禁毒教育工作。

(二)专家队伍体系

根据《全民禁毒教育实施意见》第五条规定的精神,国家禁毒委员会和各省、自治区、直辖市禁毒领导机构应当建立一支包括教育、法律、传媒、社会学、医药学、精神卫生学、心理学等方面专业人士的禁毒教育专家组。专家组的主要任务有:

(1)负责研究全民禁毒教育工作面临的重大问题;

（2）制定禁毒教育指导原则和规范；

（3）向禁毒领导机构提出建议；

（4）对全民禁毒教育教材、培训方案和宣传材料的编制进行指导和审核；

（5）参与对全民禁毒教育工作的评估。

（三）专业工作队伍体系

根据《全民禁毒教育实施意见》第六条的规定的精神，为了顺利开展全民禁毒教育工作，国家应该在多个层面上建立专业的禁毒教育工作队伍。具体包括：

第一，地、市、州、盟一级的工作队伍。即在各地、市、州、盟禁毒领导机构禁毒教育指导中心的组织指导下，以各禁毒成员单位中从事宣传教育工作的专职人员为骨干，组成从事禁毒教育的专门队伍。这支队伍按照禁毒工作的职责分工，分别按系统组织、推动禁毒教育工作。

第二，基层组织中的工作队伍。即在各个街道、乡镇、学校、社区医疗机构和特殊场所（监狱、劳教所、看守所、拘留所、收容教育所、戒毒所等）内普遍设立禁毒教育辅导员，形成一支经过专门培训的、遍布城乡的禁毒教育辅导员队伍。这支队伍结合本职工作开展禁毒教育，提供咨询服务。

第三，专业禁毒社会工作者队伍。根据中共中央、国务院印发的《关于加强禁毒工作的意见》的文件精神，各级禁毒领导机构要逐步建立禁毒社会工作专业人才队伍。禁毒社会工作专业者是指从事禁毒社会工作的专职人员。他们秉持"助人自助"的价值理念，遵循专业伦理规范，运用社会工作专业知识、方法和技能开展禁毒工作。就禁毒教育工作而言，禁毒社会工作专业者的工作任务主要包括：参与组织禁毒宣传活动，普及毒品预防和艾滋病防治等相关知识，宣传国家禁毒的主要法律、政策和工作成效，倡导禁毒社会工作理念，减低并消除社会对吸毒者的歧视与排斥，等等。

第四，义务性的禁毒教育队伍。即在全社会形成一支由社会工作者、传媒工作者、医药卫生和心理咨询工作者、禁毒志愿者等自愿从事禁毒教育的积极分子组成的义务性禁毒教育队伍。国家禁毒委员会办公室、共青团中央从 2005 年开始，在全国招募禁毒志愿者支持西部地区开展禁毒宣传教育。中共中央、国务院颁发的《关于加强禁毒工作的意见》也强调，在全社会逐步建立一支禁毒志愿者队伍。义务性禁毒教育工作队伍在有关禁毒领导机构的统一部署和指导下，扑下身子，深入基层，开展多种形式的禁毒宣传教育工作，进一步壮大了禁毒宣传教育的群众基础。

（四）保障体系

根据《全民禁毒教育实施意见》第四条规定的精神，我国禁毒教育保障体系主要包括四个方面内容：

其一，保障禁毒教育经费的投入。这就是说，建立和完善以政府投入为主、多渠道筹措资金的禁毒教育经费保障机制。政府禁毒教育经费作为禁毒经费的一部分列入各级政府财政预算,实行分级投入、分级管理制度。教育事业经费中要适当考虑学校教育经费的支出。各地禁毒领导机构要切实加强禁毒教育经费的管理、专款专用,不断提高使用效益,并积极争取社会各界捐助和国际援助,拓宽筹资渠道。

其二,加强对禁毒教育专业人员的培训。为此,国家禁毒委员会鼓励并保障从事禁毒教育工作的人员接受专业培训,建立禁毒教育辅导员任职资格培训、考核、认定制度,制定培训大纲和考试办法。各省、自治区、直辖市禁毒机构开办禁毒教育培训基地,对经过培训考试合格的人员授予禁毒教育辅导员资格。同时,各级教育行政部门要切实加强禁毒师资和法制副校长的培训,有计划地推进教师毒品知识和毒品预防教育技巧的培训工作,确保每一个学校至少有一名教师兼职负责学校毒品预防教育。并且要逐步建立各省、自治区、直辖市禁毒教师教育课程资源的共建共享机制,推进"全国教师教育网络联盟计划"的实施,利用现代远程教育手段面向农村教师开展禁毒课程师资培训。

其三,编辑出版禁毒教育的教材和宣传品。具体地说,就是在国家禁毒委员会禁毒教育协调指导组和专家咨询组的组织下,统一规划、编写适应不同对象的禁毒教育材料,逐步形成科学、规范、适用的系列宣传教育材料,包括《全民禁毒教育读本》《社区禁毒知识读本》《禁毒志愿者手册》《药物滥用防治知识读本》等。各地可根据本地的特点和需要,以科学化和本土化为原则,有计划地编辑、制作禁毒书籍、挂图、招贴画、折页、影视片、公益广告等宣传品,服务于禁毒宣传教育工作。各级禁毒领导机构要积极支持反映禁毒斗争历程和英模事迹的各种作品的创作和出版发行。

其四,加快禁毒教育基地、园地建设。根据2015年8月18日国家禁毒委员会办公室会同中共中央宣传部等部门联合制定的《全国青少年毒品预防教育规划(2016-2018)》第三条第三项规定的精神,要以青少年为主要服务对象,逐步建立中央和省级、地市级、县级四级禁毒教育基地。2016年年底前,要建立一所国家级、三十二所省级禁毒教育基地;2017年年底前,全国三百万人口以上大城市各建一所禁毒教育基地;2018年年底前,毒情严重、登记吸毒人员超过五千人的地、市、州和超过一千人的重点县、市均要建立禁毒教育基地。同时,各地禁毒、科技、文化部门要利用科技馆、文化宫、少年宫、会展中心等人流集中的地方,建设禁毒教育园地。这就是说,按照统一规划、合理布局的原则,在全国形成大小配套、层次分明、方便管理、服务群众的各级、各类禁毒教育基地和园地。并且要充分利用当地禁毒工作的素材不断充实、更新内容,把禁毒教育基地和园地办成介绍毒品知识、展示禁毒成果、开展禁毒教育、实施禁毒培训的课堂和禁毒志愿者的活动场所。

(五)评估体系

我国禁毒教育评估体系包含如下三个方面的内容:

1. 国家禁毒委员会制定禁毒教育评估标准

根据《全民禁毒教育实施意见》第二十二条的规定,国家禁毒委员会负责制定符合我国国情的针对各类人群的干预效果评价指标体系和禁毒教育评估标准,建立禁毒教育绩效评价、反馈机制。

2. 第三方机构评估和群众评价

《全民禁毒教育实施意见》第二十二条规定:"各地禁毒领导机构要按照科学、客观、公正的原则,通过第三方定期开展评估工作,防止形式主义和弄虚作假。"依据这一规定,禁毒教育的评估标准虽有国家禁毒委员会制定,但禁毒教育的评估过程和评估结果工作则要委托第三方(统计部门、社科研究机构等)去搞,而第三方开展评估工作,要秉持科学、客观、公正的原则,目的是防止形式主义和弄虚作假。为了进一步完善禁毒教育的评估机制,提升禁毒教育评估水平,中共中央宣传部、国家禁毒委员会办公室等十一个部门联合制定的《关于深化全民禁毒宣传教育工作的指导意见》第七条第二十八项指出,在积极借助第三方进行禁毒宣传教育评估的同时,也要注重群众对禁毒宣传教育的评价,并且把两者有机结合起来。

3. 根据评估结果改进工作

各地禁毒领导机构需根据第三方评估结果和群众评价情况,不断改进工作,保证禁毒宣传教育工作持续、健康发展。同时,要更新观念,努力探索与当今社会和经济发展相适应的教育理念、教育方式和教育途径,要注意总结来自群众的新鲜经验,以便不断提高开展全民禁毒宣传教育的工作水平。

(六)问责体系

根据《全国青少年毒品预防教育规划(2016—2018)》等规范性文件规定的精神,在第三方机构评估和群众评价的基础上,国家禁毒委员会办公室要定期将青少年毒品预防教育工作开展情况通报各地禁毒委员会主任和禁毒委员会成员单位主要领导。对因工作不重视,责任不落实、措施不得力,导致青少年新增吸毒人员蔓延加速、问题泛滥的地区,要按照《禁毒工作责任制》相关规定严肃追究责任。

(七)社会各界广泛参与

全民禁毒宣传教育工作,从其本质上讲,是一场全民自我拯救革命,故其必须有社会各界广泛参与,才能名副其实。如前所述,《禁毒法》第四条第二款规定,禁毒工作实行政府统一领导,有关部门各负其责,社会广泛参与的工作机制。对此,《关于深化全民禁毒教育工作的指导意见》也相应作出了回应,其第一条第三项规定,进一步健全政府统一领导,有关部门各负其责,社会广泛参与的禁毒宣传教育工作体制。《加强禁毒工作的意见》也强调,建立各级禁毒部门牵头、党委宣传部门协助、有关部门齐抓共管、社会各界广泛参与的全民毒品预防教育工作体系。由此可见,社会各界广泛参与禁毒宣传教育,不仅有其坚实的社会实践基础,也有充分的法理和政策依据。

第三节 禁毒宣传教育的主体与对象

国家开展禁毒宣传教育,必然有其指向的人群,即有接受禁毒宣传教育的人群;也必定要通过特定的机构、组织和个人去承担、完成相关之职责,而这两个方面实际上讲的是禁毒宣传教育的对象和主体问题。禁毒宣传教育的对象与禁毒宣传教育的主体是相互作用的统一体,在开展工作过程中,彼此不可缺位。本节就以上两个问题予以阐述。

一、禁毒宣传教育的主体

在我国,禁毒宣传教育的主体,也称禁毒宣传教育义务主体,指负有法律规定的义务针对公民开展禁毒宣传教育活动的组织者、指导者、实施者,包括单位和个人。根据我国《禁毒法》第十一条至第十八条的规定,禁毒宣传教育的主体主要有以下八类:

(一)各级人民政府

《禁毒法》第十二条第一款规定,各级人民政府应当经常组织开展多种形式的禁毒宣传教育。这里所说的各级人民政府包括中央人民政府(中华人民共和国国务院)、省级(自治区、直辖市)人民政府,地级(市、州、盟)人民政府,县级(市、旗)人民政府,乡级(镇)人民政府。各级人民政府因其在国家机构中的特殊地位,因此无疑是我国禁毒宣传教育义务的第一主体。

(二)工会、共产主义青年团、妇女联合会

这里所说的工会,是指中国工会,即中国共产党领导的职工自愿结合的我国工人阶级的群众组织;共产主义青年团,是指中国共产主义青年团,即接受中国共产党领导的由我国先进青年组成的群众组织;妇女联合会,则是指在中国共产党领导下中国各族各界妇女为争取进一步解放而联合起来的社会群众团体。由于各级工会、共产主义青年团、妇女联合会是各级党委、人民政府联系广大职工群众、广大青年群众、广大妇女群众的桥梁和纽带,是国家政权的重要社会支柱,因此,《禁毒法》也规定这三个特殊的群团组织负有禁毒宣传教育之职责。该法第十二条第二款规定,工会、共产主义青年团、妇女联合会应当结合各自工作对象的特点,组织开展禁毒宣传教育。

(三)教育行政部门、学校

学校(各类从事教育工作的组织机构,包括大学、中学、小学、职业学校等)是对青少年进行系统教育活动的场所,因此它也是对青少年进行禁毒宣传教育的得天独厚的地方,理应成为我国开展禁毒宣传教育工作的主阵地之一。为此,《禁毒法》第十三条规定,教育行政部门(指从国家教育部到地方各级人民政府中的教育局等主管教育行政工作的部门)、学校应当将禁毒知识纳入教育、教学内容,对学生进行禁毒宣传教育。同时,该条

规定,为了使学校的禁毒宣传教育取得更好效果,公安机关(县级以上人民政府主管公安工作及其人民警察的行政机关)、司法行政部门(县级以上人民政府主管监狱、律师事务所等司法行政事务的行政机关)和卫生行政部门(县级以上人民政府负责医疗卫生工作的部门)应当创造各种有利条件(例如,派缉毒民警到学校上课,组织学生到禁毒宣传教育基地、戒毒所参观等)予以协助。

(四)大众传媒机构

《禁毒法》第十四条规定,新闻、出版、文化、广播、电影、电视等有关单位,应当有针对性地面向社会进行禁毒宣传教育。这条规定包含三层意思:其一,所谓新闻、出版、文化、广播、电影、电视等有关单位是指我国负责宣传媒体的新闻、出版、文化、广播、电影、电视等政府有关单位和直接进行传播信息的大众传媒。[3] 其二,以上大众传媒机构应当面向社会进行禁毒宣传教育。其三,以上大众传媒机构应当根据禁毒工作的需要和各自的特点,有针对性地开展工作。大众传媒机构开展禁毒宣传教育具有天然的优势,它具有三个显著特点:一是覆盖面广;二是受众较多;三是手段、方式多样。

(五)公共场所经营者、管理者

《禁毒法》第十五条规定,飞机场、火车站、长途汽车站、码头以及旅店、娱乐场所等公共场所的经营者、管理者,负责本场所的禁毒宣传教育,落实禁毒防范措施,预防毒品违法犯罪行为在本场所内发生。这里所说的公共场所,不仅包括飞机场、火车站、长途汽车站、码头、娱乐场所等营利性质的公共场所,也包括中心广场、文化宫、少年宫等非营利性公共场所,还包括会展中心这样兼具营利性质和非营利性质的公共场所。从实践层面来看,飞机场等交通运输场所、中心广场等不仅是人口聚集和流动的密集之地,往往也成为贩卖、运输毒品选择之地甚至必经之地;旅店、娱乐场所已成为部分吸食毒品者的隐蔽之地;文化宫、少年宫对于群众和少年儿童来讲,则是可以把思想教育的内容渗透到娱乐活动之中即寓教于乐的好地方。因此,在飞机场等公共场所进行禁毒宣传教育不仅有其现实之必要性,而且可收良好之工作效果。需要指出的是:第一,公共场所的经营者、管理者只对其场所范围内的禁毒宣传教育负有法律规定之职责;第二,经营场所的经营者、管理者除了负禁毒宣传教育之职责外,依《禁毒法》的规定,还需配合公安等部门,根据本场所的特点,落实各种禁毒防范措施(例如建立巡查制度、安装电子监控设备等),预防毒品违法犯罪行为在本场所发生。

(六)国家机关、社会团体、企事业单位以及其他组织

《禁毒法》第十六条规定,国家机关、社会团体、企业事业单位以及其他组织,应当加强对本单位人员的禁毒宣传教育。这里所说的国家机关,包括国家的立法机关、行政机

---

[3] 黄太云:《中华人民共和国禁毒法解读》,41页,北京,中国法制出版社,2008。

关、监察机关、检察机关和审判机关;企业单位一般指以营利为目的独立核算的法人或非法人单位,事业单位则指我国政府利用国有资产设立的,从事教育、科技、文化、卫生等活动的社会服务组织;社会团体则包括特殊社会团体和一般社会团体,特殊社会团体又分为参加中国人民政治协商会议的八个人民团体(即中华全国总工会、中国共产主义青年团、中华全国妇女联合会、中国科学技术协会、中华全国归国华侨联合会、中华全国台湾同胞联谊会、中华全国青年联合会、中华全国工商联合会)和可以免于登记的十四个社会团体(例如中国作家协会、中国法学会、宋庆龄基金会、中国红十字会等)。根据 2016 年修订后的《社会团体登记管理条例》,一般社会团体是指中国公民自愿组成,为实现会员共同意愿,按照其章程开展活动的非营利性的社会组织。应当注意,这里所说的社会团体,不包括机关、团体、企业事业单位内部经本单位批准、在本单位内部活动的团体。所谓其他组织,是指以上国家机关、社会团体、企事业单位以外的社会组织,例如各类慈善机构、各类基金会等。

(七) 基层群众性自治组织

《禁毒法》第十七条规定,居民委员会、村民委员会应当协助人民政府以及公安机关等部门,加强禁毒宣传教育,落实禁毒防范措施。根据《中华人民共和国城市居民委员会组织法》和《中华人民共和国村民委员会组织法》规定,居民委员会和村民委员会在性质上是城市和农村的基层群众性自治组织。由于居民委员会、村民委员会不是一级政权,因此法律尽管规定其负有禁毒宣传教育义务之职责,但其所起的作用是协助性的。但是,应当指出的是:由于居民委员会、村民委员会是基层群众性自治组织,它们联系着我国最基层的群众,因此它们在城市的社区、农村的基层开展禁毒宣传教育工作就有着得天独厚的优势,它们在创建"无毒社区""无毒村"进而在全国实现禁绝毒品的最终目标中起着其他任何组织和单位不能替代的作用。同时,还应当指出,根据法律规定,居民委员会、村民委员会还应因地制宜,结合本区域的实际情况,协助当地人民政府、公安机关落实禁吸、禁种、禁贩、戒毒等禁毒防范措施。

(八) 监护人

《禁毒法》第十八条规定,未成年人的父母或者其他监护人应当对未成年人进行毒品危害的教育,防止其吸食、注射毒品或者进行其他毒品违法犯罪活动。所谓未成年人,是指未满十八周岁的公民;所谓监护,是指对未成年人的人身、财产以及其他一切合法权益进行监督和保护。根据 2017 年 10 月 1 日起施行的《民法总则》第二十七条第一、第二款的规定,未成年人的父母是未成年人的监护人;当未成年人的父母已经死亡或者没有监护能力的,由其祖父母、外祖父母,兄、姐,未成年人住所地的居民委员会、村民委员会或者民政部门同意的愿意担任监护人的个人或者组织按顺序担任监护人。因此,依据以上法律的规定,未成年人的父母首先应当承担起对未成年人进行禁毒宣传教育的职责。法律之所以如此规定,主要有两个理由:其一,家庭是未成年人出生后接受道德教育的第一所启蒙学校,父母则是未成年人的首任启蒙老师。父母的言传身教对未成年人的心理、个性、道德品质、理想、情操的形成,都起着非常重要的作用。[4] 其二,父母通常与未成年人生活在一起,对未成年人的习惯、爱好、交友、心理需求等都比较了解,因此由他们对未成年人进行毒品危害的教育,既有针对性又容易被未成年人接受从而收到良好的效果。其次,根据以上法律规定的精神,当未成年人的父母死亡或者丧失监护能力的时候,未成年人的其他监护人应当主动承担起对未成年人进行禁毒教育之职责。依据《预防未成年人犯罪法》第四十九的规定,未成年人的父母或者其他监护人不履行监护职责,放任未成年人有本法规定的不良行为或者严重不良行为(该法第三十四条规定,吸食、注射毒品等九类行为都是严重不良行为)的,由公安机关对未成年人的父母或者其他监护人予以训诫,责令严加管教。

必须指出的是,根据《政府购买服务管理办法(暂行)》规定的精神,政府购买服务主体(简称购买主体)可以按照一定的方式和程序,把禁毒工作的一部分事项交由具备条件的社会力量和事业单位(即承接政府购买服务主体,简称承接主体)承担,并由政府根据合同的约定向其支付费用。因此,在实践中,依照合同规定承接政府购买禁毒宣传教育和其他禁毒工作服务的专业社会工作者也是禁毒宣传教育义务主体。

二、禁毒宣传教育的对象

如本章前述,禁毒宣传教育对象分为重点对象和一般对象。下面分别予以说明。

(一) 重点对象

1. 青少年

青少年是我国当前禁毒宣传教育的重点对象之一,国家针对其开展禁毒宣传教育的项目最多、频率最高。众所周知,青少年具有相互矛盾的特点:一方面,青少年有理想、有激情、有干劲、敢担当;另一方面,青少年处于人生的生理、心理的发育阶段,好奇心、叛逆心、虚荣心,追求新潮意识比较强,并且辨别是非的能力较差,不易抵御外界不良因素的侵袭。这些特点决定了青少年对毒品尤其是新型毒品的严重危害性在认识上是不够的,其防毒、拒毒的能力是不足的。因此,在现实中,青少年就往往成为毒品侵袭的重点对象。然而,我国的未来属于青少年,中华民族的未来也属于青少年,青少年强,则国家强,青少年弱,则国家弱。青年一代的理想信念、精神状态、综合素质,是一个国家发展活力的重要体现,也是一个国家核心竞争力的重要因素。[5] 进一步说,我国青少年 的价值取向决定了我国未来整个社会的价值取向。因此,重点对青少年进行禁毒宣传教育,对于保护和促进青少年健康成长,更好地预防、遏制青少年从事毒品违法犯罪行为就具有十分重要的意义。为此,我

---

〔4〕 黄太云:《中华人民共和国禁毒法解读》,52 页,北京,中国法制出版社,2008。
〔5〕 参见习近平总书记 2017 年 5 月 3 日在中国政法大学师生座谈会上的讲话。

国多部法律及相关规范性文件都对青少年禁毒宣传教育工作的开展进行了规定,如《禁毒法》[6]《未成年人保护法》[7]《预防未成年人犯罪法》[8]《关于进一步加强中小学生毒品预防教育工作的通知》《全国青少年毒品预防教育规划(2016—2018)》等。这些法律及规范性文件的出台,为我国对青少年开展禁毒宣传教育奠定了法律及政策性的基础。

2. 高危行为的人群

理论上,任何人都有可能成为吸毒者,但现实中往往是高危行为的人群更容易沾染毒品、更容易成为吸毒者。什么是高危行为的人群?通常是指有较强的吸毒倾向、更容易吸毒的人群。从禁毒工作实践来看,高危行为的人群主要包括如下几类:其一是演艺界人士。在演艺界中,一些人迷信吸毒可以给他(她)们带来创作灵感,一些人则试图通过吸毒来缓解职场激烈的竞争带来的压力,一些人希冀吸毒来抚平他(她)们遇到的挫折和解脱(哪怕是暂时性的)其内心的恐惧,一些人(尤其是女艺人)依靠吸毒来瘦身,一些人则纯粹是通过吸毒填补其空虚的内心。但最成问题的是,演艺界的一些人结成了集体性的吸毒派对,吸毒者以毒品结缘并视彼此为知音,从而形成了一种"吸毒亚文化"(即吸毒不仅是满足其自身毒瘾的需要,而且被视为一种时尚的代名词、一种圈子中人际交往的新工具、一种具有共同"审美"标准的东西)。"吸毒亚文化"在潜移默化地影响着圈内所有人,一些缺乏正确人生观的意志薄弱者就会仿效吸毒者而成为新的吸毒者。近十多年来,娱乐圈中名人吸毒的案例并不少见,例如王学兵、边策、尹相杰、满文军、柯震东等吸毒,即为众所周知的例子。至于娱乐圈中无名小卒吸毒,则人数会更多。其二是社会闲散人员、失业者、城市中处于失学、失管状态的青少年。这些人往往因为事业受挫,家庭失和,经营破产,生活无着落等而引起精神萎靡、情绪低落,容易用烟、酒甚至毒品来麻痹自己,寻求解脱苦恼。其三是娱乐场所(酒吧、KTV、会所等)的从业人员。娱乐场所,通常是指以营利为目的,并向公众开放、消费者自娱自乐的歌舞、游艺等场所。现实中,一些娱乐场所成为吸毒者聚集之地。近朱者赤,近墨者黑,一些自控力不强的从业人员就容易在耳染目睹中成为毒品的俘虏。其四是从事长途客、货运的司机。近年来不断有媒体披露山西、山东、内蒙古、河北等地从事长途客、货运的司机(主要是后者)靠吸毒提神来消除驾驶疲劳,节约运输时间成本的案例。虽然这些案例带有较强的地域性(主要发生在我国北方的一些省份),但足以值得警示全国其他地方从事长途客、货运的司机。

---

〔6〕《禁毒法》第十三条规定:"教育行政部门、学校应当将禁毒知识纳入教育、教学内容,对学生进行禁毒宣传教育。公安机关、司法行政部门和卫生行政部门应当予以协助。"第十八条规定:"未成年人的父母或者其他监护人应当对未成年人进行毒品危害的教育,防止其吸食、注射毒品或者进行其他毒品违法犯罪活动。"

〔7〕《未成年人保护法》第十一条规定:"父母或者其他监护人应当关注未成年人的生理、心理状况和行为习惯,以健康的思想、良好的品行和适当的方法教育和影响未成年人,引导未成年人进行有益身心健康的活动,预防和制止未成年人吸烟、酗酒、流浪、沉迷网络以及赌博、吸毒、卖淫等行为。"

〔8〕《预防未成年人犯罪法》第三十六条规定:"工读学校对就读的未成年人应当严格管理和教育。工读学校除按照义务教育法的要求,在课程设置上与普通学校相同外,应当加强法制教育的内容,针对未成年人严重不良行为产生的原因以及有严重不良行为的未成年人的心理特点,开展矫治工作。"

其五是进城务工人员和农村中辍学、厌学、逃学、失学的留守儿童。所谓进城务工人员，指户籍仍在农村，但进入城市从事非农业工作的劳动者。农民工虽然在城市工作，但却普遍存在着工资较低，居住环境较差，缺乏卫生医疗保障，职业技能培训不到位，维权比较困难，子女受教育不易，缺少基本的文化娱乐，夫妻长期分居而导致的性压抑等主客观方面的问题。为此，我国各级政府采取了许多措施，作了许多努力，但是要从根本上解决农民工存在的这些困难和问题，是一个长期的过程。在这个过程中，一部分进城务工人员因面临困难和挫折而导致精神苦闷和压抑，其中的意志不坚定者就会产生寻求吸食毒品来释放心理压力和苦闷的动机，从而成为吸毒人群。农村中的留守儿童特别是辍学、厌学、逃学、失学的留守儿童，往往亦存在着多方面的问题，例如情绪不稳定，抗压能力差，对父母比较排斥甚至有很大怨恨，有抽烟、酗酒等不良习惯，甚至有赌博、偷窃、抢劫等违法犯罪行为等。因此，农村中的留守儿童特别是辍学、厌学、逃学、失学的留守儿童也常常成为毒品侵袭的对象。

3. 有吸毒行为的人员

所谓有吸毒行为的人，是指有吸食毒品行为的人员，简称吸毒者，包括初次吸毒的人员、吸毒成瘾的人员、复吸的人员。禁毒工作的实践表明，不少吸毒者是在对毒品的危害不了解甚至知之甚少的情况下经不起毒品的诱惑而误入歧途的，因此对吸毒者进行禁毒宣传教育就有特殊的意义：一方面，对初次吸毒者以及尚未吸毒成瘾的人敲响了警钟，使其迅速清醒过来并且能从毒品中抽身，从而避免陷入泥潭成为吸毒成瘾者；同时通过其自身的积极行为，影响其他有吸毒倾向的人弃恶向善。另一方面，由于吸毒成瘾者、复吸者对毒品有切肤之痛感，因此对其进行治疗性、干预性、强制性的教育措施，就可以进一步提高其觉悟，巩固其戒毒效果，为其早日回归社会奠定良好的思想基础。基于以上，吸毒者也是禁毒宣传教育的重点对象之一。

4. 毒品问题严重地区的居民和流动人口

这里所说的毒品问题严重的地区，主要指贩毒、制毒、运毒、吸毒等违法犯罪严重的区域。根据禁毒工作需要，国家禁毒委员会大力推进全国毒品问题严重地区重点整治工作。例如，2015 年 12 月，国家禁毒委员会在惠东召开全国禁毒重点整治工作会议，对六个毒品问题严重的县、市、区实行挂牌整治，十八个县、市、区通报警示，三十八个地区予以重点关注。并且先后制定下发了《禁毒重点整治地区认定标准(试行)》《禁毒重点整治三十项重点工作事项》，重点整治工作取得明显成效。[9] 但是，实践表明，要使毒品问题严重地区的状况得到根本改善，必须抓好若干基础性的工作，而禁毒宣传教育就是其中之一。因为毒品问题严重地区之所以如此，从历史与现实来看，是由多方面的因素使成的，但该地区居民及流动人口的法制意识、禁毒意识薄弱是其重要的因素之一。而造成这一状况，则与有关部门禁毒宣传工作的严重不到位有密切关系。因此，从抓主要矛盾

---

[9] 参见《2017 年中国禁毒报告》。

的工作思路出发,必须对毒品问题严重地区的居民以及在该地区的流动人口进行重点性的禁毒宣传教育。

5. 公职人员

这里所说的公职人员,主要指在国家立法机关、监察机关、行政机关、检察机关、审判机关从事公务的人员,在中国共产党和各民主党派党务机关从事公务的人员,在国有公司、企业、事业单位、人民团体中从事公务的人员,在国家机关、国有公司、企业、事业单位委派到非国有公司、企业、事业单位、社会团体从事公务的人员以及其他依照法律从事公务的人员。近年来,全国公职人员吸毒人数呈逐年增多的趋势(2010年,全国公安机关查处吸毒公务员仅45人,2011年突增至202人,2011年至2014年查处人数分别为295人、311人、398人,2015年达532人),全国31个省、自治区、直辖市均查处了吸毒的公务员。如果单从吸毒人数来看,公职人员吸毒人数比例总体上是比较低的,但是由于身份的特殊性,公职人员吸毒造成的负面影响是很大的,不仅严重伤害其个人、家庭和社会,而且严重损害了党的形象和政府的公信力。查获的案件表明,公务员之所以吸毒,就在于这些吸毒的公务员大多数没有接受过比较全面的禁毒宣传教育,对毒品的危害认识严重不足,一旦受人诱惑或怂恿,极易出于好奇心而尝试吸毒。[10] 基于以上考量,公职人员理应成为禁毒宣传教育的重点对象。

(二) 一般对象

确定禁毒宣传教育对象是重点的还是一般的,这是国家禁毒领导机构和有关部门在一定时期依据禁毒工作的实际所作出的判断,不可以随意改变。但是,无论在理论上还是在实践中,一般对象和重点对象是可以互变角色的。即是说,在一定主客观条件下,重点对象可以变成一般对象(例如有的吸毒者通过戒除毒瘾变成无吸毒者);反过来,一般对象也可以变成吸毒高危人群、吸毒者等。因此,不可忽略对一般对象的禁毒宣传教育,这是其一。其二,在工作中,只有保证重点,又照顾一般,既突出对重点对象进行禁毒宣传教育,又照应到对一般对象进行禁毒宣传教育,才能整体上增强全民的禁毒意识,才能激发全体公民同毒品违法犯罪作斗争的积极性,才能在全社会汇聚成禁毒工作的磅礴力量,也才能把我国的禁毒工作不断推行更高的台阶。当然,对重点对象和一般对象进行禁毒宣传教育,其内容和方式均应有较大的区别。

第四节　禁毒宣传教育的任务和模式

一、禁毒宣传教育的任务

根据《全民禁毒教育实施意见》《关于深化全民禁毒宣传教育工作的指导意见》等规

---

[10] 参见2016年4月6日国家禁毒委员会办公室印发的《关于切实加强公务员吸毒问题防治工作的通知》。

范性文件的有关规定,结合禁毒工作实践,我国禁毒宣传教育的任务分为基本任务和具体任务,简述如下:

1. 基本任务

禁毒宣传教育的基本任务是介绍毒品形势,普及禁毒知识,传播禁毒观念,宣传禁毒法律、法规,动员全民参与禁毒;其核心是增强全民禁毒意识,提高公民对毒品及其危害的认知能力和抵御能力。

2. 具体任务

禁毒宣传教育的具体任务有五,分别是:

(1)普及毒品及其危害的基础性知识

普通民众对毒品存有神秘感,对哪些物质是毒品以及毒品的严重危害性,在认知上是严重不足的。因此,禁毒宣传教育的重要任务之一,就是要通过工作,使公民了解什么是毒品,毒品有哪些种类和特征,毒品对个人身心健康有什么危害,毒品对家庭和社会的危害又是什么,国家为什么要惩治毒品违法犯罪行为,等等。对公民普及毒品及其危害的基础性知识,是禁毒宣传教育最基本的工作。

(2)普及毒品预防知识

首先,要使公民了解毒品特别是合成毒品泛滥的规律和传播条件,消除其认识误区,增强其对毒品的警惕性;其次,要使公民掌握如何正确地使用麻醉药品;再次,要使公民掌握预防毒品侵袭的方法以及相关的科学知识;最后,教育公民养成和保持积极、健康的生活方式,提高对毒品的抵御能力。

(3)使公民了解我国禁毒斗争历史和毒品问题的现状。

这就是说,通过禁毒宣传教育,使公民了解:毒品曾经给中华民族和中国人民带来过深重的灾难和屈辱;为了救国图存,中国人民曾和支持毒品在中国泛滥的帝国主义、封建主义、官僚主义进行过不屈不挠的斗争;我国政府对毒品违法犯罪一直保持着高压的态势,但随着改革开放后我国国门的全面打开以及其他国内国际因素的影响,目前我国的毒品问题形势仍很严峻,禁毒形势仍不容乐观;最后让公民认识到,毒品问题是中华民族伟大复兴前进道路上的拦路虎和畔脚石,必须高度重视并切实予以解决。这样,通过以上禁毒宣传教育,使人们树立起正确的社会荣辱观,并进一步关心和支持我国的禁毒工作,从而使"禁毒是全社会的共同责任"这一禁毒理念全面落实到实处。

(4)提高公民的禁毒法律意识和禁毒政策水平

禁毒宣传教育的过程,是提高我国公民对禁毒法律、禁毒政策认知水平的过程。就是说,通过禁毒宣传,使公民知晓我国政府关于禁毒的立场、方针与政策,了解我国《禁毒法》《戒毒条例》的基本内容以及《刑法》中有关毒品犯罪的规定,做到知法守法,不吸毒、不贩毒、不种毒、不制毒,这就提升了公民对毒品违法性的认识水平,增强了公民用法治手段同涉毒违法犯罪行为作斗争的信念,从而在整个社会层面上,形成依法禁毒的良好局面。

（5）宣传我国禁毒战线的英模人物、先进集体以及禁毒事业取得的巨大成就

禁毒宣传教育的过程，是宣传我国禁毒战线的英模人物、先进集体的过程。中华人民共和国成立以来特别是改革开放和中国特色社会主义现代化建设过程中，我国禁毒战线涌现出许许多多的英模人物、先进集体，他们是全体公民的学习榜样。禁毒宣传教育工作者，就是要善于发现和推出先进典型，让广大群众学习有榜样，追赶有目标，见贤思齐，从先进典型的感人事迹、优秀品质中受到鼓舞，汲取精神力量，从而积极投身到禁毒斗争的伟大实践中去。

禁毒宣传教育的过程，也是宣传我国禁毒事业取得巨大成就的过程。这些巨大成就包括：新中国成立以后，我国政府对毒品采取坚决铲除的态度和方针，并且在短短的三年多时间内，就基本上根除了毒品的祸害，创造了世界禁毒史上的奇迹；也包括：改革开放以来特别是党的十八大以来，在各级党委、政府的领导下，各级禁毒领导机构及各有关部门坚决贯彻党中央、国务院的决策部署，主动作为，攻坚克难，推动禁毒工作取得的重要阶段性 成果。同时也要让公民了解，我国禁毒事业取得的巨大成就的根本原因，在于我国有自身的政治优势和制度优势。让全体公民知晓我国禁毒事业取得的巨大成就，其目的是激励他们树立起禁毒必胜的信心，继续发扬我国禁毒优良传统，坚决打赢新时代的禁毒人民战争。

二、禁毒宣传教育的模式

禁毒宣传教育的模式，简称禁毒宣教模式，指禁毒宣传教育主体针对禁毒宣传教育对象开展工作时所采取的基本样式。归纳起来，我国当前禁毒宣传教育的模式主要有以下七种，分述如下：

（一）社区禁毒宣教模式

社区，是指在一定地域形成的社会生活共同体。[11] 通常，社区以地缘为基础，以适度的管辖人口和半径为条件，以居民的认同感、归属感为前提，按照有利于管理、自治、社区资源的合理性利用以及提高工作效能的原则，科学合理地划分、设立。由于社区是构成我国社会有机体最基本的内容，是我国宏观社会的缩影，因此在社区进行禁毒宣传教育，其实质就是国家以社区为平台在全社会展开禁毒宣传教育。从禁毒工作实践来看，社区禁毒宣教模式，乃是指社区工作人员、禁毒专业社会工作者、禁毒志愿者以及其他禁毒宣传教育主体等，在各个社区开展的禁毒宣传教育活动。目前，这种禁毒宣传教育通常包括两方面内容：一是在社区贴标语、拉条幅、办图片展览、发放有关资料、讲解禁毒法的基本知识等；二是对社区范围内的吸毒者、戒毒人员进行帮教，以促其早日回归家庭、回归社会。社区禁毒宣传教育通常契合"6·26"国际禁毒日、"3·8"国际妇女节等特殊时日

---

〔11〕《现代汉语词典》，1155页，北京，商务印书馆，2016。

开展工作,是我国当前禁毒宣教的基本模式之一。

(二)家庭禁毒宣教模式

家庭禁毒宣教模式目前主要在我国云南省开展,它主要包括家庭毒品预防教育与家庭戒毒教育两方面内容。前者是指以家庭为主要场所,对家庭成员进行毒品危害宣传,培训其拒绝毒品相关技能等,以防止家庭成员吸食毒品。[12],这种工作模式包括四个层面:其一,以家庭为主要场所展开工作;其二,此项工作的对象是家庭所有成员、内容是对其进行毒品危害宣传并培训其拒绝毒品相关技能;其三,此项工作的目的是防止家庭成员吸食毒品;其四,参与此项工作的主体主要是禁毒专业社会工作者、禁毒志愿者等。后者则包括吸毒者自己选择在家庭或者吸毒者家人将吸毒者安置在家庭中进行戒毒两种情形,并且都通过服用戒毒药物、家人帮助等多种方式帮助吸毒者完成脱毒、康复、回归社会的治疗教育过程。[13] 这种工作模式与前一种工作模式一样,都是以家庭为主要场所展开工作,但其对象、内容、目的、参与的工作主体则有所不同。具体说,这种工作模式的对象是吸毒成瘾并需要戒毒的人员;内容是帮助吸毒成瘾者解除毒瘾;目的是帮助吸毒成瘾者完成脱毒、康复和回归社会;参与此项工作的主体主要是禁毒专业社会工作者、禁毒志愿者及未吸毒的家庭成员特别是家长。

家庭是社会的基本细胞,家庭成员常常生活在一起,彼此之间既互相了解又通常结成比较亲密的社会关系,因此,利用家庭独特的资源进行禁毒宣传教育具有特殊的意义:一方面,家庭成员通过彼此之间的忠告、提醒、监督,整体上增强了拒毒意识,从而筑起家庭抵御毒品侵袭的第一道坚固防线;另一方面,对于在家庭实施戒毒的吸毒者来说,家庭成员的关爱、鼓励、支持,亲情的呼唤是其战胜毒瘾、康复身体、早日回归社会的一副任何其他药物不能代替的良药。但是,无论哪一种家庭宣教工作模式,要收到良好的效果,均要求家庭成员特别是家长具有较强的禁毒法律意识,较强的识毒、拒毒、防毒的基本知识、技能和较强的工作责任心。否则,家庭禁毒宣教模式的效果就会大打折扣。

总之,家庭禁毒宣教模式在禁毒宣传教育模式中起着特殊的作用,我们务必予以重视,并切实加以研究、总结和完善。

(三)学校禁毒宣教模式

这是以学校为重要阵地的禁毒宣教模式。具体内容如下:

1. 把禁毒知识纳入教育、教学内容

为落实《禁毒法》第十三条中"应当把禁毒知识纳入教育、教学内容"的规定,《全国青少年毒品预防教育规划(2016—2018)》第三条第一项第一款对此作了细化规定,即:小学五年级至高中二年级每学年至少安排一课时毒品预防教育专题课程。毒情严重地区学

---

〔12〕 阮慧风、李光懿:《云南家庭禁毒教育工作模式实证研究》,载《武汉公安干部学院学报》,2012(4)。
〔13〕 阮慧风、李光懿:《云南家庭禁毒教育工作模式实证研究》,载《武汉公安干部学院学报》,2012(4)。

校,要在2016年秋季开学前将毒品预防教育纳入常规课程,每学年至少安排两课时的毒品预防教育专题课程。同时,要将禁毒元素有机融入语文、历史、化学、生物、思思品德等课程,发挥渗透教学作用。中等职业学校和高等院校要在新生入学后和毕业生毕业前各开一次毒品预防教育。

自二十世纪九十年代以来,全国各地针对学生的禁毒教育展开了许多实践。如有些学校在中学生物或生理卫生课程教材中增设了禁毒内容,把毒品的危害性描述得十分清楚、具体、透彻。即授课老师结合呼吸、循环、中枢神经系统、免疫等章节的教学,讲清毒品进入人体的几种途径,对器官、组织的作用机理,诱发器官的功能性病变甚至器质性病变,并警醒学生们:毒品物质降低人的免疫功能,致使人体连感冒等一般疾病都难以抵御,最终体能衰竭而死亡[14]。通过这些生动的禁毒教育,使学生从认识毒品的严重危害逐渐发展为对吸毒的心理反感,并最终建立起反对吸毒的心理屏障。

2. 丰富毒品预防教育资料

《全国青少年毒品预防教育规划(2016—2018)》第三条第三款规定,为了做好学生毒品预防教育工作,需要进一步丰富毒品预防教育资料。为此,国家禁毒委员会办公室、教育部于2015年9月底前,已将制作的小学、初中、高中和中等职业学校毒品预防专题片及优秀禁毒课件,在国家禁毒委员会办公室和教育部网站推出,供各地下载。省级、地市级教育和禁毒部门则结合本地区毒品问题特点,在2016年秋季开学前,将毒品预防教育纳入地方课程教材中。

3. 建立毒品预防教育师资队伍

《全国青少年毒品预防教育规划(2016—2018)》第三条第二款规定,教育部门要把毒品预防教育列入教师培训内容,依托高等院校和科研机构建立毒品预防教育师资培训基地。同时,要加强学校毒品预防教育兼职老师、法制副校长队伍建设,毒情严重的地区每个学校至少要配备一名校外禁毒辅导员。

4. 举行禁毒专题讲座

即学校有计划地聘请禁毒领域的学者、专家,禁毒形象大使,禁毒校外辅导员等到学校举行某一主题(例如"我国目前的毒品形势及应对策略""珍爱生命,远离毒品""不让毒品进校园"等)的禁毒宣传教育专题讲座。这些禁毒专题讲座,通常结合毒品案例,对不同阶段的学生施之不同的禁毒教育内容。举行禁毒专题讲座,进一步拓展了学生们的禁毒视野,也进一步夯实了学生们抵御毒品的思想根基。

5. 组织学生参加禁毒社会实践活动

这些禁毒社会实践活动主要包括:学校每年应当组织青少年学生就近参观禁毒教育基地(展览馆、园地、戒毒场所等);学校要积极地和禁毒部门、共产主义青年团、妇女联合会等联系,利用寒假、暑假组织学生开展禁毒夏令营、禁毒冬令营活动;学校要积极创造

---

〔14〕 范斌:《浅议我省全民禁毒防艾宣传教育工作思路》,载《山西警官高等专科学校学报》,2009(1)。

条件,在学生当中组织禁毒志愿者,利用节假日、寒暑期深入社区、家庭、工厂、农村、公共场所等,宣讲国家禁毒政策、禁毒法律,传播禁毒理念和禁毒知识。学生参加禁毒社会实践活动,是一种很接地气的有益活动,不仅自身获得了教育,而且也教育了他人,推动了禁毒工作良性互动局面的形成。

(四)公共场所、特殊区域的禁毒宣教模式

其一,公共场所的禁毒宣教模式。在营利性质公共场所进行禁毒宣传教育,参与此项工作的主体首先是其经营者、管理者,其次是禁毒专业社会工作者、禁毒志愿者等。而对于非营利性质的公共场所而言,从事禁毒宣传教育的主体主要是禁毒专业社会工作者、禁毒志愿者等。公共场所禁毒宣教模式的对象是不特定的多数人群、流动人口等,采取宣传教育的方式主要是张贴宣传海报、图片、发放宣传资料、讲解毒品的危害以及传统毒品与新型毒品的区别、拒毒技能等。根据《全国青少年毒品预防教育规划(2016—2018)》第三条第三项第十二款规定,2018年以前,所有营业性公共娱乐服务场所都应有固定的禁毒警示语和点歌屏保禁毒提示影像。

其二,特殊区域的禁毒宣教模式。主要指两个方面:一是,针对可能种植毒品原植物的地区、山区、林区开展禁种(毒)宣传,增强群众的禁种的意识,防止罂粟等种子落地,并防止已经铲除植罂粟等毒品原植物的地方复种。二是,针对易制毒化学品生产、经营、运输、使用单位,公安机关应当会同商务、食品药品监督管理部门等向这些单位的管理人员和职工进行加强易制毒化学品管理对禁毒工作具有重要意义的禁毒宣传,提高他(她)们的自我约束能力及防范能力。

(五)大众传媒、文学艺术和体育活动禁毒宣教模式

大众传媒、文学艺术及体育活动对公民的道德宣传教育有着特殊的渗透力和影响力,也必定对公民的禁毒宣传教育有着特殊的渗透力和影响力。因此,首先,要继续发挥广播、电视、报纸、刊物这些传统媒体的作用进行禁毒宣传教育,例如组织新闻发布会(2016年,国家禁毒委员会办公室在中宣部、国家新闻出版广电总局、公安部新闻中心的支持下,对当年召开的世界毒品问题特别联大、《2015年中国毒品形势报告》举行新闻发布会即为适例)、新闻直播(2016年全民禁毒月期间,中央电视台社会与法制频道推出《亮剑2016》三小时直播也是适例)、文艺汇演(2016年国家禁毒委员会办公室协调中央电视台在云南西双版纳举行"心连心"艺术团慰问演出也是适例)等。

其次,又要充分利用互联网、微信、微博等新媒体进行创新性的禁毒宣传教育,例如开展网上禁毒知识竞赛、禁毒微电影征集、网络征文、禁毒H5游戏等活动。根据《2017年中国禁毒报告》提供的信息,至2016年底,"中国禁毒"微信平台订阅用户超过五百万,禁毒手机报每周固定发送一千二百万次。各地建成省级禁毒网站二十九个,禁毒官方微信三十一个,并积极与搜狐、网易、凤凰、今日头条、一点资讯等国内主要新型媒体合作,大量播发禁毒消息。

再次,文艺工作者要通过深入生活,创作出优秀的电影、电视剧、戏剧、音乐、舞蹈、美术、摄影、小说、诗歌、散文、报告文学等文艺作品,热情讴歌我国禁毒人民战争中涌现出来的英雄人物、先进个人和集体,无情地揭露和抨击毒品违法犯罪的丑恶现象,以其独特的方式和艺术魅力,给人民群众以鼓舞、启迪。

最后,体育活动具有"壮筋骨、增知识、调感情、强意志,使人身心完备"的功能,因此,禁毒宣传教育主体应当善于把禁毒教育和体育活动有机结合起来,重视体育活动在禁毒教育中的独特作用。近年来,我国的一些地方因地制宜地把禁毒元素融入体育活动当中去开展禁毒教育工作,例如,福建、重庆于 2016 年组织开展了"千人禁毒健步走""10 万人运动健康齐拒毒"等活动,都取得了良好的教育效果。

(六) 特殊群体的禁毒宣教模式

这里所说的特殊群体,包括三个方面:一指尚未发现有其他违法犯罪的吸毒成瘾人员;二是被依法拘留、逮捕、收监执行刑罚以及被依法采取强制性教育措施的吸毒成瘾人员(即被依法剥夺人身自由的吸毒成瘾人员);三是高危人群者。对于吸毒成瘾者,根据我国《禁毒法》的规定,应当进行戒毒治疗。然而,无论是选择自愿戒毒者或者被责令接受社区戒毒者、被决定强制隔离戒毒者或者被依法剥夺人身自由的戒毒者,对其进行戒毒治疗的过程,就是对其进行禁毒教育的过程。例如,对于被责令接受社区戒毒者,依据《戒毒条例》第十八条规定,乡(镇)人民政府、城市街道办事处和社区戒毒工作小组应当采取辅导戒毒知识、教育、劝诫等措施。又如,对于被决定强制隔离戒毒的吸毒成瘾者来说,《戒毒条例》第二十九条规定,强制隔离戒毒所应当配备设施设备及必要的管理人员依法为其提供科学规范的戒毒治疗、心理治疗、身体康复训练和卫生、道德、法制教育、开展职业技能培训。再如,对于自愿戒毒的吸毒成瘾者而言,《戒毒条例》第十一条规定,戒毒医疗机构应当履行对其开展艾滋病等传染病的预防、咨询教育的义务;并且规定,在符合国务院卫生行政部门制定的戒毒治疗规范情况下,对自愿戒毒人员采取脱毒治疗、心理康复、行为矫治等措施。如果说,对于已经戒除毒瘾的人员,家庭教育的功能主要是预防其复吸,那么,对于正在进行戒除毒瘾者,社区戒毒、强制隔离戒毒、自愿戒毒措施就具有多方面的功能:它们不仅帮助其戒除毒瘾,而且对其进行戒毒教育,并且为其早日回归社会做好各种充分的准备。

对于高危人群的禁毒宣教,应当根据其对象的不同特点去展开工作:针对演艺界人士,一方面要组织禁毒社会工作者、禁毒志愿者对其进行毒品尤其是新型毒品危害知识的普及,另一方面又要通过其行业主管部门(文化部、广播广电总局)制定诸如《演艺界人员惩戒规则》等,对涉毒的演艺界人员采取惩戒措施,这些措施包括警告、严重警告、停止执业、取消演艺资格等。只有把通常的禁毒宣传教育和必要的惩戒措施结合起来,才能实质上提高演艺界的禁毒意识,从而遏制毒品问题在演艺界的蔓延。针对社会闲散人员、失业者,要结合帮助其就业来开展禁毒宣传教育工作;对于城市中处于失学、失业、失管状态的青少年,则要依托青少年事务社会工作专业队伍等社会力量,为他们提供就业、就学帮助,心理咨询及毒品预防教育,防治其游离于社会管理边缘,从而误入毒品歧途。针对娱乐场所的从业人员,各级个体劳动者协会、私营企业协会要配合公安、工商行政管理部门在娱乐场所公开张贴和放置禁毒宣传品,加强警示作用。针对从事长途客货运的司机,应积极探索以"拒绝毒驾"为主题,结合工作实际,深入物流公司、车站、大型停车场,通过向司机、旅客发放禁毒宣传资料、现场讲解拒毒、防毒、反毒知识、鼓励群众举报等方式进行禁毒宣传教育。针对进城务工人员和农村留守儿童,既要做好对其毒品危害知识的普及、提高其禁毒意识的工作,又要打击外流贩毒、发展地方经济,彻底改变因贫涉毒、因毒致乱的局面,将毒品预防教育纳入农村建设社区试点的任务中。

(七)单位内部的禁毒宣教模式

国家机关、社会团体、企事业单位以及其他组织也是对公民进行禁毒宣传教育的重要场所。这就是说,国家机关、社会团体、企事业单位以及其他组织应从自己的实际出发,有计划、有针对性地抓好禁毒宣传教育工作。首先,这些单位内部的工会、共产主义青年团、妇女联合会应当结合工作对象的特点来开展工作。例如,对于企业来说,其工会可依托其宣传文化活动阵地,以"职工拒绝毒品零计划"为中心,以青年职工为重点,多渠道、多途径、多形式开展工作,培训职工识毒、拒毒、防毒的能力。其次,要把禁毒教育作为岗前和岗位培训的重要内容,帮助干部和职工了解相关毒品的知识与熟悉禁毒法律、法规的基本内容。再次,要把受禁毒教育的情况作为干部、职工年度考核、奖惩的指标之一,以促进干部、职工普遍地增强禁毒意识,从而树立起行业抵御毒品的坚强防线。

总之,以上七个方面在公民禁毒宣传教育方面各有侧重、各有特点、互相衔接、紧密相联。禁毒宣传教育工作者应当把社区禁毒宣传教育、家庭禁毒宣传教育、学校禁毒宣传教育和其他禁毒宣传教育结合起来,使之相互配合,相互促进。既要突出加强学校教育,又要巩固家庭教育、社区教育、单位教育和其他教育成果,把公民禁毒宣传教育引向深化。

第七章　国家对毒品的管制

【学习目标】　通过本章的学习,明确麻醉药品、精神药品、新精神活性物质和易制毒化学品的概念,了解我国毒品管制的法律渊源和管理制度,熟悉我国主要毒品管理法规的具体内容,能运用相关知识开展对麻醉药品、精神药品、新精神活性物质、易制毒化学品的管理工作以及认定、查处违反毒品管理法规的违法行为。

第一节　国家对麻醉药品和精神药品的管制

一、麻醉药品、精神药品的概念与品种

(一)麻醉药品、精神药品的概念

麻醉药品和精神药品都属于精神活性物质。精神活性物质是指能够穿越血脑障壁并且主要作用于中枢神经系统,进而对感觉、情绪、知觉、意识、认知和行为作出改变的化学物质。[1] 本章讨论的麻醉药品和精神药品是指列入国家有关部门制定的麻醉药品目录、精神药品目录的药品和其他物质。

1. 麻醉药品

麻醉药品是指医疗上具有麻醉、镇痛作用,连续使用后易产生身体依赖和精神依赖的药品和其他物质。

麻醉药品既有天然的也有化学合成的,主要包括阿片类、大麻类和可卡因类三大类。常见的阿片类麻醉药品有鸦片、吗啡、可待因、海洛因、杜冷丁、美沙酮、哌替啶等。常见的大麻类麻醉药品有大麻烟、大麻脂、大麻油等。常见的可卡因类麻醉药品有古柯叶、可卡因等。

2. 精神药品

精神药品是指作用于人的中枢神经系统,使其兴奋、抑制或致幻,连续使用能产生精神依赖和身体依赖的药品和其他物质。

精神药品既有天然的也有化学合成的,通常根据其对人体中枢神经产生的作用分为兴奋剂、抑制剂和致幻剂。常见的兴奋剂有苯丙胺类如甲基苯丙胺(冰毒)和 3,4-亚甲基

---

〔1〕　维基百科 http://en.wikipedia.org/wiki/Psychoactive_substance#cite_note-bushbook-1.

二氧基甲基苯丙胺(摇头丸)、咖啡因、安纳咖等。常见的抑制剂有三唑仑、地西泮、巴比妥、安眠酮、γ-羟基丁酸等。常见的致幻剂有麦司卡林、麦角酰二乙胺、苯环己哌啶、氯胺酮、迷幻蘑菇(含赛洛西宾和羟基二甲色胺)等。

3．其他物质

其他物质主要指麻醉药品药用原植物如罂粟、大麻,以及精神药品的前体和化学品。

(二) 受管制的麻醉药品和精神药品品种

国际社会对麻醉药品和精神药品的管制主要依据《1961 年麻醉品单一公约》和《1971 年精神药物公约》。这两大国际禁毒公约以清单方式将应管制的麻醉药品和精神药品列举出来,并明确了国际毒品管制机构、管制报告、管制措施、监测制度及处遇对策等,为各缔约国国内管制提供了准则与规范。

我国参考了国际禁毒公约对麻醉药品和精神药品的管制清单,通过制定麻醉药品和精神药品目录以及对目录进行定期调整以明确管制药品的品种。依据 2005 年国务院制定、发布的《麻醉药品和精神药品管理条例》(以下简称《条例》)规定,国务院药品监督管理部门会同公安部门、卫生主管部门负责制定、调整并公布麻醉药品目录和精神药品目录。上市销售但尚未列入目录的药品和其他物质或者第二类精神药品发生滥用,已经造成或者可能造成严重社会危害的,国务院药品监督管理部门会同公安部门、卫生主管部门应当及时将该药品和该物质列入目录或者将该第二类精神药品调整为第一类精神药品。

目前,我国适用的《麻醉药品品种目录》和《精神药品品种目录》由药品监督管理部门会同公安部门、卫生主管部门于 2013 年制定,对 2007 年制定的麻醉药品精神药品品种目录进行了调整修订,该目录自 2014 年 1 月 1 日起施行。在 2013 年版的目录中,麻醉药品共 121 种,精神药品共计 149 种,其中第一类精神药品 68 种,第二类精神药品 81 种。[2] 国家对第一类精神药品和第二类精神药品,实行严格程度不同的管制。

二、麻醉药品和精神药品管制的法律渊源

麻醉药品和精神药品管制的法律渊源包括国际法和国内法。

国际法渊源为国际禁毒公约。如本书前述,联合国大会先后于 1961 年、1971 年、1988 年通过了《麻醉品单一公约》[3]《精神药物公约》和《联合国禁止非法贩运麻醉药品和精神药物公约》(以下简称《八八公约》),对麻醉药品和精神药物的管制机构、管制范围、管制制度、管制措施、毒品犯罪以及缔约国打击非法贩运毒品的义务作出了规定。我国于 1985 年和 1989 年先后批准加入了以上三个国际禁毒公约,除声明保留的条款外,

---

〔2〕　参见 2013 年版《麻醉药品品种目录》和《精神药品品种目录》。

〔3〕　参见联合国经济及社会理事会 1577(L)号决议,《1961 年麻醉品单一公约》在 1972 年 3 月进行了修正。

承诺履行缔约国的国际禁毒义务。

为规范麻醉药品和精神药品的生产、经营、购买、运输、储存、使用等行为,我国先后通过立法建立了一套管理法律体系,以《麻醉药品和精神药品管理条例》为基础,辅之以配套的部门规章,成为麻醉药品和精神药品管制的国内法渊源。目前,主要的法规规章有:2005年8月3日由国务院制定发布并于2005年11月1日起施行,后经2013年12月7日、2016年2月6日两次修订的《麻醉药品和精神药品管理条例》;2005年10月25日,国家食品药品监督管理局和邮政局共同制定发布并施行的《麻醉药品和精神药品邮寄管理办法》;2005年10月31日,国家食品药品监督管理局制定发布并施行的《麻醉药品和精神药品生产管理办法(试行)》和《麻醉药品和精神药品经营管理办法》;2005年11月14日,卫生部制定发布并施行的《医疗机构麻醉药品、第一类精神药品管理规定》和《麻醉药品、精神药品处方管理规定》。

三、国家对麻醉药品药用原植物的管制

国家对麻醉药品药用原植物的种植实行严格管制,禁止非法种植罂粟、古柯植物、大麻植物以及国家规定管制的可以用于提炼加工毒品的其他原植物,禁止走私或者非法买卖、运输、携带、持有未经灭活的毒品原植物种子或者幼苗。国家对麻醉药品药用原植物实行计划种植和特许种植的管理制度,违反管理制度的种植皆为非法种植。

计划种植主要包括:首先,国家根据麻醉药品和精神药品的医疗、国家储备和企业生产所需原料的需要确定需求总量,对麻醉药品药用原植物的种植、麻醉药品和精神药品的生产实行总量控制;其次,国务院药品监督管理部门根据麻醉药品和精神药品的需求总量制订年度生产计划;再次,国务院药品监督管理部门和国务院农业主管部门根据麻醉药品年度生产计划,制订麻醉药品药用原植物年度种植计划;最后,麻醉药品药用原植物种植企业根据年度种植计划,种植麻醉药品药用原植物,并向国务院药品监督管理部门和国务院农业主管部门定期报告种植情况。

特许种植是指麻醉药品药用原植物种植企业由国务院药品监督管理部门和国务院农业主管部门共同确定,其他单位和个人不得种植麻醉药品药用原植物。同时,麻醉药品药用原植物种植企业的提取加工场所,以及国家设立的麻醉药品储存仓库,被列为国家重点警戒目标;未经许可,任何个人不得擅自进入这些场所、仓库的警戒区域。

四、国家对麻醉药品、精神药品实行定点生产制度

国家对麻醉药品和精神药品实行定点生产制度。国务院药品监督管理部门根据麻醉药品和精神药品的需求总量,确定麻醉药品和精神药品定点生产企业的数量和布局,并根据年度需求总量对数量和布局进行调整、公布。

（一）定点生产企业的条件和审查批准

麻醉药品和精神药品的定点生产企业应当具备下列条件：

（1）有药品生产许可证；

（2）有麻醉药品和精神药品实验研究批准文件；

（3）有符合规定的麻醉药品和精神药品生产设施、储存条件和相应的安全管理设施；

（4）有通过网络实施企业安全生产管理和向药品监督管理部门报告生产信息的能力；

（5）有保证麻醉药品和精神药品安全生产的管理制度；

（6）有与麻醉药品和精神药品安全生产要求相适应的管理水平和经营规模；

（7）麻醉药品和精神药品生产管理、质量管理部门的人员应当熟悉麻醉药品和精神药品管理以及有关禁毒的法律、行政法规；

（8）没有生产、销售假药、劣药或者违反有关禁毒的法律、行政法规规定的行为；

（9）符合国务院药品监督管理部门公布的麻醉药品和精神药品定点生产企业数量和布局的要求。

从事麻醉药品、第一类精神药品生产以及第二类精神药品原料药生产的企业，应当经所在地省、自治区、直辖市人民政府药品监督管理部门初步审查，由国务院药品监督管理部门批准；从事第二类精神药品制剂生产的企业，应当经所在地省、自治区、直辖市人民政府药品监督管理部门批准。

（二）定点生产的基本规定

定点生产企业应当严格按照麻醉药品和精神药品年度生产计划安排生产，并依照规定向所在地省、自治区、直辖市人民政府药品监督管理部门报告生产情况。

定点生产企业生产麻醉药品和精神药品，必须依照药品管理法的规定取得药品批准文号。未取得药品批准文号，不得生产麻醉药品和精神药品。国务院药品监督管理部门组织医学、药学、社会学、伦理学和禁毒等方面的专家成立专家组，由专家组对申请首次上市的麻醉药品和精神药品的社会危害性和被滥用的可能性进行评价，并提出是否批准的建议。

定点生产企业发生重大突发事件，导致其无法正常生产或者不能保证供应麻醉药品和精神药品时，国务院药品监督管理部门可以决定其他药品生产企业生产麻醉药品和精神药品。重大突发事件结束后，定点生产企业恢复生产，国务院药品监督管理部门应当及时决定临时生产企业停止麻醉药品和精神药品的生产。

定点生产企业的销售对象是具有麻醉药品和精神药品经营资格的企业或者国家规定批准的其他单位。

五、国家对麻醉药品、精神药品实行定点经营制度

国家对麻醉药品和精神药品实行定点经营制度。国务院药品监督管理部门根据麻醉药品和第一类精神药品的需求总量,确定麻醉药品和第一类精神药品的定点批发企业布局,并根据年度需求总量对布局进行调整、公布。

(一) 药品定点批发企业的开办条件

麻醉药品和精神药品定点批发企业除应当具备《药品管理法》第十五条规定的药品经营企业的开办条件外,还应当具备下列条件:

(1) 有符合《麻醉药品和精神药品管理条例》规定的麻醉药品和精神药品储存条件;

(2) 有通过网络实施企业安全管理和向药品监督管理部门报告经营信息的能力;

(3) 单位及其工作人员两年内没有违反有关禁毒的法律、行政法规规定的行为;

(4) 符合国务院药品监督管理部门公布的定点批发企业布局。

麻醉药品和第一类精神药品的定点批发企业,还应当具有保证供应责任区域内医疗机构所需麻醉药品和第一类精神药品的能力,并具有保证麻醉药品和第一类精神药品安全经营的管理制度。

(二) 药品定点批发企业的批准

药品定点批发企业分为全国性批发企业和区域性批发企业。全国性批发企业是指经国务院药品监督管理部门批准,跨省、自治区、直辖市从事麻醉药品和第一类精神药品批发业务的企业。区域性批发企业是指经所在地省、自治区、直辖市人民政府药品监督管理部门批准,在本省、自治区、直辖市行政区域内从事麻醉药品和第一类精神药品批发业务的企业。国务院药品监督管理部门批准全国性批发企业,省、自治区、直辖市人民政府药品监督管理部门批准区域性批发企业,都应当明确企业承担供药区域的责任。

全国性批发企业和区域性批发企业可以从事第二类精神药品批发业务。专门从事第二类精神药品批发业务的企业,则需经所在地省、自治区、直辖市人民政府药品监督管理部门批准。

药品经营企业不得经营麻醉药品原料药和第一类精神药品原料药。但是,供医疗、科学研究、教学使用的小包装的上述药品可以由国务院药品监督管理部门规定的药品批发企业经营。

(三) 药品定点批发企业经营范围与要求

1. 销售管理

(1) 批发管理。全国性批发企业可以向区域性批发企业、取得麻醉药品和第一类精神药品使用资格的医疗机构以及获得批准的其他单位销售麻醉药品和第一类精神药品,在向取得麻醉药品和第一类精神药品使用资格的医疗机构销售麻醉药品和第一类精神

药品时,应当经医疗机构所在地省、自治区、直辖市人民政府药品监督管理部门批准。

区域性批发企业可以向本省、自治区、直辖市行政区域内取得麻醉药品和第一类精神药品使用资格的医疗机构销售麻醉药品和第一类精神药品;由于特殊地理位置的原因,需要就近向其他省、自治区、直辖市行政区域内取得麻醉药品和第一类精神药品使用资格的医疗机构销售的,应当经国务院药品监督管理部门批准。区域性批发企业之间因医疗急需、运输困难等特殊情况需要调剂麻醉药品和第一类精神药品的,应当在调剂后两日内将调剂情况分别报所在地省、自治区、直辖市人民政府药品监督管理部门备案。

全国性批发企业和区域性批发企业向医疗机构销售麻醉药品和第一类精神药品时,应当将药品送至医疗机构,医疗机构不得自行提货。

第二类精神药品定点批发企业可以向医疗机构、定点批发企业和符合《麻醉药品和精神药品管理条例》规定的药品零售企业以及经批准的其他单位销售第二类精神药品。

(2)零售管理。麻醉药品和第一类精神药品不得零售,第二类精神药品可以零售。

经所在地设区的市级药品监督管理部门批准,实行统一进货、统一配送、统一管理的药品零售连锁企业可以从事第二类精神药品零售业务。第二类精神药品零售企业应当凭执业医师出具的处方,按规定剂量销售第二类精神药品,并将处方保存二年备查;禁止超剂量或者无处方销售第二类精神药品;不得向未成年人销售第二类精神药品。

2. 购买管理

全国性批发企业应当从定点生产企业购进麻醉药品和第一类精神药品。区域性批发企业可以从全国性批发企业购进麻醉药品和第一类精神药品;经所在地省、自治区、直辖市人民政府药品监督管理部门批准,也可以从定点生产企业购进麻醉药品和第一类精神药品。

六、国家对麻醉药品、精神药品的使用管理

国家对药品生产企业、科研教学单位、医疗机构、医务人员、个人等使用麻醉药品和精神药品的条件、情形作出分别的要求,以确保麻醉药品和精神药品不致被用于非医疗用途或流入非法渠道。

(一) 对药品生产企业的要求

药品生产企业需要以麻醉药品和第一类精神药品为原料生产普通药品的,应当向所在地省、自治区、直辖市人民政府药品监督管理部门报送年度需求计划,由省、自治区、直辖市人民政府药品监督管理部门汇总报国务院药品监督管理部门批准后,向定点生产企业购买。药品生产企业需要以第二类精神药品为原料生产普通药品的,应当将年度需求计划报所在地省、自治区、直辖市人民政府药品监督管理部门,并向定点批发企业或者定点生产企业购买。

（二）对科研教学单位的要求

科学研究、教学单位需要使用麻醉药品和精神药品开展实验、教学活动的，应当经所在地省、自治区、直辖市人民政府药品监督管理部门批准，向定点批发企业或者定点生产企业购买。需要使用麻醉药品和精神药品的标准品、对照品的，应当经所在地省、自治区、直辖市人民政府药品监督管理部门批准，向国务院药品监督管理部门批准的单位购买。

（三）对医疗机构的要求

医疗机构需要使用麻醉药品和第一类精神药品的，应当经所在地设区的市级人民政府卫生主管部门批准，取得麻醉药品、第一类精神药品购用印鉴卡（以下简称印鉴卡）。医疗机构应当凭印鉴卡向本省、自治区、直辖市行政区域内的定点批发企业购买麻醉药品和第一类精神药品。设区的市级人民政府卫生主管部门发给医疗机构印鉴卡时，应当将取得印鉴卡的医疗机构情况抄送所在地设区的市级药品监督管理部门，并报省、自治区、直辖市人民政府卫生主管部门备案。省、自治区、直辖市人民政府卫生主管部门应当将取得印鉴卡的医疗机构名单向本行政区域内的定点批发企业通报。

医疗机构取得印鉴卡应当具备下列条件：

（1）有专职的麻醉药品和第一类精神药品管理人员；

（2）有获得麻醉药品和第一类精神药品处方资格的执业医师；

（3）有保证麻醉药品和第一类精神药品安全储存的设施和管理制度。

医疗机构应当按照国务院卫生主管部门的规定，对本单位执业医师进行有关麻醉药品和精神药品使用知识的培训、考核，经考核合格的，授予麻醉药品和第一类精神药品处方资格。医疗机构应当将具有麻醉药品和第一类精神药品处方资格的执业医师名单及其变更情况，定期报送所在地设区的市级人民政府卫生主管部门，并抄送同级药品监督管理部门。

医疗机构应当对麻醉药品和精神药品处方进行专册登记，加强管理。麻醉药品处方至少保存三年，精神药品处方至少保存二年。

医疗机构抢救病人急需麻醉药品和第一类精神药品而本医疗机构无法提供时，可以从其他医疗机构或者定点批发企业紧急借用；抢救工作结束后，应当及时将借用情况报所在地设区的市级药品监督管理部门和卫生主管部门备案。

对临床需要而市场无供应的麻醉药品和精神药品，持有医疗机构制剂许可证和印鉴卡的医疗机构需要配制制剂的，应当经所在地省、自治区、直辖市人民政府药品监督管理部门批准。医疗机构配制的麻醉药品和精神药品制剂只能在本医疗机构使用，不得对外销售。

医疗机构、戒毒机构以开展戒毒治疗为目的，可以使用美沙酮或者国家确定的其他用于戒毒治疗的麻醉药品和精神药品。具体管理办法由国务院药品监督管理部门、国务院公安部门和国务院卫生主管部门制定。

（四）对医务人员的要求

医务人员应当根据国务院卫生主管部门制定的临床应用指导原则，使用麻醉药品和精神药品。

执业医师取得麻醉药品和第一类精神药品的处方资格后，方可在本医疗机构开具麻醉药品和第一类精神药品处方，但不得为自己开具该处方。具有麻醉药品和第一类精神药品处方资格的执业医师，根据临床应用指导原则，对确需使用麻醉药品或者第一类精神药品的患者，应当满足其合理用药需求。在医疗机构就诊的癌症疼痛患者和其他危重患者得不到麻醉药品或者第一类精神药品时，患者或者其亲属可以向执业医师提出申请。具有麻醉药品和第一类精神药品处方资格的执业医师认为要求合理的，应当及时为患者提供所需麻醉药品或者第一类精神药品。执业医师应当使用专用处方开具麻醉药品和精神药品，单张处方的最大用量应当符合国务院卫生主管部门的规定。

对麻醉药品和第一类精神药品处方，处方的调配人、核对人应当仔细核对，签署姓名，并予以登记；对不符合本条例规定的，处方的调配人、核对人应当拒绝发药。

医务人员为了医疗需要携带少量麻醉药品和精神药品出入境的，应当持有省级以上人民政府药品监督管理部门发放的携带麻醉药品和精神药品证明。海关凭携带麻醉药品和精神药品证明放行。

（五）对其他单位或个人的要求

食品、食品添加剂、化妆品、油漆等非药品生产企业需要使用咖啡因作为原料的，应当经所在地省、自治区、直辖市人民政府药品监督管理部门批准，向定点批发企业或者定点生产企业购买。

个人因治疗疾病需要，凭医疗机构出具的医疗诊断书、本人身份证明，可以携带单张处方最大用量以内的麻醉药品和第一类精神药品；携带麻醉药品和第一类精神药品出入境的，由海关根据自用、合理的原则放行。

七、国家对麻醉药品、精神药品设立专库储存

麻醉药品、精神药品的原植物种植企业、生产企业、销售企业、储存单位、使用单位必须按照国家的规定，设立储存麻醉药品、精神药品的专库或专柜，并制定严格安全的管理制度，建立专用账册。

（一）设立专库和专柜

麻醉药品药用原植物种植企业、定点生产企业、全国性批发企业和区域性批发企业以及国家设立的麻醉药品储存单位，应当设置储存麻醉药品和第一类精神药品的专库。该专库应当符合下列要求：（1）安装专用防盗门，实行双人双锁管理；（2）具有相应的防

火设施;(3)具有监控设施和报警装置,报警装置应当与公安机关报警系统联网。全国性批发企业经国务院药品监督管理部门批准设立的药品储存点也必须符合这一要求。

麻醉药品和第一类精神药品的使用单位应当设立专库或者专柜储存麻醉药品和第一类精神药品。专库应当设有防盗设施并安装报警装置;专柜应当使用保险柜。专库和专柜应当实行双人双锁管理。第二类精神药品经营企业应当在药品库房中设立独立的专库或者专柜储存第二类精神药品。

(二)专人管理

设立了麻醉药品、精神药品储存专库或专柜的企业或单位,均应配备专人负责管理工作,并建立储存专用账册。药品入库双人验收,出库双人复核,做到账物相符。所有专用账册的保存期限应是自药品有效期期满之日起不少于五年,以便于对药物的储存情况进行倒查。

八、麻醉药品、精神药品的运输管理制度

国家对麻醉药品和精神药品的运输的管理制度主要针对托运、承运、自行运输和邮寄四种方式制定。

(一)安全运输

托运、承运和自行运输麻醉药品和精神药品的,应当采取安全保障措施,防止麻醉药品和精神药品在运输过程中被盗、被抢、丢失。通过铁路运输麻醉药品和第一类精神药品的,应当使用集装箱或者铁路行李车运输,没有铁路需要通过公路或者水路运输麻醉药品和第一类精神药品的,应当由专人负责押运。

(二)持证运输

托运或者自行运输麻醉药品和第一类精神药品需持有运输证明,由负责运输的单位向所在地省、自治区、直辖市人民政府药品监督管理部门申请领取。运输证明由专人保管,不得涂改、转让、转借,有效期为一年。

托运人办理麻醉药品和第一类精神药品运输手续,应当将运输证明副本交付给承运人。承运人应当查验、收存运输证明副本,并检查货物包装。没有运输证明或者货物包装不符合规定的,承运人不得承运。同时,承运人在运输过程中应当携带运输证明副本,以备查验。

(三)运输报备

定点生产企业、全国性批发企业和区域性批发企业之间运输麻醉药品、第一类精神药品,发货人在发货前应当向所在地省、自治区、直辖市人民政府药品监督管理部门报送本次运输的相关信息。属于跨省、自治区、直辖市运输的,收到信息的药品监督管理部门

应当向收货人所在地的同级药品监督管理部门通报；属于在本省、自治区、直辖市行政区域内运输的，收到信息的药品监督管理部门应当向收货人所在地设区的市级药品监督管理部门通报。

（四）邮寄查验

省、自治区、直辖市邮政主管部门指定符合安全保障条件的邮政营业机构负责收寄麻醉药品和精神药品。邮政营业机构收寄麻醉药品和精神药品时，应当依法对收寄的麻醉药品和精神药品予以查验。

邮寄麻醉药品和精神药品，寄件人应当提交所在地省、自治区、直辖市人民政府药品监督管理部门出具的准予邮寄证明。邮政营业机构应当查验、收存准予邮寄证明；没有准予邮寄证明的，邮政营业机构不得收寄。

九、麻醉药品、精神药品的实验研究

开展麻醉药品和精神药品实验研究活动应当具备下列条件，并经国务院药品监督管理部门批准：

（1）以医疗、科学研究或者教学为目的；

（2）有保证实验所需麻醉药品和精神药品安全的措施和管理制度；

（3）单位及其工作人员二年内没有违反有关禁毒的法律、行政法规规定的行为。

麻醉药品和精神药品的实验研究单位申请相关药品批准证明文件，应当依照药品管理法的规定办理；需要转让研究成果的，应当经国务院药品监督管理部门批准。药品研究单位在普通药品的实验研究过程中，产生《麻醉药品和精神药品管理条例》规定的管制品种的，应当立即停止实验研究活动，并向国务院药品监督管理部门报告。国务院药品监督管理部门应当根据其具体情况，及时作出是否同意其继续实验研究的决定。麻醉药品和第一类精神药品的临床试验，不得以健康人为受试对象。

科学研究、教学单位需要使用麻醉药品和精神药品开展实验、教学活动的，应当经所在地省、自治区、直辖市人民政府药品监督管理部门批准，向定点批发企业或者定点生产企业购买。需要使用麻醉药品和精神药品的标准品、对照品的，应当经所在地省、自治区、直辖市人民政府药品监督管理部门批准，向国务院药品监督管理部门批准的单位购买。

十、对行为主体违法行为的处罚

（一）对麻醉药品药用原植物种植企业违法行为的处罚

麻醉药品药用原植物种植企业违反《条例》的规定，有下列情形之一的，由药品监督管理部门责令限期改正，给予警告；逾期不改正的，处五万元以上十万元以下的罚款；情

节严重的,取消其种植资格:

(1) 未依照麻醉药品药用原植物年度种植计划进行种植的;

(2) 未依照规定报告种植情况的;

(3) 未依照规定储存麻醉药品的。

(二) 对定点生产麻醉药品、精神药品企业违法行为的处罚

定点生产企业违反《条例》的规定,有下列情形之一的,由药品监督管理部门责令限期改正,给予警告,并没收违法所得和违法销售的药品;逾期不改正的,责令停产,并处五万元以上十万元以下的罚款;情节严重的,取消其定点生产资格:

(1) 未依照麻醉药品和精神药品年度生产计划安排生产的;

(2) 未依照规定向药品监督管理部门报告生产情况的;

(3) 未依照规定储存麻醉药品和精神药品,或者未依照规定建立、保存专用账册的;

(4) 未依照规定销售麻醉药品和精神药品的;

(5) 未依照规定销毁麻醉药品和精神药品的。

(三) 对定点批发麻醉药品、精神药品企业违法行为的处罚

定点批发企业违反《条例》的规定销售麻醉药品和精神药品,或者违反本条例的规定经营麻醉药品原料药和第一类精神药品原料药的,由药品监督管理部门责令限期改正,给予警告,并没收违法所得和违法销售的药品;逾期不改正的,责令停业,并处违法销售药品货值金额二倍以上五倍以下的罚款;情节严重的,取消其定点批发资格。

定点批发企业违反《条例》的规定,有下列情形之一的,由药品监督管理部门责令限期改正,给予警告;逾期不改正的,责令停业,并处二万元以上五万元以下的罚款;情节严重的,取消其定点批发资格:

(1) 未依照规定购进麻醉药品和第一类精神药品的;

(2) 未保证供药责任区域内的麻醉药品和第一类精神药品的供应的;

(3) 未对医疗机构履行送货义务的;

(4) 未依照规定报告麻醉药品和精神药品的进货、销售、库存数量以及流向的;

(5) 未依照规定储存麻醉药品和精神药品,或者未依照规定建立、保存专用账册的;

(6) 未依照规定销毁麻醉药品和精神药品的;

(7) 区域性批发企业之间违反本条例的规定调剂麻醉药品和第一类精神药品,或者因特殊情况调剂麻醉药品和第一类精神药品后未依照规定备案的。

(四) 对第二类精神药品零售企业违法行为的处罚

第二类精神药品零售企业违反《条例》的规定储存、销售或者销毁第二类精神药品的,由药品监督管理部门责令限期改正,给予警告,并没收违法所得和违法销售的药品;

逾期不改正的,责令停业,并处五千元以上二万元以下的罚款;情节严重的,取消其第二类精神药品零售资格。

(五) 对医疗机构违法行为的处罚

取得印鉴卡的医疗机构违反《条例》的规定,有下列情形之一的,由设区的市级人民政府卫生主管部门责令限期改正,给予警告;逾期不改正的,处五千元以上一万元以下的罚款;情节严重的,吊销其印鉴卡;对直接负责的主管人员和其他直接责任人员,依法给予降级、撤职、开除的处分:

(1) 未依照规定购买、储存麻醉药品和第一类精神药品的;

(2) 未依照规定保存麻醉药品和精神药品专用处方,或者未依照规定进行处方专册登记的;

(3) 未依照规定报告麻醉药品和精神药品的进货、库存、使用数量的;

(4) 紧急借用麻醉药品和第一类精神药品后未备案的;

(5) 未依照规定销毁麻醉药品和精神药品的。

(六) 对医务人员违法行为的处罚

具有麻醉药品和第一类精神药品处方资格的执业医师,违反《条例》的规定开具麻醉药品和第一类精神药品处方,或者未按照临床应用指导原则的要求使用麻醉药品和第一类精神药品的,由其所在医疗机构取消其麻醉药品和第一类精神药品处方资格;造成严重后果的,由原发证部门吊销其执业证书。执业医师未按照临床应用指导原则的要求使用第二类精神药品或者未使用专用处方开具第二类精神药品,造成严重后果的,由原发证部门吊销其执业证书。

未取得麻醉药品和第一类精神药品处方资格的执业医师擅自开具麻醉药品和第一类精神药品处方,由县级以上人民政府卫生主管部门给予警告,暂停其执业活动;造成严重后果的,吊销其执业证书;构成犯罪的,依法追究刑事责任。

处方的调配人、核对人违反本条例的规定未对麻醉药品和第一类精神药品处方进行核对,造成严重后果的,由原发证部门吊销其执业证书。

(七) 对特定情形下购买麻醉药品、精神药品违法行为的处罚

《条例》第三十四条、第三十五条规定的单位违反规定,购买麻醉药品和精神药品的,由药品监督管理部门没收违法购买的麻醉药品和精神药品,责令限期改正,给予警告;逾期不改正的,责令停产或者停止相关活动,并处二万元以上五万元以下的罚款。

(八) 对违法运输麻醉药品、精神药品行为的处罚

违反《条例》的规定运输麻醉药品和精神药品的,由药品监督管理部门和运输管理部门依照各自职责,责令改正,给予警告,处二万元以上五万元以下的罚款。

收寄麻醉药品、精神药品的邮政营业机构未依照本条例的规定办理邮寄手续的,由

邮政主管部门责令改正,给予警告;造成麻醉药品、精神药品邮件丢失的,依照邮政法律、行政法规的规定处理。

(九) 对涉及许可证明的违法行为的处罚

提供虚假材料、隐瞒有关情况,或者采取其他欺骗手段取得麻醉药品和精神药品的实验研究、生产、经营、使用资格的,由原审批部门撤销其已取得的资格,五年内不得提出有关麻醉药品和精神药品的申请;情节严重的,处一万元以上三万元以下的罚款,有药品生产许可证、药品经营许可证、医疗机构执业许可证的,依法吊销其许可证明文件。

依法取得麻醉药品药用原植物种植或者麻醉药品和精神药品实验研究、生产、经营、使用、运输等资格的单位,倒卖、转让、出租、出借、涂改其麻醉药品和精神药品许可证明文件的,由原审批部门吊销相应许可证明文件,没收违法所得;情节严重的,处违法所得二倍以上五倍以下的罚款;没有违法所得的,处二万元以上五万元以下的罚款;构成犯罪的,依法追究刑事责任。

(十) 对不履行报告义务的行为的处罚

药品研究单位在普通药品的实验研究和研制过程中,产生《条例》规定管制的麻醉药品和精神药品,未依照规定报告的,由药品监督管理部门责令改正,给予警告,没收违法药品;拒不改正的,责令停止实验研究和研制活动。

发生麻醉药品和精神药品被盗、被抢、丢失案件的单位,违反《条例》的规定未采取必要的控制措施或者未依照规定报告的,由药品监督管理部门和卫生主管部门依照各自职责,责令改正,给予警告;情节严重的,处五千元以上一万元以下的罚款;有上级主管部门的,由其上级主管部门对直接负责的主管人员和其他直接责任人员,依法给予降级、撤职的处分。

(十一) 对其他违法行为的处罚

(1) 药物临床试验机构以健康人为麻醉药品和第一类精神药品临床试验的受试对象的,由药品监督管理部门责令停止违法行为,给予警告;情节严重的,取消其药物临床试验机构的资格;构成犯罪的,依法追究刑事责任。对受试对象造成损害的,药物临床试验机构依法承担治疗和赔偿责任。

(2) 定点生产企业、定点批发企业和第二类精神药品零售企业生产、销售假劣麻醉药品和精神药品的,由药品监督管理部门取消其定点生产资格、定点批发资格或者第二类精神药品零售资格,并依照药品管理法的有关规定予以处罚。

(3) 定点生产企业、定点批发企业和其他单位使用现金进行麻醉药品和精神药品交易的,由药品监督管理部门责令改正,给予警告,没收违法交易的药品,并处五万元以上十万元以下的罚款。

（4）致使麻醉药品和精神药品流入非法渠道造成危害，构成犯罪的，依法追究刑事责任；尚不构成犯罪的，由县级以上公安机关处五万元以上十万元以下的罚款；有违法所得的，没收违法所得；情节严重的，处违法所得二倍以上五倍以下的罚款；由原发证部门吊销其药品生产、经营和使用许可证明文件。

第二节　国家对易制毒化学品的管制

一、易制毒化学品的概念、分类与品种

（一）易制毒化学品的概念

易制毒化学品是指可用于制造毒品的主要原料和化学配剂。《八八公约》）将之表述为"经常用于非法制造麻醉药品和精神药物的物质"，并以表一、表二的形式列出要求缔约国采取管制措施的化学品。[4] 1997 年 1 月，我国对外贸易经济合作部制定并发布了《易制毒化学品进出口管理暂行规定》，首次使用易制毒化学品一词，并在第二条进行了解释："易制毒化学品系指《公约》[5]中管制的易制毒化学品（见清单）以及经常或容易用于非法制造麻醉药品及精神药物的物质。"1999 年 12 月，对外贸易经济合作部制定并发布《易制毒化学品进出口管理规定》，该规定第二条再次对易制毒化学品进行了界定："本规定所称的易制毒化学品系指《公约》中列明的可用于制造、加工海洛因、甲基苯丙胺（冰毒）、可卡因等毒品的原料和化学配剂"。2006 年 9 月，商务部发布《易制毒化学品进出口管理规定》，将易制毒化学品定义为"系指《易制毒化学品管理条例》附表所列可用于制毒的主要原料及化学配剂"。2005 年 8 月由国务院发布施行的《易制毒化学品管理条例》并没有直接对易制毒化学品给出定义，但明确指出，"易制毒化学品分为三类。第一类是可以用于制毒的主要原料，第二类、第三类是可以用于制毒的化学配剂。"显然，国际禁毒公约和国内相关法规均以易制毒化学品的理化性质及其在制造毒品中的作用作为界定的依据。

我国刑法将走私以及非法生产、买卖、运输易制毒化学品的行为规定为犯罪，在设立罪名时使用了"制毒物品"一词。最高人民法院、最高人民检察院、公安部联合制定并于 2009 年 6 月 26 日颁布施行的《关于办理制毒物品犯罪案件适用法律的若干问题的意见》中明确了制毒物品的内涵：本意见中的"制毒物品"，是指《刑法》第三百五十条第一款规定的醋酸酐、乙醚、三氯甲烷或者其他用于制造毒品的原料或者配剂，具体品种范围按照国家关于易制毒化学品管理的规定来确定。因此，在我国，易制毒化学品也可称为制毒

---

〔4〕　参见《联合国禁止非法贩运麻醉药品和精神药物公约》第十二条第一款规定：缔约国应采取其认为适当的措施，防止表一和表二所列物质被挪用于非法制造麻醉药品或精神药物，并应为此目的相互合作。

〔5〕　《公约》指《联合国禁止非法贩运麻醉药品和精神药物公约》。

物品。

（二）易制毒化学品的分类

根据不同的分类标准,易制毒化学品可分为不同的种类。

1. 根据在制毒中的用途划分

根据易制毒化学品在制造毒品过程中所起的作用不同,可将其分为化学前体、试剂、溶剂、催化剂等。

（1）化学前体。化学前体也叫原料或母体,指在制毒过程中改变原有属性,全部或部分转变成了被管制的麻醉药品和精神药品的化学物质,如麻黄碱是合成甲基苯丙胺（冰毒）的主要原料,经化学反应后转变为甲基苯丙胺。这部分物质还包括用于制备制毒原料的化学物质,如采用苯丙酮为原料合成苯丙胺时,可通过苯乙酸先制备苯丙酮,再进行苯丙胺毒品的合成;又如采用麻黄碱为原料合成甲基苯丙胺时,可通过溴代苯丙酮先制备麻黄碱,再进行甲基苯丙胺的合成,则苯乙酸、溴代苯丙酮这类物质也属于化学前体。

（2）试剂。试剂是在制毒过程中起化学反应或参与反应,但不会成为最终产品组成部分的化学物质。试剂包括:与母体反应转变为毒品的反应试剂;提炼、精制、合成过程中的酸、碱试剂;氧化还原试剂等。如高锰酸钾在提取可卡因中作为氧化剂,破坏其中的一些杂质,使其不被提取出来,但并没有成为可卡因的组成部分。

（3）溶剂。溶剂一般指有机溶剂,为液体状,用于溶解固体物质,在制毒过程中不参与化学反应,其化学成分不发生化学变化,不会成为毒品的成分,但挥发不彻底可残存在毒品中,如三氯甲烷、乙醚、甲苯等。

（4）催化剂。催化剂是指在制毒过程中能加快化学反应速度、提高反应转化率,其本身的化学组成成分和数量在反应前后都不会发生变化的物质,如氯化钯等。

2. 根据是否具有药用价值划分

根据是否具有药用价值,我国将列管的易制毒化学品分为两类:一类是药品类易制毒化学品,包括麦角酸、麦角胺、麦角新碱三种和麻黄素类;另一类是非药品类易制毒化学品,包括除上述四种（类）以外列管的其他易制毒化学品。

3. 根据法律管制的要求划分

《易制毒化学品管理条例》将列管的易制毒化学品分为三类,第一类是可以用于制毒的主要原料,实行最为严格的管理;第二类、第三类是可以用于制毒的化学配剂,实行相对宽松的管理。

（三）受管制的易制毒化学品品种

1. 国际禁毒公约管制的易制毒化学品

截至 2017 年 12 月,《八八公约》列管的易制毒化学品共 26 种,具体品种如表 1 所示。

表 1　《联合国禁止非法贩运麻醉药品和精神药物公约》列管的易制毒化学品

表　一	表　二
醋酸酐	丙酮
N—乙酰邻氨基苯酸	邻氨基苯甲酸
麻黄碱	乙基醚
麦角新碱	盐酸
麦角胺	甲基乙基酮
异黄樟脑	哌啶
麦角酸	甲苯
3,4—亚甲基二氧苯基—2—丙酮	硫酸
去甲麻黄碱	
4-苯胺-N-苯乙基哌啶	
N-苯乙基-4-哌啶酮	
苯乙酸	
α-苯乙酰乙腈	
1—苯基—2—丙酮	
胡椒醛	
高锰酸钾	
伪麻黄碱	
黄樟脑	

2. 我国管制的易制毒化学品品种

截至 2017 年 12 月,我国管制的易制毒化学品共有 32 种,其中,第一类是可以用于制毒的主要原料,共 19 种;第二类、第三类是可以用于制毒的化学配剂,共 13 种,具体品种如表 2 所示。第一类、第二类所列物质可能存在的盐类,也纳入管制。

表 2　我国管制的易制毒化学品

第　一　类	第　二　类	第　三　类
1—苯基—2—丙酮	苯乙酸	甲苯
3,4—亚甲基二氧苯基—2—丙酮	醋酸酐	丙酮
胡椒醛	三氯甲烷	甲基乙基酮
黄樟素	乙醚	高锰酸钾
黄樟油	哌啶	硫酸
异黄樟素	溴素	盐酸

续表

第　一　类	第　二　类	第　三　类
N—乙酰邻氨基苯酸	1-苯基-1-丙酮	
邻氨基苯甲酸		
麦角酸＊		
麦角胺＊		
麦角新碱＊		
麻黄素类物质＊（包括麻黄素、伪麻黄素、消旋麻黄素、去甲麻黄素、甲基麻黄素、麻黄浸膏、麻黄浸膏粉等）		
羟亚胺		
邻氯苯基环戊酮		
1-苯基-2-溴-1-丙酮（溴代苯丙酮、2-溴代苯丙酮、α-溴代苯丙酮）		
3-氧-2-苯基丁腈（α-氰基苯丙酮、α-苯乙酰基乙腈、α-苯基乙酰基乙腈、2-苯乙酰基乙腈、2-苯基乙酰基乙腈）		
N-苯乙基-4-哌啶酮		
4-苯胺基-N-苯乙基哌啶		
N-甲基-1-苯基-1-氯-2-丙胺		

注：第一类、第二类所列物质可能存在的盐类，也纳入管制。带有＊标记的品种为第一类中的药品类易制毒化学品，第一类中的药品类易制毒化学品包括原料药及其单方制剂。

二、易制毒化学品管制的法律渊源

我国易制毒化学品管制的法律渊源包括国际法和国内法。

易制毒化学品管制的国际法渊源是《八八公约》。该公约第十二条要求各缔约国采取适当的措施监测国内易制毒化学品的生产与销售活动，建立管理易制毒化学品的许可制度，实行易制毒化学品进出口的国际核查，开展包括情报交流在内的国际间的执法合作。我国是《八八公约》的缔约国，承担对易制毒化学品进行管制的国际义务。

为规范易制毒化学品的生产、经营、购买、运输和进口、出口行为，同时也为履行国际禁毒义务，我国先后通过立法建立了一套管理法律体系，即以《易制毒化学品管理条例》这一行政法规为基础，辅之以配套的部门规章，成为易制毒化学品管制的国内法渊源。目前，主要的法规规章有：2005 年 8 月 26 日由国务院公布并于 2005 年 11 月 1 日起施行的《易制毒化学品管理条例》（以下简称《条例》）；2006 年 4 月 5 日由国家安全生产监督管理总局公布并于 2006 年 4 月 15 日施行的《非药品类易制毒化学品生产、经营许可办法》；2006 年 8 月 22 日由公安部公布并于 2006 年 10 月 1 日施行的《易制毒化学品购销和运输管理办法》；2005 年 8 月 1 日由国家商务部、公安部、海关总署、安全生产监督管理总局、食品药品监督管理局联合公布并于 2005 年 9 月 1 日施行的《向特定国家（地区）出口易制毒化学品暂行管理规定》;2006年9月21日由商务部公布并于2006年10月22日施行的《易制毒化学品进出口管理规定》;2006年9月7日由商务部、公安部公布并于2006年10月8日施行的《易制毒化学品进出口国际核查管理规定》;2010年2月23日由卫生部公布并于2010年5月1日起施行的《药品类易制毒化学品管理办法》。

三、易制毒化学品管理制度

（一）分类管理制度

分类管理制度是易制毒化学品管理的基础性制度。国家将列管的27种（类）易制毒化学品分为三类,分别实行程度不同的管理:对第一类易制毒化学品的管理最为严格,其生产、经营、购买、运输和进出口均实行行政许可制度;对第二类易制毒化学品的运输和进出口实行行政许可制度,生产、经营和购买实行备案制度;对第三类易制毒化学品的管理相对宽松,只对其进出口实行行政许可制度,生产、经营、购买和运输实行备案制度。这种管理制度既有利于突出管理重点,又保障了生产活动的正常运行。

（二）分部门管理制度

公安、药监、安监、商务、卫生、海关、物价、铁路、交通、工商、环保等部门均是易制毒化学品管理的主管部门。根据主管部门的职责范围,药监部门负责第一类易制毒化学品中的药品类易制毒化学品的生产、经营、购买许可的审批工作;安监部门负责第一类易制毒化学品中的非药品类易制毒化学品的生产、经营许可证的审批工作和对第二类、第三类易制毒化学品生产、经营情况进行登记备案工作;工商部门负责对从业企业进行登记注册及核定生产经营范围的工作;公安机关负责第一类易制毒化学品中非药品类易制毒化学品的购买许可证和第一类、第二类易制毒化学品的运输许可证及第二类、第三类易制毒化学品购买备案、第三类易制毒化学品运输备案的审批登记工作;商务部门负责进出口易制毒化学品的许可证的审批工作,并会同海关、公安加强进出口监管和国际核查工作;海关部门负责易制毒化学品进出口工作的监管和验收等工作;工商行政管理部门负责办理易制毒化学品生产、经营企业的工商登记;环保主管部门负责监督对依法收缴、查获的易制毒化学品的销毁;卫生主管部门负责规定、公布医用单张处方最大剂量。铁路、交通主管部门负责监督运输易制毒化学品工作。

（三）分级管理制度

为了方便企业和其他组织的正常生产经营活动,根据易制毒化学品的分类和管理需要,规定了不同的管理级别,由中央、省、市、县（区）政府有关行政主管部门分别负责本行政区域内的易制毒化学品有关管理工作。例如,第一类中的非药品类易制毒化学品的生产、经营,由省级人民政府安全生产监督管理部门审批;第二类和第三类易制毒化学品的经营,分别向所在地的设区的市级和县级人民政府安全生产监督管理部门备案。购买第一类中的非药品类易制毒化学品的,向省级公安机关申请许可;运输一类易制毒化学品的,向地级市公安局申请许可;购买和运输第二类、第三类易制毒化学品的,向县级公安机关备案。

(四)许可制度

国家对不同种类的易制毒化学品和不同环节分别实行许可制度或者备案制度,对第一类易制毒化学品的生产、经营、购买、运输、进口和出口全部实行许可证管理;对第二类易制毒化学品的运输、进口和出口实行许可证管理,对生产、经营、购买实行备案管理;对第三类易制毒化学品的进口和出口实行许可证管理,生产、经营、购买和运输实行备案管理。备案是指事前备案,而非事后告知的备案。备案是一种特殊的许可形式,具有一定的形式和程序要求,是一种审批手续简便的许可。

(五)进出口国际核查制度

为防止易制毒化学品流入非法渠道,由国家商务部和公安部负责对易制毒化学品进出口实行国际核查管理。公安部对易制毒化学品国际核查目录中的易制毒化学品的进口和出口实行国际核查制度,在出口前,向进口国家主管当局发出出口通知书,确认出口的合法性;进口申请由商务部根据有关规定许可,当出口国家或者地区主管部门向我国提出核查要求时,商务部、公安部分别对经营者的真实性、资质及进口产品用途合理性、实际用途、用量等进行核实。

(六)监督检查制度

易制毒化学品管理采取多部门共管模式,监督检查主体按照"谁主管谁负责"的原则确定,县级以上有关行政主管部门应当建立管理联合办公室或者联席会议制度,加强部门间的联系沟通和协调配合。监督检查范围涉及生产、经营、购买、运输、价格以及进出口六个环节。监督检查职权主要包括依法查看现场、查阅和复制有关资料、记录有关情况、扣押相关的证据材料和违法物品,必要时,可以临时查封有关场所。

在管理措施上,建立年度报告制度,即生产、经营、购买、运输或者进出口易制毒化学品的单位,应当于每年3月31日前向许可或者备案的行政主管部门和公安机关报告本单位上一年度易制毒化学品的生产、经营、购买、运输或者进出口易制毒化学品情况。落实情况通报制度,即有关行政主管部门应当将易制毒化学品许可以及依法吊销许可的情况通报有关公安机关和工商行政管理部门;工商行政管理部门应当将生产、经营易制毒化学品企业依法变更或者注销登记的情况通报有关公安机关和行政主管部门。执行发案报告制度,即易制毒化学品丢失、被盗、被抢的,发案单位应当立即向当地公安机关报告,并同时报告当地的县级人民政府药监部门、安监部门、商务主管部门或者卫生主管部门;接到报案的公安机关应当及时立案查处,并向上级公安机关报告,有关行政主管部门应当逐级上报并配合公安机关的查处。

四、易制毒化学品的生产、经营管理

国家对易制毒化学品的生产、经营实行许可制度。药品类易制毒化学品的生产、经营由卫生部门负责管理，非药品类易制毒化学品的生产、经营由安全生产监督管理部门负责管理。卫生部和国家安监总局分别制定了部门规章，对易制毒化学品的生产、经营活动进行规范。

（一）易制毒化学品生产、经营的适格主体

申请生产第一类易制毒化学品的企业应当具备下列条件，并经相关行政主管部门审批，取得生产许可证后，方可进行生产：

（1）属依法登记的化工产品生产企业或者药品生产企业。

（2）有符合国家标准的生产设备、仓储设施和污染物处理设施。

（3）有严格的安全生产管理制度和环境突发事件应急预案。

（4）企业法定代表人和技术、管理人员具有安全生产和易制毒化学品的有关知识，无毒品犯罪记录。

（5）法律、法规、规章规定的其他条件。如，企业生产药品类易制毒化学品中属于药品的品种，应当依照《药品管理法》和相关规定取得药品批准文号。

申请经营第一类易制毒化学品，应当具备下列条件，并经相关行政主管部门审批，取得经营许可证后，方可进行经营：

（1）依法登记的化工产品经营企业或者药品经营企业。

（2）有符合国家规定的经营场所，需要储存、保管易制毒化学品的，还应当有符合国家技术标准的仓储设施。

（3）有易制毒化学品的经营管理制度和健全的销售网络。

（4）企业法定代表人和销售、管理人员具有易制毒化学品的有关知识，无毒品犯罪记录。

（5）法律、法规、规章规定的其他条件。

（二）易制毒化学品生产、经营的审批和备案

1. 对第一类易制毒化学品的许可审批

申请生产第一类中的药品类易制毒化学品的，由省、自治区、直辖市人民政府食品药品监督管理部门审批；申请生产第一类中的非药品类易制毒化学品的，由省、自治区、直辖市人民政府安全生产监督管理部门审批。行政主管部门应当自收到申请之日起六十日内，对申请人提交的申请材料进行审查。对符合规定的，发给生产许可证，或者在企业已经取得的有关生产许可证件上标注；不予许可的，应当书面说明理由。审查第一类易制毒化学品生产许可申请材料时，根据需要，可以进行实地核查和专家评审。

申请经营第一类中的药品类易制毒化学品的，由省、自治区、直辖市人民政府食品药品监督管理部门审批；申请经营第一类中的非药品类易制毒化学品的，由省、自治区、直辖市人民政府安全生产监督管理部门审批。行政主管部门应当自收到申请之日起三十日内，对申请人提交的申请材料进行审查。对符合规定的，发给经营许可证，或者在企业已经取得的有关经营许可证件上标注；不予许可的，应当书面说明理由。审查第一类易制毒化学品经营许可申请材料时，根据需要，可以进行实地核查。

非药品类易制毒化学品生产、经营许可证有效期为三年。许可证有效期满后需继续生产、经营第一类非药品类易制毒化学品的，应当于许可证有效期满前三个月内向原许可证颁发管理部门提出换证申请并提交相应资料，经审查合格后换领新证。

2. 对第二类、第三类易制毒化学品的备案

国家对第二类、第三类非药品类易制毒化学品的生产、经营实行备案制度。生产第二类、第三类非药品类易制毒化学品的企业，应当自生产之日起三十个工作日内，将生产的品种、数量等情况，向所在地的设区的市级人民政府安全生产监督管理部门备案。经营第二类非药品类易制毒化学品的企业，应当自经营之日起三十个工作日内，将经营的品种、数量、主要流向等情况，向所在地的设区的市级人民政府安全生产监督管理部门备案。经营第三类非药品类易制毒化学品的，应当自经营之日起三十个工作日内，将经营的品种、数量、主要流向等情况，向所在地的县级人民政府安全生产监督管理部门备案。行政主管部门应当于收到备案材料的当日发给备案证明。

第二类、第三类非药品类易制毒化学品生产、经营备案证明有效期为三年。有效期满后需继续生产、经营的，应当在备案证明有效期满前三个月内重新办理备案手续。不再生产、经营非药品类易制毒化学品时，应当在终止生产、经营后三个月内办理备案注销手续。

（三）易制毒化学品的经销

取得第一类易制毒化学品生产许可或者已经履行第二类、第三类易制毒化学品备案手续的生产企业，可以经销自产的易制毒化学品。但是，在厂外设立销售网点经销第一类易制毒化学品的，应当取得经营许可。

第一类中的药品类易制毒化学品药品单方制剂，由麻醉药品定点经营企业经销，且不得零售。药品类易制毒化学品单方制剂和小包装麻黄素，纳入麻醉药品销售渠道经营，仅能由麻醉药品全国性批发企业和区域性批发企业经销，不得零售。未实行药品批准文号管理的品种，纳入药品类易制毒化学品原料药渠道经营。

（四）生产、经营易制毒化学品企业的变更登记

第一类药品类易制毒化学品生产企业变更生产地址、品种范围的，应当重新申办《生产许可批件》。药品类易制毒化学品生产企业变更企业名称、法定代表人的，由所在地省、自治区、直辖市食品药品监督管理部门办理《药品生产许可证》变更手续，报国家食品

药品监督管理局备案。

第一类非药品类易制毒化学品生产、经营单位在非药品类易制毒化学品生产、经营许可证有效期内出现下列情形之一的,应当向原许可证颁发管理部门申请变更许可证:

(1) 单位法定代表人或者主要负责人改变。

(2) 单位名称改变。

(3) 许可品种主要流向改变。

(4) 需要增加许可品种、数量。

单位法定代表人或者主要负责人改变以及许可品种主要流向改变的,应当自发生改变之日起二十个工作日内提出申请;单位名称改变的,应当自工商营业执照变更后提出申请。

第二类、第三类非药品类易制毒化学品生产、经营单位的法定代表人或者主要负责人、单位名称、单位地址发生变化的,应当自工商营业执照变更之日起三十个工作日内重新办理备案手续;生产或者经营的备案品种增加、主要流向改变的,在发生变化后三十个工作日内重新办理备案手续。

五、易制毒化学品的购销管理

(一) 易制毒化学品的购买管理

国家对易制毒化学品购买实行许可制度,由食品药品监督管理部门和公安机关负责管理。其中,购买第一类易制毒化学品的,须办理购买许可证;购买第二类、第三类易制毒化学品的,须办理备案证明。除符合法律规定的特别情形,如个人自用购买少量高锰酸钾外,必须凭证购买易制毒化学品。

1. 易制毒化学品的购买申请

购买第一类中的药品类易制毒化学品的,应当向所在地省、自治区、直辖市食品药品监督管理部门或者省、自治区食品药品监督管理部门确定并公布的设区的市级食品药品监督管理部门提出申请,办理《药品类易制毒化学品购用证明》(以下简称《购用证明》)。符合如下条件之一的企业,无须办理《购用证明》:

(1) 医疗机构凭麻醉药品、第一类精神药品购用印鉴卡购买药品类易制毒化学品单方制剂和小包装麻黄素的。

(2) 麻醉药品全国性批发企业、区域性批发企业持麻醉药品调拨单购买小包装麻黄素以及单次购买麻黄素片剂 6 万片以下、注射剂 1.5 万支以下的。

(3) 按规定购买药品类易制毒化学品标准品、对照品的。

(4) 药品类易制毒化学品生产企业凭药品类易制毒化学品出口许可,自营出口药品类易制毒化学品的。

购买第一类中的非药品类易制毒化学品的,应当向所在地省级人民政府公安机关申请购买许可证。购买第二类、第三类易制毒化学品的,应当在购买前将所需购买的品种、数量,向所在地的县级人民政府公安机关备案。个人自用一次性购买5公斤以下且年用量50公斤以下高锰酸钾的,无须备案。

2. 申请购买易制毒化学品的主体

购买药品类易制毒化学品的主体必须是单位,包括:经批准使用药品类易制毒化学品用于药品生产的药品生产企业;使用药品类易制毒化学品的教学、科研单位;具有药品类易制毒化学品经营资格的药品经营企业;取得药品类易制毒化学品出口许可的外贸出口企业;经农业部会同国家食品药品监督管理局下达兽用盐酸麻黄素注射液生产计划的兽药生产企业。

购买非药品类易制毒化学品的主体以单位为主,个人只能购买第三类易制毒化学品。

3. 申请购买易制毒化学品应提交的资料

申请购买药品类易制毒化学品,须填报申请表和提交相应资料。提交的资料根据申请购买主体的不同而有不同的内容,包括企业《营业执照》复印件、《药品生产许可证》复印件或《药品经营许可证》复印件、国内购货合同复印件、用途证明材料等,具体要求在《药品类易制毒化学品管理办法》附件中有明确规定。

申请购买第一类中的非药品类易制毒化学品和第二类、第三类易制毒化学品,应当提交两部分材料:经营企业的《营业执照》(副本和复印件),学校、科研单位等其他组织的登记证书或者成立批准文件(原件和复印件),或者个人的身份证明(原件和复印件);合法使用需要证明,由购买单位或者个人出具,注明拟购买易制毒化学品的品种、数量和用途,并加盖购买单位印章或者个人签名。

4. 购买易制毒化学品的审批程序

申请购买药品类易制毒化学品的,由所在地的省、自治区、直辖市人民政府食品药品监督管理部门审批。设区的市级食品药品监督管理部门应当在收到申请之日起五日内,对申报单位的资料进行形式审查,决定是否受理。受理的,必要时组织现场检查,五日内将检查结果连同企业申报资料报送省、自治区食品药品监督管理部门。省、自治区食品药品监督管理部门应当在五日内完成审查。省、自治区、直辖市食品药品监督管理部门直接受理的,应当在收到申请之日起十日内完成审查和必要的现场检查。以上申请经审查符合规定的,由省、自治区、直辖市食品药品监督管理部门发给《购用证明》;不予许可的,应当书面说明理由。

申请购买第一类中的非药品类易制毒化学品的,由申请人所在地的省级人民政府公安机关审批。负责审批的公安机关应当自收到申请之日起十日内,对申请人提交的申请材料进行审查。对符合规定的,发给购买许可证;不予许可的,应当书面说明理由。

5. 许可证的有效期

针对不同种类的易制毒化学品分别适用许可证和备案证明。许可证一次使用有效,有效期一个月。购买备案证明一次使用有效,有效期一个月。对备案后一年内无违规行为的单位,可以发给多次使用有效的备案证明,有效期六个月。对个人购买的,只办理一次使用有效的备案证明。

(二)易制毒化学品的销售管理

药品类易制毒化学品的销售由食品药品监督管理部门负责管理,非药品类易制毒化学品的销售由公安机关负责管理。

1. 药品类易制毒化学品的销售管理

(1)严格控制药品类易制毒化学品的销售对象和范围。药品类易制毒化学品生产企业应当将药品类易制毒化学品原料药销售给取得《购用证明》的药品生产企业、药品经营企业和外贸出口企业,将药品类易制毒化学品单方制剂和小包装麻黄素销售给麻醉药品全国性批发企业。药品类易制毒化学品经营企业应当将药品类易制毒化学品原料药销售给本省、自治区、直辖市行政区域内取得《购用证明》的单位;经营企业之间不得购销药品类易制毒化学品原料。除药品类易制毒化学品经营企业外,购用单位应当按照《购用证明》载明的用途使用药品类易制毒化学品,不得转售。外贸出口企业购买的药品类易制毒化学品不得内销。

(2)药品类易制毒化学品禁止使用现金或者实物进行交易。

(3)核查建档。药品类易制毒化学品生产企业、经营企业在销售时,应当逐一建立购买方档案。

(4)严格核查、出库、送货制度。药品类易制毒化学品生产、经营企业销售时,核查采购人员身份证明和相关购买许可证明,无误后方可销售,并保存核查记录。发货时应当严格执行出库复核制度,认真核对实物与药品销售出库单是否相符,并确保将药品类易制毒化学品送达购买方《药品生产许可证》或者《药品经营许可证》载明的地址,或者医疗机构的药库。

2. 非药品类易制毒化学品的销售管理

(1)销售前查验证件。经营单位销售易制毒化学品时,应当查验购买许可证或者备案证明和经办人身份证明,不得无证销售或者超量、超品种销售。对委托代购的,还应当查验购买人持有的委托文书。委托文书应当载明委托人与被委托人双方的情况、委托购买的品种、数量等事项。

经营单位销售第一类易制毒化学品时,对以上证明材料经查验无误后,须复印留存;发现可疑情况的,应当立即向当地公安机关报告。经营单位在查验购买方提供的许可证和身份证明时,对不能确定其真实性的,可以请当地公安机关协助核查。公安机关应当当场予以核查,对于不能当场核实的,应当于三日内将核查结果告知经营单位。

(2)建立销售台账。经营单位应当建立非药品类易制毒化学品销售台账,如实记录销售的品种、数量、日期、购买方等情况。经营单位销售易制毒化学品时,还应当留存购买许可证或者购买备案证明以及购买经办人的身份证明的复印件。销售台账和证明材料复印件应当保存二年备查。

（3）售后备案。经营单位应当将第一类易制毒化学品的销售情况于销售之日起五日内报当地县级人民政府公安机关备案，将第二类、第三类易制毒化学品的销售情况于三十日内报当地县级人民政府公安机关备案。备案的销售情况应当包括销售单位、地址，销售易制毒化学品的种类、数量等，并同时提交留存的购买方的证明材料复印件。

六、易制毒化学品的运输管理

国家对易制毒化学品运输管理实行许可制度。其中，运输第一类、第二类易制毒化学品的，须办理运输许可证；运输第三类易制毒化学品的，须办理备案证明。除运输符合法律规定情形的个别品种外，禁止无证运输易制毒化学品。

对易制毒化学品的运输管理范围有三种情形：一是跨社区的市级行政区域运输的，二是跨直辖市市界运输的，三是跨禁毒形势严峻的重点地区的县级行政区域运输的。禁毒形势严峻的重点地区由公安部确定和调整。跨上述行政区域运输的，必须办理运输许可证或备案证明，否则为非法运输。

（一）申请办证、备案主体

申请办证、备案主体是货主，即易制毒化学品所有者。货主依合同履行方式确定货物所有权转移状况而定。一般情况，由卖方送货上门的，运输过程中卖方为货主；买方自行提货的，则买方为货主。承运人不是办证、备案主体，但可以受货主委托代为申请运输许可证或者备案。

（二）审批主体

1. 地域管辖

由货物运出地（货物所在地）的人民政府公安机关负责审批。货物所在地与公司（货主）所在地不一致的，由货物所在地的人民政府公安机关负责办理。

2. 职权管辖

由人民政府公安机关负责办理。铁路、交通、民航、林业等专门公安机关以及新疆生产建设兵团公安机关不负责办理。但是，专门公安机关负有保障易制毒化学品合法使用，防止其流入非法渠道的监督职责。

3. 级别管辖

运输第一类易制毒化学品的，由货主向运出地的设区的市级人民政府公安机关审办；运输第二类易制毒化学品的，由货主向运出地的县级人民政府公安机关审办。运输第三类易制毒化学品的，由货主向运出地的县级人民政府公安机关备案。

（三）申请提交的材料

根据《易制毒化学品购销和运输管理办法》的规定，运输易制毒化学品，应当由货主向公安机关申请运输许可证或者进行备案。货主应提交的申请材料包括两个部分。第一部分是申请运输人资格或身份合法有效的证明材料,如运输人属于企业的,提交经营企业的营业执照(副本和复印件);属于学校、科研单位等其他组织的,提交登记证书或者成立批准文件(原件和复印件);属于个人的,提交个人的身份证明(原件和复印件);单位委托经办人办理的,经办人还应当提供本人的身份证明(原件和复印件)。第二部分是易制毒化学品购销合同(复印件)。

(四)审批程序

1. 运输许可证审批程序

负责审批的公安机关应当自收到第一类易制毒化学品运输许可申请之日起十日内,收到第二类易制毒化学品运输许可申请之日起三日内,对申请人提交的申请材料的齐备性、合法性、真实性和有效性进行审查。其中查验购销合同时,可以要求申请人出示购买许可证或者备案证明,核对是否相符;对营业执照和登记证书(或者成立批准文件),应当核查其生产范围、经营范围、使用范围、证照有效期等内容。审查第一类易制毒化学品运输许可申请材料时,根据需要,可以进行实地核查。遇有申请人第一次申请的,提供的申请材料不符合要求的以及对提供的申请材料有疑问情形的,应当进行实地核查。经审查,对符合规定的,发给运输许可证;不予许可的,应当书面说明理由。

负责审批的公安机关对运输许可申请能够当场予以办理的,应当当场办理;对材料不齐备需要补充的,应当一次性告知申请人需补充的内容;对提供材料不符合规定不予受理的,应当书面说明理由。

2. 运输备案证明审批程序

运输第三类易制毒化学品的,应当在运输前向运出地的县级人民政府公安机关备案。公安机关应当在收到备案材料后进行审查,并于当日发给备案证明。

(五)许可证明的有效期限

针对不同种类的易制毒化学品分别适用许可证和备案证明。对许可运输第一类易制毒化学品的,发给一次有效的运输许可证,有效期一个月。对许可运输第二类易制毒化学品的,发给三个月多次使用有效的运输许可证;对第三类易制毒化学品运输备案的,发给三个月多次使用有效的备案证明;对于领取运输许可证或者运输备案证明后六个月内按照规定运输并保证运输安全的,可以发给有效期十二个月的运输许可证或者运输备案证明。

(六)运输中的特许行为

易制毒化学品的运输有两种情形无须办理许可证。一是货主或者承运人持有依法取得的购买许可证明或者麻醉药品调拨单的,运输供教学、科研使用的一百克以下的麻黄素样品和供医疗机构制剂配方使用的小包装麻黄素以及医疗机构或者麻醉药品经营企业购买麻黄素片剂六万片以下、注射剂 1.5 万支以下,无须申请易制毒化学品运输许可。二是因治疗疾病需要,患者、患者近亲属或者患者委托的人凭医疗机构出具的医疗诊断书和本人的身份证明,可以随身携带第一类中的药品类易制毒化学品药品制剂,但是不得超过医用单张处方的最大剂量。

(七)承运人义务

这里的"承运人",是指接受货主委托运输易制毒化学品的人,包括从事运输业务的企业单位和不具有法人资格的个体运输户及个人。运输属于危险化学品的,应当由有危险化学品运输资质的单位运输。承运人运输易制毒化学品时,应当履行以下义务:

(1)凭证承运。承运人接受货主委托运输的,应当要求货主提供运输许可证或者备案证明。

(2)查验证件。承运人应当对货主提供的运输许可证或者备案证明的有效性和真实性进行查验,对不能确定其真实性的,可以申请当地人民政府或公安机关协助核查。公安机关应当当场予以核查,对于不能当场核实的,应当于三日内将核查结果告知承运人。

(3)查验货物。承运人应当查验所运货物与运输许可证或者备案证明载明的易制毒化学品的品种、数量等情况是否相符;不相符的,不得承运。

(4)携带证件。应当凭证运输的,承运人应当自启运起全程携带运输许可证或者备案证明。

(5)标识车辆。运输易制毒化学品时,运输车辆应当在明显部位张贴易制毒化学品标识。

(6)安保措施。运输易制毒化学品时,承运单位应当派人押运或者采取其他有效措施,防止易制毒化学品丢失、被盗、被抢。

(八)运输情况通报制度

易制毒化学品运出地与运入地公安机关应当建立情况通报制度。运出地负责审批或者备案的公安机关应当于每季度末将办理的易制毒化学品运输许可或者备案情况通报运入地同级公安机关,运入地同级公安机关应当核查货物的实际运达情况后通报运出地公安机关。

七、易制毒化学品进、出口管理

国家对易制毒化学品进出口实行许可证管理制度,以任何方式进出口易制毒化学品均需申领许可证。商务部负责全国易制毒化学品的进出口管理工作,各省、自治区、直辖市及计划单列市商务主管部门(以下统称省级商务主管部门)负责本地区易制毒化学品进出口管理工作,同时接受商务部委托负责本地区易制毒化学品进出口许可初审及部分易制毒化学品进出口许可工作。

国家对《国际核查易制毒化学品管理目录》所列易制毒化学品(以下简称核查化学品)的进口、出口实行国际核查管理制度。商务部与公安部共同负责全国易制毒化学品进口、出口国际核查管理工作。

(一)易制毒化学品进出口的申报程序

1．网上申请

经营者申请进出口易制毒化学品,应通过商务部两用物项和技术进出口管理电子政务平台如实、准确、完整填写《易制毒化学品进(出)口申请表》,并提交电子数据。

2．审查受理

省级商务主管部门应自收到进出口申请电子数据之日起三日内进行审查,符合填报要求的,网上通知经营者报送书面材料;不符合填报要求的,网上说明理由并退回申请重新填报。

3．报送书面材料

经营者收到报送书面材料的通知后,应向省级商务主管部门提交下列书面材料:经签字并加盖公章的《易制毒化学品进(出)口申请表》原件;对外贸易经营者备案登记表复印件;营业执照副本复印件;易制毒化学品生产、经营、购买许可证或者备案证明;进口或者出口合同(协议)复印件;经办人的身份证明复印件。申请易制毒化学品出口许可的,还应当提交进口方政府主管部门出具的合法使用易制毒化学品的证明复印件或进口方合法使用的保证文件的原件。

(二)易制毒化学品进出口的审查

1．对申请进出口目录第三类中无须国际核查的易制毒化学品的审查

省级商务主管部门应自收到齐备、合格的书面材料之日起五日内对经营者提交的书面材料和电子数据进行审查,并作出是否许可的决定。许可的,省级商务主管部门应在五日内发放《两用物项和技术进(出)口批复单》,并将电子数据报商务部备案;不予许可的,省级商务主管部门书面通知经营者并说明理由。

2．对申请进出口目录第一类、第二类易制毒化学品和目录第三类中核查化学品的审查

省级商务主管部门应自收到齐备、合格的书面材料之日起三日内对申请进行初审。初审合格后,对于申请进出口无须国际核查的目录第一类、第二类易制毒化学品的,省级商务主管部门将电子数据转报商务部审查;对于申请进出口需国际核查的易制毒化学品的,省级商务主管部门将书面材料和电子数据转报商务部审查。

3．对申请进口目录第一类、第二类中无须国际核查的易制毒化学品的审查

商务部应自收到省级商务主管部门上报电子数据之日起八日内进行审查,作出是否许可的决定并通知省级商务主管部门。商务部依据前款对进口申请予以许可的,省级商务主管部门应在收到许可决定后二日内发放《外商投资企业易制毒化学品进口批复单》;不予许可的,省级商务主管部门书面通知外商投资企业并说明理由。

4. 对申请出口第一类、第二类中无须国际核查的易制毒化学品的审查

商务部应自收到省级商务主管部门上报电子数据和书面材料之日起十日内进行审查,作出是否许可的决定并通知省级商务主管部门。许可的,商务部应在上述期限内发放《外商投资企业易制毒化学品出口批复单》,省级商务主管部门通知外商投资企业;不予许可的,省级商务主管部门书面通知外商投资企业并说明理由。

(三) 易制毒化学品的国际核查

1. 出口核查化学品的审查

经营者申请出口核查化学品的,商务部应自收到有关电子数据和纸面材料之日起五日内进行审查,符合规定的,将电子数据转送公安部进行国际核查。公安部应自收到商务部转送的电子数据之日起三日内进行审查,符合规定的出口申请,发送进口国家或地区政府主管部门进行核查,并要求十日内答复。经进口国家或地区政府主管部门确认答复的出口申请,公安部应自收到核查确认答复之日起三日内通知商务部。进口国家或地区政府主管部门逾期未能答复的,公安部可根据国际惯例、具体产品与进口国别和地区等情况分析提出是否许可出口的建议并书面通知商务部。

2. 进口核查化学品的审查

经营者进口易制毒化学品,出口国家或者地区政府主管部门向我提出国际核查要求的,公安部应自收到核查要求之日起五日内将相关材料转送商务部进行确认。商务部应对经营者真实性、资质及进口易制毒化学品用途合理性进行核查。必要时,商务部可委托省级商务主管部门核查。省级商务主管部门应自收到商务部委托核查之日起十日内上报核查结果。商务部应将核查结果及时反馈公安部。

对于需要核查经营者进口易制毒化学品的实际用途、用量的,公安部可委托地方公安机关核查,地方公安机关应自收到公安部委托核查之日起十日内上报核查结果,公安部应及时通报商务部。公安部应在收到商务部、地方公安机关的核查结果后及时通报出口国家或者地区政府主管部门。

核查化学品样品的出口,数量在一百克(含)以下的无须进行国际核查,由商务部按照《易制毒化学品进出口管理规定》办理,并将结果通报公安部。

(四) 外商投资企业进出口易制毒化学品许可的特别规定

外商投资企业申请进口第一类中的药品类易制毒化学品的,商务部在作出许可决定之前,应当征得国务院食品药品监督管理部门的同意。外商投资企业申请出口第一类中的药品类易制毒化学品,需要在取得出口许可证后办理购买许可证的,应当向省级食品药品监督管理部门申请购买许可证。

在外商投资企业易制毒化学品进出口许可审查过程中,商务主管部门可以对申请材料的实质内容进行实地核查。

《外商投资企业易制毒化学品进(出)口批复单》须加盖商务主管部门公章。外商投资企业凭《外商投资企业易制毒化学品进（出）口批复单》并依据《两用物项和技术进出口许可证管理办法》有关规定申领两用物项和技术进（出）口许可证。

（五）易制毒化学品进出口的监督检查

1. 监督检查的主体与职权

县级以上商务主管部门负有对本地区易制毒化学品进出口的监督检查职责，依法查处违法行为。对经营者进行监督检查时，可以依法查看现场、查阅和复制有关资料、记录有关情况、扣押相关的证据材料和物品；必要时，可以临时查封有关场所。

2. 意外情况的处置

易制毒化学品在进出口环节发生丢失、被盗、被抢案件，发案单位应当立即报告当地公安机关和当地商务主管部门。接到报案的商务主管部门应当逐级上报，并配合公安机关查处。

经营者知道或者应当知道，或者得到商务主管部门通知，拟进出口的易制毒化学品可能流入非法渠道时，应及时终止合同执行，并将情况报告有关商务主管部门。

经营者违反相关法律规定或当拟进出口易制毒化学品存在被用于制毒危险时，商务部或省级商务主管部门可对已经颁发的进（出）口许可证予以撤销。同时，经营者应采取措施停止相关交易。

3. 健全管理制度

经营者应当建立健全易制毒化学品进出口内部管理制度，建立健全易制毒化学品进出口管理档案，至少留存两年备查，并指定专人负责易制毒化学品进出口相关工作。

4. 定期报告

经营者应当于每年 3 月 31 日前向省级商务主管部门和当地公安机关报告本单位上年度易制毒化学品进出口情况，药品类易制毒化学品进出口经营者还须向当地食品药品监督管理部门报告本单位上年度药品类易制毒化学品进出口情况。省级商务主管部门将本行政区域内的易制毒化学品进出口情况汇总后报商务部。

八、对行为主体违法犯罪的处罚

（一）对主体资格不合法行为的处罚

国家对列管的易制毒化学品实行许可制度。从事生产、经营、购买、运输和进出口易制毒化学品的单位或者个人应当依法取得许可，获得合法资格后才可以进行相关业务；否则就属于主体资格不合法行为，应该承担法律责任。

主体资格不合法行为有三种情形：一是未经许可或者备案擅自生产、经营、购买、运输易制毒化学品；二是伪造申请材料骗取易制毒化学品生产、经营、购买或者运输许可证；三是使用他人的或者伪造、变造、失效的许可证生产、经营、购买、运输易制毒化学品。

主体资格不合法行为属于严重的易制毒化学品违法行为。对它的行政处罚涉及多个行政主管部门,处罚程度最为严厉。具体的行政处罚有:

(1)没收、罚款。由公安机关没收非法生产、经营、购买或者运输的易制毒化学品、用于非法生产易制毒化学品的原料以及非法生产、经营、购买或者运输易制毒化学品的设备、工具,处非法生产、经营、购买或者运输的易制毒化学品货值十倍以上二十倍以下的罚款,货值的二十倍不足一万元的,按一万元罚款;有违法所得的,没收违法所得。

(2)撤销许可证。伪造申请材料骗取易制毒化学品购买、运输许可证或者备案证明的,公安机关应当撤销许可证或者备案证明。

(3)吊销营业执照。有营业执照的,由工商行政管理部门吊销营业执照。

(4)暂停资格申请。对有主体资格不合法行为的单位或者个人,安监、药监部门、公安机关和商务部可以自作出行政处罚决定之日起三年内,停止受理其易制毒化学品生产、经营、购买、运输或者进口、出口许可申请。

(二) 对违法生产、经营、购销行为的处罚

根据《易制毒化学品管理条例》的规定,违法生产、经营、购买易制毒化学品的情形有:

(1)易制毒化学品生产、经营、购买、运输或者进口、出口单位未按规定建立安全管理制度。

(2)将许可证或者备案证明转借他人使用。

(3)超出许可的品种、数量生产、经营、购买易制毒化学品。

(4)生产、经营、购买单位不记录或者不如实记录交易情况、不按规定保存交易记录或者不如实、不及时向公安机关和有关行政主管部门备案销售情况。

(5)易制毒化学品丢失、被盗、被抢后未及时报告,造成严重后果。

(6)除个人合法购买第一类中的药品类易制毒化学品药品制剂以及第三类易制毒化学品外,使用现金或者实物进行易制毒化学品交易。

(7)易制毒化学品的产品包装和使用说明书不符合本条例规定要求。

(8)生产、经营易制毒化学品的单位不如实或者不按时向有关行政主管部门和公安机关报告年度生产、经销和库存等情况。

对实施以上任一行为的单位或个人,由负有监督管理职责的行政主管部门给予警告,责令限期改正,处一万元以上五万元以下的罚款;对违反规定生产、经营、购买的易制毒化学品可以予以没收;逾期不改正的,责令限期停产停业整顿;逾期整顿不合格的,吊销相应的许可证。企业的易制毒化学品生产经营许可被依法吊销后,未及时到工商行政管理部门办理经营范围变更或者企业注销登记的,对易制毒化学品予以没收,并处罚款。

《药品类易制毒化学品管理办法》对于药品类易制毒化学品的生产、经营、购销中的违法行为,还作出了补充规定。有下列情形之一的,由县级以上食品药品监督管理部门给予警告,责令限期改正,可以并处一万元以上三万元以下的罚款。

（1）药品类易制毒化学品生产企业连续停产一年以上未按规定报告的，或者未经所在地省、自治区、直辖市食品药品监督管理部门现场检查即恢复生产的。

（2）药品类易制毒化学品生产企业、经营企业未按规定渠道购销药品类易制毒化学品的。

（3）麻醉药品区域性批发企业因特殊情况调剂药品类易制毒化学品后未按规定备案的。

（4）药品类易制毒化学品发生退货，购用单位、供货单位未按规定备案、报告的。

（三）对违法运输行为的处罚

违法运输易制毒化学品的情形有：

（1）信息不符。运输的易制毒化学品与易制毒化学品运输许可证或者备案证明载明的品种、数量、运入地、货主及收货人、承运人等信息不符。

（2）运输许可证种类不当。

（3）运输人员未全程携带运输许可证或者备案证明。

对以上任一违法运输情形，由公安机关责令停运整改，处五千元以上五万元以下的罚款。有危险物品运输资质的，运输主管部门可以依法吊销其运输资质。个人携带易制毒化学品不符合品种、数量规定的，没收易制毒化学品，处一千元以上五千元以下的罚款。

（四）对拒绝接受监督检查行为的处罚

生产、经营、购买、运输或者进口、出口易制毒化学品的单位或者个人拒不接受有关行政主管部门监督检查的，由负有监督管理职责的行政主管部门责令改正，对直接负责的主管人员以及其他直接责任人员给予警告；情节严重的，对单位处一万元以上五万元以下的罚款，对直接负责的主管人员以及其他直接责任人员处一千元以上五千元以下的罚款；有违反治安管理行为的，依法给予治安管理处罚；构成犯罪的，依法追究刑事责任。

（五）对渎职行为的处罚

易制毒化学品行政主管部门工作人员在管理工作中有应当许可而不许可、不应当许可而滥许可，不依法受理备案，以及其他滥用职权、玩忽职守、徇私舞弊行为的，依法给予行政处分；构成犯罪的，依法追究刑事责任。

第三节　国家对新精神活性物质的管制

一、新精神活性物质的概念、特性与主要类型

（一）新精神活性物质的概念

2011 年"欧洲毒品与滥用监控中心"（European Monitoring Centre for Drugs and

Drug Addiction,EMCDDA)在年度报告中认为,"新精神活性物质是处于《1961 年麻醉品单一公约》和《1971 年精神药物公约》之外,但与公约所列管的毒品一样可能危害公众健康的物质……是那些未受管制的物质达成相似效果并逃避管制的保护伞"。联合国毒品与犯罪问题办公室,即 UNODC 基本沿用了"欧洲毒品与滥用监控中心"对新精神活性物质采用的定义与解释,认为"新精神活性物质是会被滥用的物质,以纯药物或制剂形式出现,不受《1961 年麻醉品单一公约》或《1971 年精神药物公约》管制,但可能对公众健康构成威胁。此处,'新的'不一定指新的发明,而是指新近被滥用的物质"。[6] 新精神活性物质并非在毒品功能上有所创新,而只是为了规避"管制"而刻意制造了在结构上与已被管制物质迥异但功能相似或者更甚的物质,在满足吸毒者滥用需求的同时,逃避法律的否定评价以及相应的惩戒。关于新精神活性物质的概念,目前普遍的观点认为,"其专指新近出现的或者先前已经出现但新近被滥用的精神活性物质,且尚未被国家规定为管制物质"。[7]

(二) 新精神活性物质的特性

1. 制造上的设计性

新精神活性物质的来源有三个:一是来自植物中的精神活性物质,如恰特草、迷幻鼠尾草;二是制毒者为逃避法律制裁对现行管制毒品的化学结构进行加工修饰所得的毒品类似物;三是来自全新设计的化合物。其中,后两种来源在新精神活性物质中占了绝大多数。因此,从制造上来说,新精神活性物质具有鲜明的设计性。

2. 种类的多样性

2009 年,芬兰、以色列和荷兰首次报告发现一种可以替代 MDMA 的新类型精神活性物质。随后,此类物质迅速增长,截至 2014 年 12 月,超过 90 个国家(其中 39 个欧洲国家、27 个亚洲国家、14 个非洲国家、13 个美洲国家及 2 个大洋洲国家)向 UNODC 报告的新精神活性物质种类达到 541 种。截至 2016 年,UNODC 收到全球范围内 107 个国家报告发现的新精神活性物质共计 739 种,远远超过国际禁毒公约管制物质的种类。2016 年,中国国家毒品实验室在各地送检的样品中共检出 1529 份新精神活性物质,主要为卡西酮类、合成大麻素类和芬太尼类物质。[8] 新精神活性物质具备设计性的特点,一旦某一物质被列管,新的替代物很快被创造出来,品种数量在短时间内不断增加,导致传统的列管式管制手段趋于失效。

3. 快速更新性

新精神活性物质中有一些是从天然植物中提取的物质,但是大多数新精神活性物质

---

[6] United Nation Office of Drug and Crime,World Drug Report,2013.

[7] 参见张黎、张拓:《新精神活性物质的滥用危害及防控问题研究》,88~96 页,载《中国人民公安大学学报》,2013(4)。

[8] 参见中国国家禁毒委员会办公室:《2016 年中国毒品形势报告》。

都是由人工合成的。尤其在毒品管制措施日益加强和毒品消费需求不断膨胀的作用下，毒品制造者不断"创造"出新的精神活性物质。多数情况下，制毒者将某种管制药品的分子结构稍作改动，就会合成出一种与原药品相似的精神活性物质，其更新速度越来越快，使现有的管制措施跟不上新精神活性物质推陈出新的节奏。

（三）新精神活性物质的主要类型

根据 UNODC 对新精神活性物质的分类方法，新精神活性物质有七大类：

1. 合成大麻素

大麻是典型的天然毒品，无论是大麻树脂还是大麻油，其有效成分均为四氢大麻酚（THC）。目前，使用最广泛的新精神活性物质是合成大麻素，多数比天然的大麻植株中包含的四氢大麻酚效力更强，与大麻相似，这些物质往往能够使人精神振奋、心情放松和感知改变。

2. 合成卡西酮类

卡西酮是一种在阿拉伯茶（卡塔叶）中发现的生物碱，但多数卡西酮都是合成制造的。卡西酮在化学结构上与苯丙胺类药物相似，从化学和药理作用来看属于兴奋剂，服用后会产生强烈的兴奋和致幻效果，也具有苯丙胺类兴奋剂所具有的很多副作用。有研究表明，从公共安全和健康的角度看，问题最严重的新精神活性物质是甲氧麻黄酮或亚甲基二氧吡咯戊酮等合成卡西酮。我国先后将卡西酮、甲卡西酮、4-甲基甲卡西酮、4-甲基乙卡西酮和 3,4-亚甲二氧基甲卡西酮列入第一类精神药品管理。2015 年制定发布的《非药用类麻醉药品和精神药品管制品种增补目录》又增列了 9 种卡西酮类物质。

3. 氯胺酮

氯胺酮是一种被广泛使用的新的精神活性物质。最初研制目的是将其作为苯环己哌啶的一种衍生物，主要用于全身麻醉的诱导和维持。氯胺酮会产生致幻效果和解离作用，使人获得超脱于身体的感觉，类似于苯环己哌啶产生的效果。氯胺酮是我国管制的第一类精神药品，也是国内仅次于冰毒流行率的合成毒品。

4. 苯乙胺类物质

苯乙胺类物质是指一类被证实具有精神活性和兴奋效果的物质，包括苯丙胺、去氧麻黄碱和哌醋甲酯以及亚甲二氧基苯丙胺（"摇头丸"）和麦司卡林。各种苯乙胺往往都是兴奋剂和（或）致幻剂，未受国际管制的苯乙胺的数量超过了受管制的苯乙胺的数量，如副甲氧基甲基苯丙胺（别名：4-MMA 和 methyl-MA）以及大量具有致幻作用的苯乙胺。

5. 哌嗪类物质

哌嗪类物质通常被形容为"失败的药物"，源于其中一些物质曾被制药公司评估为潜在的治疗剂但却从未真正投入市场。哌嗪类物质中最知名的是苄基哌嗪（BZP），其一直被滥药者作为一种新精神活性物质而使用。

6. 植物源类物质

植物源类物质是源自某些天然植物的新精神活性物质,当前主要流行的为恰特草(俗称阿拉伯茶)、卡痛叶和迷幻鼠尾草,均具有精神致幻作用。我国的《精神药品品种目录》,将恰特草列入第一类精神药品。

7. 其他新精神活性物质

其他新精神活性物质是指无法归入上述各类物质但同样具有滥用潜力的新精神活性物质。主要包括色胺、2-氨基吲达、苯环己哌啶类物质。

二、域外管制新精神活性物质的策略与措施

(一) 早期预警策略

对于新精神活性物质采取列举管制的国家和地区来说,提前预警并知晓某种物质可能会泛滥,可以为其及时介入对该物质进行属性与危害评估,从而为立法列管提供充分的依据以及相对充裕的时间,同时也可以紧急采取一些其他的手段遏制该物质的传播。UNODC 制定的"SMART"项目(Synthetics Monitoring:Analysis, Reporting and Trends,合成毒品监控:分析、报告与趋势)是早期预警制度中的代表。通过早期预警制度,联合国建立了以禁毒公约缔约国为网络的新精神活性物质预警网络,以此发现、分析和报告新出现物质的滥用潜力以及可能存在的人体损害,从而堵塞新精神活性物质的蔓延渠道和流通路径。

欧洲也建立了相应的早期预警制度,即"欧盟早期预警系统"(EUEWS, EU Early Warning System)。根据"欧洲毒品与毒品滥用监测中心"(EMCDDA)的统计,2005 年欧盟报告新精神活性物质 14 种,到 2015 年全年共报告 98 种,截至 2016 年,一共报告新精神活性物质 628 种。[9] EMCDDA 会随时统计并汇总相关的预警信息,并且将信息及时上传到"欧洲新毒品数据库"(European Database on New Drugs, EDND)中,对每一种物质进行相关的分析与定性,同时监测其在欧盟范围内的生产、流动等信息。[10]

在建立了早期预警系统之后,有些国家通过药物安全法律对新精神活性物质进行一定程度的管控。例如波兰、意大利和英国,通过不给含有新精神活性物质的药物颁发上市许可或者合法的标签,以此来区别具有毒品作用的新精神活性物质和一般的药品。也有国家扩展现有法律和程序的适用度,如匈牙利和芬兰分别于 2010 年和 2011 年通过了相关法案,将科学上的危害评估作为是否管制的考察因素,简略了以往列管毒品时的考察标准。此外,有些国家还变更了管制程序,根据早期预警的结果可以通过变更列管措

---

[9] EMCDDA, EMCDDA-Europol 2016 Annual Report on the Implementation of Council Decision 2005/387/JHA, p. 13.

[10] EMCDDA, EMCDDA-Europol 2016 Annual Report on the Implementation of Council Decision 2005/387/JHA, p. 6.

施进行管制,如在 2011 年,英国设立了临时列管程序,可以根据预警信息,在一年以内对某种物质实施临时管制措施。[11]

(二)临时列管

新精神活性物质更新速度快,常规的立法程序烦冗且时限较长,无法作出及时的应对,因此有些国家和地区设置了临时列管制度,在不改变毒品管制基本制度的基础上,通过简化立法程序的或者设立特别程序,缩减列管毒品所需的时间。

在西方,美国是建立了较为完整的毒品管制制度的国家。美国以 1970 年《管制物质法》为基础,将毒品的管制程序分为两类,一类是"事前明文列管",另一类是"事后类推列管"。事前明文列管就是一般的列管程序,即根据某种物质是否符合法律的定义而实行管制,明确以列表形式列举"被列管物质"。依据列管程序的繁简程度和启动条件的差异,"事前明文列管"又分为"一般列管程序"与"临时列管程序"。在此基础上,立法首先明确将列管建议和批准权赋予司法部长,当司法部长认为某种物质"具有滥用可能"或者"认为美国需要按照签订的国际禁毒协议进行管制或变更管制"时,就可以展开对该物质进行管制的程序。在实施"一般管制程序"时,司法部长应当从"健康与人类服务部秘书长"(Secretary of Health and Human Services)处获得"医学或科学上的建议",该建议是秘书长根据前述的列管标准对该物质进行评估后作出的,并且需要在合理的时间内书面提交司法部长,司法部长对于该物质是否应当列管,受到该书面评估报告的限制。在经过该评估之后,以年度作为单位将该物质添加到确定的附表当中。临时列管程序则是司法部长认为"某一物质将对公共安全带来紧迫危险"时,可以直接将其放入附表进行管制。在此情形下,司法部长不需要考虑"一般列管程序"的前提条件——即从"健康与人类服务部秘书长"那里获得"医学或科学上的建议"。临时管制在司法部长将管制命令、目的以及所涉物质在《联邦公报》上进行公布并将该管制令呈送"健康与人类服务部秘书长"并且将其回复记录在管制令中之后的三十天内生效。一旦该管制令生效,有效期为一年,在一年内应当根据前述的"一般程序"对于该物质进行考察实施正式管制,若时间届满仍旧悬而未决,临时管制还可以再延长六个月。

实践当中,美国联邦缉毒署也可以提出临时列管申请。2016 年 9 月 26 日,针对在美国泛滥严重的呋喃基芬太尼,就是由联邦缉毒署向司法部长提出的临时列管申请。临时列管制度能够从一定程度上克服了当前新精神活性物质不断变化更新给管制制度带来的影响,大幅度压缩管制程序,削减启动和决定管制所花费的时间,在应对新精神活性物质的变化更新速度上具有相对及时的优势。同时,根据相关规定,临时列管的考察要素与一般列管相同,避免出现司法部长专断行使权力而造成不当管制的后果。

---

[11]　EMCDDA,Perspectives on drugs:Legal approaches to controlling new psychoactive substances(2016).

（三）平行立法

所谓"平行立法"，是在毒品管制的立法之外，通过专门的立法来解决具有毒品属性但是不易归类或列举管制的物质。其中的典型代表，就是英国的一系列立法成果。1985年英国颁布了《毒物（供给）法案》，这一法案将提供精神活性物质的行为规定为犯罪，若"明知对方为十八岁以下的人，而向其提供或者帮助提供物质（即便不属于毒品），且明知或有理由推定该物质或该物质的挥发物是被故意用来吸入而致人中毒"的行为，最高可被处以六个月的监禁和五千英镑的罚金。但是法案并没有对"毒物"进行列举，只是笼统地规定"凡是能导致吸入后产生毒性的物质"都属于"毒物"，而且法案对象较为局限，其规定的犯罪行为仅限于对"十八周岁以下的人提供毒物"，因此到1992年为止，一共只有55起诉讼，36人被确定有罪。

英国于2016年5月26日颁布了《精神物质法案》，以此取代《毒物（供给）法案》，将管制范围扩张到所有的能够产生精神作用的物质，同时将犯罪行为扩展到供给、意图供给、制造、进出口、为供给而持有、在机构内持有以及违反禁令等行为。根据该法案规定，法案中所涉及的"精神物质"并不包括毒品，也不包括尼古丁、酒精、咖啡因以及其他的虽然具有精神活性但可药用的物质。意即《精神物质法案》所管制的物质并非已经被管制的毒品，而是除了毒品以外的其他所有"能够使人产生精神效用的物质"。法案的立法目的主要就在于对"合法兴奋剂"所进行的规制，特别是"那些意图供应精神物质或者从事相关交易的商店或者网站"。由于法案笼统地设定了"精神物质"这一概念，并且将涉及这类物质的一部分行为规定为犯罪，以此来控制新精神活性物质的蔓延，因此该法案的制定相当于是在管制毒品的传统法律体系之外，另外设立了一套平行的法律制度。在具体的作用上，目前还不好评估平行立法的功效，但是立法者认为在面对诸如"亚硝酸酯"等流行的精神活性物质时，会有一定的遏制作用。

（四）类似物管制

类似物管制制度由美国创立，意在主动应对新精神活性物质的产生与泛滥。1986年美国联邦政府在《管制物质法》中增设802（32）号法案，即《类似物管制法案》。该法案确立了衡量一种新物质与已列管物质相似性的评价标准，即如果某一物质符合类似物的标准，则将通过司法裁判的方式认定为类似物。根据《管制物质法》第813条的规定，被认定为类似物的物质应当视为附表Ⅰ的物质，并且适用与附表Ⅰ对应的联邦法律的处遇后果。该类似物管制制度确立了"事后列管"的毒品管制策略，对于"故意地制造或分发与那些危险的管制物质相类似的物质"起到了遏制的作用。根据法案的规定，若某种物质与附表Ⅰ和附表Ⅱ中已列管的毒品存在"实质相似性"，则可以根据该条所设定的标准，通过司法裁量将其认定为"管制类似物"，并依据《管制物质法》的规定对其比照附表Ⅰ的毒品进行惩罚。根据802（32）A条的规定，一种物质是否能够作为"类似物"进行管制，标准在于"该物质（1）化学结构与表Ⅰ或Ⅱ中的物质实质上相似；（2）具有相对于附表Ⅰ或

Ⅱ中的管制物质相似或者更高的对中枢神经的兴奋、抑制以及致幻作用或对于特定的人（滥用者）来说，该物质具有与附表Ⅰ或Ⅱ中管制物质相似或者更高的对中枢神经的兴奋、抑制以及致幻作用"。类似物管制是美国对于毒品列管制度的立法创新，根据法案的规定，法院可以依据上述标准，对某种物质是否应当属于类似物展开司法调查与裁量，一旦认定属于类似物，则对涉及该物质的行为进行惩罚。

三、我国对新精神活性物质的管制

我国对新精神活性物质的管制是伴随着世界范围内新精神活性物质的滥用和扩散而产生的。

中国政府高度重视新精神活性物质问题。早在 2001 年，我国就开始对新精神活性物质按照传统的毒品管制程序进行列管。至 2014 年，我国已先后将 14 种新精神活性物质按照传统毒品管制程序列入精神药品目录进行管制，其中包括国际社会尚未列入禁毒公约附表的氯胺酮。鉴于近几年来我国制贩、走私和滥用新精神活性物质问题日益突出，公安部、国家食品药品监督管理总局、国家卫生计生委和国家禁毒委员会办公室于 2015 年 9 月 24 日联合制定并发布了《非药用类麻醉药品和精神药品列管办法》（以下简称为《办法》），同时发布了《非药用类麻醉药品和精神药品管制品种增补目录》，将 116 种新精神活性物质列入了管制目录。2017 年，又先后在该目录中增列了 8 种新精神活性物质。

我国对于新精神活性的管制采用的仍然是列举式管制，且是在原有毒品列管制度之外，以《办法》这一规范性文件来进行补充。根据《办法》的规定，非药用类麻醉药品和精神药品是指未作为药品生产和使用，具有成瘾性或者成瘾潜力且易被滥用的物质。这种物质在理化性质上属于精神活性物质，与早前已经列管的麻醉药品、精神药品的药理属性或者功能相似，但在结构上又存有差异，其内涵及特征与国际社会对新精神活性物质的界定一致。因此，我国列管非药用类麻醉药品和精神药品实际上是对新精神活性物质进行列管。

（一）国家管制的新精神活性物质的品种

我国将麻醉药品和精神药品按照药用类和非药用类分类进行列管。除麻醉药品和精神药品管理品种目录已有列管品种外，新增非药用类麻醉药品和精神药品管制品种由《办法》附表列示管制。因此，新精神活性物质品种分布于《精神药品品种目录》和《非药用类麻醉药品和精神药品管制品种增补目录》中。《办法》一次性列举管制了 116 种新精神活性物质，2017 年 3 月，列管了四种芬太尼衍生物；2017 年 6 月 19 日又列管了 U47700 等四种新精神活性物质。截至 2017 年 10 月，我国已经列管了 138 种新精神活性物质，基本与联合国禁毒公约附表保持了一致的列管内容。

《办法》设置了非药用类麻醉药品和精神药品向药用类麻醉药品和精神药品转换的

制度,其标准为:是否具有医疗用途。非药用类麻醉药品和精神药品发现医药用途后将被调整列入药品目录,不再列入非药用类麻醉药品和精神药品管制品种目录中。

(二)国家对新精神活性物质的管制内容

根据《办法》的规定,对列管的非药用类麻醉药品和精神药品,禁止任何单位和个人生产、买卖、运输、使用、储存和进出口,其管制内容与对麻醉药品和精神药品管制的内容一致。因科研、实验需要使用非药用类麻醉药品和精神药品,在药品、医疗器械生产、检测中需要使用非药用类麻醉药品和精神药品标准品、对照品,以及药品生产过程中非药用类麻醉药品和精神药品中间体的管理,按照有关规定执行。各级公安机关和有关部门应依法加强对非药用类麻醉药品和精神药品违法犯罪行为的打击处理。

(三)新精神活性物质的管制机构

在原有的毒品管理制度中,国务院药品监督管理部门是管制主导机构,麻醉药品和精神药品品种目录的调整也是由国务院药品监督管理部门发起,会同国务院公安部门、国务院卫生主管部门制定、调整并公布。鉴于新精神活性物质因其产生之初并不具备医疗用途,且具有快速更新的特点,为提升对其管制的及时性,非药用麻醉药品和精神药品的管制机构由国家禁毒主管部门即国家禁毒委员会办公室主导,管制品种目录的调整由国务院公安部门发起,会同国务院食品药品监督管理部门和国务院卫生计生行政部门共同负责。

(四)新精神活性物质的管制程序

1. 监测预警

《办法》确立了国家对新精神活性物质的监测预警制度,以期及时发现新出现的非药用类麻醉药品和精神药品,分析其滥用趋势并发出预警。监测预警由国家禁毒办负责,通过组织各地公安机关及有关部门(如药监部门、海关部门、安监部门等)实施对新精神活性物质的监测,尤其以公安部门的毒品检测实验室为主要监测机构。2016 年,中国国家毒品实验室从各地送交的检测样品中,就发现了未列管新精神活性物质 75 种。国家禁毒办经对各地报告的新精神活性物质监测情况汇总、分析后,及时向全国发布预警信息。对国家禁毒办发布预警的未列管新精神活性物质,各地禁毒办应当进行重点监测。

2. 风险评估和列管论证

国家禁毒办认为需要对特定非药用类麻醉药品和精神药品进行列管的,应当交由非药用类麻醉药品和精神药品专家委员会(以下简称专家委员会)进行风险评估和列管论证。

专家委员会由国务院公安部门、食品药品监督管理部门、卫生计生行政部门、工业和信息化管理部门、海关等部门的专业人员以及医学、药学、法学、司法鉴定、化工等领域的专家学者组成。专家委员会对国家禁毒办提出拟列管的非药用类麻醉药品和精神药进行风险评估和列管论证后,给出是否予以列管的建议。风险评估和列管论证的主要指标为:(1)成瘾性或者成瘾潜力;(2)对人身心健康的危害性;(3)非法制造、贩运或者走私活动情况;(4)滥用或者扩散情况;(5)造成国内、国际危害或者其他社会危害情况。

专家委员会启动对拟列管的非药用类麻醉药品和精神药品的风险评估和列管论证后,应当在三个月内完成工作,并给出是否列管的建议。

3. 纳入列管

对专家委员会评估后提出列管建议的,由国家禁毒办建议国务院公安部门会同食品药品监督管理部门和卫生计生行政部门予以列管。三部委应当在接到国家禁毒办列管建议后六个月内,完成对非药用类麻醉药品和精神药品的列管工作。对于情况紧急、不及时列管不利于遏制危害发展蔓延的,风险评估和列管工作可以加快进程。

第八章 吸毒违法行为及防控

【学习目标】 本章致力于帮助读者完成以下学习目标：了解全球吸毒者的数量、滥用毒品类型；理解吸毒行为的性质以及对个人、家庭乃至社会产生的重大不良影响；了解我国吸毒者的现状、毒品类型和主要特征；明确吸毒成瘾的科学认定标准；了解我国吸毒行为的原因以及我国当前对吸毒行为的处置态度和采取的具体措施。

第一节 世界吸毒情况概览

根据联合国毒品与犯罪问题办公室（UNODC）于 2017 年 6 月 22 日发表的《2017 年世界毒品问题报告》[1]及有关资料，世界吸毒大概的情况可以从如下几方面去了解：

一、全球吸毒者人数

根据《2017 年世界毒品问题报告》，截至 2015 年年底，全球大约有 2.5 亿人至少使用过一次毒品，占全球成年人口总数的 5％。由此，吸毒人口数量占全世界人口的比例在这五年间（2011 年至 2015 年）维持在 5.0％～5.2％。同时，该报告显示，从 2011 年至 2015年这五年间，全球吸毒人口数量呈缓慢增长的态势。

二、全球因吸毒致疾患情况概况

以上吸毒者大约有 2950 万人因吸毒患有各种疾患，约占全球成年人口总数的0.6％，因吸毒产生疾患的人数占全世界人口数量的比例也维持在 0.1％左右。该报告指出，全球采用注射方式的吸毒者约有 1200 万人，其中有八分之一人数约 160 万人为艾滋病毒感染者；有一半以上的人患有丙型肝炎；而大约有 130 万人同时带有丙型肝炎和艾滋病毒。统计显示，有 222000 名使用毒品者死于丙型肝炎，比使用毒品死于艾滋病的人数多出三倍。同时，吸毒者容易感染肺结核疾病，该病在普通人群中流行率不到 0.2％，而在注射吸毒者中流行率高达约 8％。2015 年，估计吸毒在全球导致的过早死亡和伤残造成了 2800 万年的健康丧失岁数（提早丧失工作能力的岁数）。[2]

---

〔1〕 UNODC, *World Drug Report 2017*.
〔2〕 同上。

就损害吸毒者健康而言,整体上,海洛因等阿片类毒品仍然是全球最有害的一类毒品。联合国毒品与犯罪问题办公室(UNODC)副执行主任拉勒-德莫兹(AIdo Lale-Demoz)在日内瓦举行的报告发布会上表示,与注射其他类毒品相比,注射阿片类毒品而感染艾滋病毒和丙型肝炎的,对于健康的负面影响仍然最大;使用过量阿片类毒品的人也深受其害,很多人为此丧失了生命。[3] 具体到一个国家,美国因吸毒过量死亡的人数在全世界是最高的。而美国吸毒过量死亡主要为吸食阿片类毒品过量,死亡人数在1999—2015 年期间增加三倍,从每年 16849 人增加到每年 52404 人,仅去年就增加了11.4％,创历史最高水平。[4]

从吸毒致病患者性别来看,男性人数至少是女性人数的两倍。但是,由于女性吸毒消费速度比男性快,因此,其吸毒染上疾病的速度比男性快。

总体而言,从过去十年的数据来看,每年中,六名因吸毒致疾病者仅有不到一人获得治疗。这表明,世界需要对吸毒者提供更多的人道主义关怀和科学治疗。

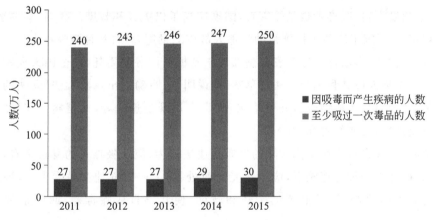

图 1　世界吸毒人口数及因吸毒致疾病人数(2011—2015 年)

三、全球吸食毒品的种类不断增加

这表现在世界市场上的阿片类药物种类越来越多样化;还表现在吸毒者可获得成瘾物质范围进一步扩大,不仅可从非法途径获取,而且可从合法市场转移过来的药物中或作为假冒药品生产的处方药中获取;同时还表现在新精神活性物质(NPS)大幅度增长;最后还表现在吸毒者综合使用药物以及对合成毒品和传统毒品的交叉使用变得更为普遍。

---

〔3〕 UNODC, *Word Drug Report 2017*.

〔4〕 同上。

第二节 吸毒行为的性质及危害

一、吸毒行为的性质

吸毒行为的性质,指的是吸毒行为是违法行为还是犯罪行为或者其他行为,对此,理论界有几种不同的主张。

(一) 中国大陆对吸毒行为的定性

首先,从行为的法律性质看,吸毒行为是直接违反《治安管理处罚法》的违法行为。我国《治安管理处罚法》第七十二条规定:"吸食、注射毒品的行为,处十日以上十五日以下拘留,可并处二千元以下的罚款;情节较轻的,处五日以下拘留或者五百元以下罚款。"其次,不管基于何种原因吸毒,吸毒者特别是吸毒成瘾者其身心健康通常会受到严重损害,从这个角度而言,吸毒者也是受害者,国家应当予以关怀和救助。我国《禁毒法》第三十一条规定:"国家采取各种措施帮助吸毒人员戒除毒瘾,教育和挽救吸毒人员。吸毒成瘾人员应当进行戒毒治疗。"原公安部副部长张新枫受国务院委托,向全国人大常委会所做的《关于〈中华人民共和国禁毒法〉(草案)的说明》中明确指出,《禁毒法》立法的指导原则之一是"教育与救治相结合",并且指出,吸毒人员既是违法者,又是病人和受害者;对吸毒人员要惩罚,更要教育和救治。[5]

总结起来,吸毒行为在中国大陆的性质是违法行为;但从吸毒者的身份来看,具有二重性,一方面他因吸毒是违法者,应当接受行政处罚;另一方面他又是受害者,国家应当本着以人为本的原则,给予必要的关怀和救助,使其早日戒除毒瘾,回归正常的社会生活。

(二) 我国港、澳、台地区对吸毒行为的定性

我国港、澳、台地区的有关禁毒立法均把吸毒行为定性为犯罪行为,但处罚程度不同。香港特别行政区政府颁布的《危险药物条例》第八条规定:"管有危险药物非作贩运用途及危险药物的服用"第一款规定:"除根据及按照本条例,或根据及按照署长根据本条例而发出的许可证外,任何人不得(a)管有危险药物;或(b)吸食、吸服、服食或注射危险药物。"第二款则规定:"任何人违反第一款的任何规定,即属犯罪,可处如下罚则(a)按公诉程序定罪后,可处罚一百万美元,并在符合第54A条的规定下,可处监禁七年;或(b)按简易程序定罪后,可处监禁三年(由一九七九年第六十七号第二条修订;由一九九二年第五十二号第四条修订)"。澳门特别行政区立法会根据《澳门特别行政区基本法》第七十一条(一)项,制定了《禁止不法生产、贩卖和吸食麻醉药品及精神药物》,该法第十四条

---

〔5〕 参见黄太云主编:《中华人民共和国禁毒法解读》,247页,北京,中国法制出版社,2008。

"不法吸食麻醉药物及精神药物"规定："不法吸食表一至表四所列植物、物质或制剂者,处最高三个月徒刑,或科最高六十日罚金"。台湾地区当局于 1955 年 6 月 3 日公布并于 2010 年 12 月 24 日修订的"毒品危害防制条例"第十条第一款规定："使用第一级毒品者,处六个月以上五年以下有期徒刑";第二款规定："使用第二级毒品者,处三年以下有期徒刑"。

（三）域外国家对吸毒行为的定性

其他各国对于吸毒行为性质的立法模式存在差异,一般而言,普遍存在"犯罪说""疾病说"与"出罪说"三种。

1. 吸毒是犯罪行为

一方面,有些国家直接将吸毒行为规定为犯罪,并施以刑罚,如日本、越南、新加坡等国。例如,《日本刑法》第一百三十九条第一款规定,"吸食鸦片烟的,处三年以下有期徒刑。"[6]《越南刑法典》第一百九十九条规定了违法使用麻醉品罪："任何人无论以何种形式违法使用麻醉品,经多次教育并对其采取强制戒毒措施后又继续违法使用麻醉品的,处三个月以上两年以下有期徒刑;对于本罪累犯,处以两年以上五年以下有期徒刑。"[7]新加坡对于吸毒行为的惩罚力度是世界上较为严厉的,法律明确规定对于吸毒者要判处监禁及鞭刑。不过近年来发生一些变化,比如对于滥用大麻和可卡因的人可以不直接审判入狱,初犯者将被送去戒毒;但对于第二次被捕的吸毒者,则采取更加严厉的惩戒措施,判处其五年监禁及三至十二下的鞭刑;对于第三次吸毒而被捕的人,判处其最低五年监禁和三下鞭刑,最高七年监禁和六下鞭刑;若吸毒者出狱后再次使用毒品,将面临最低七年监禁和六下鞭刑,最高十三年监禁和十二下鞭刑。[8]

另一方面,有些国家例如泰国,将吸毒行为规定为犯罪,但是可以用医疗措施代替刑罚。泰国法律规定,如果非法消费毒品的人在逮捕前已经进行了治疗,法律将不予惩罚;瑞士法律规定,如果被告人已经在医疗管理部门进行治疗或同意接受治疗,可以放弃起诉和惩罚。[9]在英国,1971 年《滥用毒品法》将吸毒规定为犯罪,但是,在《拘留变更执行》中规定,吸食者可以选择拘留变更执行方式,到戒毒机构接受治疗。

2. 吸毒是需要强制治疗的疾病

如本书第二章第一节所述,以荷兰为先锋,在一些欧盟国家,他们对服用、持有甚至出售限量软毒品的行为予以允许。在荷兰,以"公共卫生为导向"的政策,将毒品分为"硬毒品"和"软毒品"两类,前者包括海洛因、可卡因、安非他命和 LSD 等,后者包括大麻和哈希什。二十世纪八十年代初期,荷兰允许持有许可证的"咖啡馆"公开出售大麻制品,因

〔6〕 参见张明楷译:《日本刑法典(第二版)》,52 页,北京,法律出版社,2006。

〔7〕 参见米良译:《越南刑法典》,92 页,北京,中国人民公安大学出版社,2005。

〔8〕 参见孙国丽:《论吸毒行为犯罪化》,3 页,载《华东政法大学硕士学位论文》,2012。

〔9〕 参见张莹、王玥:《吸毒行为的法律定性》,5 页,载《中国卫生法制》,2013(7)。

此大麻使用者被视为疾病患者并加以维持治疗。此外,厄瓜多尔的法律也规定,警察有权将正在受毒品影响的可疑人送到精神病院。而在哥斯达黎加,对吸毒者只需进行强制治疗。[10]

3. 吸毒是违法行为

违法行为不同于犯罪行为,它是指不构成刑法上的犯罪,但是构成一般违法且受到行政制裁的行为。一些国家认为,吸毒行为本身只是危害吸毒者自身的健康,并未危害他人因而不具有犯罪的本质——严重的社会危害性的特征,故不应以犯罪处置。然而其虽不构成犯罪,却属于行政违法的行为。例如,依据葡萄牙 2000 年通过的新法律,以个人消费为目的的吸食、持有、获取少量麻醉性和致幻性药品,包括海洛因和可卡因等,都不再被判定为犯罪但却被认定为行政违法行为。这里所谓的以个人消费为目的的,从数量上是指不超过通常情况下一个人十天的剂量。这些国家对吸毒行为的处置模式与我国把吸毒行为当作违法行处置的模式相类似。

二、吸毒行为的危害

在本书第一章第二节"禁毒法制定的目的及根据"中,我们简要地说明了毒品和吸毒对公民身心健康的损害,在本目中,我们则进一步阐明吸毒行为的严重的社会危害性:吸毒既摧残吸毒者的身体健康,又破坏家庭幸福,还严重影响社会治安稳定。

(一) 吸毒严重损害吸毒者身心健康

吸毒行为对吸毒者自身的危害表现为对其生理和心理危害两个方面,即吸毒行为危害吸毒者的身心健康。毒品对吸毒者生理的危害,主要是破坏人体的正常生理机能和免疫系统,特别是对人体最重要的神经、精神、呼吸、心血管、胃肠道以及支气管平滑肌等组织、器官有着显著的毒性作用,即破坏作用。吸毒可引起神经系统的并发症,导致脑栓塞、脑脓肿、肝性脑病、横贯性脊髓炎、周围神经炎等;吸毒可引起精神障碍即精神病,主要表现为威尼克—柯萨可夫脑病、分裂性精神病、急性精神障碍等;吸毒可引起呼吸系统疾病,包括鼻中隔穿孔、咽炎、气管、支气管疾病、急性肺水肿、呼吸抑制、细菌性肺炎、肺结核等;吸毒对人体心血管的损害也非常严重,其中心脏并发症有感染性心内膜炎、中毒性心肌病、心律失常、心包炎等,血管并发症有静脉并发症、动脉并发症、栓塞,包括肺栓塞、肾动脉和脑动脉栓塞(最常见的是肺栓塞)、过敏性门脉血栓静脉炎、坏死性血管炎等;吸毒可造成皮肤感染疾病,包括急性蜂窝织炎和脓肿、皮下脓肿、皮肤坏疽、继发性细菌性手部淋巴性水肿、接触性皮炎合并感染、过敏性皮炎感染等多种皮肤病;吸毒还会引起肾脏并发症,包括急性肾功能衰弱、急性肾小球肾炎、肾病综合征以及肾脓肿等;吸毒会使人体免疫系统受到损害,吸毒者容易感染艾滋病和其他传染性疾病;吸毒还能造成

---

〔10〕 参见万红:《关于我国刑法增设吸毒罪的理性思考》,121~122 页,载《许昌学院学报》,2004(3)。

肌肉、骨、关节疾病，如横肌肉溶解以及骨、关节的感染等；吸毒会使女性吸毒者所生婴儿畸形；由于毒品对呼吸系统的严重抑制作用，过量吸毒还会直接造成吸毒者的死亡等。

　　吸毒不仅危害人的身体，同时也给吸毒者造成心理上或精神上的危害，其主要表现就是使吸毒成瘾者的人格发生深刻变化。由于毒品的抑制作用或兴奋作用，使吸毒者的思维、行为和情绪受到严重影响。对毒品的长期使用则使吸毒者的意志力、注意力、记忆力、耐受力、持久力等受到明显的破坏。同时，对毒品的依赖性使吸毒者丧失工作效率、兴趣、责任感、羞耻感等，产生情绪不稳定、疑心重、敌对感强、偏执、惊恐等现象。也就是说，一个人一旦吸毒，其从事体力和智力劳动的能力将会逐渐削弱，乃至最终完全丧失，更严重的则会导致死亡。英国毒品问题专家研究发现，英国男性毒品成瘾者的自杀率是未成瘾者的两倍。其原因是毒瘾者往往由于生活受挫折，心灰意冷，极度厌世不能自拔，又缺乏坚强的意志，在社会上容易受到嘲笑，在激烈的生存斗争中多为失败者，因此对其前景甚为忧虑，不如一死了事。

（二）破坏家庭和谐，影响青少年健康成长

　　一是吸毒可致倾家荡产。吸毒者特别是吸毒成瘾者的费用是个"无底洞"，普通人家的工资收入根本不能满足吸毒者的需要，即使有一定的经济基础也只能维持一时，不能久远。同时，很多吸毒者为满足毒瘾之需，不惜遗弃老人、出卖子女，以致妻离子散、家破人亡。二是吸毒者的毒瘾会遗传给下一代，吸毒者也会因无力照顾、抚养下一代而导致子女健康受损甚至夭折。南京市曾经发生过吸毒女将两个孩子遗弃在家，致使其被活活饿死的案件。该案中乐某因吸毒与男友李某结识、同居并于 2011 年 1 月、2012 年 3 月，分别生下两个女儿。其男友 2012 年 3 月因贩毒被判刑后，乐某开始单独抚养两个孩子。其间，社区以及亲属给乐某抚养孩子的费用约 5000 元，但乐某将其中约 3000 元用于吸毒、购买香烟、打游戏，1000 元用于购买衣服，仅有 1000 元用来为孩子买食物及婴幼儿用品。不仅如此，案发前乐某因外出吸毒玩乐十余日不归，结果导致两个女儿在家被活活饿死，现场惨不忍睹。2013 年 9 月 18 日南京市中级人民法院一审以故意杀人罪判处吸毒女乐某无期徒刑。[11] 近年来，国内外陆续有父母吸毒成瘾导致婴儿先天性感染毒瘾的报道。"海洛因婴儿"首先是美国人提出的，是指母体滥用海洛因成瘾后，再受孕、妊娠、分娩而得到的婴儿。专家认为"海洛因婴儿"一旦长大，便是一个低智商、残疾的废人。"海洛因婴儿"是吸毒者对下一代负面影响的典型反映。据报道，美国每年出生"海洛因婴儿"约三十万人。2001 年《中国禁毒报告》披露，广东省 2000 年 3 月以来已发现 14 例"海洛因海绵状白质脑病"，占全世界发现病例的一半；江西省南昌市有个"毒品婴儿"宋某某，因其父母都吸毒成瘾，致使宋某某一出生就成为"毒品婴儿"，不得不进行戒毒

---

〔11〕　参见朱国亮等：《南京饿死儿童母亲救助金吸毒玩乐　孩子吃面包》，载《长沙晚报》，2013-9-19。

治疗。[12]

（三）大量吸毒人员的存在败坏了社会风气,影响了社会安定和国家经济发展

一是因吸毒滋生大量其他违法犯罪,危害社会治安。研究资料表明,一些地区的抢劫、抢夺和盗窃案件中有 60% 甚至 80% 是吸毒人员所为。因吸贩毒问题诱发杀人、抢劫、抢夺、盗窃、诈骗、伤害等刑事案件和各类治安案件,在有的县、市、区竟占全部刑事案件和治安案件的 70% 以上。据北京等十个省、市 1999 年不完全统计,由吸毒诱发的杀人、盗窃、抢劫、诈骗、伤害等刑事案件和各类治安案件分别达 2.6 万和 3.8 万余起,成为影响城乡社会治安稳定的重要因素。陕西省 2013 年共查获侵财案件 33067 起,其中吸毒人员侵财案件 5111 起,占 15.46%;抓获侵财案件嫌疑人员 10974 人,其中吸毒人员 1367 人,占 12.46%,吸毒人员年均作案 3.76 起。略举典型案例两个。一是:2008 年 5 月 24 日浙江景宁县发生吸毒人员柳姓男子杀妻案。简要案情是,柳某当夜两次吸毒后,长时间处于迷茫兴奋状态,在幻觉作用下用菜刀将自己妻子砍死。二是:2010 年 5 月 7 日杭州发生毒驾致多人受伤案件。简要案情是,杭州上城区一傅姓男子,驾车前往滨江区的途中停车,因吸食 K 粉,产生幻觉,车辆失控冲进路边小饮食摊,致同伙及无辜路人多人受伤。

二是瘾君子往往寡廉鲜耻,为了能筹集到毒资,除坑蒙拐骗偷吃扒拿外,"以贩养吸""以卖(淫)养吸"是常见之事情,这在危害社会治安的同时也严重地败坏了社会风气。

三是国家每年要花费巨额资金建戒毒所对吸毒人员实行强制戒毒,对不需要强制戒毒的,还要投入大量资金建立社区帮教组织,以帮助吸毒成瘾人员进行社区戒毒,这就分散了国家经济建设资金,影响了国家经济和社会发展。

第三节　中国吸毒行为的现状、特点

一、中国吸毒行为的现状

这个问题分两个方面讲,一方面是我国的吸毒人数有多少? 另一方面是我国吸毒者吸食毒品的种类问题。

（一）我国的吸毒人数有多少?

这似乎是一个尚未有权威结论的问题。对此,可从如下几个方面去思考。

1. 国家禁毒委员会每年公布的数据(官方数据)

国家禁毒委员会自 1989 年开始,先后主要通过发布年度《中国禁毒报告》和《中国毒品形势报告》正式对外公布中国的禁毒情况。根据这两个报告,我国的吸毒人数每年均

---

〔12〕　中国国家禁毒委员会办公室:《中国禁毒报告》,2001 年。

有不同程度的增长,其中 2012 年 、2013 年、2014 年、2015 年、2016 年、2017 年吸毒的增长人数分别为:30.5 万,36.5 万,46.3 万,53.1 万,44.5 万,53.1 万名。这样,至 2017 年年底,我国吸毒人员总数为 234.5 万名(不含三年戒断未发现复吸人数、死亡人数和离境人数)。

2. 国际卫生组织的测算模型

这一测算模型指出,一个显性吸毒者背后大约有十个隐性吸毒者尚未被计算,即显性吸毒者和隐性吸毒者的比例是 1∶10。该测算模型的理论依据是流行病研究中的传染模型。若按照这一测算模型,我国的吸毒人数总数将达到 2300 多万名。

3. 英国 1999 年对毒品进行全国调查的方法

这个调查方法指出,一个显性吸毒者背后大约有四至五个隐性吸毒者尚未被计算,即显性吸毒者和隐性吸毒者的比例是 1∶4 或 1∶5。如按照这一计算方法,我国吸毒人数总数在 900 万至 1200 万名之间。

4. 我国学者的探索

为弄清楚中国吸毒人员的真实底数,我国学者也作出许多有益的探索。例如,北京大学教授邱泽隆组织的研究团队于 2001 年分别对吸毒问题比较典型的云南省昆明市和浙江省乐清市进行调查,采取对十四岁至六十九岁年龄阶段人口进行随机抽样(有效样本量在 80% 以上)、样本人口的尿检以及样本人口用药习惯问卷调查等办法,对吸毒人口的数量进行测算。其结论是:就昆明和乐清两地而言,一个登记在册的吸毒者背后大约有 0.5 个左右的隐性吸毒者;若置于全国,则一个登记在册的吸毒者背后大约有两个隐性吸毒者,即显性吸毒者与隐性吸毒者的比例是 1∶2。按照以上计算方法,我国吸毒人口总数大约 470 万名。

然而,不管用何种方法对吸毒人口进行测算,我国每年新增大量吸毒人口这一基本事实没有改变;我国吸毒人口总数在世界上排名较前这一状况没有改变。

(二)我国吸毒者吸食毒品的种类

年度《中国禁毒报告》和《中国毒品形势报告》表明,在 2013 年以前,尽管吸食合成毒品的占比已经逐步呈上升的趋势,但吸食海洛因等传统毒品的仍占多数。然而,2014 年至今,吸毒者吸毒种类的比例则倒过来了:即吸食合成毒品占了多数,而吸食海洛因等阿片类毒品则占少数。在全国 234.5 万名吸毒者中,吸食海洛因等阿片类毒品人数为 98 万名,占 41.8%;吸食合成毒品人数为 134 万名,占 57.1%;吸食其他毒品人数 2.5 万名,占 1.1%。[13]

二、中国吸毒行为的特点

概括起来,我国吸毒行为的特点有三个:

---

〔13〕 中国国家禁毒委员会办公室:《2017 年中国毒品形势报告》。

（1）吸食合成毒品的比例不断上升。根据国家食品药品监督管理局发布的《药物滥用监测报告》，自 2005 年以来，全国吸食海洛因的比例持续下降，而吸食冰毒的比例持续增长，这表明我国吸食传统毒品的现象得到一定遏制，但吸食合成毒品情况突出。[14] 在 2017 年新发现的 53.1 万名吸毒人员中，吸食阿片类毒品的占 17.4%，其中吸食海洛因人员占 14.6%；吸食合成毒品人员占 80.5%，其中吸食冰毒等苯丙胺类人员占 73.2%；吸食其他毒品人员占 2.1%。

（2）"三个全覆盖"。总体上吸毒人员覆盖不同年龄阶段，覆盖不同文化程度，覆盖不同职业群体。

（3）吸毒人员低龄化特征明显。在全国现有 234.5 万吸毒人员中，不满十八岁的有 4.3 万人，占 1.8%；十八岁至三十五岁的有 142.2 万人，占 60.6%；三十六岁至五十九岁的有 87 万人，占 37.1%；六十岁以上的有 1.1 万人，占 0.5%。

（4）吸毒人员多元化特征突出。在明确登记职业信息的吸毒人员中，无业人员占 69.5%，农民占 17.3%，个体经营者占 3.4%，自由职业者占 3.2%，职员占 1%，学生占 0.5%，专业技术人员、企业管理人员、公职人员、演艺界明星占 0.4%。

（5）因吸毒引起的抢劫、盗窃、自伤自残、暴力伤害、驾车肇祸等案件不断增多，对社会治安和公共安全造成严重威胁。[15]

第四节　吸毒成瘾认定

一、吸毒成瘾和吸毒成瘾认定概念

（一）吸毒成瘾的概念

通常，吸毒者从其吸毒到出现成瘾症状是一个过程。根据 2011 年 4 月 1 日以公安部、卫生部令颁布的《吸毒成瘾认定办法》第二条规定，所谓吸毒成瘾，是指吸毒人员因反复使用毒品而导致的慢性复发性脑病，表现为不顾不良后果、强迫性寻求及使用毒品的行为，同时伴有不同程度的个人健康及社会功能损害。2016 年 11 月 22 日公安部部长办公会议通过了《关于修改〈吸毒成瘾认定办法〉的决定》，该决定并经国家卫生和计划委员会同意，自 2017 年 4 月 1 日起施行。修订后的我国《吸毒成瘾认定办法》基本保留了原有的"吸毒成瘾"概念的内容，仅对其中的"同时"修改为"常"。据此，所谓吸毒成瘾，是指吸毒人员反复使用毒品而导致的慢性复发性脑病，表现为不顾不良后果、强迫性寻求及使用毒品的行为，常伴有不同程度的个人健康及社会功能损害。

---

[14] 刘建宏：《新禁毒全书（第三卷）》，33 页，北京，人民出版社，2014。
[15] 中国国家禁毒委员会办公室：《2017 年中国毒品形势报告》。

研究表明,吸毒成瘾是一个涉及遗传、生理、环境和社会等因素的复杂脑疾病,这是一种慢性复发性脑疾病。其基本特征是吸毒成瘾者会不惜一切代价去觅药并长期保持着这一行为。一旦吸毒成瘾,临床上几乎没有有效的治疗方法,大多数人在短期间内就会复吸,复吸率达 95% 以上。[16]

（二）吸毒成瘾认定概念

修订后的《吸毒成瘾认定办法》第三条规定,所谓吸毒成瘾认定,是指公安机关或者其委托的戒毒医疗机构通过对吸毒人员进行人体生物样本检测、收集其吸毒的证据或者根据其生理、心理、精神的症状、体征等情况,判断其是否成瘾以及是否成瘾严重的工作。根据这一规定,吸毒成瘾认定概念包括了三方面内容:(1)认定主体。即吸毒成瘾认定的主体只能是公安机关或者其委托的戒毒医疗机构。这里所说的公安机关,包括各级公安机关;这里所说的戒毒医疗机构,是指符合《医疗服务管理暂行办法》规定的专科戒毒医院和设有戒毒治疗科室的其他医疗机构。(2)认定对象。即吸毒成瘾认定的对象只能是吸毒人员。(3)认定工作的内容及步骤。即第一步,先对吸毒人员进行生物样本检测,以确定其吸毒;第二步,根据吸毒者生理、心理、精神症状、体征等情况,判断其是否成瘾及成瘾的严重程度。

二、吸毒成瘾认定的程序

（一）公安机关自身认定的程序

修订后的《吸毒成瘾认定办法》第六条规定:"公安机关认定吸毒成瘾,应当由两名以上人民警察进行,并在作出人体生物样本检测结论的二十四小时内提出认定意见,由认定人员签名,经所在单位负责人审核,加盖所在单位印章";第九条规定:"公安机关在吸毒成瘾认定过程中实施人体生物样本检测,依照公安部制定的《吸毒检测程序规定》的有关规定执行。"

（二）公安机关委托戒毒医疗机构认定的程序

修订后《吸毒成瘾认定办法》第十一条规定:"公安机关委托戒毒医疗机构进行吸毒成瘾认定的,应当在吸毒人员末次吸毒的七十二小时内予以委托并提交委托函。超过七十二小时委托的,戒毒医疗机构可以不予受理";第十二条规定:"承担吸毒成瘾认定工作的戒毒医疗机构及其医务工作人员,应当按照《戒毒医疗服务管理暂行办法》的有关规定进行吸毒成瘾认定工作";第十三条规定:"戒毒医疗机构认定吸毒成瘾,应当由两名承担吸毒成瘾认定工作的医师进行。"

---

〔16〕 刘建宏:《新禁毒全书(第一卷)》,64、73 页,北京,人民出版社,2014。

三、吸毒成瘾认定的资格

(一) 公安机关自身认定的资格

修订后的《吸毒成瘾认定办法》第十条规定:"公安机关承担吸毒成瘾认定工作的人民警察,应当同时具备以下条件:(1)具有二级警员以上警衔及两年以上相关执法工作经历;(2)经省级公安机关、卫生计生行政部门培训并考核合格。"

(二) 公安机关委托戒毒医疗机构认定的资格

修订后的《吸毒成瘾认定办法》第十四条规定:"承担吸毒成瘾认定工作的医师,应当同时具备以下条件:(1)符合《戒毒医疗服务管理暂行办法》的有关规定;(2)从事戒毒医疗工作不少于三年;(3)具有中级以上专业技术任职资格。"

四、吸毒成瘾及吸毒成瘾严重的认定标准

(一) 吸毒成瘾的认定标准

根据修订后的《吸毒成瘾认定办法》第七条规定,吸毒人员同时具备下列情形的,公安机关认定其为吸毒成瘾:(1)经人体生物样本检测证明其体内含有毒品成分的;(2)有证据证明其有使用毒品行为;(3)有戒断症状或者有证据证明吸毒史,包括曾经因使用毒品被公安机关查处、曾经进行自愿戒毒、人体毛发样品检测出毒品成分等情形。

(二) 吸毒成瘾严重的认定标准

根据修订后的《吸毒成瘾认定办法》第八条规定,吸毒人员具有下列情形之一的,公安机关认定其为吸毒成瘾严重:(1)曾经被责令社区戒毒强制隔离戒毒(含《禁毒法》实施以前被强制戒毒或者劳教戒毒)、社区康复或者参加过戒毒药物治疗,再次吸食、注射毒品的;(2)有证据证明其采取注射的方式使用毒品或者至少三次使用累计涉及两类以上毒品的;(3)有证据证明其使用毒品后伴有聚众淫乱、自伤自残或者暴力侵犯他人人身或者妨害公共安全等行为的。

第五节　我国吸毒行为的原因分析

关于吸毒的成因,目前有四种学说被认同,分别是条件反射说、酶扩展理论、受体假说、神经介质假说。总体而言,这四种学说均认为吸毒会使人身心产生某种快感或需求,而一旦停止满足这种需求便会引起戒断反应。吸毒者为了追求这些满足和快感,便会竭力避免断药反应的发生,因而,便产生了强行定期吸毒的行为。

1. 条件反射说

条件反射说认为,成瘾的毒品会直接刺激到人的神经系统,继而使其不断得到兴奋、愉快的体验,并且可以抛开现实生活,忘记工作中的烦恼。这种持续的体验,不断强化了通过这种行为获得感受的结果。反之,若中断吸食毒品,会使人产生痛苦的体验与强烈的渴药性,而每产生一次戒断体验,就会给人以不堪痛苦的负性强化感受。条件反射假说对于复吸的原因也有一定的解释。就是说,吸毒者经治疗回到原来吸毒的环境后,若见到毒品或者吸毒的工具,都可能触景生情,产生渴求毒品的感觉。因而,吸毒者能否摆脱心理依赖,获得心理康复,是戒毒能否成功的关键。[17]

2. 酶扩展理论

酶扩展理论是指四个相互关联的生理过程。神经递质的合成受酶的控制,反过来,酶的合成又受神经递质水平的负反馈控制。首先,当某药物抑制酶的合成时,那么,就会使神经递质的合成减少,继而,这种抑制会使酶的合成提高到用药前的水平,增加了用药需求。例如,阿片类毒品会抑制酶蛋白的合成,进而导致神经递质水平减低,而后者则增加酶蛋白的合成,使之恢复原有水平。随着这种交互作用的继续,机体就需要更多的阿片类药物去抑制酶蛋白的合成增加,这就形成对阿片类药物的耐受性。[18]

3. 受体假说

科研人员在动物和人脑脊液中发现了特异性的阿片受体及内源性阿片类物质内啡肽。由于受体被毒品占据,引起神经适应性改变,从而产生躯体依赖性。当毒品在受体部位浓度降低、撤除或置换后,便会出现戒断综合征。[19]

4. 神经介质假说

研究表明,神经介质中去甲肾上腺素对多巴胺具有最大行为增强作用,用去甲肾上腺素拮抗剂则可抵消其增强作用。阿片类毒品可抑制神经元的活性,鸦片解除后便会产生以交感神经亢进为主的戒断反应。[20]

以下结合上述四种学说分析我国吸毒行为的原因:

一、初次吸毒原因分析

1. 社会因素解析

初次吸毒行为作为一种严重的社会越轨行为的开端,它从广度上讲有个人的、家庭的、社会的原因,而从深度上讲又与价值观、家庭教育、社会控制机制等有密不可分的关

---

〔17〕 杨良主编:《海洛因的毒性及危害——海洛因依赖毒理学基础与临床病理研究》,42~45页,北京,中国医药科技出版社,1998。

〔18〕 马俊岭、郭海英、潘燕君:《毒品的危害及戒毒方法》,92页,载《淮海医药》,2010(1)。

〔19〕 马雪琴、金志刚、胡德荣:《珍爱生命拒绝毒品》,45~50页,载《首都师范大学学报(自然科学版)》,2003(24)。

〔20〕 马俊岭、郭海英、潘燕君:《毒品的危害及戒毒方法》,92页,载《淮海医药》,2010(1)。

系。自二十世纪八十年代改革开放以来,中国社会步入转型时期,人们的物质生活有了极大的提高。社会转型意味着急剧的社会变迁,整个社会从传统社会向现代社会过渡,从相对静止、相对封闭、相对有序的社会向相对变动、相对开放、相对无序的社会过渡,这种变动和无序当然也反映在价值观和文化氛围方面。包括吸毒行为在内的越轨行为可以说也直接或间接地受到不良的思想意识、价值观念及生活方式的影响。社会变迁所带来的文化冲突和社会文化的不平衡发展势必导致社会价值观念的紊乱。较长的一个时期以来,社会的价值观开始出现了从重视社会本位、轻个人本位,重精神而轻物质的取向走到了另一个极端的倾向,这自然导致一些人的行为失去准则;另外,社会转型时期社会控制力也会随之弱化。正如有学者指出,计划经济时期建立的社会控制机制失调或弱化,而新的控制机制的形成并发生作用则有待时间,此种新旧交替期间的失调失序,造成了社会控制力的弱化。在此种情况下,社会便孕育出一种假性"宽容"的氛围,这种"宽容"的氛围一方面促进现代人个性的张扬;另一方面也助长了人们在行为选择上的一些无序现象,如偏激行为、自恋行为等,这对一些人头脑中的非理性、唯我主义、颓废的虚无主义等思想的形成产生了很大的影响。以上这些正是导致行为人初次吸毒不可忽略的社会因素。

从社会学的角度来看,社会控制分为内在控制和外在控制。内在控制,即我们常说的内化(internalization),是指某个人对群体或社会规范的认同。一旦社会规范的内化成功,一个人通常会继续遵守它,从而产生自制。即是说,对社会规范的成功内化使人们自制。例如,在对待吸毒的问题上,对社会规范成功内化的人一般会自觉地拒绝吸毒,这不是因为他们惧怕被拘捕,而是因为他们相信吸毒是错误的,是对自己、家人不负责任的行为,他们的责任心充当了社会控制的内部控制机制。相反,吸毒者个人在初次吸毒行为发生前或发生时缺乏这种必要的内在控制,或者说社会规范在他们那里没有得到明确的认同。所谓外在控制则是指一切社会的规范(法律)对个人设置的一种限制。外在控制具有一定程度的强制性,它要求个人必须接受控制者提出的行为模式。这就是说,社会控制越强,个人便越不敢违反社会规范,其吸毒可能性越小;反之,社会控制越弱,个人便越敢于违反社会规范,其吸毒可能性就越大。这里,有必要提及外在控制中的非正式的社会控制机制。非正式的社会控制机制(informal mechanism of social control)是指日常生活中对我们产生影响的机制,如来自家人、朋友或同事等正向影响。如果这个机制对个体的影响越大,那么,个体吸毒可能性越小;反之个体吸毒可能性越大。从实践来看,吸毒者初次吸毒时的毒品大都是通过初级群体中的同伴而获得。换句话说,初次吸毒者个体在同伴群体中获得毒品的事实,是对其吸毒行为的鼓励和支持。这表明,在初次吸毒者周围,非正式的社会控制对吸毒行为的否定性评价减弱了或者是不存在了。

2. 个性、人格研究

由于吸食毒品后的快感能持续一段时间,当药效失效后,吸食者这种快感需求就变得强烈,这就是吸毒者定期服毒的渴求,人们习惯称为吸毒心理成瘾。研究表明,吸毒者的心理成瘾这种脑疾病,可能与吸食者的人格有关。为什么这么说呢? 因为人格是一个人与其他人相区别的特质或心理特征。学者谢久明等认为,吸毒者具有冲动、自私、自控能力差等精神综合征和人格分裂的许多心理特征,他们对人和社会缺乏关注和热情,并借助毒品来逃避现实,以获得情感上的依赖并极易形成"依附性人格"。学者周朝当则认为,吸毒人群的人格特征主要体现在"吸毒者人格"上,主要表现为固执、武断、热情、敏感、缺乏现实感等特质,同时伴有认知功能的衰退。另一学者尹利民调查青少年吸毒成因时发现,青少年不良的心理倾向,个体个性心理失衡是导致其吸毒的重要原因。学者刘晖等人对我国女性吸毒者进行调查时发现,我国女性吸毒具有被动性特点,常常依赖另一名男子吸毒或者卖淫,这可能与女性个性的弱点、心理特征、文化素质及社会环境有关。因此,吸毒行为的产生除了与自然环境、社会背景、国际气候等客观因素有关外,吸毒者特有的个性、意志、情感等主观因素也是导致其违法行为的重要原因。[21]

3. 家庭环境特殊性影响

美国著名学者沙利文(Harry Stack Sullivan)认为,人们是在社会情境中发展自己的人格的,没有周围的人,人类就不会有人格。他把人类个体的成长从婴儿期到成年期分为了七个阶段,其中每一个阶段均与来自家庭、来自父母的影响密切相关。这就是说,来自家庭的道德教育、知识传承、亲情氛围以及家庭的生活状况等因素都会对个体成长起着举足轻重的作用并产生伴随终身的重要影响。进一步说,正向积极的家庭环境能够给个体提供一个健康成长的温床,而不良的家庭环境与教育方式则会使青少年变得内向、孤僻、脆弱、固执、逆反、易焦虑。研究表明,家庭因素是行为人首次吸毒的主要原因之一,故提出家庭内的负性情感、低亲密度、高矛盾性、高控制性等家庭环境的缺陷是造成青少年心理问题、障碍与吸毒的主要因素,明确提出偏离社会常模的家庭教育是导致青少年吸毒的危险因子之一。学者韩丹认为,"身处问题家庭及家庭教育问题"是走上吸毒道路的社会因素之一。学者何志雄认为,家庭教育失败和家庭成员不良关系增加了吸毒的可能性。[22] 学者蓝李焰认为,初次吸毒的社会原因从深层次上讲与家庭教育有着密切的关系。[23] 学者张婷等人对女性吸毒人员进行家庭调查时发现,女性吸毒人员的父母在对其女儿的关心、理解、鼓励、信任和积极的引导方面尤其匮乏,对女儿缺乏关注、爱心和肯定,他们更多地表现出忽视、冷漠、独裁、苛求和过分袒护的态度,而这种不当的教养方式使吸毒女性更多的体验了无助感、不安全感和孤独感。由于我国女性在情感上固有的依附性以及受我国历来传统文化的影响,婚姻和感情的问题是引发女性情感缺失、情绪悲观甚至冲动而走上吸毒道路的重要因素。学者缪丽珺等人在对男性吸毒家庭调查时

---

〔21〕 朱晓东、陶丽丽、窦正毅:《社会心理学视角下我国吸毒者吸毒成因问题综述》,697 页,载《中国卫生事业管理》,2014(9)。

〔22〕 何志雄:《对吸毒原因的调查与分析》,20 页,载《中国药物滥用防治》,2004(1)。

〔23〕 蓝李焰:《吸毒者初次行为原因探析——以成都市一家脱瘾康复医院的实证调查研究为例》,54 页,载《社会》,2003(9)。

发现,男性吸毒者父母过度的偏爱和对其采取拒绝否认的教育方法可能是导致其吸毒的原因。学者刘玉梅在对海南省吸毒青少年家庭调查时发现,吸毒青少年家庭成员自尊、自信、自主程度低,成功期望值不高,由此认为不良的家庭环境是青少年吸毒的重要原因。总之,家庭环境对个体性格的形成及发展成长在一定程度上起着定型定性的作用,众多学者均认为不管是初次吸毒还是复吸,家庭因素在其中起着不容忽视的作用。

二、复吸原因探讨

复吸在医学上又称药物滥用的复发。复吸一般是指吸毒者在戒断毒瘾之后重新吸毒的行为。目前,关于复吸尚无被公认的概念和定义,判断复吸的标准也不尽相同。目前存在以下几种典型观点:(1)有的学者提出,复吸是一个孤立的事件,只要阿片类药物依赖者经戒毒治疗后于某个时刻重复滥用即为复吸;(2)有的学者认为,复吸是过程而不是事件,只有重新用药达到一定程度,再次产生依赖性或再度出现原先药物滥用后果,在这种情况下才视为复吸;(3)也有的学者认为,复吸包括重复依赖、用药频率和用药量与戒毒前相同并再次到戒毒机构接受治疗;(4)也有的学者从使用药物的合法性和滥用形式的角度出发,将复吸定义为戒毒治疗后使用治疗前曾经滥用的药物,非医疗目的使用某种或某些替代药物;等等。因此,对于复吸的判断标准,应结合重新使用药物的时间、频率、药物种类、用药方式、用药量等多方面的因素进行考虑。

初次吸毒的原因同样适用于对于复吸原因的分析。但与初次染毒原因有所不同的是,由于毒品的毒理作用和个体在吸毒行为延续过程中社会背景的变化,导致复吸的原因进一步复杂化。鉴于阿片类药物的成瘾性在理论上和现实中都非常典型,以下主要分析海洛因以及其他阿片类毒品成瘾者戒断后复吸的原因。

(一) 复吸原因的一般分析

导致复吸的原因是复杂的,既有多个方面因素的综合作用,也有存在于个体之间的差异,既有主观的、个体方面的原因,也有客观的、共性方面的原因。从一般分析的角度而言,吸毒成瘾者在戒毒后重新使用毒品的原因包括以下三个方面:

第一,毒品的损害或吸毒的后果。吸毒成瘾者虽然经历了一定时间的戒毒治疗,但由于毒品对于吸毒者生理和心理的巨大破坏作用,使吸毒者在康复的过程中普遍地在客观上面临着障碍,这主要是心理依赖性、迁延性戒断症状和吸毒者产生的人格变异,这些因素是可能导致复吸的内在的因素。

第二,戒毒的态度、动机和效果等。吸毒者在上一次戒毒的动机和决心对于戒毒效果具有重要影响,而戒毒效果对于是否复吸具有直接的影响。同时,戒毒的模式、方法对于是否复吸也具有重要的影响,这包括戒毒的期限是否合理、药物使用是否得当、戒毒机构的管理是否严格以及有关工作人员的素质和态度等复杂因素。

第三,不可忽视的社会因素的影响。由于吸毒者在经过一段较长时间的吸毒、戒毒以及接受法律处分之后,不可避免地经历了若干个人能力、条件的丧失,加之毒品和吸毒行为所带来的生理和心理障碍在短期内无法克服,因此吸毒者在康复和回归社会的过程中势必面临多方面的困难和不利境遇。尤其严重的是,吸毒者在经过封闭的治疗之后,又将重新面临一个开放的环境,摆脱毒品和其他吸毒者的诱惑需要相当大的决心和毅力。这些外在的因素对于复吸率无疑具有重要的影响。

(二) 复吸的原因要素分析

与复吸相关的因素复杂多样,不少因素互相影响或互相重叠。本书根据医学界、犯罪学界部分专家、学者的相关研究成果,对于导致复吸的主要原因要素作进一步分析。

1. 对毒品的心理依赖和渴求药物依赖性

首先,行为人对毒品的心理依赖和渴求药物依赖性是遏制吸毒现象、减少吸毒行为的关键性障碍。药物依赖性在不同的阶段有不同的表现。在吸毒成瘾期间,由于药物依赖性和药物耐受性同步演进,生理依赖和精神依赖综合作用,吸毒者只有反复维持药物摄入才能避免出现不良反应;在急性脱瘾期,停药后吸毒者会出现剧烈的生理反应;在脱毒之后,对毒品的心理依赖或"渴求"将在相当长的一段时间内扮演着重要的角色,并成为导致药物依赖者复吸的最重要因素之一。

海洛因属"高强度致依赖毒品",被称为"硬性毒品之王",具有强烈、神秘的精神效应,能够形成顽固的心理依赖。由于海洛因在使用初期可以在心理上产生欣快感和舒适感,即具有产生特殊心理效应的"正性强化作用",使吸毒者对海洛因产生向往和追求的愿望,并产生反复用药的强烈的渴求心理和强迫用药行为,以致形成精神依赖或心理依赖(心理依赖在实践中又称"渴求""心瘾""想瘾",这既是一种强烈的内心冲动,也是一种慢性病态。它不仅在吸毒成瘾期间强烈地驱使吸毒者反复、不断地摄入毒品,而且,心理依赖可以延续相当长的时间)。在经过戒毒治疗之后,即使生理依赖已经不存在或不明显,但戒毒者仍然向往以前吸毒所产生的欣快感。因此,心理依赖使个体的吸毒行为具有长期性,有些吸毒者甚至可能维持终生或至死亡。而且,心理依赖极易导致戒毒者为觅求欣快感而复吸。此外,条件反射学说及其试验说明,条件反射性因素对于复吸也具有一定的影响。吸毒者经治疗回到原来吸毒的环境后,如果见到毒品或者吸毒用具,或见到吸食或者注射毒品的情景,都可能使之产生渴求感,甚至见到吸烟、注射都会使之联想到以前吸毒的情形和感受。有些研究还表明,安眠药物可以引起阿片类药物的复吸,饮酒常可以引起可卡因依赖的复发。据了解,在戒毒场所内有许多戒毒者不仅吸烟,而且烟量非常大,从某种角度说,这是其缓解心理渴求的一种表现。吸毒条件反射因素的存在进一步证明了"心瘾"是客观存在的。从毒理和药理学原理看,解决吸毒者的生理依赖并非一个尖端的问题,一般不需要复杂的技术和手段,关键是从人道主义的角度出发减少戒断的痛苦,探讨更加快速、有效、危险性较小的方法和药物,并避免强烈的戒断症状危及吸毒者的生命。但是,消除心理依赖和吸毒者的心理康复却是一个世界性的难题,不仅吸毒者本人无力克服,现代技术手段和药物对此也束手无策。因此,吸毒者是否能够摆脱心理依赖、获得心理康复,是戒毒能否成功的关键和重点所在。许多吸毒成瘾者将心理依赖形象地描述为"易戒难守""一朝吸毒,十年戒毒,终生想毒"。在现实中,由于吸毒者在戒断之后留恋曾经的吸毒体验,或者因受到外部因素的刺激而仍希望追求快感体验并借此获得解脱,所以,大量的吸毒者又重新吸食毒品。

2. 迁延性戒断症状

迁延性戒断症状,又称稽延性戒断症状或稽延症状,是药物依赖者对毒品依赖性延续的表现,是戒毒者在阿片依赖戒断后所普遍存在的神经内分泌和其他生理、生化的紊乱和代谢障碍。阿片类药物,尤其是海洛因的强烈、快速的成瘾性是上千年以来一直困扰人类的一个难题。直至今日,国外科学家对于阿片类药物的成瘾性取得了重大突破,证实了人体内存在阿片受体,并发现了内源性阿片样多肽作用于阿片受体并通过多种神经内分泌机制调节体内多个系统功能。吸毒者摄入的大量外源性阿片类药物作用于肌体,由此产生了药物依赖性和药物耐受性。一旦中止用药,机体反复连续用药之后形成的适应状态和肌体的正常功能被破坏,出现难以忍受的临床戒断症状,即戒断综合征。这种症状一般可以自行缓解或自愈,大部分症状在数天内可以消失。

许多依赖者在急性戒断综合征消退之后,由于肌体各系统恢复过程不均衡,普遍地出现顽固性失眠和骨、关节、肌肉疼痛等非常典型的症状,也出现其他较普遍的症状,包括食欲低下、浑身无力、易出汗、忽冷忽热以及胸闷、怕冷等生理反应,有的学者认为戒断症状还包括心慌、感觉过敏、烦躁、易激怒、情绪恶劣等表现,且可持续达数月甚至数年之久。这些症状的存在,不仅影响滥用者的功能恢复,更有相当一部分人因此而故态复萌,导致复吸。有的吸毒者认为自己毒瘾没有戒断,甚至认为毒瘾根本无法戒断,有的为缓解痛苦而重新吸毒,结果致使前功尽弃,"一口还原"。

3. 戒毒动机和戒毒决心

吸毒者是否具有纯正的戒毒动机和充分的戒毒决心,是能否成功戒毒、防止复吸的关键的内在原因和个体原因。国外的研究一再表明,吸毒者戒毒的决心大小对是否复吸有很大影响。比如,不少依赖者在求治或被迫治疗时,内心所定的目标并不是彻底戒断,而是希望减少用量、恢复身体状况。因此,这些人治疗后的复吸率自然会高于那些确实有戒除愿望且希望彻底摆脱的依赖者。戒毒动机不纯不仅可以导致戒毒不彻底或失败,而且,由于吸毒者对于毒品的迷恋和对于毒品的危害缺乏必要的认识,易于导致治疗后很快复吸。因此,戒毒动机不纯是复吸的一个重要原因要素。有关调查表明,戒毒人员的戒毒动机是非常复杂的,有相当一部分吸毒者戒毒的动机不纯正。这主要包括以下几种情况:由于毒资入不敷出或者失去毒品来源,无法维持毒品摄入,为暂时摆脱毒瘾和避免出现痛苦的戒断症状,无奈进行戒毒;由于长期吸毒体质衰弱,甚至疾病缠身,为"保命"而暂时放弃吸毒;为逃避法律追究如拘留、罚款而戒毒;在亲友或单位的压力下被迫戒毒;为应付某些急迫事项如就业、出国而不得已戒毒;等等。这部分戒毒者复吸的可能性势必大于戒毒目的纯正的戒毒者。因此,吸毒者的戒毒动机和决心对于复吸的作用就更值得研究,尤其是需要经过教育改造和治疗使其树立对毒品的正确态度。

4. 吸毒者的心理变异和人格改变

国外学者的大量研究表明,心理失调或心理变态是海洛因依赖者最为常见的人格特征,包括人格异常、情感障碍和思维障碍。其中,海洛因依赖者的抑郁、焦虑等神经症表现显著高于一般人群,是其人格特征的主要表现;一些人具有偏执型或分裂型人格的特征,不能很好地适应环境和建立良好的人际关系,易出现紧张、多疑、抱怨、逃避等变态心理,出现退缩性防御或逃避现实、以自我为中心、自卑感和无能感。而且,还具有行为轻率、缺乏自我控制能力和认知能力、情绪不稳定、缺乏责任感等人格特征。海洛因依赖者的情绪障碍是复吸率增高的一个重要因素。据研究和调查证实,阿片类药物依赖者在戒毒后存在的心理障碍和负性情感经历往往是复吸的"引线"。从吸毒者的情绪状态来看,吸毒者中抑郁症的现患率及既往患病率均高于一般人群,未达到临床水平的情绪障碍更是较为多见。因此,应有针对性地进行药物或社会心理干预。

5. 社会因素的负面影响

"粉友"或"毒友"的拉拢和诱惑,地下毒品黑市的存在,家庭成员或其他人不理解、不支持甚至歧视,以及监督、服务、保障体系不发达等一系列的原因对于降低复吸率具有消极的影响。这些社会的外部的因素与个体的、内部的因素交互左右,往往使吸毒者在回到社会上之后不仅得不到有力、有效的监督和帮助,反而面临社会压力,加剧了其人格缺陷和负性情绪,刺激其对毒品的渴求,增加了其在心理康复过程中的困难和障碍。同伴压力和家庭环境是两个重要的影响因素,在特定条件下或对特定个体而言,对于复吸起着关键的作用。依赖者原先所属的同伴群体对依赖者的影响也不可低估。从吸毒者处理困境的技巧来看,由于复吸大多发生在一些特定情境之中,如果训练个体在特定情境及同伴压力之下能够自持,或能坚定有效地拒绝他人的影响,那就为其保持操守奠定了基础。国外有些预防项目的重点就是训练人们在关键时刻能够说"不"。许多人称,自己一回到原先的一伙人中,便难以抵御同伴的劝说和引诱,禁不住"再来一口",从而再陷泥潭。而一些成功的事例也说明,要想在较长时间内不复吸,斩断与原先小圈子的联系、重建人际关系及社交网是重要的一环。有的戒毒者的家庭中有人仍在滥用药物,或原有的家庭互动模式仍然存在,或原来的同伴继续鼓励、怂恿其饮酒或吸毒,这些诱因都可能促使复吸的发生。

第六节　我国对吸毒行为的防治

我国历来对吸毒违法问题高度重视,从多方面采取措施加以防治。本书从以下六个方面加以阐述:

一、实行"重嫌必检"

所谓"重嫌必检",是指公安机关对于重点违法犯罪嫌疑人必须进行吸毒检测。实施这一举措的背景和目的是:受国际毒潮持续泛滥和国内多种因素影响,我国毒品问题已进入加速蔓延期,全国登记在册的吸毒人数持续增长,大量隐性吸毒人员活跃于社会,给社会治安稳定带来极大隐患。特别是近年来,吸毒人员引发的抢劫、盗窃、交通肇事等刑事案件数量激增,自伤自残、暴力杀人等极端事件时有发生,严重影响人民群众的安全感。因此,为最大限度地提高公安机关主动发现吸毒人员的能力,最大限度地把隐性吸毒人员纳入管控视线,有效减少毒品社会危害,切实维护社会和谐稳定,必须要对重点违法犯罪嫌疑人进行吸毒检测。[24]

公安部为此于 2015 年颁布了《关于加强重点违法犯罪嫌疑人员吸毒检测工作的通知》。根据该通知的指示精神,各级公安机关在日常执法办案工作中,要加强对涉嫌吸毒人员的排查发现工作,重点要注意排查发现以下七类涉嫌吸毒的重点违法犯罪嫌疑人员:(1)涉毒违法犯罪前科人员、涉毒违法犯罪嫌疑人员;(2)盗窃、抢劫、抢夺、敲诈勒索违法犯罪嫌疑人员;(3)涉黄涉赌违法犯罪嫌疑人员;(4)寻衅滋事、聚众斗殴违法犯罪嫌疑人员;(5)故意杀人、故意伤害致人重伤或者死亡、强奸、抢劫、绑架、放火、爆炸、投毒等犯罪嫌疑人员;(6)危险驾驶、交通肇事犯罪嫌疑人员;(7)群众举报吸毒或者公安机关认为有吸毒检测必要的其他人员。

开展重点违法犯罪嫌疑人吸毒检测工作,是公安机关排查和发现吸毒人员的重要手段,对于预防毒品违法犯罪活动,减少毒品危害具有重大意义。

二、对吸毒人员进行登记、注册

对吸毒人员进行登记、注册,其目的有二:(1)为了准确掌握全国吸毒人员的状况;(2)进一步加强对吸毒人员的动态管控。在此基础上,为了规范对吸毒人员的登记工作,公安部根据《禁毒法》等有关法律法规,于 2009 年 7 月 15 日颁布了《吸毒人员登记办法》。

《吸毒人员登记办法》第二条第一款规定,吸毒人员登记,是指公安机关、司法行政部门对吸毒人员自然状况、吸毒情况、处理情况、戒毒治疗情况及其变更情况等加以记载或管理的活动。该条第二款规定,公安机关应当对登记的吸毒人员建立工作台账,并将登记信息录入"全国禁毒信息系统",实行信息管理。第三条规定,对下列吸毒人员应当进行登记:(1)主动到公安机关进行登记的吸毒人员;(2)公安机关发现和采取戒毒措施的吸毒人员;(3)司法行政部门管理的场所执行戒毒措施、刑罚以及强制性教育措施的吸毒人员;(4)在医疗卫生机构进行自愿戒毒或社区药物维持治疗的吸毒人员。

---

〔24〕 湖南省公安厅关于印发《湖南省公安机关开展重点违法犯罪嫌疑人员吸毒检测工作的意见》的通知。

根据《吸毒人员登记办法》第四条的规定,各级公安机关如治安、边防、刑侦、监管、禁毒等部门警种和铁路、民航等系统公安机关相关部门以及公安派出所应当按照"谁发现、谁登记"的原则,对在工作中发现和查获的吸毒人员进行及时登记。

另外,根据《吸毒人员登记办法》第九条的规定,登记吸毒人员信息应当做到"真实、准确、及时"。

三、对社会面吸毒人员进行风险分类、评估与管控

所谓社会面吸毒人员,是指全国禁毒信息系统登记有吸毒史且未在监管场所的吸毒人员。近年来,社会面上吸食合成毒品的人数不断增多,吸毒后,由于致幻、思维混乱、行为失控而导致的自伤自残案件以及驾车撞人、杀人等刑事案件快速上升,对社会治安和公共安全构成了严重的威胁。鉴于此,有必要对社会面吸毒人员进行管控,而管控的前提就是对社会面吸毒人员进行风险分类、评估。在此背景下,中央综治办和国家卫生计生委、民政部等七部委联合出台了《全国社会面吸毒人员风险分类评估管控办法》,切实加强对社会面吸毒人员的服务管理。该办法规定,应当根据社会面吸毒人员的染毒情况、行为特征、处置状态、社会危害程度等,综合评定出不同的风险类别,有针对性地实施不同的管控措施。

据该办法规定精神,对社会面吸毒人员,应结合具体标准,评出高、中、低三种风险类别。所谓高风险包括:(1)拒绝接受社区戒毒、社区康复或者严重违反社区戒毒、社区康复协议的;(2)因吞食异物、自杀自残或者因严重疾病暂时无法收押、收戒的;(3)有精神障碍诊断或有精神异常、行为失控表现的;(4)有因吸毒引发肇事肇祸前科或扬言报复他人、报复社会的;(5)其他具有现实社会危害性,或者有肇事肇祸可能,需要纳入高风险类管控的。所谓中风险类包括:(1)正在执行社区戒毒、社区康复措施的;(2)怀孕、正在哺乳自己婴儿的妇女等特殊情形暂时无法收押、收戒的;(3)强制隔离戒毒期间所外就医的;(4)被依法实行社区矫正或者刑满释放回社区未满三年的;(5)解除强制隔离戒毒出所未满三年且未被责令社区康复的;(6)其他存在潜在社会危害性,需要纳入中风险管控的。所谓低风险是指,不包含在高风险和中风险类人员情况中的社会面吸毒人员。高、中风险类人员落实管控措施半年以上,经评估不再符合所列情形的,风险类别应当逐级下调。中、低风险类人员经评估符合更高风险类别所列情形,应当对应上调至相应类别。

四、对"毒驾"进行治理

"毒驾"是指吸毒者吸食毒品后又驾驶机动车辆的简称。对"毒驾"进行治理,主要包括如下几方面内容:(1)国家禁毒委积极推动全国人大法工委等部门研究"毒驾入刑",从而加大对"毒驾"行为的打击力度。(2)在全国范围内,广泛宣传"毒驾"的社会危害性。(3)公安禁毒部门和交警部门通力合作,通过路面筛查及时发现"毒驾"行为(2016年,全

国公安机关通过机动车路面盘查共查获吸毒人员 9810 人次)。(4)对吸毒成瘾未戒除的驾驶员,将强制注销驾驶证。公安部于 2012 年 6 月颁布了《关于加强吸毒人员驾驶机动车管理的通知》,该通知明确规定,正在依法执行社区戒毒、强制隔离戒毒和社区康复措施的人员属于吸毒成瘾未戒除人员。驾驶人属于吸毒成瘾未戒除人员的,当事人要在三十日内申请注销驾驶证;未主动申请或被强制隔离解毒的,按照相关法规规章,注销其驾驶证。2016 年,全国公安机关共依法注销了 7.13 万名吸毒驾驶人驾驶证,拒绝申领驾驶证 6435 人。(5)公安机关进一步加强对校车、客货车等重点驾驶人的监管,定期开展吸毒人员驾驶机动车违法行为专项治理工作。

五、对特殊群体吸毒问题进行查控

公安部禁毒局针对毒品滥用在演艺界发展蔓延问题,积极与文化部、国家新闻出版广电总局等部门进行沟通协调,指导北京等地公安机关对涉毒演艺人员依法查处。同时,继续加强公务员吸毒问题防治工作,与中央组织部、中央纪律检查委员会及国家公务员局加强信息沟通和线索通报,印发《关于切实加强公务员吸毒问题防治工作的通知》,对公务员吸毒预防、查处及招录检测作出规定。[25]

《通知》的主要精神,一是加强对广大公务员进行的毒品预防教育。二是加大对公务员吸毒问题的排查发现和查处力度。具体内容是:各地要继续部署公安机关强化对公务员吸毒违法行为的查处发现工作,扩大毒品线索来源,鼓励人民群众积极举报,加强对宾馆、娱乐场所、私人会所和出租房屋等涉毒高危场所的集中清查,对公务员吸毒问题切实做到"零容忍"。三是协调开展公务员招录吸毒检测工作。毒品滥用问题严重的地方要积极配合公务员主管部门将吸毒检测项目纳入部分地区和特殊职位的公务员招录体检范围,开展对新招录公务员的身份信息与全国禁毒信息系统的碰撞比对,协助把好公务员队伍"入口关"。四是加大对公务员吸毒问题严重地区的抽查暗访和约谈问责力度。对公务员吸毒案件频发、问题严重地区,各省级禁毒部门要适时组织力量开展暗访或突击抽查,发现问题及时进行通报和督促整改;对于因公务员吸毒问题严重被国家禁毒办列入重点整治的地区,要不定期派出工作组进行督导检查,了解其整改治理的进展情况,督促指导其建立对公务员队伍的日常毒检排查和发现查处工作机制,吸毒问题严重局面没有明显改观的,省级禁毒委员会要适时进行约谈和问责。

六、组织"铲毒"行动

2016 年,全国禁毒部门充分运用卫星遥感和无人机等科技手段,组织实施"天目-16"铲毒行动,加大对非法种植毒品原植物发现铲除和打击处理力度。2016 年全年,全国监

---

〔25〕 中国国家禁毒委员会办公室:《2017 年中国禁毒形势报告》。

测面积达 58 万平方公里,共铲除非法种植罂粟 84 亩 116 万株、非法种植大麻 147 亩 139 万株,同比均有较大幅度下降,破获非法种植毒品原植物案件 5578 起,抓获非法种植违法犯罪嫌疑人 5345 名,继续保持了国内大规模非法种植毒品原植物基本被禁绝的战绩。

第七节　对吸毒者的处罚

如前所言,吸毒行为在我国属于违反《治安管理处罚法》的违法行为。依据我国《治安管理处罚法》第七十二条的规定,有吸食毒品行为的,处十日以上十五日以下拘留,可以并处二千元以下罚款;情节较轻的,处五日以下拘留或者五百元以下罚款。此外,依据《禁毒法》第三十三条的规定,对吸毒成瘾的人员,公安机关可以责令其接受社区戒毒;依据该法第三十八条的规定,对于吸毒成瘾人员,有下列情形之一的,由县级以上人民政府公安机关作出强制隔离戒毒的决定:(1)拒绝接受社区戒毒的;(2)社区戒毒期间吸食、注射毒品的;(3)严重违反社区戒毒协议的;(4)经社区戒毒、强制隔离戒毒后再次吸食、注射毒品的。总之,对吸食毒品行为,应当处以行政拘留或罚款;对于吸毒成瘾者,则需要进行社区戒毒或强制隔离戒毒。

第九章 戒毒措施

【学习目标】 通过本章的学习，了解戒毒、戒毒对象、戒毒模式、戒毒体系、戒毒方法、诊断评估等概念；了解我国港澳台地区及世界主要国家的戒毒情况；了解我国各戒毒模式之间的衔接；重点掌握我国关于医疗戒毒、社区戒毒、强制隔离戒毒和社区康复的具体法律规定，以及行为主体违法犯罪行为的法律责任。

第一节 戒毒措施概述

一、戒毒概述

（一）戒毒的概念

戒毒，是指吸毒人员戒除吸食、注射毒品的恶习及毒瘾。通过戒毒活动，解除吸毒人员精神依赖和躯体依赖，使吸毒人员不再使用毒品。戒毒是禁毒体系中的一个非常重要的环节，戒毒措施的科学性程度如何直接决定着戒毒效果，而戒毒效果又直接影响着禁毒工作的成功与否。《禁毒法》第四条规定，禁毒工作实行"预防为主，综合治理，禁种、禁制、禁贩、禁吸并举"的方针。第三十一条第二款规定，吸毒成瘾人员应当进行戒毒治疗。这是对吸毒成瘾者实施戒毒的法律依据。[1]

（二）戒毒的要素

1. 戒毒对象

戒毒对象，是指吸食、注射鸦片、吗啡、海洛因、大麻、可卡因、甲基苯丙胺（冰毒）、摇头丸，以及国务院规定管制的其他能够使人成瘾癖的麻醉药品和精神药品的人员。由于吸毒行为会给吸毒者个人、家庭和社会造成伤害，因此，为了挽救和戒治他们，预防因涉毒而导致违法犯罪的发生，维护社会治安秩序，国家鼓励戒毒对象到戒毒机构中进行自愿戒毒，或对符合条件的吸毒成瘾人员依法责令他们到相关机构去进行戒毒。

2. 戒毒目的

戒毒目的，是指通过戒毒治疗，使吸毒成瘾人员戒断毒瘾或延缓复吸，恢复其正常生

---

〔1〕 史宏灿、鞠永熙：《毒品成瘾的基本理论与中西医结合防治实践》，78页，北京，高等教育出版社，2014。

活的能力,并能够遵纪守法、自食其力,顺利回归社会。

3. 戒毒模式

戒毒模式,是指解除吸毒人员毒瘾的解决途径与设计框架。我国已经形成了一套具有中国特色的符合我国社会、法律、文化、经济等国情的戒毒模式,具体包括自愿戒毒、强制性戒毒(社区戒毒、强制隔离戒毒)、社区康复与维持治疗等。

4. 戒毒体系

戒毒体系,是指在戒毒领域中由不同的戒毒模式和戒治方法,按照一定的标准和程序组合而成的整体。在戒毒工作中,既要开展脱毒治疗,解除其生理依赖,促进生理功能康复;又要矫治吸毒者顽固的心理异常,消除其强烈的心理依赖,促进心理成熟和行为改变;还要帮助吸毒者重建正确社会认知,增强社会适应能力,促进其健康再社会化。因此,戒毒体系是一个需要包含医疗戒护、心理行为康复、社会帮教与后续照管等内容的综合体系。它一般包括医学治疗、心理治疗、行为矫正、职业技能培训、重返社会训练等几大类。

(三) 戒毒流程

吸毒行为是毒品、个体和社会因素相互作用的结果。吸毒行为具有复杂的生物学、心理学与社会学病因机制,毒品依赖既是毒品毒理作用导致的慢性、复发性脑疾病,又是个体人格缺陷、心理异常导致的行为病,还是社会管理与家庭等不良因素导致的社会病。因此,戒毒工作应当依照“生理—心理—社会”的系统原则,设立“生理脱毒—身心康复—回归社会”的戒治流程。

1. 脱毒阶段

此阶段是通过医学治疗与护理等措施,使戒毒者顺利度过急性戒断反应期。其目的是解除戒毒者躯体上的戒断症状,消除对毒品的躯体依赖,同时治疗躯体并发症,为下一步心理脱瘾和康复打下基础。一般为停止使用毒品后的一个月以内。

2. 康复阶段

此阶段是通过进行躯体及心理行为康复治疗,如体能训练、改善营养、毒品危害教育、心理矫治、社会帮助等措施,消除稽延性症状和心瘾,帮助戒毒者在躯体及心理行为、人格、家庭功能等方面康复。一般为脱毒后的一至二年的时间。

3. 回归社会阶段

此阶段主要是通过抗复吸训练、社会功能修复、职业技能培训、重返社会辅导,学习应对和处理现实生活中的困难,使患者恢复职业与社会功能,长期摆脱毒品,重新融入社会。一般为脱毒后的三个月左右的时间。

根据《联合国控制麻醉品滥用今后活动的综合性多学科纲要》第三百六十四条的解释,生理依赖可以在三至六个月内消除,但行为矫正、摆脱心理依赖则需要较长时间。《禁毒法》规定社区戒毒的期限为三年,强制隔离戒毒的期限为二年,经过诊断评估,对没有戒除毒瘾需要延长期限的,经决定机关批准可以延长最多不超过一年的期限。而且对于被解除强制隔离戒毒的人员,决定机关还可以责令其接受三年以内的社区康复。[2] 这种规定符合国际公认的一个完整的戒毒期限至少需要三年,戒毒效果与时间呈正相关的观点。

二、戒毒管理的机构、戒毒场所的设置及戒毒经费

(一)戒毒管理的机构

根据《戒毒法》第三十三条、第三十四条、第三十八条、第四十八条以及《戒毒条例》第四条、第五条的规定,实施戒毒管理的机构及职责如下:

1. 公安机关的职责

(1)依法责令社区戒毒、决定强制隔离戒毒、责令社区康复;

(2)管理公安机关的强制隔离戒毒场所、戒毒康复场所,对社区戒毒、社区康复工作提供指导和支持。

2. 司法行政部门的职责

(1)设区的市级以上地方人民政府司法行政部门负责管理司法行政部门的强制隔离戒毒场所、戒毒康复场所;

(2)对社区戒毒、社区康复工作提供指导和支持。

3. 地方人民政府各行政部门及乡(镇)人民政府城市街道办事处的职责

(1)县级以上地方人民政府卫生行政部门负责戒毒医疗机构的监督管理,会同公安机关、司法行政等部门制定戒毒医疗机构设置规划,对戒毒医疗服务提供指导和支持。

(2)县级以上地方人民政府民政、人力资源社会保障、教育等部门依据各自的职责,对社区戒毒、社区康复工作提供康复和职业技能培训等指导和支持。

(3)乡(镇)人民政府、城市街道办事处负责社区戒毒、社区康复工作。

(二)戒毒场所的设置

《戒毒条例》第六条第一款规定,"县级、设区的市级人民政府需要设置强制隔离戒毒场所、戒毒康复场所的,应当合理布局,报省、自治区、直辖市人民政府批准,并纳入当地国民经济和社会发展规划。"

该条第二款规定,"强制隔离戒毒场所、戒毒康复场所的建设标准,由国务院建设部门、发展改革部门会同国务院公安部门、司法行政部门制定。"

---

〔2〕 王新兰:《吸毒行为戒治》,109页,武汉,华中科技大学出版社,2012。

（三）戒毒经费

《禁毒法》第六条、《戒毒条例》第三条就戒毒经费分别做了规定，"县级以上各级人民政府应当将禁毒工作纳入国民经济和社会发展规划，并将禁毒经费列入本级财政预算"。"县级以上人民政府应当按照国家有关规定将戒毒工作所需经费列入本级财政预算"。

三、我国戒毒工作体制

戒毒是一个国际性的难题。自二十世纪八十年代以来，世界各国在毒品成瘾戒治的理论研究和实践方面投入了大量的人力和财力，但到目前为止，药物依赖和毒品成瘾临床治愈率和康复巩固率仍居低下水平。[3] 因此，转变落后的戒治理念，研究科学有效的戒治方法与手段，特别是利用一切社会资源和积极因素，设计合理的戒毒体制，是提升毒品成瘾戒治效果的重要举措。

我国的戒毒工作体制始于二十世纪九十年代的重要立法：《关于禁毒的决定》。当时建立了"自愿戒毒与强制性戒毒相结合，以强制性戒毒为主、自愿戒毒为辅，采取多种办法帮助吸毒成瘾者戒除毒瘾的戒毒体制"。应当说，这种体制在当时的戒毒工作中发挥了一定的作用，取得了一定的成绩，但弊端也非常明显。《禁毒法》在继承原戒毒体制经验的基础上，吸收国外先进的理念与方法，对戒毒体制做了大胆的改革，体现了国家戒毒理念与政策的重大转变与进步。正如本书前面所言，《关于〈中华人民共和国禁毒法（草案）〉的说明》指出，制定《禁毒法》的三大原则之一是"教育与救治相结合"，这就改变了对吸毒人员由单一的违法者身份的认定，认为"吸毒人员既是违法者，又是病人和受害者；对吸毒人员要惩罚，更要教育和救治。"[4]《戒毒条例》作为《禁毒法》的配套行政法规，从法律层面正式确立自愿戒毒、社区戒毒、强制隔离戒毒、社区康复为我国目前现行实施的戒毒体制和治疗康复模式。[5] 形成了"县级以上人民政府应当建立政府统一领导，禁毒委员会组织、协调、指导，有关部门各负其责，社会力量广泛参与的戒毒工作体制。以及采取自愿戒毒、社区戒毒、强制隔离戒毒、社区康复等多种措施，建立戒毒治疗、康复指导、救助服务兼备的工作体系。"

---

〔3〕　杨良：《药物依赖学》，9 页，北京，人民卫生出版社，2015。
〔4〕　滕伟主编：《中华人民共和国禁毒法释义及实用指南》，22 页，北京，中国民主法制出版社，2008。
〔5〕　杨良：《药物依赖学》，129 页，北京，人民卫生出版社，2015。

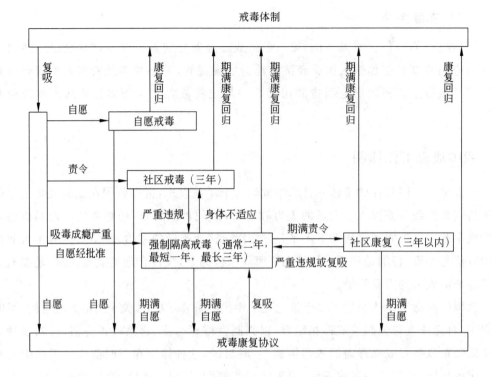

第二节 世界主要国家和地区的戒毒模式

由于各国文化背景、社会价值观、刑事政策的差异,加之对戒毒成本效益的考虑,世界各国的戒毒模式存在许多样态,核心原因是各国对吸毒问题采取的价值取向一直处于争论状态。[6] 目前国际社会戒毒目标的价值取向主要有戒断毒瘾和降低相关危害两种策略。各国在探索治理毒品问题的过程中,基于不同的禁毒策略和价值取向形成了不同的戒毒模式,主要包括四种:强制型矫治模式、自愿型矫治模式、复合型矫治模式和综合治理型矫治模式。

一、强制型矫治模式

(一) 日本

日本将吸毒者视为犯罪者,警察和麻醉品监控官员可以根据相关法律逮捕吸毒者,对于药物滥用者仍予以判刑,但同时规定先予以强制戒治。[7]

---

〔6〕 房红等:《国外禁吸戒毒模式述评》,51~59页,载《云南警官学院学报》,2010(1)。

〔7〕 杨士隆、李思贤、朱日侨、李宗宪等著:《药物滥用、毒品与防治》,221页,台北,五南图书出版股份有限公司,2013。

1. 治疗

日本泛滥的毒品主要是兴奋剂,药物依赖的治疗的重点是针对长期滥用苯丙胺后引起的苯丙胺性精神病的治疗。日本吸毒者进行自愿戒毒的场所主要是医院。药品和食物安全司官员和行使麻醉药品和精神药品监控职能的麻醉品监控局,需要对治疗与预防措施的制定与指导进行负责,同时监控医院等部门成瘾药物的管理和滥用情况。[8] 戒毒方法主要以药物治疗为主,辅之以心理辅导。同时开展以预防复吸为目的的随访工作。在完成苯丙胺性精神病的治疗后,滥用者应移送司法部门服刑。

2. 康复

日本没有针对滥用者的专业康复治疗机构,康复治疗多在监狱中开展。尽管在监狱中配有专职的心理咨询人员,但针对滥用者的康复工作非常薄弱。其原因是日本政府认为,康复治疗不仅不能使滥用者得到真正意义上的康复,反而可能会与其他刑事犯或滥用者建立不健康的联系。

3. 预防

近年来,日本预防教育从过去对药物滥用者的宣传教育转向对健康人群的预防,预防的重点人群是青少年。防毒教育从小学即开始,每学期开设一至二个学时的预防吸毒教育课程,教学内容中除介绍毒品知识和滥用毒品的危害以外,还设计各种可能受到毒品诱惑的场景,让学生实地操练如何拒绝毒品。由于滥用药物的问题在大学中很少发生,因此大学中没有专门的防毒教育人员和课程。中学或"麻控局"中具有授课资格的教师会定期应邀到大学、社区开展讲座。

4. 经费

非政府组织在预防宣传中担任重要角色,其活动经费部分来自政府机构,大部分来自民间团体和个人的捐款。

(二) 新加坡

新加坡对毒品问题采取公众教育、严刑峻法以及加强执法行动,确保滥用毒品的情况受到控制的矫治模式。

1. 制订综合性治疗计划

如发现滥用毒品人员,在征得中央毒品对策局局长同意之后,可将其收容到治疗中心进行治疗。根据其滥用程度,让他们接受为期不少于六个月的禁毒学习,直到能进行各种正常的工作为止,其间不让他们接触社会。吸毒者在由中央肃毒局的毒品种类复健中心(Drug Rehabilitation Center,DRC)复健治疗六个月至三十六个月不等。[9] 释放后,由复原企业机构协助寻找适当工作,并委派一名高级职员成为他们的辅导教师帮助

〔8〕　王丹:《中外社区戒毒模式比较研究》,5页,载《云南警官学院学报》,2010(5)。

〔9〕　江振亨:《认知行为团体疗法对滥用药物者辅导成效之研究》,台湾,国立中正大学硕士论文,2000。

他们。

2. 对出院后的戒毒者进行定期检查和监督

吸毒者经过戒毒回到所属社区二年内,必须接受政府的管理和监督,定期到肃毒单位报到并接受尿检,还要接受禁毒机构的各种教育,肃毒单位对其吸毒信息保密。如果未按要求前来尿检或尿检呈阳性,肃毒单位会同警方将其抓获,再次送到戒毒所或提起控诉,并有可能被处以鞭刑。对于戒毒成功者,新加坡成立了"半途之家协会",协助吸毒者回归社会,改过自新,通过支持创业、帮助就业等方式使其远离毒品,成为有用公民。

3. 加强禁毒宣传和教育

新加坡的全国防止嗜毒理事会,负责向政府建议肃毒政策,指导中央肃毒局和青少年策划毒品防范计划。新加坡不仅将毒品防治内容编入学校的课程,还经常开展全国性肃毒运动和举办研讨会。教育部门经常以各种形式和手段组织各民间机构对市民开展各种反毒禁毒的宣传教育工作。

4. 后续的关怀支持

新加坡鼓励戒毒成功人员自主创业,并在资金支持、税收等方面实施优惠政策。新加坡有许多的公益组织为成功戒毒者提供了许多工作机会,并且在全社会倡导消除歧视、帮助关爱的氛围。政府对于聘用类似戒毒者的企业,会在税收等方面予以优惠,支持戒毒人员再就业。

二、自愿型矫治模式

(一) 德国

1. 建立戒毒中心,为吸毒人员提供免费的戒毒治疗

德国联邦政府在全国各地设立了一千多家咨询站,帮助大麻成瘾者制定戒毒方案,吸毒者有得到援助的法律权利。不同戒毒机构的费用来源各有不同,主要来源于政府而非戒毒者本人。负责提供社会保障的机构,有义务为社会援助者提供资金保障。由于经费有限、药品价格昂贵,能得到免费治疗的吸毒者只是一小部分,而且戒毒时间相当漫长,复吸的概率相当大,效果并不理想。因此,政府干脆在法兰克福等个别毒品犯罪比较严重的城市设立合法的公共吸毒场所,对吸毒者进行登记和身体检查,定期为其免费提供一定剂量的毒品或毒品替代物及注射用具。[10]

2. 对于鸦片成瘾者有一套以药物辅助的门诊治疗体系

在德国,当需要急性治疗的时候,非正规医疗机构的医生与戒毒组织之间的合作是提倡的。法定的医疗保险基金不得不为那些以预防吸毒和帮助戒毒为己任的自救组织提供财政援助。德国非常重视资助自救团体和组织,把自救活动纳入联邦以及地市各级

---

〔10〕 施红辉、李荣文、蔡燕强:《毒品成瘾矫治概论》,北京,科学出版社,2009。

的戒毒帮助措施计划中,给自救团体无偿提供机会和会议场所。自救团体(包括双亲自救团体)在很大程度上被纳入协调和计划活动,这些活动是为了采取措施,减少因处理精神药物问题而带来的难题。它们是为可能吸毒者和已经吸毒者提供服务的必不可少的组成部分。社会心理护理、继续治疗、保守疗法、后期保守、康复服务等一系列治疗手段要按照标准进行。

3. 强调戒毒个案管理的特色方案

德国实施的戒毒个案管理方案特色明显,它是由联邦卫生部资助的社会工作合作试点项目。个案管理方案以病人为导向,对门诊病人实施护理,与患者共同制定综合性的个性化的治疗方案,并且通过可利用的服务,协调各种医疗和社会援助。该项目的目的也在于加强地区合作和服务的网络化。

(二) 荷兰

1. 对毒品采取的是宽容、务实的政策

荷兰政府着眼于"维护公共健康、减少损害"的考虑,允许吸毒者使用软性毒品。认为如果能够通过正常渠道买到大麻、麻药等软毒品,就减少了接触到冰毒、摇头丸、可卡因、海洛因等硬毒品所形成的犯罪亚文化环境的机会,也降低了尝试硬毒品的概率,并且软毒品的使用者不至于被边缘化。

2. 买卖少量软毒品合法化

在毒品供应问题上,荷兰一方面坚决打击种植、制造、贩卖毒品犯罪,遵守国际公约履行国际义务,另一方面又采取变通的做法,允许设立咖啡馆销售大麻,只要咖啡馆能够严格按照规定每天向每人仅售五克,并且不向未成年人销售,不做广告宣传等,就不会遭到起诉。

3. 实行登记管理制度

荷兰的警察和医务人员几乎认识全部海洛因吸食者。当他们轻微触犯法律时,警察能保证他们都是登记在册的,并小心处理他们的任何毒瘾发作,把他们交给合适的照管人员或戒毒中心。绝对的瘾君子有机会被纳入由警察、志愿者组织和市立健康服务局联合管理的特殊计划之下,这项计划的主要目的是为吸毒者提供监控点,如为海洛因吸食者建立老龄之家,给他们一份合法的收入,以便他们购买食品和毒品,另一个目的是确保吸毒者能有一个安全和干净的地方落脚。

4. 为吸毒犯建立了"在押中"管教系统

这个系统为最难管理的吸毒者提供戒毒咨询和治疗,刑期结束后为他们提供职业培训和工作机会。他们已经意识到单靠他们自己不可能戒毒,因此大多数吸毒者自愿进入这种特殊的监狱。

5. 推行海洛因分发计划

荷兰政府认为,在医疗人员监督下分发海洛因,搭配使用美沙酮,是最可能改善长期吸毒问题的方法。因此,荷兰卫生部开始正式推行一项分发海洛因的计划,以帮助民众戒除毒瘾。卫生部调查发现,这种治疗方法能用安全的方式有效改进吸毒者的身心健康。

三、复合型矫治模式

(一) 英国

1. 拘留变更执行令

在英国,吸毒者依法应被拘留,但根据"拘留变更执行令",他们可以选择拘留的变更执行方法——到戒毒机构接受治疗。大多数吸毒者为了不被拘禁,会选择到戒毒机构接受治疗。"拘留变更执行令"为吸毒者架起一座回归社会的桥梁,政府希望能有更多的吸毒者选择到戒毒机构接受治疗,帮助吸毒者摆脱犯罪生涯。

2. 毒品奖励戒毒者的戒毒措施

英国一些戒毒所实施了"以毒品奖励戒毒者"的戒毒措施。凡参加政府资助戒毒计划的海洛因和可卡因上瘾者,只要保持一段时间不沾海洛因和可卡因这类毒品,就可获得毒品替代品的奖励。

3. 物质奖励戒毒者的戒毒措施

英国全国卫生与临床学会规定,政府将给予戒毒者"物质奖励",以帮助他们戒除毒瘾。根据接受治疗的情况和戒毒效果,戒毒者每人将得到七十英镑至一百五十英镑不等的"奖励"。

4. 社区矫治戒毒

社区矫治戒毒包括义务劳动、社区管束、心理治疗、戒毒、戒酒,以及参加有针对性的矫正项目等内容,社区服刑的内容会根据具体犯罪行为的不同而有所不同。戒毒者社区服刑的时间最长可达三年。在社区服刑期间犯人要定期向其监督者汇报服刑情况。未能按要求服刑或在服刑期间再次犯罪的,法庭将根据情节轻重,重新宣判,改为监禁刑或延长社区服刑期限、增加服刑内容。

英国对于家庭、媒体、社区对青少年戒毒所能发挥的作用没有给予足够的重视,戒毒工作的开展较为偏重生理脱瘾、对于社会功能回归没有明确规定,客观上影响了吸毒者彻底摆脱毒瘾,造成复吸现象广泛存在。[11]

(二) 美国

美国为联邦制共和体制,因此毒品戒治模式显得多姿多彩。

1. 戒毒类型

目前美国对毒品使用者之治疗处遇介入形式有下列七种类型:(1)美沙酮维持疗法;

---

〔11〕 王娜:《戒毒学》,45 页,北京,中国人民公安大学出版社,2014。

(2)拮抗剂治疗法；(3)门诊戒毒治疗；(4)以治疗性社区为主之长期居住处遇；(5)以十二步骤为设计基础的短期居住处遇；(6)医疗戒毒；(7)与医疗结合的司法处遇，包括以监狱为基础之处遇，以及以使其为基础的处遇。

2. 综合戒毒模式

美国对吸毒者的治疗主要采用医疗康复模式，吸毒者的医疗费用大多数由医保、社会福利和政府专项基金提供。戒毒治疗机构有公立和私立两种性质，这些机构的吸毒者除少部分是自愿就诊外，大部分由社区、毒品法庭、监狱或其他改造场所转诊介绍而来。心理康复模式发展迅速，如戴托普戒毒模式和 NA 匿名戒毒会等。戒毒者来到戒毒治疗机构后，由医师、心理学家、社会工作者、护士等一起讨论分析吸毒者的情况，制订个体化的治疗计划，治疗是多维度和多方面的，涉及医学、心理、社会等各个方面，治疗过程中定期评估患者的进展并根据情况调整干预方案。

四、综合治理型矫治模式

(一) 我国香港地区

我国香港继承了英国时代的"医疗模式"，即强制与自愿相结合，矫正与康复相结合，以及政府主导与非政府参与相结合的多元化服务方式。

1. 滥用精神药物者辅导计划

香港共有十一间由社会福利署资助的滥用精神药物者辅导中心，为吸食精神药物的人员和边缘青少年提供辅导服务、戒毒治疗和康复服务治疗，期限由三个月至三年不等。善后服务包括社工辅导、宗教辅导、文娱活动、职业辅导及自助小组。为了让吸毒者尽早获得医疗服务，辅导中心也提供医疗支持服务者，包括购买诊症服务以及为每间中心提供一名精神科注册护士。

2. 物质误用诊所

香港现有七间医院管理局下属的物质误用诊所，为有精神问题的吸毒人员提供治疗。全部诊所均为吸毒者提供药物治疗及社工辅导，其他的善后服务主要有开办宗教辅导、文娱活动、职业辅导及自助小组。

3. 美沙酮门诊治疗计划

香港卫生署通过下属的美沙酮诊所的门诊网络，为吸食鸦片类毒品的各年龄组别人员通过美沙酮代用和戒毒两类治疗。

4. 自愿住院戒毒治疗康复计划

香港现有三十九间住院治疗、康复中心和中途宿舍。由于药物依赖者背景和需求不同，这些机构负责不同的治疗模式和康复计划，主要为吸食麻醉镇痛剂及精神药品的人提供服务。治疗及康复期限为一至十八个月不等。有的机构设立中途宿舍，有的提供宗教辅导，还有的提供两种服务。有些服务单位只为男性提供服务；有些专为女性提供服务,还有的则同时为男女两性提供服务。

5. 强迫戒毒计划

惩教署下属的戒毒所实施的强迫戒毒计划,服务十四岁或以上曾犯轻微罪行而经法庭裁定可处监禁罪行并有毒瘾的人员,计划的目的是协助犯人彻底戒除毒瘾,重新投入社会。期限为二个月至十二个月不等,获释后必须接受一年强制监管。强制戒毒计划以纪律和户外体力活动为基础,强调工作和治疗并重。戒毒者获释后,还需接受全面的监管服务,善后服务包括中途宿舍、社工辅导、文娱活动和职业辅导。

6. 小区支持服务队及感化计划

小区支持服务队是非政府机关受资助举办的,它们在为吸毒和贩毒的青少年提供服务方面承担了重要角色。它们协助吸毒者重新融入社会,矫正其反叛行为,以此降低他们违反法律的机会。当局现在提供额外财政资金,为小区支持服务队增加一名助理社会工作主任,以加强有关服务。[12]

(二) 我国台湾地区

如前所述,司法戒治是我国台湾地区戒瘾工作的主要体系,主要措施是观察勒戒与强制戒治。台湾将毒瘾者定位为"病犯",即毒瘾者兼具病人与犯罪人双重身份。台湾地区近十年来除了增强强制观察戒治机构功能外,也试图利用医疗资源共同戒毒,延伸小区的戒治与更生资源,积极尝试新的实验方案。

1. 整合戒治医疗资源处遇模式

(1)开展毒瘾戒治暨社区复健计划——法务部门与医疗合作模式,将强制戒治与医疗资源结合,提升戒治成效;(2)建立毒瘾者保护管束医疗戒瘾模式,各地检署广泛结合医疗资源人员,在精神科医师、心理师、社工师等专业人员的带领下,适时运用团体动力,增强受保护管束人的自我认知及重新学习适应社会行为技巧,以帮助其稳定适应社会生活;(3)对毒瘾者在接受保护管束期间内,提供个别咨询、艾滋病防治与卫生教导、艾滋病筛检毒品减害计划倡导、转介就业等辅导,深化毒瘾者心理辅导效能,并配合采验尿液等外在监督措施,从而达到预防其再犯的目的。

2. 推动"毒品犯辅导计划",扩大戒毒处遇的实施对象

通过毒瘾者受刑人基本资料及毒品使用情形等相关资料的搜集与评估,研制毒瘾者辅导策略,对毒瘾者受刑人施予在监及出监前两阶段的辅导。分别在监所落实个案、类别教诲,各监所主动广纳社会资源及引进各地卫生局或医疗机构,提供戒毒辅导方案或戒瘾相关卫生教育讲座。同时,各监所也全力平衡卫生署"毒品使用者艾滋减害计划",对于特定毒瘾受刑人,在其出监前加强相关卫生教育,及协助办理替代疗法之收案评估前置作业。

---

〔12〕 刘建宏主编:《新禁毒全书(第三卷)》,226~229页,北京,人民出版社,2014。

3. 延伸小区追踪辅导机构

为了能对毒瘾者在监所机构内外均能进行有效的协助、追踪,政府特别针对出监的毒瘾者,通过观护系统、更生保护服务、各地方之毒品危害防治中心,落实社区追踪辅导机制。以延续监内毒瘾者辅导成效,落实社区追踪辅导,降低毒瘾者出监后再犯率。对于期满或假释出监且具高再犯危险者则除将相关资料函知更生保护分会、观护人室外,并直接将相关资料交由毒品危害防治中心进行后续追踪辅导事宜。

4. 实验替代疗法

针对检察官受理二次使用海洛因的被告,经专业评估筛检并同意接受本方案后,检察官即给予缓起诉二年,并命令被告应立即接受六个月的替代维持药物治疗及心理治疗,让毒瘾者服用美沙酮、纳曲酮拮抗剂,以替代毒海洛因的渴求与依赖,减少毒瘾者为购买海洛因而造成的社会治安危害,降低毒瘾者因共享针头感染艾滋病毒造成的公共卫生问题,促使毒瘾者回归正常生活,增加社会生产力,同时,也是为了疏解监所人满为患的超额收容压力。[13]

第三节　中国戒毒工作的原则

一、以人为本原则

原则是指观察问题、处理问题的准则。《戒毒条例》第二条明确提出了坚持"以人为本、科学戒毒、综合矫治、关怀救助"的戒毒工作原则。这一原则是对我国戒毒工作经验总结基础上的高度概括,强调了戒毒工作应遵循以人文本、关怀救助的善治观和依照戒毒康复规律进行综合矫治的科学观,体现了用科学发展观指导戒毒工作和我国经济社会发展新形势下与时俱进的指导思想。[14]

在我国,以人为本的思想源远流长。墨子在《兼爱》篇中明确提出了"兼相爱"的思想,《吕氏春秋·顺民》也有"先王先顺民心,故功名成"的观点。中国古代历来就有"人本"和"人贵"的思想,所谓"水火有气而无生,草木有生而无知,禽兽有知而无义,人有气有生有知亦有义,故为天下贵也"。人本主义者从人的本性出发,重视人的价值、人的尊严和人的权利,强调人的自由、平等,推崇人的理性权威,把人提到高于一切的地位。以人为本就是强调人的主体地位和根本性作用,实现效益最大化。坚持以人为本,既有中华文明的深厚根基,又体现了时代发展的进步精神,也是贯彻落实科学发展观的核心立场。

---

〔13〕 刘建宏主编:《新禁毒全书(第三卷)》,252～254 页,北京,人民出版社,2014。

〔14〕 刘志民:《以人为本,用科学发展观指导戒毒工作——刘志民教授就〈戒毒条例〉相关内容答〈禁毒周刊〉记者问》,75 页,载《中国药物依赖性杂志》,2012(1)。

以人为本原则,是指我们在戒毒工作中,充分体现社会主义的人道主义和人文关怀,尊重戒毒人员的人格和尊严,关注他们的利益和需求,切实保障戒毒人员的合法权益。以上这些做法是有效开展戒毒工作的必要条件。吸毒人员既是违法者,也是病人和受害者的身份定位,充分体现了"以人为本"的戒毒理念,它体现了过去法律法规偏重于从道德和维护社会秩序角度看待吸毒成瘾者,而如今更多的是从医学或人道义出发,体现出更多的人文关怀的变化。[15]《禁毒法》第三十一条规定的"国家采取各种措施帮助吸毒人员戒除毒瘾,教育和挽救吸毒人员",这明显区别于《关于禁毒的决定》中只是将吸毒人员看作是违法者的身份定位。它明确彰显了我国戒毒工作由过去的侧重惩罚向以教育、挽救为主,惩罚为辅的理念转变。

以人为本原则要求我们,要树立尊重、接纳、宽容、温暖、关怀和服务的理念,树立要以戒毒人员为中心的思想,尊重戒毒人员的人格、生存权和健康权。要秉承"教育挽救违法者、精心救治病患者、热情服务受害者"的戒毒工作理念。最大限度调动戒毒人员接受教育矫治的积极性和主动性,激发和强化他们主动戒毒的动机。通过提供心理辅导、行为矫正、法律咨询、就业指导、助学帮困等服务,从根本上使吸毒人员感受到人格平等和社会关爱,促进吸毒人员自身和谐的进程。[16] 做到不抛弃、不放弃、不歧视,努力营造平等、和谐的人文环境,帮助他们重树信心,努力戒除毒瘾、顺利融入社会。

二、科学戒毒原则

科学戒毒原则,是指在戒毒工作中,坚持科学的戒毒理念,使用科学的戒毒方法和技术,构建一种科学、系统、完整的戒毒康复工作模式。

吸毒成瘾是一种使人产生生理依赖和心理依赖的慢性、复发性脑疾病。戒毒工作实践表明,单靠严格、封闭的执法管理,教条式的毒品危害与遵纪守法说教,以及传统方式的意志力培养等,难以在根本上解决问题。要充分认识到吸毒成瘾者难以遏制的"心理渴求"与不计后果的"觅药行为",是由生理、心理、精神等多方面原因所致,不能简单地归结为缺乏法治观念、道德水平低下、自控能力差所致。[17] 因此,要保证戒毒措施的有效性,就必须使其具有科学性。只有符合科学规律的戒毒政策和戒毒措施,才能够在实践中发挥最好的戒毒效果。

科学戒毒原则,要求我们自觉遵循戒毒工作规律,运用医学、心理学、社会学、教育学、管理学等多学科知识和方法,构建科学、系统的"生理—心理—社会"的戒治模式,改变"重管教、轻戒治"的传统做法。遵循科学戒毒的理念,注入戒毒医疗的专业性,不仅注重吸毒成瘾后吸毒者生理的病理特质的救治,也为戒毒人员戒除毒瘾后回归社会奠定了

---

[15] 姜祖桢:《刍议我国戒毒体制的重构与完善》,33 页,载《犯罪与改造研究》,2008(4)。

[16] 刘丽梅:《构建和谐社会中的社区禁毒探讨》,55 页,载《吉林公安高等专科学校学报》,2008(5)。

[17] 司法部戒毒管理局:《司法行政工作概论》,70 页,北京,法律出版社,2017。

基础。[18]《禁毒法》第四十三条规定，"强制隔离戒毒场所应当根据戒毒人员吸食、注射毒品的种类及成瘾程度等，对戒毒人员进行有针对性的生理、心理治疗和身体康复训练。"分别管理、针对性治疗和分级管理三项制度，其核心在于，根据戒毒人员的不同情况设定不同的管理和治疗措施，做到科学合理地区别对待。[19]《戒毒条例》第二十九、第三十条明确要求强制隔离戒毒场所应当配备设施设备及必要的管理人员，依法为戒毒人员提供科学规范的戒毒治疗、心理治疗、身体康复训练和卫生、道德、法制教育，开展职业技能培训。这些都充分体现了科学戒毒的原则。

三、综合矫治原则

综合矫治原则，是指戒毒机关利用医疗脱毒、心理矫治、行为矫正、康复训练、社会帮扶等多种手段和方法，对戒毒人员的毒瘾以及心理行为问题进行的治疗康复活动。众所周知，吸毒成瘾的原因是复杂多样的，既有吸毒者个人心理、人格上的原因，也有家庭、社会方面的原因，同时也与毒品的药物特性有着不可分割的联系。"综合矫治"就是要综合运用当今最新的戒毒研究成果，利用医学、心理学、精神病学、社会学等多学科的理论和技术，在生理脱瘾、身心康复、身心健康、良好行为养成、人际关系修复等方面设计出一套系统、完整的矫治方案，对戒毒人员开展多方面的戒毒治疗与康复工作。

多年来，不同学科的专家、学者纷纷从各自的领域对毒瘾戒治问题进行研究和探索，但至今尚未取得一种举世公认的，具有特效的戒治方法。生物医学认为，吸毒成瘾是一种慢性、复发性脑疾病，如何阻断"病理性快乐机制"，恢复大脑的正常功能是治疗吸毒成瘾的关键；心理学则认为，吸毒成瘾是一种精神性疾病，需要设计和使用心理治疗的方法来消除心理依赖；而社会学则认为，吸毒成瘾者是社会化失败者，因此需要帮助他们进行再社会化的训练，使他们能够正常的进行社会交往，习得必要的生活本领，顺利回归家庭与社会。目前，戒毒领域公认的较为理想的方法就是综合戒治的方法，即对戒毒人员进行生理、心理治疗、行为矫正、康复训练和社会扶助，开展综合性矫治工作是提高戒治效果、维持操守、减少复吸的最佳方法。《戒毒条例》第二条明确提出了社会力量广泛参与的戒毒工作体制。通过采取自愿戒毒、社区戒毒、强制隔离戒毒、社区康复等多种措施，建立戒毒治疗、康复指导、救助服务兼备的工作体系。

四、关怀救助原则

关怀救助原则，是指对需要帮助的人在精神上予以关心照顾，在物质上给予一定的援助。"关怀救助"作为戒毒工作的基本原则之一，为戒毒人员的社会救助提供了法理基

---

〔18〕　孙宝华：《整合创新戒毒模式强化以人为本理念——以强制隔离戒毒的先进性为视角》，296 页，载《法制博览》，2012(7)。

〔19〕　胡江：《制度细化与理念更新：〈戒毒条例〉解读》，46～47 页，载《福建警察学院学报》，2011(5)。

础。根据《戒毒条例》《关于改进戒毒康复场所试点项目建设管理工作的意见》和《关于加强戒毒康复人员就业扶持和救助服务工作的意见》的规定,关怀救助原则主要体现在以下几个方面:

(1)关于强制隔离戒毒所外就医的规定。

(2)社区康复机构应当为社区康复人员提供必要的心理治疗和辅导、职业技能培训、职业指导以及就学、就业、就医援助的规定。

(3)戒毒康复场所应当配备必要的管理人员和医务人员,坚持把技能培训作为戒毒康复场所的重要任务,不断完善职业技能培训设施,大力加强职业技能培训工作,为戒毒人员提供戒毒康复、职业技能培训和生产劳动条件的规定。

(4)戒毒康复场所应当加强救助服务,积极帮助戒毒康复人员落实社会保障、解决生活困难。对符合条件的戒毒康复人员提供就业登记、就业困难人员认定、就业援助、最低生活保障、医疗保险、养老保险、失业保险等社会保障。对因特殊原因造成基本生活出现暂时困难的戒毒康复人员给予临时救助。对招用符合条件的戒毒康复人员的企业按规定享受相应的税收优惠政策。对招用符合就业困难人员条件的戒毒康复人员给予社会保险补贴,鼓励企业参与戒毒康复事业。

(5)关怀救助原则还体现在建立亲情帮教、戒毒志愿者等社会帮教队伍,建立和恢复社会支持系统等方面。在戒毒人员回归社会后进行后续照管,给予戒毒人员积极的关爱、帮扶、关怀、救助,及时了解和解决戒毒人员的现实处境和困境,并给予及时的疏通引导,使戒毒人员每时每刻都能感受到社会的温暖,帮助戒毒人员始终在正确的人生轨道上前行。

第四节　自愿戒毒与戒毒药物维持治疗

一、自愿戒毒

(一)自愿戒毒的含义

自愿戒毒,是指具有资质的戒毒医疗机构对自愿要求来机构内戒毒治疗的吸毒人员进行戒治的一种措施。自愿戒毒是一个建立在药物毒理学、病理生理学、病理心理学、精神病学、医学伦理学等学科基础上的综合治疗措施。所以自愿戒毒也称为医学戒毒、治疗性戒毒、临床干预戒毒等。[20]自愿戒毒作为我国戒毒体系中的第一个环节,对整个戒毒系统的顺利运转,戒毒效果的稳定提升奠定了重要的基础。

《禁毒法》第三十六条及《戒毒条例》第九条规定,吸毒人员可以自行到具有戒毒治疗

---

〔20〕 杨良:《药物依赖学》,131页,北京,人民卫生出版社,2015。

资质的医疗机构接受戒毒治疗。国家为了鼓励吸毒成瘾人员自行戒除毒瘾，对自愿接受戒毒治疗的吸毒人员，公安机关对其原吸毒行为不予处罚。这充分体现了首先将吸毒成瘾者视为"病人"的理念和鼓励吸毒人员主动、积极进行戒毒治疗的政策。[21]

(二) 自愿戒毒的模式

自愿戒毒实际上包括四种形式：一是传统的自愿戒毒模式，即除戒毒医疗机构开展的自愿戒毒外，还有家庭戒毒、亲属帮助戒毒模式；二是根据《禁毒法》第三十八条规定，吸毒成瘾人员经公安机关同意，自愿进入强制隔离戒毒场所戒毒的；三是自愿申请参加戒毒药物维持治疗的；四是新型的自愿戒毒模式。近年来，自愿戒毒模式跟随社会的发展进步而创新，典型代表如深圳的"创新致培班"、昆明的"实体经营"、湖北的"太阳花"治疗康复社区，以及云南的"中美戴托普戒毒康复村"；等等。

(三) 自愿戒毒的法律性质

《禁毒法》赋予了自愿戒毒的合法地位，对于初次吸毒或吸食低毒性毒品未成瘾的人员，不必责令其接受强制性戒毒。吸毒者到具有戒毒资质的医疗机构接受戒毒属于自愿性质，不属于国家法定机关责令或强制的行为，从这个角度讲，自愿戒毒体现了医疗机构和吸毒人员之间平等的民事法律关系。《禁毒法》《戒毒条例》和《医疗戒毒服务管理暂行办法》等法律法规，将戒毒任务委托给戒毒医疗机构，而且还规定了医疗机构有采取临时保护性约束措施的职权和报告的义务。因而，自愿戒毒在本质上是国家通过戒毒医疗机构的戒毒治疗来履行国家义务。[22]

从这点来看，它又不是一般性质的民事法律关系，而是一种带有公法色彩的民事法律关系。

(四) 自愿戒毒的法律依据

《禁毒法》是我国首次从国家法律层面上将自愿戒毒列为法定戒毒模式。2010 年 3 月 1 日，我国原卫生部制定了《戒毒医院基本标准(试行)》和《医疗机构戒毒治疗科基本标准(试行)》，同年卫生部、公安部、司法部联合制定下发了《戒毒医疗服务管理暂行办法》，2011 年 6 月 22 日，国务院颁布了《戒毒条例》，这些法律法规及部门规章的颁布实施，对自愿戒毒工作的开展提供了法律依据和操作规范。尤其是《戒毒条例》在第二章以整章篇幅对自愿戒毒的政策、机构、管理、义务等进行了阐述，明确了自愿戒毒应承担的职责、义务和对自愿戒毒机构在管理、医疗上的要求和规范。

(五) 自愿戒毒的适用条件

自愿戒毒机构为了保证戒毒效果，避免风险，往往会对自愿戒毒者设定一定的条件，

---

〔21〕 刘志民：《以人为本，用科学发展观指导戒毒工作——刘志民教授就〈戒毒条例〉相关内容答〈禁毒周刊〉记者问》，75 页，载〈中国药物依赖性杂志〉，2012(1)。

〔22〕 曾文远：《论自愿戒毒：法规范、定位与制度创新》，3 页，载《安徽警官职业学院学报》，2013(3)。

并非对所有前来戒毒的人员都接收。一般来说,自愿戒毒者应当具备以下条件:

(1) 个人拥有强烈的自愿戒毒意愿。

(2) 人格健全,认知良好。

(3) 家庭关系和睦,监护人能积极配合。

(4) 排除心脏病、恶性肿瘤、癫痫、智力低下、精神分裂症等严重疾病。

(六)戒毒医疗机构的设立条件

戒毒医疗机构,是指经省级人民政府卫生行政部门批准从事戒毒医疗服务的戒毒医院或设有戒毒医疗科的其他医疗机构。《禁毒法》第三十六条对设置戒毒医疗机构做了原则性规定,即设置戒毒医疗机构或者医疗机构从事戒毒治疗业务的,应当符合国务院卫生行政部门规定的条件,报所在地的省、自治区、直辖市人民政府卫生行政部门批准,并报同级公安机关备案。

《戒毒医疗服务管理暂行办法》在第六条中对医疗机构申请开展戒毒医疗服务的条件做了比较详细的规定。这些条件是:

(1) 能够独立承担民事责任。

(2) 有明确的自愿戒毒医疗服务范围和封闭式的脱毒治疗场所。

(3) 符合卫生部颁布的《自愿戒毒医疗机构基本标准》或《自愿戒毒医疗科基本标准》和本办法规定。戒毒治疗应当遵守国务院卫生行政部门制定的戒毒治疗规范,接受卫生行政部门的监督检查。

(4) 申请设置戒毒医院的,应当按照《医疗机构管理条例》《医疗机构管理条例实施细则》及本办法的有关规定报省级卫生行政部门批准。其他医疗机构开展戒毒医疗服务的,经执业登记机关审核同意后逐级报省级卫生行政部门批准。自愿戒毒医疗机构的注册登记按照《医疗机构管理条例》等有关规定执行。在登记、核准机关经登记取得《医疗机构执业许可证》,同时报送同级公安部门备案。非医疗机构不能开展医疗戒毒业务。

(5) 自愿戒毒医疗机构应在卫生行政部门核定的诊疗范围内开展自愿戒毒医疗服务,未经批准不得擅自扩大诊疗项目和范围。

二、戒毒药物维持治疗

(一)戒毒药物维持治疗概述

戒毒药物维持治疗(以下简称维持治疗),是指在符合条件的医疗机构,对符合条件的阿片类物质成瘾者选用适宜的药品进行长期维持治疗,以减轻他们对阿片类物质的依赖,促进身体康复的戒毒医疗活动。维持治疗是控制注射吸毒感染艾滋病和减少毒品滥用及相关违法犯罪活动的有效措施。维持治疗是采用危险性较小的药物替代原有药物,并逐步减少剂量,最终达到戒除毒瘾的效果。这是一种在"减少毒品供应"和"减少毒品需求"无效的情形下,以低毒替代高毒,"降低毒品危害"的"姑息策略"。

《禁毒法》第五十一条规定,省、自治区、直辖市人民政府卫生行政部门会同公安机关、药品监督管理部门依照国家有关规定,根据巩固戒毒成果的需要和本行政区域艾滋病流行情况,可以组织开展戒毒药物维持治疗工作。维持治疗是一项公益活动,必须坚持公益性原则,不得以营利为目的。《戒毒条例》第十二条规定,对于符合参加戒毒药物维持治疗条件的戒毒人员,经由本人申请并经登记,可以参加戒毒药物维持治疗。《戒毒药物维持治疗工作管理办法》作为具体指导戒毒药物维持治疗工作的法律性文件,对戒毒药物维持治疗作了比较详细的规定。

(二) 维持治疗的工作机制

维持治疗工作是防治艾滋病与禁毒工作的重要组成部分,维持治疗工作应当纳入各级人民政府防治艾滋病与禁毒工作规划,实行政府统一领导,有关部门各负其责,社会广泛参与的工作机制。

1. 国家卫生计生委

会同公安部、国家食品药品监管总局,负责组织协调、监测评估与监督管理全国的维持治疗工作;根据全国艾滋病防治工作需要和各省级卫生计生行政部门上报的维持治疗工作计划,确定各省(区、市)工作任务。

2. 卫生计生行政部门

(1)省级卫生计生行政部门,会同同级公安、食品药品监管等有关部门制订本辖区的维持治疗工作规划,根据本辖区内现有阿片类物质成瘾者分布状况和需求,结合辖区内现有医疗卫生资源分布状况,规划维持治疗机构的数量和布局,并可以根据情况变化进行调整;开展组织协调、监测评估等工作;负责本辖区维持治疗工作的审批,组织维持治疗机构的专业人员培训,并对维持治疗工作进行监督管理与技术指导。(2)县级、设区的市级卫生计生行政部门,会同同级公安机关、食品药品监管部门建立联席会议机制,协商解决维持治疗工作中存在的问题;会同公安机关及食品药品监管部门及时处理对维持治疗组织或者个人对违纪违法行为的举报;负责维持治疗机构内维持治疗药品使用和有关医疗活动的监督管理;负责对维持治疗机构及个人违反治疗技术有关规范行为的处理。

3. 公安机关

(1)省级公安机关负责本辖区治疗人员信息的备案登记工作。(2)县级、设区的市级公安机关负责依法处理维持治疗工作中的违法犯罪行为。

4. 食品药品监管部门

(1)省级食品药品监管部门负责辖区内维持治疗药品配制单位的审核和确定,维持治疗药品配制、供应的监督管理工作,对治疗人员开展药物滥用监测工作。(2)县级、设区的市级食品药品监管部门负责对维持治疗药品配制、供应等进行日常监督检查;负责对维持治疗机构及个人违反治疗技术有关规范行为的处理。

维持治疗工作中违反本办法规定的,卫生计生行政部门、公安机关及食品药品监管部门将依照国家有关法律法规进行处理。

(三)维持治疗人员

维持治疗人员,是指被解除强制隔离戒毒的或正在社区戒毒、社区康复的,经乡(镇)、街道社区戒毒、社区康复工作机构同意,自愿申请参加维持治疗活动,经审核符合维持治疗条件的人员。登记参加戒毒药物维持治疗的戒毒人员的信息应当及时报公安机关备案。

维持治疗人员包括两类:一是被解除强制隔离戒毒的;二是经社区戒毒、社区康复转介而来的。[23] 申请参加维持治疗的条件包括以下几条:

(1)年龄在十八周岁以上、有完全民事行为能力的阿片类物质成瘾者。

(2)十八周岁以下的阿片类物质成瘾者,采取其他戒毒措施无效且经其监护人书面同意的。

(3)有治疗禁忌症的,暂不宜接受维持治疗。禁忌症治愈后,可以申请参加维持治疗。

申请人申请参加维持治疗需要提交个人身份证复印件,吸毒经历书面材料,相关医学检查报告。维持治疗机构接到申请人提交的合格资料后的五个工作日内,书面告知申请人是否可以参加治疗,并将审核结果报维持治疗机构所在地公安机关备案。

(四)维持治疗机构的任务

维持治疗机构,是指经省级卫生计生行政部门批准,从事戒毒药物维持治疗工作的医疗机构。维持治疗机构的任务包括:

(1)为治疗人员建立病历档案,并按规定将治疗人员信息及时报维持治疗机构所在地公安机关登记备案。

(2)为治疗人员提供维持治疗。

(3)开展禁毒和防治艾滋病法律法规宣传。

(4)开展艾滋病、丙型肝炎、梅毒等传染病防治和禁毒知识宣传。

(5)提供心理咨询、心理康复及行为矫治等工作。

(6)开展艾滋病、丙型肝炎、梅毒和毒品检测。

(7)协助相关部门对艾滋病病毒抗体阳性治疗人员进行随访、治疗和转介。

(8)协助食品药品监管部门开展治疗人员药物滥用的监测工作。

(9)与当地社区戒毒、社区康复工作机构及戒毒康复场所建立衔接机制,加强信息的沟通与交流。

(10)发现治疗人员脱失的,应当及时报告当地公安机关;发现正在执行社区戒毒、社

---

〔23〕 参见《关于加强戒毒药物维持治疗和社区戒毒、强制隔离戒毒、社区康复衔接工作的通知》。

区康复治疗人员脱失的,应当同时通报相关社区戒毒、社区康复工作机构。

(11)治疗人员变更维持治疗机构场所的,负责治疗人员的转介工作,以继续在异地接受维持治疗服务。正在执行社区戒毒、社区康复措施的,应当会同社区戒毒、社会康复工作机构一并办理相关手续。

(12)治疗人员在参加维持治疗期间出现违反治疗规定、复吸毒品、严重影响维持治疗机构正常工作秩序或者因违法犯罪行为被羁押而不能继续接受治疗等情形的,维持治疗机构应当终止其治疗,及时报告当地公安机关。

第五节　社　区　戒　毒

一、社区戒毒概述

(一)社区戒毒的概念

社区戒毒,是指公安机关对首次查获的符合条件的吸毒成瘾人员,责令其到户籍所在地或者现居住地接受戒毒治疗,在家庭、社区组织以及政府有关部门和社会力量的监督帮助下,在一定的期限内自觉接受社区专业人员的监督指导、康复训练、技能培训、就业援助与指导的戒毒措施。

根据《禁毒法》第三十三条和《戒毒条例》第十三条的规定,县级、设区的市级人民政府公安机关可以责令吸毒成瘾人员接受社区戒毒,并出具责令社区戒毒决定书,送达本人及其家属,同时通知本人户籍所在地或者现居住地乡(镇)人民政府、城市街道办事处。社区戒毒的期限为三年。

(二)社区戒毒的特点

社区戒毒是《禁毒法》规定的一项新的戒毒措施,是一种半自愿半约束性质的戒毒措施,社区戒毒具有强制隔离戒毒所没有的优势。表现在:

(1)法定性。虽然社区戒毒是城市街道办事处、乡镇人民政府或者其指定的有关基层组织与戒毒人员签订社区戒毒协议,以戒毒协议的方式进行监督管理的,但它是以公安机关作出的决定为前提的,社区戒毒人员在社区内接受戒毒治疗时,须遵守有关部门的行为规范。如果吸毒成瘾人员不接受公安机关作出的社区戒毒令,公安机关有权对其采取强制隔离戒毒措施,因而它具有强制性、法定性的特点。

(2)非禁闭性。社区戒毒不同于强制性戒毒将吸毒人员长期置于封闭的戒毒所进行戒毒治疗的做法,它让吸毒人员在社区较为宽松开放的环境下接受戒毒治疗,能够更好地利用社会资源帮助其戒毒,这也是社区戒毒的一大特色和优势。

(3)社会参与性。社区戒毒在政府统一领导下,吸纳了民间组织、社会工作者和专业人士等社会力量,并调动社区居民也参与戒毒工作中,从而减缓了政府负责强戒的压力,减低了戒毒工作的行政色彩。

（4）系统性。社区戒毒的运行原理建立在系统论或整体论的基础上。从宏观层面的指导思想到微观层面的操作方式,社区戒毒机制的运行涉及各级人民政府、公安机关、司法行政机关、医疗卫生部门及街道办事处等职能部门的通力合作和协调运行。[24]

二、社区戒毒的适用对象

（一）社区戒毒的适用条件

社区戒毒的适用对象,是指依照法律规定,符合社区戒毒条件的吸毒成瘾人员。根据《禁毒法》第三十三、第三十八、第三十九条的规定,社区戒毒的对象包括以下几种:

（1）吸毒成瘾被初次查获或者未曾经过强制隔离戒毒措施,并且有稳定生活来源、具备家庭监护条件的吸毒成瘾人员。吸毒成瘾,是指吸毒人员对毒品产生生理依赖和心理依赖,表现在心理上的强烈渴求和行为上不惜一切代价去获取毒品,具有一定周期性或连续性吸毒的过程。一旦停止,就会出现生理上的戒断症状。同时对毒品产生不同程度的耐受性,导致吸毒人员不断提高吸毒量,加速对身心的损耗。对于那些虽然吸毒,但没有达到医学上成瘾指标的人员,如一些初次吸毒或者吸食低毒性毒品没有形成毒瘾的人,不需要进行戒毒的,通常只给予治安处罚,不进行戒毒治疗。

（2）怀孕或者正在哺乳自己不满一周岁婴儿的妇女,或者患有严重疾病（残疾）且生活不能自理的吸毒成瘾人员。《禁毒法》第三十九条第一款规定,怀孕或者正在哺乳自己不满一周岁婴儿的妇女吸毒成瘾的,不适用强制隔离戒毒。怀孕不能仅凭吸毒成瘾人员的陈述,必须有医院的孕检证明材料或通过目测明显能够作出判断。

（3）年龄不满十六周岁的未成年人,或者七十周岁以上,并且具有家庭监护条件的吸毒成瘾人员,可以不适用强制隔离戒毒。"家庭监护条件",是指吸毒成瘾人员的父母、配偶、成年子女等家属,对其具有监护义务,且有能力履行和承担监护责任的情形。

（4）其他不适宜强制隔离戒毒的。

对第二种、第三种规定不适用强制隔离戒毒的吸毒成瘾人员,依照本法规定进行社区戒毒。

（二）社区戒毒人员的义务

社区戒毒人员,是指依照法律规定,由公安机关责令到户籍地或居住地的社区接受戒毒治疗的人员。作为依法被强制到社区戒毒的人员,必须履行自己的义务,以保障社区戒毒工作能够顺利进行。根据《禁毒法》第三十五条、《戒毒条例》第十四条、第十九条、第二十二条规定,社区戒毒人员应当履行的义务主要包括:

---

[24] 刘建宏主编:《新禁毒全书（第三卷）》,118页,北京,人民出版社,2014。

（1）遵守法律法规。社区戒毒人员应当遵守有关法律法规,特别是不得违反有关禁毒、戒毒的相关法律法规,比如不得违反《刑法》《治安管理处罚法》的规定从事毒品违法犯罪行为,不得违反有关麻醉品、精神药品管理的规定吸食、注射毒品等。

（2）自觉履行社区戒毒协议。社区戒毒协议带有强制性特点,社区戒毒人员必须遵守协议内容和履行义务。比如,按时到指定的地点服药、积极参加社区举办的戒毒心理、行为康复的训练项目等。

（3）根据公安机关的要求,定期接受检测。定期接受检测是社区戒毒协议的一项重要内容,对于检测的时间间隔,可以由公安机关根据吸毒成瘾以及戒毒进展的情况确定。

（4）按期报到和报告。①社区戒毒人员自收到责令社区戒毒决定书或执行地变更之日起十五日内,要到社区戒毒执行地乡（镇）人民政府、城市街道办事处报到,无正当理由逾期不报到的,视为拒绝接受社区戒毒。②按照要求定期以口头或书面形式向公安机关或者社区戒毒工作小组报告情况,因事需要离开社区戒毒执行地所在县（市、区）三日以上的,须书面报告。

（5）在社区戒毒期间,经公安机关批准参加戒毒药物维持治疗的,不得无故终止治疗。

三、社区戒毒机关

（一）社区戒毒的决定机关

《禁毒法》第三十三条和《戒毒条例》第十三条明确规定,有权作出社区戒毒决定的机关是县级、设区的市级人民政府公安机关。社区戒毒是一种行政强制措施,只有负有维护社会治安秩序职能的行政机关才有权作出。为了维护法律的严肃性,只有县级、设区的市级公安机关才有资格作出社区戒毒的决定,其派出机构（派出所）不具有决定权利。

（二）社区戒毒执行机关

1. 社区戒毒的执行地

社区戒毒是将吸毒成瘾人员放在其生活的社区,由有关基层组织和机构进行戒毒管理的一种戒毒模式。[25] 对于戒毒的执行地的确定,应当本着既有利于社区矫正管理,又不妨碍戒毒人员正常生活、学习的原则进行。根据我国现行的社会管理制度,公民在户籍所在地可以享受到入学、就业、医疗、民政、劳动和社会保障等各方面的政策。而且,户籍所在地的城市街道办事处、乡镇人民政府对吸毒人员较为熟悉,便于进行管理,因此社区戒毒在户籍地执行较为适宜。但是,随着改革开放的深入,人口的流动日益频繁,外出就业、经营、求学、工作的人口越来越多,为了不影响戒毒人员正常的生活、工作和学习,

---

〔25〕 参见《〈中华人民共和国禁毒法〉注释与配套》,43页,北京,国法制出版社,2008。

也可以在现居住地执行。在现居住地执行社区戒毒,应当有固定的住所。这是为了保证吸毒人员不脱离社区,保证社区戒毒有效进行。[26]

2. 社区戒毒执行机关

根据《禁毒法》第三十四条等规定,城市街道办事处、乡镇人民政府负责社区戒毒工作。公安机关和司法行政、卫生行政、民政等部门应当对社区戒毒工作提供指导和协助。城市街道办事处、乡镇人民政府可以指定有关基层组织,根据戒毒人员本人和家庭情况,与戒毒人员签订社区戒毒协议,落实有针对性的社区戒毒措施。《戒毒条例》第十五、第十七条分别规定,乡(镇)人民政府、城市街道办事处应当根据工作需要成立社区戒毒工作领导小组,配备社区戒毒专职工作人员,制订社区戒毒工作计划,落实社区戒毒措施。社区戒毒专职工作人员、社区民警、社区医务人员、社区戒毒人员的家庭成员以及禁毒志愿者共同组成社区戒毒工作小组具体实施社区戒毒。《关于加强社区戒毒社区康复工作的意见》指出,各地禁毒委员会要指导乡(镇)人民政府、城市街道办事处根据工作需要建立健全社区戒毒社区康复工作领导小组,由分管领导任组长,综合治理、公安、卫生计生、民政、司法行政等有关部门负责人为成员,依法履行社区戒毒社区康复工作职责。

从以上法律法规可以看出,社区戒毒的执行机关是城市街道办事处、乡镇人民政府;具体工作单位是有关基层组织(居委会、村委会);参与部门有公安机关和司法行政、卫生行政、民政等;负责组织实施的是由社区戒毒专职工作人员、社区民警、社区医务人员、社区戒毒人员的家庭成员以及禁毒志愿者共同组成的社区戒毒工作小组。

(三) 社区戒毒工作小组的任务

《关于加强社区戒毒社区康复工作的意见》明确要求,建立集动态管控、戒毒治疗、心理矫治、帮扶救助、就业指导、宣传教育等"六位一体"功能的社区戒毒社区康复服务中心。结合《禁毒法》《戒毒条例》等相关规定,社区戒毒工作机构与参与社区戒毒的工作人员的任务主要有以下几个方面。

(1) 应当对违反社区戒毒协议的戒毒人员,进行批评、教育;对严重违反社区戒毒协议或在社区戒毒期间又吸食、注射毒品的人员,应当及时向作出社区戒毒决定的公安机关报告。

(2) 发现社区戒毒人员出现急性戒断症状或其他疾病危及生命的,可以协助本人或者亲属将其送到卫生部门指定的医疗机构进行救治。

(3) 对无职业且缺乏就业能力的社区戒毒人员,提供必要的职业技能培训、就业指导和就业援助,帮助其解决就业问题,并鼓励其自谋职业。

(4) 定期与社区戒毒人员会见,了解其在戒毒治疗、身体康复、家庭生活、就业工作以

---

[26] 固定住所,不仅指自己的住房,也包括自己可以长期稳定居住的亲友家中或者租住的房屋等。只有固定的住所才能在现居住地进行社区戒毒。

及学习培训等方面的情况,并在生理脱毒、心理康复、行为矫正等方面予以辅导和法律知识的学习指导。

(5)对生活困难且符合低保条件的社区戒毒人员,积极协调有关部门将其纳入最低社会保障范围,保障其基本生活。

(6)按照公安机关《吸毒人员检测工作制度》的规定,督促社区戒毒人员定期到公安机关接受检测。

(7)对短期外出提出请假或者申请参加戒毒药物维持治疗的,视情予以批准,并通知公安机关。对需要变更社区戒毒执行地的,应当及时向执行地城市街道办事处、乡(镇)人民政府报告,并及时移交有关材料。

(8)依据社区戒毒人员历次检测结果和是否违反《社区戒毒协议》等实际表现情况,定期进行小结和效果评估。

(9)社区戒毒期满,提出解除社区戒毒具体意见,报所属街道办事处、乡(镇)人民政府。

四、严重违反社区戒毒协议的认定

(一)社区戒毒协议

社区戒毒协议,是指由城市街道办事处、乡镇人民政府指定基层组织与社区戒毒人员,为落实有针对性的社区戒毒措施,根据社区戒毒人员本人和家庭情况签订的,规定双方在社区戒毒过程中各自承担的责任、履行的义务的行政合同。《戒毒条例》第十六条规定,"乡(镇)人民政府、城市街道办事处,应当在社区戒毒人员报到后及时与其签订社区戒毒协议,明确社区戒毒的具体措施、社区戒毒人员应当遵守的规定以及违反社区戒毒协议应承担的责任。"

社区戒毒协议是戒毒人员和执行机关落实有针对性戒毒措施的基础。社区戒毒协议因其具有内在合意性和外在格式性,应当视之为行政合同,它是游离在强制性行政行为与民事契约之间的一种特殊行政行为形态。[27]

(二)严重违反社区戒毒协议的认定

《禁毒法》第三十八条第三款规定,吸毒成瘾人员严重违反社区戒毒协议的,由县级以上人民政府公安机关作出强制隔离戒毒的决定。《戒毒条例》第二十条具体规定了属于"严重违反社区戒毒协议"的几种情形。

(1)逃避或者拒绝接受检测三次以上。

(2)擅自离开社区戒毒执行地所在县(市、区)三次以上。

(3)擅自离开社区戒毒执行地所在县(市、区)或者累计超过三十日的。

---

〔27〕 曾文远:《论社区戒毒协议——简论行政合同在警察法领域中的理念革命》,71 页,载《全国药物滥用防止研讨会文集》,2009。

第六节　强制隔离戒毒

一、强制隔离戒毒的概念与特征

（一）强制隔离戒毒的概念

强制隔离戒毒,是根据公安机关的决定,通过强制隔离的方式,将符合法定条件的吸毒成瘾人员置于专门场所,通过生理脱毒、身心康复、行为矫正、技能训练和回归适应等手段,进行戒治康复的一种措施。

（二）强制隔离戒毒的特征

1. 处罚性

《禁毒法》明确规定吸毒成瘾者必戒,因此,社区戒毒、强制隔离戒毒、社区康复作为三种不同程度的强制性戒毒措施,都具有处罚性,强制隔离戒毒则是其中最为严厉的处罚。

2. 行政性

强制隔离戒毒的行政性表现在:一是吸毒行为违反的主要是行政管理方面的法律、法规;二是戒毒强制措施是由行政机关作出的;三是强制隔离戒毒的执行机关是行政机关,是由公安机关和司法行政机关负责管理,县级以上地方各级人民政府的卫生部门、民政部门予以配合。所以强制隔离戒毒是一种政府行为,具有行政性。

3. 强制性

公安机关对吸毒成瘾人员作出强制隔离戒毒决定,其目的预防或制止吸毒成瘾人员继续吸毒。强制隔离戒毒的强制性主要表现在强制隔离戒毒人员的人身自由在一定期限内受到限制。强制隔离戒毒场所采取的一系列强制性措施,如单独管理、保护性约束措施从性质上来讲是一种行政强制措施。2013 年 1 月 1 日实行的《公安机关办理行政案件程序规定》第二条也明确了强制隔离戒毒的性质是一种行政强制措施。

4. 封闭性

封闭性是指戒毒地点是封闭的、管理是封闭的,虽然它意味着戒毒人员失去一部分人身自由,但也使强制隔离戒毒人员脱离了以前吸毒"圈子",减少了外在不良环境的影响,有效避免了吸毒这种社会性传染病的传染,让戒毒者能在戒毒场所安心、静心戒毒。但这种封闭性不是与世隔绝的,在符合法定条件下,其家属可来所探访,戒毒人员也可以外出探视。

5. 教育性

强制隔离戒毒人员的吸毒原因很多,其中对毒品危害的错误认知,法制观念淡薄,人生观、价值观扭曲等是非常重要的原因。强制隔离戒毒场所在生理脱毒、心理脱瘾和技能培训之外,还要进行一系列的法制教育、道德教育和文化教育等,帮助吸毒成瘾人员转变错误的观念,珍爱生命,树立戒毒信心,提高认知能力,教育和挽救他们。

6. 戒治性

戒治性是指强制隔离戒毒所应当根据戒毒人员吸食、注射毒品的种类及成瘾程度等,对戒毒人员进行有针对性的生理、心理治疗和身体康复。戒除毒瘾是强制隔离戒毒的根本目的,戒除毒瘾主要通过综合性的治疗手段来实现,强制隔离戒毒所正是为了矫治吸毒恶习,消除心理疾患与依赖而建立的。

二、强制隔离戒毒所

(一) 强制隔离戒毒所的设置

强制隔离戒毒所是依照法律规定设立的用于接收强制隔离戒毒人员,进行教育矫治、戒毒康复的场所。《禁毒法》第四十一条第二款规定,强制隔离戒毒场所的设置、管理体制和经费保障,由国务院规定。目前我国强制隔离戒毒所设置实行的是公安、司法行政部门"二元化"管理体制,即分为公安机关和司法行政部门管辖的强制隔离戒毒所两类。

《戒毒条例》第六条、《公安机关强制隔离戒毒所管理办法》第五条、《司法行政机关强制隔离戒毒工作规定》第六条对强制隔离戒毒所的设置做了如下规定:

(1) 强制隔离戒毒场所的设置为县级、设区的市级人民政府。

(2) 公安机关设置的,须经本级人民政府和省级人民政府公安机关分别审核同意后,报省级人民政府批准,并报公安部备案。

司法行政机关设置的,应当符合司法部的规划,经省、自治区、直辖市司法厅(局)审核,由省级人民政府批准,并报司法部备案。

(3) 具备条件的地方,应当单独设置收治女性戒毒人员的强制隔离戒毒所和收治未成年戒毒人员的强制隔离戒毒所。

(二) 强制隔离戒毒所的职责

强制隔离戒毒所的职责,是指依照相关法律规定,享有的权利和应当履行的义务。

1. 强制隔离戒毒机关的主要权力

(1) 强制措施执行权。包括依法接收强制隔离戒毒人员,对于不符合接收条件的,拒绝接收;入所检查权;变更强制隔离戒毒措施;解除强制隔离戒毒人员的权力等。

(2) 戒毒场所管理权。包括对戒毒人员分类、分期、分级管理权,安全警戒权,对戒毒人员来往邮件和物品的检查权,对戒毒人员外出探视的批准权,对戒毒人员的惩戒权,对戒毒人员保护性约束的权力,对戒毒人员单独管理的权力,警械使用权,对戒毒人员申诉、控告、检举的处理权,对戒毒人员的诊断评估权,等等。

（3）戒毒人员戒治权。它包括对强制隔离戒毒人员进行的医疗脱毒、康复训练、教育矫治、组织强制隔离戒毒人员参加生产劳动的权力等。

（4）获得国家必要的物质保障权等。

2. 强制隔离戒毒机关的主要义务

（1）正确执行强制隔离戒毒决定。

（2）严格、公正、廉洁、文明执法。

（3）尊重强制隔离戒毒人员的人格,保护其合法权益。

（4）接受人民检察院的法律监督等。

三、强制隔离戒毒人员

（一）强制隔离戒毒的适用对象

强制隔离戒毒的适用对象,是符合强制隔离戒毒法定条件的吸毒成瘾人员。根据《禁毒法》第三十八条、《戒毒条例》第二十五条的规定,吸毒成瘾人员有下列情形之一的,由县级以上公安机关作出强制隔离戒毒决定:

（1）拒绝接受社区戒毒的。

（2）在社区戒毒期间吸食、注射毒品的。

（3）严重违反社区戒毒协议的。

（4）经社区戒毒、强制隔离戒毒后再次吸食、注射毒品的。

除此之外,还有两类吸毒成瘾人员也可成为强制隔离戒毒人员:

（1）吸毒成瘾严重,通过社区戒毒难以戒除毒瘾的人员,县级、设区的市级人民政府公安机关可以直接作出强制隔离戒毒的决定。

（2）自愿接受强制隔离戒毒的吸毒成瘾人员,经强制隔离戒毒场所所在地县级、设区的市级人民政府公安机关同意,可以进入强制隔离戒毒场所戒毒。

为了保护妇女及未成年人的合法权益,《禁毒法》第三十九条第一款规定:

（1）怀孕或者正在哺乳自己不满一周岁婴儿的妇女吸毒成瘾的,不适用强制隔离戒毒。

（2）不满十六周岁的未成年人吸毒成瘾的,可以不适用强制隔离戒毒。

《戒毒条例》第二十六条规定,对依照《禁毒法》第三十九条第一款的规定不适用强制隔离戒毒的吸毒成瘾人员,县级、设区的市级人民政府公安机关应当作出社区戒毒的决定。这些特定吸毒成瘾人员,是社区戒毒的重点对象。

（二）强制隔离戒毒人员

1. 强制隔离戒毒人员

强制隔离戒毒人员,是指依法被县级以上公安机关决定,在强制隔离戒毒场所进行戒毒康复的吸毒成瘾人员。根据现有法律规定,强制隔离戒毒人员在公安机关的强制隔离戒毒场所执行三至六个月后(最多不超过一年),交由司法行政部门的强制隔离戒毒所继续执行。或依据省、自治区、直辖市具体执行方案送交的强制隔离戒毒人员,依法执行强制隔离戒毒。

2. 强制隔离戒毒人员的权利

强制隔离戒毒人员的权利,是指强制隔离戒毒人员作为强制隔离戒毒法律关系的主体,在强制隔离戒毒期间依法应当享有的权利。根据宪法、法律法规的规定,强制隔离戒毒人员在强制隔离戒毒期间,依法享有以下权利:

(1)一般权利。即任何公民都享有宪法和法律规定的权利,强制隔离戒毒人员作为中华人民共和国公民,他们享有宪法和法律中规定公民享有的且在强制隔离戒毒期间未被剥夺的权利。主要包括生存权、政治方面的权利、民事方面的权利、文化教育权、休息权、获得劳动报酬和劳动保护权等。

(2)特殊权利。强制隔离戒毒人员的特殊权利,是指戒毒人员在强制隔离戒毒期间特有的权利,主要包括:探访探视权;按期、提前解除强制隔离戒毒的权利;转入社区戒毒或戒毒康复所的权利;未成年强制隔离戒毒人员、女性强制隔离戒毒人员实行分类管理的权利等。

3. 强制隔离戒毒人员的义务

强制隔离戒毒人员的义务,是指强制隔离戒毒人员在强制隔离戒毒期间,依照法律法规应当作出或不作出一定行为的约束。在戒毒期间,强制隔离戒毒人员因自由受到一定限制,宪法中规定的一些基本义务暂不能履行,如"依照法律服兵役和参加民兵组织"等。除去其他必须履行和能够履行的宪法和法律规定的义务外,强制隔离戒毒人员还应依法履行以下特定义务。

(1)遵守《禁毒法》《戒毒条例》和《司法行政机关强制隔离戒毒工作规定》等法律法规以及部门规章制度等。

(2)遵规守纪的义务。包括遵守强制隔离戒毒人员的生活作息制度、强制隔离戒毒人员行为规范、强制隔离戒毒人员内务卫生规范等。

(3)参加习艺劳动的义务。有劳动能力的强制隔离戒毒人员在强制隔离期间必须接受习艺劳动。

(4)履行接受康复治疗的义务。履行接受康复治疗的义务,服从戒毒工作人员、人民警察管理,积极配合治疗也是对强制隔离戒毒人员最基本的行为要求。

(5)接受教育矫治的义务。《禁毒法》《戒毒条例》《司法行政机关强制隔离戒毒工作规定》中都规定了对戒毒人员进行教育的内容。

四、强制隔离戒毒的期限及变更

（一）强制隔离戒毒期限及时间计算

1. 强制隔离戒毒的期限

根据《禁毒法》第四十七条的规定，强制隔离戒毒的期限为两年。入所一年后经诊断评估，戒毒表现良好的强制隔离戒毒人员可以提前解除。强制隔离戒毒期满前，经诊断评估，对于需要延长戒毒期限的戒毒人员，由强制隔离戒毒场所提出延长戒毒期限的意见，报强制隔离戒毒的决定机关批准。强制隔离戒毒的期限最长可以延长一年。

提前解除或延长强制隔离戒毒期限由司法行政机关的强制隔离戒毒所提出意见后报强制隔离戒毒的决定机关批准。

2. 时间计算

《戒毒条例》第二十七条规定，强制隔离戒毒时间自作出决定之日起计算。一般情况下，被强制隔离戒毒的人员在公安机关的强制隔离戒毒场所执行三至六个月后，转至司法行政部门的强制隔离戒毒场所继续执行强制隔离戒毒。如不具备执行前款规定条件的省、自治区、直辖市，由公安机关和司法行政部门共同提出意见报省、自治区、直辖市人民政府决定具体执行方案，但在公安机关的强制隔离戒毒场所执行强制隔离戒毒的时间不得超过十二个月。

（二）中止执行与终止执行

1. 中止执行

强制隔离戒毒人员被依法收监执行刑罚或者依法拘留、逮捕的，强制隔离戒毒所应当中止执行，并根据有关法律文书，与相关部门办理移交手续，并通知强制隔离戒毒决定机关。戒毒人员被依法释放时强制隔离戒毒尚未期满的，继续执行强制隔离戒毒。

2. 终止执行

强制隔离戒毒人员在强制隔离戒毒所内死亡的，强制隔离戒毒终止。强制隔离戒毒所并立即报告所属主管机关，通知其家属、强制隔离戒毒决定机关和当地人民检察院。

（三）期间与措施变更

1. 期间计算

（1）所外就医期间，强制隔离戒毒期限连续计算。

（2）强制隔离戒毒人员脱逃被追回的，脱逃期间不计入强制隔离戒毒期限。

（3）经批准变更为社区戒毒的，已执行的强制隔离戒毒期限折抵社区戒毒期限。

（4）根据戒毒人员诊断评估的结果，作出提前或延期均不超过一年的决定。

2. 措施变更

（1）由于健康状况不再适宜回所执行强制隔离戒毒的，强制隔离戒毒场所应当向强制隔离戒毒决定机关提出变更为社区戒毒的建议。

（2）《公安机关强制隔离戒毒所管理办法》第十五条规定，对怀孕或者正在哺乳自己不满一周岁婴儿的妇女，强制隔离戒毒所应当通知强制隔离戒毒决定机关依法变更为社区戒毒。戒毒人员不满十六周岁且强制隔离戒毒可能影响其学业的，强制隔离戒毒所可以建议强制隔离戒毒决定机关依法变更为社区戒毒。

五、强制隔离戒毒人员收治程序

根据《禁毒法》第四十条规定，强制隔离戒毒人员的收治程序主要有：

1. 制作决定书

强制隔离戒毒决定书，是指公安机关对吸毒成瘾人员予以强制隔离戒毒，作出的书面决定，是具有法律效力的文书。强制隔离戒毒决定书应当包括以下内容：

（1）被决定人的姓名、身份证件的名称和号码、住址。姓名应当与身份证件上的姓名一致。对事实清楚、证据充分、但不能如实提供真实姓名的，可以按照其供认的姓名填写。住址应当是被决定人的常住地址。[28]

（2）吸毒成瘾的违法事实和证据。"吸毒成瘾的违法事实"是指被决定人吸毒的具体行为和经过。"证据"主要是指符合吸毒成瘾医学标准的尿检结果报告以及其他证据。

（3）决定强制隔离戒毒的依据。公安机关作出强制隔离戒毒决定，主要是依据《禁毒法》的规定和由有关部门制定的吸毒成瘾标准。

（4）执行强制隔离戒毒的具体期限和场所。

（5）对决定不服，申请行政复议、提起行政诉讼的途径和期限。公安机关应当在决定书中向被决定人告知对决定不服的法律救济途径，即向被决定人告知可以向哪级行政机关申请行政复议或者向哪级人民法院提起行政诉讼，以及申请行政复议或者提起行政诉讼的期限。

（6）作出处罚决定的公安机关的名称和日期。作出决定的日期是必须载明的事项，决定书应当由作出决定的公安机关加盖印章。

2. 送达

公安机关制作好决定书后，应当在执行强制隔离戒毒前向被决定人送达决定书，这是决定书发生法律效力的基本前提，未送达的决定书对被决定人没有法律约束力。决定书的送达一般应当直接送达。除被决定人不讲真实姓名、住址，身份不明的可以在查清

---

〔28〕《公安机关强制隔离戒毒所管理办法》第十八条规定，强制隔离戒毒所应当配合办案部门查清戒毒人员真实情况，对新入所戒毒人员信息应当与在逃人员、违法犯罪人员等信息系统进行比对，发现戒毒人员有其他违法犯罪行为或者为在逃人员的，按照相关规定移交有关部门处理。

身份后立即通知之外,公安机关应当在二十四小时通知被决定人的家属、所在单位和户籍所在地公安派出所。当决定书送达被决定人后,由作出决定的公安机关对被决定予以强制隔离戒毒的人员送强制隔离戒毒场所执行。

3. 入所检查

根据《禁毒法》第四十二条、《戒毒条例》第二十八条第二款规定,戒毒人员进入强制隔离戒毒场所戒毒时,[29]应当接受对其身体和所携带物品进行检查。"身体"检查,包括对戒毒人员进行必要的健康检查,确认是否受伤、患有传染病或者其他疾病,对身体有外伤的,强制隔离戒毒所应当予以记录,由送戒人员出具伤情说明并由戒毒人员本人签字确认。对女性戒毒人员还应当确认是否怀孕等。女性强制隔离戒毒人员的身体检查,应当由女性工作人员进行。检查时应当有二名以上人民警察在场。"所携带物品"检查,是为了防止入所戒毒人员携带毒品和违禁物品进入强制隔离戒毒场所,破坏戒毒场所的管理秩序。

4. 接收

(1)公安机关强制隔离戒毒所接收。《公安机关强制隔离戒毒所管理办法》第十三、第十四条规定,强制隔离戒毒所凭《强制隔离戒毒决定书》接收戒毒人员,并填写《戒毒人员健康检查表》,并在全国禁毒信息管理系统中录入相应信息。戒毒人员基本信息与《强制隔离戒毒决定书》相应信息不一致的,强制隔离戒毒所应当要求办案部门核查并出具相应说明。办理入所手续后,强制隔离戒毒所民警应当向强制隔离戒毒决定机关出具收戒回执。

(2)司法行政机关强制隔离戒毒所接收。《司法行政机关强制隔离戒毒工作规定》第十四、第十五条规定,强制隔离戒毒所接收戒毒人员,应当填写强制隔离戒毒人员入所登记表,查收戒毒人员在公安机关强制隔离戒毒期间的相关材料。戒毒人员入所后,强制隔离戒毒所应当书面通知其家属,通知书应当自戒毒人员入所之日起五日内发出。

第十二条规定,对女性戒毒人员应当进行妊娠检测,对怀孕或者正在哺乳自己不满一周岁婴儿的妇女,不予接收。

六、强制隔离戒毒工作执法管理

(一)分别、分期、分级管理

1. 分别管理

《禁毒法》第四十四条、《戒毒条例》第三十条规定了强制隔离戒毒场所应当根据戒毒人员的性别、年龄、患病等情况,对戒毒人员实行分别管理。

分别管理,主要是指根据戒毒人员的性别、年龄、患病等情况,让其在不同的场所或

---

〔29〕 进入强制隔离戒毒场所,既包括第一次进入强制隔离戒毒场所,也包括戒毒人员外出探视后回所。

者区域生活、劳动、接受治疗,根据其特点实施不同的管理措施等。

(1)强制隔离戒毒场所对有严重残疾或者疾病的戒毒人员,应当给予必要的看护和治疗。"必要的看护",是指为了保证有严重残疾的戒毒人员和有严重疾病的戒毒人员正常生活和接受正常治疗的需要,向其提供必要的照顾和帮助。

(2)对患有传染病的戒毒人员,应当依法采取必要的隔离、治疗措施。"依法",主要是指依照传染病防治法及其相关法律法规的规定。

(3)对可能发生自伤、自残等情形的戒毒人员,可以采取相应的保护性约束措施。保护性约束措施,是指在戒毒人员因毒瘾发作可能发生自伤、自残或者可能伤害他人等危险情形时,为了保护戒毒人员自身安全和他人的安全而采取的一种强制保护措施。

2. 分期管理

《司法行政机关强制隔离戒毒工作规定》第十六条规定,根据戒毒治疗情况,对戒毒人员实行分期管理。分期管理,是根据戒毒治疗的需要,将强制隔离戒毒期限从时间上划分为不同的阶段,在不同的阶段采取不同的管理措施。

3. 分级管理

《戒毒条例》第三十条和《司法行政机关强制隔离戒毒工作规定》第十六条都规定了根据戒毒人员表现,实行逐步适应社会的分级管理。分级管理,是指根据强制隔离戒毒人员不同阶段的行为表现与戒毒效果,评定管理等级,实施不同级别、动态的管理强度和生活处遇。

(二)直接管理、安全管理

1. 直接管理

《司法行政机关强制隔离戒毒工作规定》第十七条规定:强制隔离戒毒所人民警察对戒毒人员实行直接管理,严禁由其他人员代行管理职权。严格执行好直接管理制度,有利于及时了解和掌握戒毒人员的思想动态,及时处理和解决存在和发生的问题,有效地预防和减少各种事故的发生。同时,直接管理能对戒毒人员心理上产生一种震慑作用,产生一种自我约束力,使之收敛自己的不当行为,从而遵守纪律,积极接受教育,有利于建立和维护正常的场所秩序。

2. 安全管理

安全管理,指强制隔离戒毒场所是为了场所的安全稳定和良好的戒治秩序,采取的各项相关措施。根据《司法行政机关强制隔离戒毒工作规定》第十八、第十九条的规定,安全管理的措施主要包括:

(1)建立安全管理制度,进行安全检查,及时发现和消除安全隐患。

(2)制定突发事件应急预案,并定期演练。

(3)安装监控、应急报警、门禁检查和违禁品检测等安全技防系统,按照规定保存监控录像和有关信息资料。

（4）安排专门人民警察负责强制隔离戒毒所的安全警戒工作。

安全管理包括对戒毒人员生活区、生产劳动区、教学区和医疗康复区的现场管理，特别是对"重点人员""重点时段""重点区域""重点部位"和"重点环节"的管理。

（三）探访、探视与通信管理

1．探访

探访，是指戒毒人员的亲属和所在单位或者就读学校的工作人员，可以按照有关规定到强制隔离戒毒所看望戒毒人员的活动。探访要求如下：

（1）强制隔离戒毒所应当检查探访人员身份证件，对身份不明或者无法核实的不允许探访。

（2）对正被采取保护性约束措施或者正处于单独管理期间的戒毒人员，不予安排探访。

（3）探访应当在探访室进行。

（4）探访人员应当遵守探访规定；探访人员违反规定经劝阻无效的，可以终止其探访。

（5）探访人员交给戒毒人员物品须经批准，并由人民警察当面检查；交给戒毒人员现金的，应当存入戒毒人员所内个人账户。

（6）发现探访人员利用探访传递毒品的，应当移交公安机关依法处理；发现探访人员利用探访传递其他违禁品的，应当依照有关规定处理。

2．探视

探视，是指符合条件的戒毒人员经强制隔离戒毒场所批准，外出看望其配偶、直系亲属的活动。

（1）探视的情形。一是戒毒人员因配偶、直系亲属病危、死亡或者家庭有其他重大变故，可以申请外出探视；二是强制隔离戒毒所可以批准戒治效果好的戒毒人员外出探视其配偶、直系亲属。申请外出探视须有医疗单位、戒毒人员户籍所在地或者现居住地公安派出所、原单位或者街道（乡、镇）的证明材料。

（2）探视的时间。强制隔离戒毒所批准戒毒人员外出探视的，应当发给戒毒人员外出探视证明。戒毒人员外出探视及在途时间不得超过十日。对非因不可抗力逾期不归的戒毒人员，视作脱逃处理。

（3）探视回所后的规定。戒毒人员外出探视回所后，强制隔离戒毒所应当对其进行检测。发现重新吸毒的，不得报请提前解除强制隔离戒毒。

3．通信管理

通信管理，是指强制隔离戒毒场所对强制隔离戒毒场所以外的人员交给戒毒人员的物品和邮件进行检查，以及对强制隔离戒毒人员通话进行管理的活动。

通信管理包含了信件、邮包的管理和打电话、视频通话的管理。信件、邮包应当有两名以上民警进行严格的检查,防止夹带毒品及其他违禁品,同时也要保护戒毒人员的通信自由和通信秘密。经强制隔离戒毒所批准,戒毒人员可以使用指定的固定电话与其亲属、监护人或者所在单位、就读学校有关人员通话,包括运用台式电脑进行网络视频通话,但戒毒人员不得持有、使用移动通信设备进行通话;通话时必须有民警在场,防止发生问题。

(四)单独管理

单独管理,是指当强制隔离戒毒人员发生重大违纪、违法行为时,为防止发生危害他人生命健康和场所安全稳定秩序,而采取的一种与他人隔离的管控措施。《司法行政机关强制隔离戒毒工作规定》第二十八条对单独管理作了详细规定。戒毒人员有以下情形的,应当单独管理:

(1)严重扰乱所内秩序。

(2)私藏或者吸食、注射毒品。

(3)预谋或者实施脱逃、行凶、自杀、自伤、自残等行为。

(4)涉嫌犯罪应当移送司法机关处理以及有其他危险行为。

单独管理要严格审批适用条件,履行审批手续,做好单独管理戒毒人员的身体、携带物品的检查工作,防止携带危险品和违禁品进入单独管理室。单独管理期间要做好审查和教育疏导工作,做好审查记录。同时,要保障好戒毒人员的基本权利,按时按标准提供饮食,保持单独管理室的通风、卫生。一次单独管理的时间不得超过五日,不得长时间连续采用单独管理措施。

(五)离所就医、所外就医管理

离所就医,是指戒毒人员病情危急,由强制隔离戒毒场所人民警察带其出所到社会医疗机构进行治疗和看护工作的医疗措施。离所就医时间较短,医疗费用无须戒毒人员自理。就医期间由强制隔离戒毒场所人民警察全程看护,防止意外发生。

所外就医,是指戒毒人员患有严重疾病,不出所治疗可能危及生命的,凭所内医疗机构或者二级以上医院出具的诊断证明,经强制隔离戒毒所所在省、自治区、直辖市司法行政机关戒毒管理部门批准,报强制隔离戒毒决定机关备案,强制隔离戒毒所可以允许其所外就医的情形。所外就医需要由其家属带去社会医疗机构进行治疗和看护,其治疗费用自理,所外就医要发给所外就医证明。所外就医管理的重点,是做好所外就医的审核、审批工作和所外就医戒毒人员的交接工作。为确保所外就医戒毒人员人身安全,应当由其亲属接回,亲属接回有困难的,可以由强制隔离戒毒所送回,并及时通知当地公安机关。当所外就医条件消失后,强制隔离戒毒所要及时收回戒毒人员;无法继续回所戒毒的要及时通知公安决定机关变更为社区戒毒;所外就医时,戒毒期限到期的,要及时办理解除强制隔离戒毒手续。

（六）档案管理

戒毒人员档案,是指戒毒人员从公安机关决定采取强制隔离戒毒措施时起,到解除强制隔离戒毒措施的过程中形成的一系列文书。档案内容包括：强制隔离戒毒决定书、强制隔离戒毒人员入所登记表、强制隔离戒毒人员入所健康状况检查表、财物保管登记表、病历、心理健康档案、诊断评估结果（诊断评估手册）、提前解除强制隔离戒毒决定书、延长强制隔离戒毒期限决定书、解除强制隔离戒毒证明书以及在强制隔离戒毒期间产生的重要文书、视听资料。其中重要的文书包括在办理戒毒人员所外就医、变更社区戒毒、探视、单独管理、考核奖惩、检举、笔录、死亡鉴定等过程中形成的文书材料。视听资料一般包括戒毒人员患病抢救过程记录、参与违法犯罪活动等事件的视频资料以及根据部局有关规定要求记录的重要音像资料等。

（七）奖惩

1. 奖励的种类、条件及批准权限

奖励有精神奖励、物质奖励、行政奖励三类,所有类型奖励可按规定给予计分考核,在诊断评估时可以作为建议提前解除其强制隔离戒毒的重要情节。奖励的主要情形有：

（1）在戒治期间服从管理教育,遵守所规所纪。

（2）能够接受戒毒治疗,参加康复训练。

（3）能够积极参加教育矫治活动、参加康复劳动。

（4）对自身和他人的违法犯罪活动能够及时坦白、在检举等方面起到模范带头作用的。

戒毒场所可以视表现程度给予相应的奖励。奖励一般由大队提出意见,报强制隔离戒毒所相关业务部门审核,再报场所负责人同意。

2. 惩戒的种类及使用条件、批准权限

惩戒的种类包括警告、训戒、责令具结悔过三种,在诊断评估时可以作为建议延长其强制隔离戒毒期限的重要情节。戒毒人员惩戒的情形主要有以下几种。

（1）违反戒毒人员行为规范、不遵守强制隔离戒毒所纪律,经教育不改正的。

（2）欺侮、殴打、虐待其他戒毒人员的。

（3）隐匿违禁品的。

（4）交流吸毒信息、传授犯罪方法的。

根据不同情节分别给予警告、训诫和责令具结悔过,由戒毒大队人民警察书面提出对戒毒人员的处分意见,报戒毒大队领导审批,戒毒大队领导根据情况作出是否批准的决定,作出批准决定后由戒毒大队人民警察执行。

七、强制隔离戒毒戒治的内容

强制隔离戒毒人员戒治,是指戒毒场所依据国家有关法律、法规和政策,综合运用医

疗、心理治疗、教育、康复训练和职业技能培训等多种手段和方法,对强制隔离戒毒人员进行戒毒医疗、教育矫治和康复训练的过程。根据《禁毒法》《戒毒条例》《公安机关强制隔离戒毒所管理办法》《司法行政机关强制隔离戒毒工作规定》以及《中共中央国务院关于加强禁毒工作的意见》的规定,其内容主要包括戒毒治疗、心理治疗、身心康复训练和卫生、道德、法制教育,开展职业技能培训等方面。

(一) 戒毒治疗

戒毒医疗,是指强制隔离戒毒所对吸毒人员采取相应的医疗、护理、康复等医学措施,帮助其减轻毒品依赖、促进身心康复的活动。这项工作主要有以下内容:

(1) 应当根据戒毒治疗的需要配备执业医师,执业医师具有麻醉药品和精神药品处方权,可以按照有关技术规范对戒毒人员使用麻醉药品、精神药品。卫生行政部门应当加强对强制隔离戒毒场所执业医师的业务指导和监督管理。

(2) 根据戒毒人员吸食、注射毒品的种类和成瘾程度等,进行有针对性的生理治疗、心理治疗和身体康复训练,并建立个人病历。

(3) 实行医护人员二十四小时值班和定时查房制度,医护人员应当随时掌握分管戒毒人员的治疗和身体康复情况,并给予及时的治疗和看护。

(4) 应当定期对戒毒人员进行身体检查,对患有疾病的戒毒人员,应当及时治疗。对患有传染病的戒毒人员,按照国家有关规定采取必要的隔离、治疗措施。

(5) 对毒瘾发作或者出现精神障碍可能发生自伤、自残或者实施其他危险行为的戒毒人员,可以按照卫生行政部门制定的医疗规范采取保护性约束措施。

(6) 对戒毒人员进行戒毒治疗,应当采用科学、规范的诊疗技术和方法,使用符合国家有关规定的药物、医疗器械。戒毒治疗使用的麻醉药品和精神药品应当按照规定申请购买并严格管理,严禁违规使用,防止流入非法渠道。医护人员应当监督戒毒人员当面服药。

(7) 强制隔离戒毒所可以与社会医疗机构开展多种形式的医疗合作,保证医疗质量。

(8) 加快建立专门收治病残吸毒人员的区域、场所和医疗机构(病区、中心),着力提升戒毒医疗服务能力。根据《关于加强病残吸毒人员收治工作的意见》的规定,在公安机关和司法行政机关建立病残吸毒人员医院,进一步改进和规范强制隔离戒毒工作,有效解决病残吸毒人员送戒难、收治难问题,切实维护社会和谐稳定。

(二) 心理矫治

心理治疗,是指心理咨询师或心理医生通过建立一种独特的人际关系,用心理学理论和方法来协助戒毒者处理心理问题、减轻主观痛苦经验、治疗人格障碍、心理疾患,促进心理健康与个人成长的矫治方法。

1. 心理健康教育

心理健康教育,是指通过知识传授、行为训练和实践指导等途径,提高戒毒人员心理素质,促进其心理健康发展和重新社会化的一种教育活动。内容主要包括心理健康基本知识、环境适应、不良情绪和心理的调节、心理援助的内容、方式等。

2. 心理评估

心理评估,是指通过观察、心理测评等手段,对戒毒人员的情绪状态、环境适应情况、人格特质等作出评判的活动。戒毒场所应当在入所初期、戒毒期满一年后两年期满前或者延长强制隔离戒毒期满前对戒毒人员进行心理评估。目的是逐人建立心理档案,筛查有心理问题人员,采取有针对性的心理矫治方法。

3. 心理咨询

心理咨询,是指心理咨询师运用心理学的理论和方法对存在心理问题的戒毒人员提供帮助的过程。心理咨询的主要途径包括:面谈咨询、电话咨询、书信咨询、网络咨询等形式。

4. 心理治疗

心理治疗,是指心理治疗师根据心理学的基本理论、技术、技巧和方法,消除戒毒人员的心理障碍与心理疾病,最大限度地恢复其心理健康水平,完善其人格,促进其心理成长的活动。它是心理矫治体系中专业性、技术性最强,难度最大的一部分,要求从业人员受过专门的心理治疗专业训练,具备医学知识,特别是精神疾病方面的知识。

5. 心理脱瘾训练

心理脱瘾训练,是运用心理学的理论和技术,帮助戒毒人员改变生理状态和心理依赖,解决其在认知、情感、人格、社交等各个方面的心理问题,挖掘其心理潜力,增强其拒毒技能,消除其心瘾的过程。

6. 心理危机干预

心理危机干预,是指帮助心理状况处于危机状态的戒毒人员弄清问题实质,处理应急事件,重建生活信心,恢复心理平衡并重新正常成长的过程。戒毒工作中心理危机干预的对象主要是心理状态严重异常的,长期处于抑郁焦虑和自我封闭状态的,遭受家庭、婚姻等重大突发事件心理严重失衡的,有逃跑、行凶、自杀、自伤自残等危险倾向的戒毒人员。

(三)康复训练

康复训练,是指强制隔离戒毒场所为了使即将解除强制隔离戒毒的人员,能够顺利回归家庭、社会,进行的体能康复训练、劳动康复训练和心理康复训练。康复,是指在心理上、生理上以及社会生活上实现全面的整体的康复,达到心理协调平衡。司法部《关于进一步做好司法行政戒毒工作的意见》指出,要加强康复训练工作,在做好体能康复训练和劳动康复训练的同时,做好心理康复训练。生理、心理治疗与康复要相互衔接,有效提高戒毒的效果。

1. 身体康复训练

主要是通过体能、体制训练和膳食营养等手段,使其达到生理康复,具备日常生活、职业活动的能力。身体康复训练要根据戒毒人员的实际情况综合运用。

2. 劳动康复训练

是指戒毒场所为了达到教育挽救强制隔离戒毒人员的目标,根据戒毒需要组织戒毒人员开展的康复性劳动或生产性劳动。戒毒人员的康复性劳动不同于普通社会劳动,它既是教育戒治的一个重要阶段,也是一种医疗辅助手段,劳动强度较小,其目的在于促进戒毒人员的身心康复。

3. 心理康复训练

是指戒毒场所运用系统的心理学理论与方法,对戒毒人员的精神障碍、心理危机等问题进行心理干预,以提高戒毒人员的心理健康水平的活动。心理康复训练要以恢复正常心理功能、塑造积极人格为重点,使戒毒人员的心理异常或障碍得到控制,具备抗拒毒品及毒友的诱惑,妥善处理家庭和社会关系的能力。

(四) 教育矫治

强制隔离戒毒人员教育矫治,是指戒毒场所依据国家有关法律法规和政策,对戒毒人员进行的思想道德教育、法制教育、毒品危害教育等内容,以提高他们认知水平的活动。根据《强制隔离戒毒人员教育矫治纲要》的规定,教育矫治活动主要有以下内容:

1. 入所教育

是指戒毒场所对新收治戒毒人员进行的环境适应、所规所纪、权利义务、毒品危害以及行为良好养成等方面的教育。入所教育在完成生理脱毒后进行,时间不少于一个月。

2. 法律常识教育

是指戒毒场所对戒毒人员组织学习《刑法》《治安管理处罚法》和《禁毒法》等法律法规的教育,帮助他们了解相关法律知识,树立法制观念,自觉遵纪守法。

3. 思想道德教育

是指戒毒场所对戒毒人员进行的社会主义核心价值观、社会公德、职业道德和家庭美德等方面的教育。引导他们自觉抵制拜金主义、享乐主义和极端个人主义,帮助戒毒人员确立正确的世界观、人生观和价值观。

4. 毒品常识教育

是指戒毒场所通过传授禁毒基本知识,毒品的特性和危害,戒毒体系、流程与方法等方面的教育,树立戒毒人员戒毒信心,提高其戒毒的自觉性和主动性。

5. 文化素质教育

是指戒毒场所对戒毒人员进行的文学、历史、音乐、书法、绘画、科技知识等方面的教育。目的是以优秀传统文化和现代文化提高戒毒人员文化素养,激发其生活热情,建立其健康生活态度。

6. 劳动教育

是指戒毒场所为充分发挥劳动的教育矫治功能,对戒毒人员进行的树立正确劳动观、劳动态度,遵守劳动规定与安全生产制度等方面的教育,以改变其好逸恶劳思想。相关法律文件规定,劳动时间每周不超过五天,每天不超过六小时,法定节假日不得安排戒毒人员参加生产劳动;要提供必要的劳动防护用品,支付劳动报酬;生产劳动场地和劳动项目应当符合安全生产管理的有关规定;不得引进易燃、易爆等危险生产项目;不得组织戒毒人员从事有碍身体康复的劳动。

7. 回归社会教育

是指戒毒场所对即将出所的戒毒人员进行的以回归适应社会为内容的教育。教育时间不少于一周。主要内容有:形势和后续照管政策宣传教育,帮助戒毒人员重建社会支持系统,向戒毒人员介绍戒毒康复、社区康复的机构和流程,动员解除强制隔离戒毒人员到戒毒康复场所体验戒毒生活,帮助戒毒人员了解美沙酮维持治疗等社会公益项目的参与方法,使他们出所后能够及时寻求支持和帮助。

(五)生活卫生

生活卫生是强制隔离戒毒工作中的一项重要内容。戒毒人员的生活卫生主要有以下内容:

(1)强制隔离戒毒所应当按规定设置戒毒人员生活设施。戒毒人员宿舍应当坚固安全、通风明亮,配备必要的生活用品,戒毒人员的生活环境应当绿化美化。

(2)强制隔离戒毒所应当保持戒毒人员生活区整洁,定期组织戒毒人员理发、洗澡、晾晒被褥,保持其个人卫生。强制隔离戒毒所应当统一戒毒人员的着装。

(3)强制隔离戒毒所应当保证戒毒人员的伙食供应不低于规定标准,戒毒人员伙食经费不得挪作他用,戒毒人员食堂应当按月公布伙食账目。

对正在进行脱毒治疗和患病的戒毒人员在伙食上应当给予适当照顾。对少数民族戒毒人员,应当尊重其饮食习惯。

(4)强制隔离戒毒所应当保证戒毒人员的饮食安全。食堂管理人员和炊事人员应当取得卫生行政主管部门颁发的健康证明,每半年进行一次健康检查,健康检查不合格的应当及时予以调整。戒毒人员食堂实行四十八小时食品留样制度。

(5)强制隔离戒毒所应当建立卫生防疫制度,设置供戒毒人员沐浴、理发和洗晒被服的设施。对戒毒病区应当定期消毒,防止传染疫情发生。

(6)戒毒人员可以在所内商店购买日常用品。所内商店出售商品应当价格合理,明码标价,禁止出售过期、变质商品。强制隔离戒毒所应当对所内商店采购的商品进行检查,防止违禁品流入。

(7)强制隔离戒毒所应当做好疾病预防控制工作。发生传染病疫情,应当按规定及时报告主管机关和当地疾病预防控制部门,并采取相应的防治措施。

(六)职业技能培训

职业技能培训,是指强制隔离戒毒机关通过开展培训,使戒毒人员掌握一定的职业技能,增强其回归社会的信心,为以后就业创造有利条件的一项重要措施。强制隔离戒毒机关开展职业技能培训活动时,要落实国家禁毒办等十一个部门联合下发的《关于加强强制隔离戒毒康复人员就业扶持和救助服务工作的意见》,将戒毒人员职业技能培训纳入当地职业技能培训总体规划,根据戒毒人员的特点和社会需求设置职业技能培训项目,做到劳动习艺一体化,帮助戒毒人员考取职业技能资格或等级证书,为回归社会后的就业创造条件。

八、解除

解除,是指强制隔离戒毒人员戒治期满后,经原决定机关批准解除其强制戒毒措施,回归社会或进行社区康复的法律措施。根据《禁毒法》第四十七条、《戒毒条例》第三十三条、第三十四条和《司法行政机关强制隔离戒毒工作规定》第五十八、第五十九、第六十条的规定,强制隔离戒毒人员解除强制戒毒的情形与程序如下:

(一) 正常解除

强制隔离戒毒所对强制隔离戒毒期限届满,且经诊断评估达到规定标准的戒毒人员,应当解除强制隔离戒毒。解除强制隔离戒毒的,强制隔离戒毒场所应当在解除强制隔离戒毒三日前通知强制隔离戒毒决定机关,同时通知戒毒人员家属、所在单位、户籍所在地或者现居住地公安派出所将其按期领回。戒毒人员出所时无人领回,自行离所的,强制隔离戒毒所应当及时通知强制隔离戒毒决定机关。

对解除强制隔离戒毒的所外就医人员,强制隔离戒毒所应当及时通知其来所办理解除强制隔离戒毒手续,出具解除强制隔离戒毒证明书送达戒毒人员本人,同时发还代管财物。并通知其家属、所在单位、其户籍所在地或者现居住地公安派出所将其领回。

(二) 提前解除或延长期限

执行强制隔离戒毒一年后,经诊断评估,对于戒毒情况良好的戒毒人员可以提出提前解除强制隔离戒毒的意见;强制隔离戒毒期满前经诊断评估,对于需要延长戒毒期限的戒毒人员,可以延长不超过一年的期限。

提前或延长期限应按规定程序,报强制隔离戒毒决定机关批准,强制隔离戒毒决定机关应当自收到意见之日起七日内,作出是否批准的决定。对提前解除强制隔离戒毒或者延长强制隔离戒毒期限的,批准机关应当出具提前解除强制隔离戒毒决定书或者延长强制隔离戒毒期限决定书,送达被决定人,并在送达后二十四小时以内通知被决定人的家属、所在单位以及其户籍所在地或者现居住地公安派出所。

第七节 社 区 康 复

一、社区康复概述

（一）社区康复的概念

社区康复，是指被依法解除强制隔离戒毒的人员，经原强制隔离戒毒的决定机关责令在其户籍所在地或现居住地的戒毒康复场所，或者其自愿到戒毒康复场所进行的不超过三年的戒毒康复、生活和劳动的一种戒毒措施。社区康复是为了巩固强制隔离戒毒效果，确保被解除强制隔离戒毒的人员，能够真正戒除毒瘾的一项新的戒毒康复措施。

《戒毒条例》第三十七条第二款规定，"社区康复在当事人户籍所在地或者现居住地乡（镇）人民政府、城市街道办事处执行，经当事人同意，也可以在戒毒康复场所中执行"。第四十一条更是明确规定，社区康复的人员可以自愿与戒毒康复场所签订协议，到戒毒康复场所戒毒康复、生活和劳动。

（二）社区康复的要素

（1）社区康复对象，是强制隔离戒毒期满被公安机关依法责令进行社区康复的人员。

（2）社区康复决定机关，是原作出强制隔离戒毒的决定机关，即县级以上人民政府公安机关。

（3）社区康复地点，戒毒人员一般是在户籍所在的乡镇人民政府、城市街道办事处地接受社区康复；在户籍所在地以外的现居住地有固定住所的，可以在现居住地接受社区康复。同时，经社区戒毒人员同意，也可以到戒毒康复场所进行康复。

（4）社区康复时间，原则上不超过三年，法律法规没有对最低时间作出规定。

（5）社区康复的主要措施，是戒毒康复、生活和劳动等帮困辅助手段。

（6）社区康复的目的，是通过提供这样一个必要的过渡阶段，巩固强制隔离戒毒效果，为戒毒人员顺利回归社会奠定基础。

（三）社区康复的类型

从《戒毒条例》设置的戒毒措施体系来看，戒毒康复被归类于社区康复体系中，社区康复的人员可以自愿与戒毒康复场所签订协议，到戒毒康复场所参加戒毒康复、生活和劳动。国家禁毒委员办公室针对我国目前社区康复组织机构不健全、康复工作人员力量薄弱，管理手段松散、戒毒康复能力不高，以及大量戒毒康复场所闲置，戒毒康复人员数量不足的现状，于2014年制定了《关于改进戒毒康复场所试点项目建设管理工作的意见》，其中第九条规定，戒毒康复场所要加强与强制隔离戒毒所、社区戒毒社区康复工作办公室的协作配合，建立有序衔接、整体联动的工作机制，最大限度接收强制隔离戒毒出所人员和责令社区戒毒社区康复人员。因此,广义的社区康复还包括戒毒康复。

二、社区康复人员的权利与义务

(一) 社区康复人员的权利

根据《戒毒条例》及相关法律文件的精神,除宪法、法律赋予的一般性公民权利外,社区康复人员的权利主要有以下几个方面:

(1) 享有自我组建民主管理机构,自我教育、自我管理、自我约束的权利。

(2) 享有社区康复机构提供戒毒康复、职业技能培训、生产劳动条件和就业扶持的权利。

(3) 享有就业援助、最低生活保障、医疗保险、养老保险、失业保险、临时救助等社会保障与法律援助的权利。

(4) 享有自主选择戒毒康复的权利。

(5) 参加生产劳动的,享有获取国家劳动用工制度规定的劳动报酬的权利。

(二) 社区康复人员的义务

(1) 遵守法律法规,自觉履行社区康复协议。

(2) 根据公安机关的要求,定期接受检测。

(3) 每月向社区戒毒工作小组报告戒毒情况。

(4) 社区戒毒期间不得吸食、注射毒品。

(5) 暂时离开社区戒毒地点三天以上的,应提前一天向社区戒毒工作小组请假,返回后及时销假并接受尿检。

(6) 变更社区戒毒地点的,应提前十五天向社区戒毒工作机构书面申请,在审批同意前,不得擅自离开。

(7) 在外出期间要按规定寄回当地公安机关的尿检证明。

如拒绝接受或严重违反社区康复协议并再次吸食、注射毒品被决定强制隔离戒毒的,强制隔离戒毒不得提前解除。

三、社区康复机构

(一) 社区康复机构的职责

社区康复机构,是指根据有关法律规定,依法从事和参与社区康复工作的组织。《全国社区戒毒社区康复工作规划》(2016—2020 年)指出,各地禁毒委员会要指导乡(镇)人民政府、城市街道办事处根据工作需要建立健全社区戒毒社区康复工作领导小组,由分管领导任组长,综治、公安、卫生计生、民政、司法行政等有关部门负责人为成员,依法履行社区戒毒社区康复工作职责。各相关机构在社区康复中的主要职责如下：

（1）社区康复工作主要由城市街道办事处、乡镇人民政府负责。城市街道办事处和乡镇人民政府也可以指定有关基层组织（居委会、村委会），根据戒毒人员本人和家庭情况，与戒毒人员签订社区康复协议，落实有针对性的社区康复措施。

（2）社区康复工作领导小组负责组织开展社区康复工作，负责配备工作人员、发展社工队伍、建立志愿者队伍、加强教育培训等工作。

（3）公安机关和司法行政、卫生行政、民政等部门应当对社区康复工作提供指导和协助。

（4）城市街道办事处、乡镇人民政府，以及县级人民政府劳动行政部门，对无职业且缺乏就业能力的戒毒人员，应当提供必要的职业技能培训，就业指导和就业援助。

（二）社区康复工作小组

社区康复工作小组，是指由具体从事社区康复工作的人员构成的团队。社区康复队伍的构成主要包括以下团队领导者、医生、护理人员、心理咨询（治疗）师、管理教育人员、职业技能培训人员、社工、志愿者、戒毒成功人士，以及戒毒康复人员的家属及亲友。

社区康复工作小组成员的职责主要有：

（1）负责社区康复工作的人员应当为社区康复人员提供必要的心理治疗和辅导、职业技能培训、职业指导以及就学、就业、就医援助。

（2）参加社区康复的工作人员对违反社区康复协议的戒毒人员，应当进行批评、教育；对严重违反社区康复协议或者在社区康复期间又吸食、注射毒品的，应当及时向公安机关报告。

四、戒毒康复

（一）戒毒康复的概念与指导思想

1. 戒毒康复的概念

康复是一个医学概念，一般指疾病经治疗后身体逐渐恢复健康的过程。戒毒康复把康复医学的理念引入戒毒工作中，是建立在对戒毒规律的认识和把握上，符合我国戒毒工作实际需要的一种制度。实践表明，许多戒毒者经过短暂治疗后，摆脱了对毒品的生理依赖，但心理依赖仍未消除，一旦遇到诱因，很容易复吸。因而，戒毒工作着眼的不仅是戒毒者以前的吸毒行为，还应从戒毒者的生理上、心理上、社会功能上及经济能力上进行全面康复。

2. 戒毒康复的指导思想

戒毒康复场所按照"自愿为前提、康复为中心、安居为条件、生产为平台、教育为手段、治疗为保障、回归为目标"的指导思想,为戒毒人员提供生理康复、心理康复、行为矫正、吸毒检测、卫生防疫、职业技能培训、就业指导、生产劳动等全方位的服务,使戒毒康复人员在一个特殊的"无毒社区"内像正常人一样生活、工作。这种集生理脱毒、身心康复、提供就业岗位、融入社会于一体的戒毒康复工作方式,有效降低了复吸率,得到了戒毒人员及其家属的欢迎,也得到了社会各界的广泛认可。

(二)戒毒康复场所

戒毒康复场所,是指县级以上人民政府或社会力量举办的旨在保持戒毒人员戒治康复效果的场所。自 2006 年 12 月司法部下发《关于依托劳教场所建立戒毒康复中心试点的意见》以来,一种集生理脱毒、身心康复、融入社会功能于一体的新型戒毒康复模式已基本形成。《禁毒法》第四十九条规定,县级以上地方各级人民政府根据戒毒工作的需要,可以开办戒毒康复场所;对社会力量依法开办的公益性戒毒康复场所应当给予扶持,提供必要的便利和帮助。目前戒毒康复主要有两种形式:

(1)县级以上各级人民政府主办的戒毒康复场所,主要是由公安机关和司法行政部门主办的戒毒康复场所。

(2)由社会力量依法开办的公益性戒毒康复场所。对于社会力量依法开办公益性戒毒康复场所的,县级以上地方各级人民政府应当给予扶持,提供必要的便利和帮助,包括在开办手续、场地选择和经营过程中提供便利,帮助解决在开办和经营过程中遇到的各种困难等。

(三)戒毒康复人员

1. 戒毒康复人员

戒毒康复人员,是指自愿或经县级以上公安机关、司法行政部门建议,到戒毒康复场所参加戒毒康复的戒毒人员。《戒毒条例》第四十一条规定,自愿戒毒人员、社区戒毒、社区康复的人员可以自愿与戒毒康复场所签订协议,到戒毒康复场所戒毒康复、生活和劳动。另外,戒毒人员有下列情形之一的,县级以上公安机关或司法行政部门可以建议其到戒毒康复场所进行戒毒康复。

(1)无家可归的或没有固定住所的。

(2)无生活来源的。

(3)无业可就或者缺乏就业条件需要进行再就业培训的。

(4)不具备设立社区戒毒或者社区康复监护小组条件的。

(5)因患病需要继续康复治疗的。

(6)其他需要安置在戒毒康复场所的。

国家禁毒委员会办公室、国家发展和改革委员会、公安部、司法部于 2014 年联合颁发的《关于改进戒毒康复场所试点项目建设管理工作的意见》第九条指出,对执行戒毒期满一年、经诊断评估戒毒效果良好的强制隔离戒毒人员,可以依法提前解除强制隔离戒毒,动员其到戒毒康复场所巩固戒毒效果。对于被解除强制隔离戒毒的戒毒人员自愿到戒毒康复场所生活、劳动的,强制隔离戒毒的决定机关一般就不需要再责令其接受社区康复。

2. 戒毒康复人员的权利

(1) 享有意思自治的权利,未经当事人同意,任何组织和个人无权强制其到戒毒康复场所接受戒毒康复。

(2) 享有获得劳动报酬的权利。戒毒人员与戒毒康复场所之间形成的劳动关系,是建立在平等的民事法律关系主体基础上签订的合同关系,戒毒康复场所应当根据其劳动的数量和质量,参照国家劳动用工制度的规定支付劳动报酬。

3. 戒毒康复人员的义务

(1) 戒毒康复人员应当遵守法律法规,自觉履行戒毒康复协议。

(2) 服从戒毒康复场所的管理。

(3) 其他约定的义务。

第八节　各戒毒模式之间的衔接

一、各戒毒模式之间衔接概述

戒毒是一个系统工程,仅靠单一的戒毒措施很难戒除吸毒人员的毒瘾,需要根据吸毒人员的不同情况设计不同的戒毒方式。而要提高戒毒效果就必须加强各戒毒措施之间的衔接。国务院卫计委办公厅、公安部办公厅、司法部办公厅于 2016 年 8 月 19 日联合下发了《关于加强戒毒药物维持治疗和社区戒毒、强制隔离戒毒、社区康复衔接工作的通知》,明确提出建立健全由公安、司法行政、卫生计生部门及相关社区戒毒、社区康复工作机构、维持治疗机构参与的维持治疗和社区戒毒、强制隔离戒毒、社区康复衔接工作机制,明确联系人,并根据本地和本系统实际情况,细化衔接工作内容、工作程序和考核要求,进一步提高吸毒人员管控效果。

二、各戒毒模式之间衔接的具体措施

(一) 自愿戒毒与其他戒毒措施之间的衔接

《禁毒法》第三十六条和《戒毒条例》第九条、第二十五条第三款明确规定,吸毒人员可以自行到具有戒毒治疗资质的医疗机构接受戒毒治疗。吸毒成瘾人员自愿接受强制隔离戒毒的,经强制隔离戒毒场所所在地县级、设区的市级人民政府公安机关同意,可以进入强制隔离戒毒场所戒毒。实践表明,吸毒人员即便是自愿戒毒,但动机各异。大多数人是为了戒除毒瘾,有的是因为无力承担高昂的毒资,抑或是为了逃避公安机关的打击。自愿戒毒存在演变为吸毒人员逃避惩罚的"护身符"的法律漏洞。[30]

吸毒人员在自愿戒毒结束后,对鼓励其继续接受社区康复、戒毒康复、戒毒药物维持治疗等没有作出明确的规定,这就使得自愿戒毒与其他戒毒模式之间的衔接出现了空白。众所周知,自愿戒毒只是完成了生理脱毒,更为重要的身心康复还没有开始,复吸的可能性非常大。如果自愿戒毒能在生理康复的基础上,接着进行社区康复或戒毒康复工作,充分利用家庭、社区、心理咨询与戒毒机构等社会资源,帮助其进行心理脱瘾、拒毒训练,进行生活技能、工作学习能力、人际交往能力的培养等,完成一个有机的全方位治疗过程,那么对于他们毒瘾戒断与身心康复而言无疑具有重大的意义。

(二) 社区戒毒、社区康复与其他戒毒措施的衔接

虽然《禁毒法》与《戒毒条例》对于社区戒毒、社区康复与强制隔离戒毒的衔接,做了比较原则的规定,但在实践过程中依然暴露出诸多问题。其一,法律规定笼统简单,缺乏可操作性。例如,《禁毒法》第三十八条规定:吸毒成瘾严重,通过社区戒毒难以戒除毒瘾的人员,公安机关可以直接作出强制隔离戒毒的决定。但此条规定没有对吸毒成瘾的程度进行量化,尽管公安部、卫生部在2011年联合制定了《吸毒成瘾认定办法》,但《吸毒成瘾认定办法》的规定仍过于笼统简单,吸毒人员成瘾严重的量化标准不够细化,操作起来难度较大,实践过程中有较大的主观随意性。其二,社区戒毒机构的缺失,导致与强制隔离戒毒对接的错位。在我国,目前在社会转型期,基层政权组织和居委会、村委会的社会控制力已经大大削弱,而适应转型社会特点的现代社区和社区组织大都还没有形成,真正意义的"社区戒毒"大都处于缺失状态。其三,目前社区工作人员数量不足,经费保障缺失,导致与强制隔离戒毒无法实现有效对接。同时,我国至今还没有建立起相应的社会工作者和志愿者方面的法律制度,社工身份难以落实,待遇保障较低,流动性很大,致使社区戒毒人员漏控失管的状态较为突出。其四,强制隔离戒毒机关无力进行技术指导。司法行政部门承担着对社区戒毒和社区康复进行技术指导的任务。由于对接制度的缺失,职责不清、程序标准的不统一,缺乏具体的实施规定外,还有强制隔离戒毒场所自身财力、警力有限,对社区戒毒工作进行指导显得力不从心。

《全国社区戒毒社区康复工作规划(2016—2020年)》明确提出,加强社区戒毒、社区康复工作机构、强制隔离戒毒机构、戒毒药物维持治疗机构及戒毒康复场所的协调配合和工作衔接。具体规定有:

(1) 对责令社区戒毒社区康复人员,公安机关应当及时通知吸毒人员户籍所在地或者居住地的乡(镇)人民政府、城市街道办事处。

(2) 建立沟通协调机制,公安机关和社区戒毒、社区康复执行机构要加强联系沟通,及时掌握社区戒毒、社区康复执行情况。

---

〔30〕 朱雪峰:《我国戒毒康复制度的完善研究》,29页,南京师范大学法律硕士专业学术论文,2012。

（3）社区戒毒、社区康复执行机构对拒绝接受社区戒毒社区康复、严重违反协议的人员应当及时报告公安机关进行处理。

（三）公安机关与司法行政部门强制隔离戒毒的衔接

如前指出，被强制隔离戒毒的人员在公安机关的强制隔离戒毒场所执行强制隔离戒毒三个月至六个月后，转至司法行政部门的强制隔离戒毒场所继续执行强制隔离戒毒。执行前款规定不具备条件的省、自治区、直辖市，由公安机关和司法行政部门共同提出意见报省、自治区、直辖市人民政府决定具体执行方案。同时在公安机关的强制隔离戒毒场所执行强制隔离戒毒的时间不得超过十二个月。但目前关于强制隔离戒毒的执行问题，各地规定与执行模式不一，有些省市公安机关退出了强制隔离戒毒的执行环节，大部分地方还是公安机关与司法行政部门分段执行。实践中，公安机关执行强制隔离戒毒的随意性较大，与司法行政部门的衔接存在问题。对此，很多学者和政协委员、人大代表等提出异议。共识是：将完整的戒毒过程分为由公安机关和司法行政部门分别负责实施和管理的两个阶段，不利于戒毒资源的统筹配置和合理使用。因此应当从整合戒毒资源、提高戒毒效果考虑，应对原有的戒毒体制进行改革，实行统一的强制隔离戒毒体制。[31]

（四）强制隔离戒毒与社区康复的衔接

戒毒人员在经过强制隔离戒毒后，生理脱毒已经完成，大部分戒毒人员的心理依赖也得到了戒除或缓解，但心理康复程度与回归社会的准备依然不足，如果从隔离封闭的场所直接回到开放的社会，一旦受外界诱因的影响，大部分人员还是会重蹈覆辙。《禁毒法》和《戒毒条例》都规定了解除强制隔离戒毒的人员，强制隔离戒毒的决定机关可以责令其接受三年以内的社区康复，这对巩固强制隔离戒毒的成效，是非常必要的。但是，"可以责令"并非"强制责令"。对什么情况责令其接受或不须参加社区康复，如果不接受该如何处置，等等，尚没有作出规定。作出此决定的公安机关对强制隔离戒毒人员的戒治效果并不掌握，由它们作出是否接受社区康复的决定似乎显得有失公允。

此外，《戒毒条例》第三十八条规定，"拒绝接受社区康复或者严重违反社区康复协议，并再次吸食、注射毒品被决定强制隔离戒毒的，不得提前解除"。如果被责令接受社区康复，但是其拒绝接受社区康复，或者在社区康复期间严重违反了社区康复协议，但并没有注射吸食毒品，这种情况又该如何处置呢？相关法律法规并没有明确规定，这也成为戒毒工作衔接环节在公共政策层面上存在的一个问题。

（五）强制隔离戒毒与戒毒康复的衔接

我国目前大部分戒毒康复场所是由公安机关或司法行政机关等政府或政府职能部门主办的，社会力量开办的戒毒康复机构较少。司法部戒毒管理局颁布的《戒毒康复管

---

〔31〕 陈杰：《〈禁毒法〉实施后我国戒毒体制研究》，18 页，华东政法大学硕士论文，2010。

理办法》中规定戒毒康复场所可以接收的人员有两种：社会上自愿接受戒毒康复的；强制隔离戒毒期满后，自愿接受戒毒康复的。另外，公安机关规定，强制隔离戒毒期满后，具有下列情形之一的，决定机关可以建议其到戒毒康复场所执行社区康复：（1）无家可归或没有固定住所的；（2）无生活来源的；（3）无业可就或者缺乏就业条件需要进行再就业培训的；（4）不具备社区康复监护条件的；（5）其他需要安置在戒毒康复场所的。由此可以看出，对于戒毒康复对象的规定尚未统一规范。

鼓励解除强制隔离戒毒的人员到戒毒康复场所接受一段时间的戒毒康复体验后再回归社会，鼓励社区戒毒人员到戒毒康复场所接受戒毒康复，使更多的戒毒人员在面临复吸高危风险时，在家人、社区戒毒工作人员的督导下，到戒毒康复场所规避风险、获取支持，使戒毒康复场所发挥"中途岛""缓冲带"作用，能够降低吸毒人群的整体复吸率，有效减轻戒毒人员家庭和社会负担。

（六）药物维持治疗与其他戒毒措施的衔接

如前所述，戒毒药物维持治疗是控制注射吸毒感染艾滋病和减少毒品滥用及相关违法犯罪活动的有效措施。为了深入贯彻落实《传染病防治法》《禁毒法》《艾滋病防治条例》《戒毒条例》和《戒毒药物维持治疗工作管理办法》，进一步巩固维持治疗工作成效，推动禁毒和预防治艾滋病工作的深入开展，《关于加强戒毒药物维持治疗和社区戒毒、强制隔离戒毒、社区康复衔接工作的通知》指出，维持治疗机构要为强制隔离戒毒所、社区戒毒、社区康复工作机构开展维持治疗政策和知识宣传教育提供技术支持；强制隔离戒毒所要将维持治疗相关政策、知识和维持治疗机构联系信息等内容纳入戒毒人员出所教育，通过发放宣传手册、安排现场参观体验等形式，使其掌握维持治疗相关知识和政策；社区戒毒、社区康复工作机构要加强对正在执行社区戒毒和社区康复措施人员的动态管理，做好符合维持治疗条件人员的动员与咨询，主动为自愿申请参加维持治疗的人员（含强制隔离戒毒出所人员）提供维持治疗机构联系信息，并通过适当形式（电话、邮件以及社区禁毒专职人员、禁毒社工或社会组织陪同转送等）将其转介至维持治疗机构；维持治疗机构接收正在执行社区戒毒和社区康复措施的人员后，应当向其详细说明维持治疗期间需要遵守的各项规章制度及有关管理措施，并按规定对其进行审核。

第九节 行为主体违法犯罪行为的法律责任

一、擅自从事戒毒治疗业务的法律责任

（一）擅自从事戒毒医疗的法律责任

擅自从事戒毒治疗业务，是指违反法律和有关部门的规定，没有经过批准程序，不具有规定的资质而对吸毒人员进行的戒毒治疗。戒毒治疗工作应当要严格遵守现行有效

的法律、法规及规章制度,从事戒毒治疗业务的,须经有关部门批准方可进行。

《戒毒医疗服务管理暂行办法》第四十条、第四十六条规定,任何组织、单位和个人,未经省级卫生行政部门批准取得戒毒医疗服务资质,不得开展戒毒医疗服务。《禁毒法》第六十六条规定,未经批准,擅自从事戒毒治疗业务的,由卫生行政部门责令停止违法业务活动,没收违法所得和使用的药品、医疗器械等物品;构成犯罪的,依法追究刑事责任。由此,违反此类规定,主要有两方面的法律责任。

(1)擅自从事戒毒业务的属于违法行为,一般由卫生行政部门对其进行行政处罚。

(2)擅自从事戒毒治疗业务构成犯罪的,依法追究刑事责任。它包括两种情况:①没有医师资格而非法行医为他人戒毒的个人,应当依照《刑法》第三百三十六规定的非法行医罪处罚;②医疗机构没有经过批准而非法以戒毒治疗的名义为他人提供毒品牟利的,要依照刑法有关毒品犯罪的规定处理。

(二) 非法盈利行为的法律责任

非法盈利,是指违反法律规定从事经营活动,或采用不正当手段所获取的利益。《禁毒法》第三十六条第三款,《戒毒医疗服务管理暂行办法》第三十七条、第三十八条,做了明确规定。

(1)从事戒毒工作的部门和个人,应以戒治、救助吸毒人员为宗旨,不得以营利为目的。

(2)戒毒治疗使用的药品、医疗器械和治疗方法不得做广告。

(3)戒毒治疗收取费用的,应当按照省、自治区、直辖市人民政府价格主管部门会同卫生行政部门制定的收费标准执行,不得擅自核定价格。

(4)获得审批的临床试验研究项目,不得作为临床诊疗项目向戒毒人员提供,不得收取相关费用。

违反以上规定者,由卫生行政部门按照相关规定予以处理。

二、非法提供毒品、违禁物品行为的法律责任

(一) 非法提供毒品的法律责任

非法提供毒品,是指明知是毒品,却以牟利为目的,违反国家规定,向吸毒人员或犯罪分子提供毒品的行为。在戒毒领域,非法提供毒品的违法犯罪主体既包括强制隔离戒毒场所、社区戒毒(康复)机构、医疗机构等机构,也包括医师、社区戒毒工作人员、戒毒人民警察和其他人员。根据《禁毒法》第五十九条第七款、第六十八条,《司法行政机关强制隔离戒毒工作规定》第三十三条的规定,需要承担的责任有:

1. 刑事处罚责任

(1)强制隔离的场所、医疗机构等单位构成犯罪的,对单位判处罚金,并对其直接负责的主管人员和其他直接责任人员,依照有关规定定罪处罚。

（2）强制隔离戒毒所工作人员、其他人员向吸食、注射毒品的人提供国家规定管制的能够使人形成瘾癖的麻醉药品、精神药品的，如果是以出卖的方式则构成贩卖毒品罪，应当依照《刑法》第三百四十七条的规定处罚。

2. 行政处罚责任

（1）强制隔离戒毒场所、医疗机构有不按规定取得麻醉药品、精神药品的，不按规定使用麻醉药品、精神药品等情形的，要依法予以警告、罚款以及对主管人员进行行政处分。

（2）个人向他人提供毒品，不构成犯罪的，依据《治安管理处罚法》第七十二条第二款，处十日以上十五日以下拘留，可以并处两千元以下罚款；情节较轻的，处五日以下拘留或者五百元以下罚款。

（3）强制隔离戒毒所工作人员违反规定允许戒毒人员携带、使用或者为其传递毒品等违禁品，不构成犯罪的，应当依法给予处分。

（4）对医师违反规定开具麻醉药品、精神药品的，违规使用麻醉药品、精神药品的，要给予警告、吊销其职业证书等处罚。

（二）非法提供违禁物品的法律责任

在戒毒领域里，违禁物品是指依照规定不允许戒毒人员拥有的，可能引发戒毒人员脱逃、伤害、自杀、自伤自残等行为的具有危险性的物品。例如，人民币、药品、图画、绳索、玻璃制品、管制刀具等。司法部《关于切实加强监狱、强制戒毒所违禁物品管理的若干规定》对此作了明确规定。非法提供违禁物品者的法律责任主要包括：

（1）人民警察的法律责任。警察违反规定传递违禁物品给戒毒人员的，视情节严重程度，予以不同的处罚，直至给予开除处分。

（2）机关工勤人员、事业单位工作人员的法律责任。若行为人的行为情节严重，依照《事业单位工作人员处分暂行规定》的相关规定，给予开除处分。

（3）合同制性质工人的法律责任。若行为人的行为情节严重，依据《劳动合同法》相关规定，解除劳动合同。原劳动合同中没有相应内容的，强戒所应当与其签订补充协议予以明确。

（4）警察、工人、劳务派遣人员和外协人员违反规定传递违禁物品给戒毒人员，涉嫌犯罪的，移送司法机关依法追究刑事责任。

（5）负有管理、检查、督察责任的人员，对强戒所发生违禁物品案件，隐情不报、压案不查的，予以免职，并依法依规追究责任。

三、渎职与滥用职权的法律责任

（一）不履行报告义务的法律责任

《禁毒法》第六十七条、《戒毒条例》第二十一条、第四十四条第二项，对不履行报告义务的主体、情形，以及应当承担的责任作了具体规定。

（1）应当履行报告义务的主体：戒毒医疗机构、戒毒工作人员和负责社区戒毒、社区康复工作的人员。

（2）应当履行报告的情形：①戒毒人员在治疗期间吸食、注射毒品的；②社区戒毒人员拒绝接受社区戒毒的；③社区戒毒人员严重违反社区戒毒协议的。

（3）法律责任，具体是：①戒毒医疗机构不向公安机关报告的，由卫生行政部门责令改正；情节严重的，责令停业整顿；②戒毒工作人员，社区戒毒（康复）工作的人员不履行规定的报告义务的，依法给予处分。

情节严重，是指戒毒医疗机构多次不及时向公安机关报告的，或者由于戒毒医疗机构不及时向公安机关报告而造成严重后果等情况。

（二）失职、渎职的法律责任

社区戒毒、社区康复与强制隔离戒毒不仅是单纯的戒治康复工作，同时也是一项严肃的执法活动。从事社区戒毒、社区康复与强制隔离戒毒的工作人员，负有严格执法的法律职责。如果在工作过程中出现失职渎职行为，必然会承担相应的法律责任。

1. 社区戒毒、社区康复工作人员的法律责任

根据《戒毒条例》第四十四条第一项的规定，负责社区戒毒、社区康复工作的人员，如果有未与社区戒毒、社区康复人员签订社区戒毒、社区康复协议，不落实社区戒毒、社区康复措施的情形，或者其他不履行社区戒毒、社区康复监督职责的行为，依法给予处分。

2. 司法行政机关人民警察的法律责任

司法行政机关人民警察失职渎职行为的法律责任，主要体现在三个方面：

（1）安全排查方面。根据《司法行政机关强制隔离戒毒所安全排查工作规定》第十一条，因不履行安全排查职责或者发现危及安全的隐患不采取防控措施，造成安全事故的，应当按照规定追究相关人员责任。

（2）安全警戒方面。根据《司法行政强制隔离戒毒所安全警戒工作规定》第十六条，承担安全警戒工作的人民警察失职渎职的，按照法律法规和有关规定处理；涉嫌犯罪的，移交司法机关依法追究刑事责任。

（3）安全检查方面。《司法行政机关强制隔离戒毒工作规定》第三十三条规定，强制隔离戒毒所工作人员因工作失职致使毒品等违禁品进入强制隔离戒毒所，应当依法给予处分；涉嫌犯罪的，应当依法追究刑事责任。

四、侵犯戒毒人员合法权益的法律责任

这里所指的戒毒人员，包括社区戒毒人员、在医疗机构戒毒的人员、强制隔离戒毒人

员,以及被依法予以行政拘留、采取刑事强制措施、被收监执行刑罚等在戒毒治疗的人员。[32] 戒毒人员作为社会公民的一员,其合法权益同样受到法律的保护。在戒毒工作中,如果戒毒工作人员出现了侵犯戒毒人员权益的行为,根据危害后果的程度,应当承担相应的法律责任。《禁毒法》《戒毒条例》《戒毒医疗服务管理暂行办法》《强制隔离戒毒人员死亡处理规定》及《司法行政强制隔离戒毒所安全警戒工作规定》等,对此作了规定。

(一)侵犯戒毒人员合法权益的情形

(1)挪用、截留、克扣禁毒经费的;

(2)侮辱、虐待、体罚强制隔离戒毒人员的;

(3)擅自处分查获的毒品和扣押、查封、冻结的涉及毒品违法犯罪活动的财物的;

(4)收受、索要财物的;

(5)擅自使用、损毁、处理没收或者代为保管的财物的;

(6)为强制隔离戒毒人员提供麻醉药品、精神药品或者违反规定传递其他物品的;

(7)在强制隔离戒毒诊断评估工作中弄虚作假的;

(8)私放强制隔离戒毒人员的;

(9)其他徇私舞弊、玩忽职守、不履行法定职责的行为的;

(10)在行使职权时侵犯戒毒人员合法权益,致其死亡的;

(11)未采取措施制止、抢救措施,导致戒毒人员自伤、自残、自杀,或延误疾病救治的;

(12)泄露戒毒人员个人信息的。

(二)侵犯戒毒人员合法权益的法律责任

相关法律法规对于侵犯戒毒人员合法权益的行为如何处理作出了明确的规定。构成犯罪的,依法追究刑事责任;尚不构成犯罪的,依法给予处分。侵犯戒毒人员合法权益的情形及相关法律责任具体规定如下:

1. 对戒毒人员有体罚、虐待、侮辱行为的

公安机关、司法行政部门或者其他有关部门的工作人员对戒毒人员有体罚、虐待、侮辱等行为,构成犯罪的,根据其行为的具体情况和情节,分别依照《刑法》第二百三十四条规定的故意伤害罪、第二百四十六条规定的侮辱罪、诽谤罪、第二百四十八条规定的虐待被监管人罪的有关规定定罪处罚。尚不构成犯罪的,依照《治安管理处罚法》和《人民警察法》等法律、行政法规的有关规定给予行政处分。

2. 挪用、截留、克扣禁毒经费的

公安机关、司法行政部门或者其他主管的工作人员挪用、截留、克扣禁毒经费,构成犯罪的,要依照《刑法》第三百八十四条规定的挪用公款罪、第三百八十三条规定的贪污罪的有关规定追究刑事责任;尚不构成犯罪的,要依照有关法律、行政法规给予行政处分。

---

〔32〕 国务院法制办公室:《〈中华人民共和国禁毒法〉注释与配套》,88页,北京,中国法制出版社,2008。

3. 擅自处分查获的毒品的

公安机关、司法行政部门或者其他有关主管部门的工作人员，擅自处分查获的毒品，构成犯罪的，依法追究刑事责任。尚不构成犯罪的，依照《治安管理处罚法》等有关法律、行政法规的规定给予行政处分。

4. 导致戒毒人员死亡、自杀、自伤自残的

对有故意或者重大过失的责任人员，依法给予处分；构成犯罪的，依法追究刑事责任。对有玩忽职守、滥用职权、徇私舞弊等违法违纪行为的，依法给予处分；构成犯罪的，依法追究刑事责任。

5. 强制隔离戒毒所工作人员能够及时制止戒毒人员自伤、自残、自杀，或者能够对有关伤、病及时抢救，但是未采取措施制止、抢救的，应当给予纪律处分。

6. 侵犯戒毒人员个人信息的

公民信息依法受到法律保护，未经法律规定，任何部门和个人都不得泄露公民的个人信息。《戒毒条例》、司法部颁布的《关于司法行政强制隔离戒毒所所务公开工作的指导意见》和《司法行政强制隔离戒毒所安全警戒工作规定》均明确指出，除法律明确规定外，戒毒人员戒毒的个人信息不予公开，应当保密。公安、司法行政、卫生行政等有关部门工作人员泄露戒毒人员个人信息的，依法给予处分；构成犯罪的，依法追究刑事责任。

五、歧视戒毒人员的法律责任

歧视戒毒人员，是指有关的学校、企事业单位等在戒毒人员入学、工作等方面设置障碍，将戒毒人员拒之门外，或者虽然录用，但在工资、享受社会保障等方面对戒毒人员实行不平等的待遇的行为。《禁毒法》第五十二条、第七十条，《戒毒条例》第七条规定，戒毒人员在入学、就业、享受社会保障等方面不受歧视，有关部门、组织和人员应当在这些方面对戒毒人员给予必要的指导和帮助。如果发生歧视戒毒人员情况的，由教育行政部门、劳动行政部门责令改正；给当事人造成损失的，依法承担赔偿责任。

根据法律精神，这里所说的戒毒人员包括正在进行戒毒治疗的吸毒人员和已经回归社会的戒毒人员。损失包括已经遭受的直接的经济损失、机会损失，以及未来必然的经济损失、机会损失，不包括间接损失或可能的损失。承担赔偿责任包括经济赔偿和精神上的补偿。

第十节　戒毒方法及诊断评估

一、戒毒方法

戒毒方法，是指为使吸毒人员戒除毒瘾，顺利回归社会而采取的戒毒康复的手段。目前，我国毒品种类虽然繁多，但滥用的主要是以阿片类为代表的麻醉剂，以苯丙胺为代表的兴奋剂和以氯胺酮为代表的致幻剂。原卫生部与原国家药品监督管理局于2009年联合发布了修订版的《阿片类成瘾常用戒毒疗法的指导原则》和《苯丙胺类药物依赖诊断治疗指导原则》，2012年制定了《氯胺酮依赖诊断治疗指导原则》，对我国阿片类、苯丙胺类以及氯胺酮类毒品的治疗方法做了原则性规定。

（一）阿片类成瘾的治疗方法

1. 脱毒治疗

脱毒治疗，是指通过治疗，减轻由于突然停药导致的躯体戒断症状，以达到生理依赖消除的方法。脱毒治疗可分为非药物脱毒和药物脱毒。

（1）非药物脱毒法。

非药物脱毒，是指不使用戒毒药物，而采用其他方法达到生理脱毒的目的。非药物脱毒主要包括以下几种方法。

① 自然戒毒法。又称"干戒法"或"冷火鸡法"，是指强制中断吸毒者的毒品供应，仅提供一般性照顾，使其戒断症状自然消退的一种戒毒方法。本法的优点是简单、时间短、节省开支，不足之处是患者比较痛苦。此法适用于年纪轻、没有躯体疾病、体质强壮的毒品依赖者。

② 理疗脱毒法。是指采用针灸（电针）、理疗仪（经颅磁）、深部脑刺激等减轻戒毒者在戒断过程中的戒断症状的一种方法。此法对部分急性戒断症状和部分稽延性戒断症状的控制有一定的标准作用，但缺点是时间长，巩固不彻底。

③ 音乐疗法。是指通过一个系统的干预过程，治疗师利用音乐体验的各种形式，将音乐作为治疗的动力，帮助被治疗者获得健康的一种治疗方法。不同的音乐可以改善患者不同的情绪、行为障碍，配合其他心理治疗效果更佳。

④ 电休克治疗。此法是精神科一种经典的、行之有效和安全便捷的治疗方法。常用的有无抽搐休克方法，即在电痉挛前加用静脉麻醉药和肌肉松弛剂，使患者在电刺激后抽搐明显减轻或无抽搐，治疗时患者缺乏恐惧感。

⑤ 颅脑手术治疗。颅脑手术戒毒是通过脑立体定位术，选择性地损伤脑内相关区域（伏隔核），将吸毒者大脑内的"病理性快乐中枢"进行定点毁损后，消除"心瘾"，使吸毒者从毒瘾痛苦环境中解脱出来。

（2）药物脱毒法。是指应用戒毒药物减轻或消除毒品成瘾者在戒断过程中由于戒断症状带来的痛苦的方法。

① 替代治疗。也称替代递减法，是利用与阿片类药物有相似药理作用的其他药物替代原使用药物，在一定的时间内逐渐减少并停止使用替代药物，以减轻戒断症状的严重程度。常用方法有美沙酮替代治疗和盐酸丁丙诺啡舌下含片替代治疗。

② 非替代治疗。是指应用中枢 α2 受体激动剂来减轻抑制或减轻阿片类药物依赖的戒毒人员戒断症状。该类药物以可乐宁和洛非西定为代表，其控制戒断症状的作用比美

沙酮和盐酸丁丙诺啡弱。

③ 中药脱毒法。是采用天然纯中药制剂,调整机体的阴阳平衡,固正补气、扶正祛邪、解毒止痛、安神滋补,增强戒毒者体质和提高戒毒者的免疫力,进行辅助脱毒治疗的方法。

④ 中西医结合疗法。它是在治疗脱毒过程中服用中药,在戒断症状高峰配合西药控制戒断症状进行脱毒的方法。戒毒中药多用于中度以下的药物戒毒人员的脱毒治疗,由于中药起效慢,可以提前口服,必要时可与丁丙诺啡、洛非西定合用。

⑤ 亚冬眠疗法。在戒断症状发作期间,给戒毒者服用一定的安眠药,使戒毒者在昏睡过程中安全度过戒断症状反应期。此法有一定危险性,要慎用。

⑥ 快速脱毒法。快速脱毒法就是在浅麻醉的情况下,给患者服用在清醒状态下不能耐受的大剂量阿片受体拮抗剂,刺激内源性吗啡肽快速产生,诱发急性戒断症状的脱毒方法。

2. 预防复吸的药物治疗

(1) 戒毒药物维持疗法。一般适用于多次复吸的海洛因戒毒人员,目前应用较多的维持药物为美沙酮与丁丙诺啡。维持疗法多采用门诊治疗,除提供适量的药物外,还要辅之以其他咨询、服务,包括宣传教育、训练、家庭辅导等。

(2) 药物厌恶治疗。通过使戒毒者在康复期服用纳曲酮等药物,使其产生厌恶的效应,以达到预防复吸的目的。适用于已解除阿片类药物依赖的康复期辅助治疗,以防止或减少复吸。

(3) 中医药康复治疗。是针对康复阶段的余毒未清、正气已虚、正邪交错、虚实并存的特点,在康复阶段采用中医药对脱毒后患者进行全面调理,是消除稽延性症状一个比较好的手段。

(二) 苯丙胺类成瘾的治疗

1. 戒断症状的治疗

合成类毒瘾的治疗原则是"辨证施治、对症治疗、中西结合、系统治疗"。目前尚无可推荐的替代药物,药物治疗多为对症处理,采用"养血安神"和"气血双补"疗法进行综合治疗。

2. 急性中毒的处置

急性中毒时需采取如下措施:(1)将吸毒人员置于安静的环境,减少刺激。(2)严密监测生命体征,维持呼吸、循环稳定,维持水电解质平衡,必要时给氧。(3)鼓励多饮水,如口服滥用药物时间不超过4小时可行洗胃、催吐。(4)酸化尿液以加快苯丙胺类药物的排泄(如果吸毒人员有高热、出汗、代谢性酸中毒症状,则不宜酸化尿液)。(5)可采用物理降温方法降低体温。(6)若吸毒人员出现惊厥,则缓慢静脉注射苯二氮卓类药物。(7)如出现严重高血压应警惕颅内出血,给予紧急处理。(8)兴奋激越、行为紊乱,可使用多巴胺受体阻滞剂如氟哌利多肌肉注射。如出现锥体外系反应可使用抗胆碱类药物,如氢溴酸东莨菪碱(海俄辛)肌肉注射,必要时可采取保护性约束措施。(9)有谵妄症状时可用氟哌啶醇控制兴奋、激越、幻觉、妄想等症状,剂量不宜太大,以免加重意识障碍。(10)中毒程度极重者可采用腹膜透析或血液透析。

3. 精神病性症状的治疗

首先将吸毒人员置于安静的环境中,减少刺激、给予充分安慰,减轻因幻觉、妄想所导致的紧张不安和冲动攻击行为,可使用抗精神病药物肌肉注射。注意苯丙胺类药物依赖可能导致多巴胺受体敏感性的改变,使用抗精神病药物易出现锥体外系反应。在幻觉、妄想症状消失后应逐渐停止使用抗精神病药物。

4. 情感症状的治疗

情感症状的治疗是针对戒毒人员出现的抑郁、焦虑等情感性症状进行的治疗。一般是用心理治疗的方法,如情感症状持续时间不长或症状轻微可不必用药,如果抑郁、焦虑症状较重应予相应的对症治疗。

(三) 氯胺酮成瘾的治疗

1. 急性中毒的治疗

对氯胺酮中毒使用无特异性的解毒剂,处理原则与措施同其他药物中毒相同。如出现呼吸心搏骤停,应遵循 A-B-C 抢救原则给予必要的呼吸、循环支持,并及时转送到有条件的医院进行抢救。如患者出现急性谵妄状态,必要时予以保护性约束。兴奋躁动者可给予氟哌啶醇肌肉注射,同时,要特别注意躯体及生命体征情况。

2. 有害使用及依赖综合征的治疗

以心理社会干预措施为主,伴有其他心理障碍的可试用选择性 5-羟色胺,再摄取抑制剂、曲唑酮等药物治疗。对氯胺酮戒断症状治疗主要是对症治疗,如镇静催眠类药物,抗焦虑药和抗抑郁药等,同时辅以支持疗法,补充水或电解质,加强营养等。

3. 精神障碍的治疗

(1)精神病性症状治疗。如出现幻觉、妄想等精神病性症状时,可使用非典型抗精神病药物,精神病性症状消失后可逐渐减少药物剂量,视情况予以维持治疗。

(2)抑郁、焦虑症状的治疗。抑郁症状可使用 SSRIS 等新型抗抑郁药物,急性焦虑症状可使用苯二氮卓类药物,但应注意防止此类药物滥用。

4. 并发症治疗

(1)泌尿系统损害。目前氯胺酮相关性泌尿系统损害无确切有效的治疗方法,使用抗生素、肾上腺素能受体阻滞剂、胆碱能受体阻滞剂等药物治疗,对缓解症状有一定效果。

(2)鼻部并发症治疗。针对慢性鼻炎、鼻中隔穿孔及鼻出血症状,采用对应的医学治疗方法。

（四）心理行为治疗

心理行为治疗，是为了预防复吸，针对戒毒者的心理依赖及其他心理行为问题进行的以心理治疗手段为主的治疗。由于不同类型的戒毒人员的心理行为治疗方法基本相同，故而在此一并介绍。

1. 动机强化治疗

动机强化治疗，是指应用一定的心理治疗技术来激发依赖者自身的改变动机，然后制订计划，采取行动改变的过程。戒毒动机是发生改变的真正动力与关键因素，外在因素可以影响依赖者的戒毒动机而促进改变。动机强化治疗是基于成瘾者的特殊性而发展起来的，对于其他心理行为问题，咨询者一般要求来访者具有"治疗动机"，如果来访者没有"治疗动机"，那么再高明的心理咨询师也是无能为力的。而大多数成瘾者并没有很强的"治疗动机"，面临缺乏"治疗动机"的成瘾者，就需要特别的治疗技巧，动机强化治疗就是针对成瘾者这一特点而发展起来的。

2. 认知行为治疗

认知行为治疗，是根据认知过程影响行为的理论假设，通过认知和行为技术首先改变患者的不良认知，从而矫正不良行为的一种心理治疗。复吸预防是以心理学的认知行为治疗理论为基础，主要是通过改变患者对有关复吸的歪曲认识，来改变复吸的行为。通过让戒毒者分析自己复吸的高危情境，在咨询者的指导下，学习应对高危情境的各种技巧，提高戒毒者的自我效能，达到预防复吸、保持长期戒断的目标。在认知行为疗法中，行为强化是非常重要的。行为强化是根据斯金纳的"强化列联"原理，经历某种行为时荣辱观得以强化，就会增加将来再次发生该行为的机会。列联管理是用于治疗药物依赖的一种常用的行为强化方法。常用的方法有行为养成法、系统脱敏疗法、厌恶疗法、宣泄疗法、康复操训练法与代金券法等。[33]

3. 预防复吸治疗

预防复吸治疗，是通过帮助戒毒者提高自我效能与应对复吸高危情景的能力，并改变导致复吸的错误认知，学会识别诱发药物渴求、戒断症状、某些条件刺激，复吸的心理及不良环境因素，找出有效应对的方法，提高抵御毒品诱惑的能力，降低复吸的可能性。

4. 家庭治疗

家庭治疗，是通过改善吸毒人员与其家庭成员间的关系，促进家庭成员间的感情交流，利用家庭的力量来治疗包括药物滥用在内的许多问题。家庭治疗是把戒毒者放在家庭环境中考虑，以整个家庭为治疗单位，把家庭关系作为治疗的重点，治疗师通过与整个家庭成员（或某些成员）合作或与其他家庭成员单独讨论而帮助他们解决问题。家庭治疗的两个主要目的：一是通过利用家庭的力量与资源来帮助戒毒者找到脱离毒品生活的

---

〔33〕 郝伟、赵敏、李锦：《成瘾医学理论与实践》，508页，北京，人民卫生出版社，2016。

方法；二是帮助减轻药物滥用对家庭及戒毒者双方的影响。家庭治疗的常用方法：行为合同、婚姻行为治疗、简要策略家庭治疗、多维度家庭治疗、多家庭治疗集体、多系统治疗、行为家庭治疗、认知行为家庭治疗、网络治疗、问题解决治疗等。[34]

5. 小组（团体）治疗

小组治疗，是指以小组为单位进行心理治疗或咨询的形式。一般由具有相似心理问题的合作组成一个咨询小组，通过小组内成员互动，使个体在与小组成员交往中观察、体验、学习、认知和改变与他人的关系，学习新的人际交往技能和健康的行为方式，培养良好的社会适应能力。小组治疗具有以下作用：减少戒毒者共同存在的孤独、无聊等情绪；提供积极的同伴支持与保持操守压力；帮助戒毒人员树立希望与信心，还能提供小组外的支持与鼓励，学习如何应对毒品及其他问题，如人际关系、工作、家庭等。另外，小组设定的一些规则可以培养戒毒者的责任感与纪律性，同时对抑郁、焦虑、孤独、羞耻感、病态人格的治疗也具有效果。常见的治疗形式有戴托普、NA戒毒会等。

6. 正念防复吸治疗

正念防复吸治疗是一种新型的心理干预技术，最初于2010年由美国华盛顿大学成瘾行为研究中心的心理学研究团队成员 Sarah 等创立。它是一种结合了正念冥想和认知行为治疗的综合治疗方法，主要用于戒毒者康复期预防复吸，其目的是通过正念练习提高戒毒者对触发因素、惯性模式以及自动反应的自我意识，培养戒毒者接纳目前体验、摆脱根深蒂固的、经常灾难性的习惯性思维和行为模式。常用的技术有：静坐冥想、全身扫描、正念瑜伽、渴求冲浪、想象体验式冥想、山式冥想等。

二、诊断评估

（一）诊断评估的内容与标准

诊断评估，是指强制隔离戒毒所运用医学、心理学、管理学、社会学等多学科知识，对强制隔离戒毒人员在戒毒期间的戒治情况进行的综合评价。《强制隔离戒毒诊断评估办法》第二条规定，强制隔离戒毒诊断评估是指强制隔离戒毒所，对戒毒人员在强制隔离戒毒期间的生理脱毒、身心康复、行为表现、社会环境与适应能力等情况进行的综合考核和客观评价。

生理脱毒评估、身心康复评估、行为表现评估结果分为"合格"和"不合格"两类；社会环境与适应能力评估结果分为"良好"和"一般"两类。

1. 生理脱毒评估标准

生理脱毒评估是对戒毒人员生理毒瘾戒断情况的综合评价。在开展生理脱毒诊断评估时，戒毒人员若同时达到以下五项评估标准，则生理脱毒评估为"合格"，否则为"不

---

[34] 郝伟、赵敏、李锦：《成瘾医学理论与实践》，524页，北京，人民卫生出版社，2016。

合格"。

(1)毒品检测结果。毒品检测一般采用尿检方式进行。要求戒毒人员除生理脱毒期外的强制隔离戒毒期限内,强制隔离戒毒所组织的历次毒品检测结果均呈阴性为合格。

(2)使用缓解戒毒症状药物情况。由民警和医护人员查看戒毒人员近一个月内的就诊记录和服药登记,由执业医师对戒毒人员是否已经停止使用戒毒药物进行客观认定。确认已停止使用控制或缓解戒断症状的药物的为合格。

(3)急性戒断症状情况。由执业医师观察戒毒人员生理反应,查看近一个月内的就诊记录。从戒断体征及戒断症状两个方面确认戒毒人员急性戒断症状是否存在。急性戒断症状完全消除的为合格。

(4)稽延性戒断症状情况。执业医师重点了解戒毒人员在诊断评估前一个月内有无疼痛、失眠、焦虑等稽延性症状,查看有无相关就诊记录,确认戒毒人员是否存在明显的稽延性戒断症状。未出现明显稽延性戒断症状的为合格。

(5)是否出现因吸毒导致的明显精神症状或原有精神障碍控制情况。结合民警平时的观察和执业医师查看戒毒人员的就诊记录,通过模拟吸毒环境、毒品观摩和体验观察法对戒毒人员开展医学观察和测试,判断戒毒人员是否出现因吸毒而导致的明显精神症状或原有的精神障碍得到有效控制或减轻。未出现或得到有效控制的为合格。

2. 身心康复评估标准

身心康复评估是对戒毒人员身体机能、体能与心理健康、家庭及社会关系改善情况的综合评价,主要由大队民警和心理咨询师负责完成测试、考试以及考评工作。戒毒人员同时达到以下评估标准时评估为"合格",否则为"不合格"。

(1)身体相关机能情况。执业医师根据戒毒人员体格检查的项目,对戒毒人员进行体格检查,有所改善的为合格。将体检结果与入所体检、定期体检的结果进行对比,确认戒毒人员身体相关机能是否改善或是否处于正常水平。

(2)体能改善情况。参照国家《普通人群体育锻炼标准》,由大队专业民警组织戒毒人员开展耐力、速度、柔韧、灵敏、力量和协调性等项目测试,体能测试有所提高的为合格。评估测试成绩与入所初期的测试成绩相比,有明显改善或处于合格以上水平,即可确认戒毒人员体能有所提高。

(3)戒毒动机和掌握防复吸方法情况。由民警采用动机量表分析戒毒动机是否明确,结合拒毒训练或者借助相关仪器测试、分析戒毒人员的戒毒信心,戒毒动机明确的且信心增强的为合格。民警组织专项考试,测试戒毒人员在戒治期间对防复吸方法的掌握程度,考试成绩及格的为合格。

(4)心理测试情况。由负责心理矫治工作的民警,结合戒毒人员平时的行为表现和采用"症状自评量表(SCL-90)"等进行心理测试的结果,确认戒毒人员是否出现严重心理问题或者精神症状。未出现严重心理问题或精神症状的为合格。

(5)家庭及社会关系改善情况。大队民警通过查看亲情电话、探访、探视、信件记录、与戒毒人员谈话、了解其日常行为表现等途径,综合评定戒毒人员的社会关系。有明显改善与家庭、社会关系的愿望和行动的为合格。

3. 行为表现评估标准

行为表现评估是从遵章守纪、戒毒康复、教育学习、康复劳动以及坦白检举五个方面对戒毒人员日常现实表现进行综合评价。

(1)服从管理教育,遵守所规所纪。多数戒毒人员由于受到毒品侵害,日常生活中思想和行为偏激,纪律养成懒散。故此,服从管理教育,遵守所规队纪是规范戒毒人员行为养成,培养遵规守纪意识的前提和基础。

(2)接受戒毒治疗,参加康复训练。戒毒人员在强制隔离戒毒期间,应当接受脱毒治疗。稽延性戒断症状反复、常规疾病、慢性病以及出现精神障碍的戒毒人员,也应接受对症治疗。同时要参加戒毒康复教育、体能康复训练以及心理康复训练。

(3)参加各项教育矫治活动。戒毒人员强制隔离戒毒期间必须接受入所教育、法律常识教育、思想道德教育、戒毒常识教育、心理健康教育、文化素质教育以及各项辅助教育等。

(4)参加康复劳动。有劳动能力的戒毒人员都应该按照强制隔离戒毒所设定的康复劳动定额,积极参加康复劳动。戒毒人员在参加康复劳动的同时,还应积极参加职业技能培训,考取职业技能资格或等级证书,为日后回归社会就业创造条件。

(5)坦白、检举违法犯罪活动。对坦白、检举违法犯罪活动或提供重大线索事实属实的,强制隔离戒毒所应当对戒毒人员予以相应的奖励,在诊断评估时应当酌情予以考虑。

根据戒毒人员一年后诊断评估和期满前诊断评估必须达到的最低分数,确定"合格"或"不合格"。

4. 社会环境与适应能力评估标准

社会环境与适应能力评估是对戒毒人员未来回归社会之后的后续照管情况所作出的综合评价。

(1)签订帮教协议情况。由民警查看戒毒人员有无与有关部门签订社会帮教协议或者有明确意向。

(2)家属或者所在社区配合戒毒情况。民警通过与家属、所在社区(村委会)的沟通,了解戒毒人员出所后他们是否有支持配合其戒毒的意愿,作出客观评定。

(3)接受社会监督或援助意愿情况。戒毒人员对社区康复等后续戒毒措施有所了解,愿意定期反映情况或主动接受社会援助。民警通过与戒毒人员谈话,了解其真实意愿,作出客观评定。

(4)掌握就业技能情况。民警了解戒毒人员入所前是否掌握一定的就业谋生技能,入所后是否获得了劳动部门颁发的技能证书,据此作出客观评价。

(5)生活来源或稳定居所情况。民警通过查看档案资料、与戒毒人员谈话、与家属或原单位沟通等方式,了解戒毒人员在外有无一定的生活来源或是否具有稳定居所等真实情况,作出客观评定。

社会环境与适应能力诊断评估时,戒毒人员同时具备三项以上(含三项)评估标准和要求的,社会环境与适应能力评估为"良好",否则为"一般"。

(二)诊断评估结果的认定

诊断评估结果是戒毒人员在强制隔离戒毒期间各项戒毒康复指标的集中体现,是强制隔离戒毒所对戒毒人员生理脱毒、身心康复、行为表现以及社会环境与适应能力开展综合评价而得出的较为科学的结论,直接关系到戒毒人员提前解除强制隔离戒毒或延长强制隔离戒毒期限。

1. 一年后诊断评估结果认定

(1)戒毒人员一年后诊断评估时,对生理脱毒评估、身心康复评估、行为表现评估均达到"合格",社会环境与适应能力评估结果为"良好"的,强制隔离戒毒所可以提出提前解除强制隔离戒毒的意见;对行为表现评估为"不合格"的,强制隔离戒毒所可以提出延长强制隔离戒毒期限的意见。

(2)戒毒人员一年后诊断评估时,强制隔离戒毒所应当查阅全国公安机关联网录入的《吸毒人员动态管控详细信息》,对被二次以上强制隔离戒毒的,强制隔离戒毒所应当从严控制提前解除强制隔离戒毒的期限。

(3)对具有下列情形之一的戒毒人员,不得提出提前解除强制隔离戒毒的意见:①拒不交代真实身份和住址的;②脱逃被追回或者有自伤自残行为的;③所外就医、探视、请假外出等期间或者回所时毒品检测结果呈阳性,或者拒绝接受毒品检测的;④被责令接受社区康复的人员拒绝接受社区康复或者严重违反社区康复协议,因再次吸食、注射毒品被决定强制隔离戒毒的;⑤其他不宜提前解除强制隔离戒毒的。

(4)对强制隔离戒毒所提出提前解除强制隔离戒毒的意见后戒毒人员有脱逃、自伤自残或者殴打其他戒毒人员等严重违反所规队纪行为的,强制隔离戒毒所应当撤回提前解除强制隔离戒毒的意见。强制隔离戒毒决定机关已经批准的,强制隔离戒毒所应当建议强制隔离戒毒决定机关撤销该决定。

2. 期满前诊断评估结果认定

(1)对生理脱毒、身心康复、行为表现评估结果均达到"合格"的戒毒人员,强制隔离戒毒所应当按期解除强制隔离戒毒。

(2)对生理脱毒、身心康复评估结果中有一项以上为"不合格"的,强制隔离戒毒所可以提出延长强制隔离戒毒期限三至六个月的意见;对行为表现评估尚未达到"合格"的,强制隔离戒毒所根据其情况,可以提出延长强制隔离戒毒期限的意见。延长戒毒期限累计不得超过十二个月。

(3)对即将解除强制隔离戒毒的人员,根据其综合诊断评估情况,对社会环境与适应能力评估结果为"一般"的,强制隔离戒毒所应当对其提出责令社区康复的建议。

（4）为充分发挥戒毒康复所的职能作用，可以按照文件规定，即将解除强制隔离戒毒的人员与戒毒康复场所签订协议，经诊断评估后，强制隔离戒毒所建议原决定机关提前解除其强制隔离戒毒措施，经批准后转至戒毒康复场所进行体验和康复。

（5）特殊情形下的诊断评估。戒毒人员在强制隔离戒毒期间被依法收监执行刑罚、采取强制性教育措施或者被依法拘留、逮捕执行完毕后，因强制隔离戒毒尚未期满继续执行强制隔离戒毒的，该期间的行为表现由相应的羁押场所作出评估，并随戒毒人员移交强制隔离戒毒所。

第十章　毒品犯罪与刑法适用[1]

【学习目标】　熟悉毒品犯罪的基本体系和基本理论，系统掌握走私、贩卖、运输、制造毒品罪的概念、构成特征及认定时需要注意的问题，养成现代刑法学价值观念，熟练地运用刑法理论学说特别是现代刑法法益概念分析司法领域毒品犯罪案件。

第一节　毒品犯罪概述

毒品犯罪是以毒品作为犯罪对象的一类犯罪的总称。我国《刑法》第七章"妨害社会管理秩序罪"第七节"走私、贩卖、运输、制造毒品罪"，包括了我国刑法规定的所有毒品犯罪。

一、毒品犯罪保护法益的内容

我国刑法为什么要规定毒品犯罪，或者说规定毒品犯罪的目的、保护法益是什么？我国刑法理论通说一般认为，毒品犯罪的保护法益是国家对毒品的管理制度。[2]但是这一认识的局限性颇为明显。因为抽象地将"国家对毒品的管理制度"作为毒品犯罪的保护法益，难以对毒品犯罪构成要件起到应有的指导作用。主要表现在：(1)在罪与非罪的区分上，"国家对毒品的管理制度"的表述不能明确毒品犯罪的处罚范围，可能破坏毒品犯罪构成要件的安定性。例如，单纯购买、吸食、注射毒品的行为同样侵犯了国家对毒品的管理制度，该行为并不成立犯罪，但按照"国家对毒品的管理制度"这一内容，确实存在司法人员将某些情形的购买、吸食、注射毒品行为(如代购毒品后"蹭吸"行为)一律解释为"购买"毒品行为的风险性。(2)在轻罪与重罪的区分上，"国家对毒品的管理制度"的表述不能说明各种毒品犯罪在不法程度上的差别。例如，制造毒品的行为与非法种植毒品原植物的行为，在法益侵害程度上具有质的差别，这种差异性显然不能通过"国家对毒品的管理制度"予以体现。

---

〔1〕　本章撰写过程中，请教了清华大学张明楷教授，并借鉴了张明楷教授刑法学教科书[参见张明楷：《刑法学(第5版)》，1140页以下，北京，法律出版社，2016]的有关观点，在此致谢。

〔2〕　参见高铭暄、马克昌：《刑法学》，591页，北京，北京大学出版社、高等教育出版社，2016；另参见王作富：《刑法分则实务研究》，1438页，北京，中国方正出版社，2013。

本书认为，我国刑法中毒品犯罪的保护法益是毒品的不可泛滥性和公众的身体健康。(1)"毒品的不可泛滥性"和"公众的身体健康"是形式与内容的关系，国家之所以要对毒品实行严格的管制、不允许毒品泛滥，正是鉴于毒品具有危害公众健康的毒害性。所以，公众健康是毒品犯罪实质上的保护法益。(2)毒品对公众健康的侵害体现为：一是吸食、注射毒品使人形成瘾癖，危害或足以危害人的身体健康；二是接触毒品的人，可能吸食、注射毒品，身体健康受到侵害的危险性很大。所以刑法不仅处罚已经侵害公众健康的毒品犯罪行为，而且针对毒品对公众的健康可能导致的损害进行提前保护，所以毒品犯罪是以公众健康为保护法益的抽象危险犯。(3)作为毒品犯罪保护法益的"公众健康"，不是指特定个人的身体健康，而是作为社会法益的公众健康。所以，毒品犯罪是超个人法益的犯罪，而不是针对特定的个人法益的犯罪。(4)《刑法》第三百四十九条规定的包庇毒品犯罪分子罪与窝藏、转移、隐瞒毒品、毒赃罪，鉴于其系《刑法》第三百一十条规定的包庇罪、第三百一十二条规定的掩饰、隐瞒犯罪所得、犯罪所得收益罪的特别条款，所以，这两个犯罪在性质上属于侵害复杂客体的犯罪，主要保护法益是毒品的不可泛滥性和公众的身体健康，次要保护法益是司法活动秩序。

二、司法实务运用

例如，B1、C1明知毒品对自己有害，而分别从A1处购买一定量的毒品用于吸食、注射。问题是，A1可否以B1、C1均明知毒品的有害性、基于刑法理论上被害人承诺的法理，因而被害人有权放弃个人的身体健康为由，阻却毒品犯罪的违法性？本书持否定结论，因为毒品犯罪的保护法益是作为社会法益的公众健康，被害人可以承诺放弃个人的身体健康，但无权处分公众的身体健康。

又如，A2、A3(不相识)均居住在甲地，二人分别到乙地、丙地出差期间均购买了毒品，然后将毒品带回甲地，查明A3系帮助B3代购毒品，A2、B3(均为吸毒人员)均辩解其购买毒品主要用于个人吸食，均没有证据证明A2和A3、B3是为了实施贩卖毒品等其他犯罪，问题是如何确定A2和A3、B3的行为性质？根据最高人民法院《全国法院毒品犯罪审判工作座谈会纪要》(以下简称《2015年武汉会议纪要》)规定，"吸毒者在运输毒品过程中被查获，没有证据证明其是为了实施贩卖毒品等其他犯罪，毒品数量达到较大以上的，以运输毒品罪定罪处罚。"据此，A2成立运输毒品罪；"行为人为吸毒者代购毒品，在运输过程中被查获，没有证据证明托购者、代购者是为了实施贩卖毒品等其他犯罪，毒品数量达到较大以上的，对托购者、代购者以运输毒品罪的共犯论处。"据此，A3、B3成立运输毒品罪的共同犯罪。但本书倾向于认为，A2、B3的行为是以行为人自己为被害对象，而A3的行为也限于为特定的B3代购归其本人吸食的毒品，均未显著扩散毒品的流转范围或明显增加危害公众健康的风险，基本上属于不可罚的购买毒品行为范围，不宜认定为运输毒品罪,当然如果数量较大则可认定为非法持有毒品罪。[3]

第二节　走私、贩卖、运输、制造毒品罪

一、走私、贩卖、运输、制造毒品罪的构成

(一) 构成要件符合性[4]

1. 走私、贩卖、运输、制造的是"毒品"

(1)"毒品"的含义。按照《刑法》第三百五十七条的规定,毒品是指鸦片、海洛因、甲基苯丙胺(冰毒)、吗啡、大麻、可卡因以及国家规定管制的其他能够使人形成瘾癖的麻醉药品和精神药品。根据《麻醉药品和精神药品管理条例》的规定,麻醉药品、精神药品,是指列入麻醉药品目录、精神药品目录的药品和其他连续使用后易产生依赖性的物质。[5]

(2)"毒品"的数量。根据《刑法》规定,走私、贩卖、运输、制造毒品,无论数量多少,都应当追究刑事责任,予以刑事处罚。所以,只要认定走私、贩卖、运输、制造的物品是作为刑法规制对象的毒品,不管其质量如何、药理作用的程度如何、含量有多少等,都应当以本罪论处。

例如,查获 A4 贩卖的毒品大量掺假,经鉴定查明毒品含量极低。查获 B4 为掩护运输而将毒品融入其他物品中。问题是,应如何分别认定 A4 和 B4 的行为性质?除《刑法》第三百四十七条规定外,《2015 年武汉会议纪要》规定:"办理毒品犯罪案件,无论毒品纯度高低,一般均应将查证属实的毒品数量认定为毒品犯罪的数量,并据此确定适用的法定刑幅度,但司法解释另有规定或者为了隐蔽运输而临时改变毒品常规形态的除外。涉案毒品纯度明显低于同类毒品的正常纯度的,量刑时可以酌情考虑。"据此,A4 成立贩卖毒品罪、B4 成立运输毒品罪,但融入的其他物品不宜计入 B4 运输毒品的数量。

(3)"毒品"的认定。化学鉴定方法是毒品认定的通常方法,但不是必经方法。对有关物品的一部分作化学鉴定,能够合理认定其他部分与所鉴定的毒品是相同物质时,可

---

〔3〕 最高人民法院《全国部分法院审理毒品犯罪案件工作座谈会纪要》(以下简称《2008 年大连会议纪要》)认为:"对于吸毒者实施的毒品犯罪,在认定犯罪事实和确定罪名时要慎重。吸毒者在购买、运输、存储毒品过程中被查获的,如没有证据证明其是为了实施贩卖等其他毒品犯罪行为,毒品数量未超过《刑法》第三百四十八条规定的最低数量标准的,一般不定罪处罚;查获毒品数量达到较大以上的,应以其实际实施的毒品犯罪行为定罪处罚。"最高人民法院《全国法院审理毒品犯罪案件工作座谈会纪要》(以下简称《2000 年南宁会议纪要》)也有相同规定。但《2015 年武汉会议纪要》对"吸毒者在运输毒品过程中被查获"作了修改。本书倾向于认为,在这一问题上,《2008 年大连会议纪要》和《2000 年南宁会议纪要》似乎更具有合理性。但在司法活动中,法院审判应参照执行《2015 年武汉会议纪要》修改后的规定。

〔4〕 本书在论述毒品犯罪的具体罪名时采用"三阶层"犯罪成立体系,即认为犯罪是由构成要件符合性、违法性、有责性这三个具有递进关系的要件所组成。

〔5〕 参见"两高"、公安部 2014 年 8 月 20 日《关于规范毒品名称标书若干问题的意见》。但经过取汁的罂粟壳废渣不属于毒品。

将其他部分认定为毒品;虽未经过化学鉴定,但根据其他证据能够合理推定为毒品时,也可认定为毒品;即使司法机关未能收缴、扣押毒品时,也可根据其他证据认定行为人走私、贩卖、运输、制造的物品属于毒品。但对于可能判处被告人死刑的毒品犯罪案件,应当作出毒品含量鉴定。

2. 行为方式表现为"走私、贩卖、运输、制造"毒品

(1)走私毒品

① 走私毒品的概念。走私毒品,是指非法运输、携带、邮寄毒品进出国(边)境,逃避海关监管的行为。另外,根据《刑法》第一百五十五条间接走私行为以相应走私犯罪论处的规定,对于直接向走私毒品的犯罪人收购毒品的,或者在内海、领海、界河、界湖运输、收购、贩卖毒品的,应当以走私毒品罪论处。

② 走私毒品的方式。走私毒品,包括输入毒品和输出毒品两种形式。就立法论而言,相对于输出毒品,输入毒品的违法性更为严重,因为输入毒品的直接结果发生在我国领域内,会直接危害我国公民的身体健康,而输出毒品的直接后果发生在我国领域外,不会直接危害我国公民的身体健康。基于优先保护本国及本国公民的原则,可考虑在立法上分别规定输入毒品和输出毒品的法定刑。[6] 就解释论而言,我国刑法并未对输入毒品和输出毒品作出区别规定,但在司法裁判(主要是法院量刑时)中,应对输入毒品和输出毒品两种行为在法定刑(或处断刑)幅度内予以区别对待。

(2)贩卖毒品

① 贩卖毒品的概念。贩卖毒品,主要是指有偿转让毒品的行为。按照司法实务中的通常做法,以贩卖为目的而购买毒品,也属于贩卖毒品。张明楷教授认为,为了出卖而购买毒品的行为,只是贩卖毒品罪的预备行为(或与非法持有毒品罪形成竞合)。[7] 但本书仍然认为实践中的做法具有相对合理性。从刑法解释上讲,销售是"贩卖"的中心含义,为卖而买则处于"贩卖"语义射程范围内,并未超出"贩卖"可能具有的含义,为从严控制毒品的流转范围,将为卖而买毒品的行为提前作为贩卖毒品予以惩处,并未影响法的安定性和国民的预测可能性,具有实质上的合理性。

此外,从贩毒人员住所、车辆等处查获毒品,除非有相反证据,可推定其行为构成贩卖毒品罪。《2015年武汉会议纪要》规定:"贩毒人员被抓获后,对于从其住所、车辆等处查获的毒品,一般均应认定为其贩卖的毒品。确有证据证明查获的毒品并非贩毒人员用

---

〔6〕 国外的立法例通常有两种情形:第一种立法例,是将输入毒品和输出毒品分别规定为独立的犯罪;第二种立法例,是单独规定输入毒品罪且将其法定刑设置明显重于运输毒品、持有毒品罪,而将输出毒品的行为纳入运输毒品、持有毒品罪中。

〔7〕 张明楷教授认为,将为了出卖而购买毒品的行为认定为贩卖毒品罪的未遂犯乃至既遂犯,存在疑问,因为这种行为的危险并未达到贩卖毒品罪所要求的危险程度,充其量只是贩卖毒品罪的预备行为(若达到数量较大标准,可能同时触犯非法持有毒品罪)。之所以造成这一局面,是因为将"国家对毒品的管理制度"确定为毒品犯罪的保护法益,导致对某些毒品犯罪既遂的认定过于提前。参见张明楷:《刑法学(第5版)》,1141、1143页,北京,法律出版社,2016。

于贩卖,其行为另构成非法持有毒品罪、窝藏毒品罪等其他犯罪的,依法定罪处罚。"

② 贩卖毒品的方式。通常情形的销售毒品,不拘泥于具体形式,无论公开还是秘密,无论行为人请求对方购买抑或对方请求行为人转让,无论直接交付给对方还是间接交付给对方,无论是否借助信息网络载体,均可构成贩卖毒品。对于行为人通过中间人间接交付毒品的情形,行为人构成贩卖毒品罪无异议,问题是中间人的行为如何定性?本书认为,如果中间人已经认识到是毒品而帮助转交给买方的,中间人的行为构成贩卖毒品的共犯;如果中间人没有认识到是毒品,则属于无故意的工具范畴,不构成贩卖毒品罪。

③ 互易毒品的定性。吸毒者之间互相交换毒品的,一般不成立贩卖毒品罪。但在特殊情况下,如贩毒者之间为了调剂各自的毒品种类和数量而互易毒品,考虑到明显增加了毒品的流转范围并显著加重了危害公众健康的抽象危险,可以据情认定为贩卖毒品罪。

④ 诱惑侦查。贩毒者通常需要找到买主才能完成毒品交易,在实践中侦查机关往往使用内线侦查方法"引诱"贩毒者贩卖毒品,学理上简称为对毒品犯罪的诱惑侦查。问题是,对贩毒者和侦查人员的行为应作何处置?

第一,采用诱惑侦查方法的相对合理性。如果我们简单机械地套用刑法理论,那么,"引诱"他人犯罪就不是正当合理的侦查方法,甚至可能涉及贩卖毒品罪的教唆犯。但毕竟毒品犯罪具有一定的特殊性:一是毒品犯罪危害巨大,司法机关负有尽早发现、彻底搜查之职责,应尽一切可能灭绝其根源;二是毒品犯罪属于没有直接被害人的犯罪,一般不存在"被害人"提出控告,这就直接影响司法机关获取案件线索。另外毒品交易往往在相对保密的环境中进行,且通常具有组织性与规模性,局外人处于难以知悉洞察的状态,所以采取普通侦查方法很难有所作为。正是考虑到毒品犯罪具有以上特点,在司法实践中采用安置"线人"等诱惑侦查手段便不失为一种有效对策。

第二,诱惑侦查的类型。一是犯意引诱,即行为人(贩毒者)原本没有贩卖毒品的主观犯意,而是在特情的诱惑和促成下形成了犯意,进而实施贩卖毒品行为。二是双套引诱,即行为人(贩毒者)在特勤既为其安排上线,又提供下线的双重引诱下实施贩卖毒品行为的。不难看出,诱惑侦查中可以使用一定的引诱、欺骗或教唆等方法手段,但不包括暴力、胁迫等使对方丧失自由意志的方法手段。

第三,诱惑侦查中有关人员的责任承担。在诱惑侦查中,警察或线人的行为不构成贩卖毒品的教唆犯或帮助犯,贩毒者的行为则构成贩卖毒品罪。根据《2008年大连会议纪要》的规定:"对因'犯意引诱'实施毒品犯罪的被告人,根据罪刑相适应原则,应当依法从轻处罚,无论涉案毒品数量多大,都不应判处死刑立即执行……'双套引诱'下实施毒品犯罪的,处刑时可予以更大幅度的从宽处罚或者依法免于刑事处罚。"

(3)运输毒品

① 运输毒品的概念。运输毒品,是指明知是毒品而采用携带、寄递、托运、利用他人或者使用交通工具等方法在我国领域内非法运送毒品的行为。

② 运输毒品的特征。一是形式特征,即运输毒品是转移毒品、使毒品发生位移,但不要求在结局上改变了毒品所在地,如将毒品从甲地运往乙地,后又从乙地运送甲地,也属于运输毒品;二是实质特征,即运输毒品必须是与走私、贩卖、制造毒品具有关联性的行为,否则可能违反罪刑相适应原则。如前所述,为更加严格控制毒品的流转范围,《2015年武汉会议纪要》对"运输毒品"作了扩展规定,即"吸毒者在运输毒品过程中被查获,没有证据证明其是为了实施贩卖毒品等其他犯罪,毒品数量达到较大以上的,以运输毒品罪定罪处罚。"

(4)制造毒品

① 制造毒品的概念。制造毒品,是指使用毒品原植物直接提炼或者用化学方法加工、配制毒品,或者以改变毒品成分和效用为目的,用混合等物理方法加工、配制毒品的行为。

② 制造毒品的分类。一是将毒品以外的物质(主要是毒品原植物)提取或者制作成毒品,如将罂粟制成鸦片。二是毒品的精制,即去除毒品中的不纯物,使其成为毒品或者使毒品纯度提高,如去除海洛因中所含的不纯物,使之成为精制毒品。三是使用化学方法使甲种毒品变成乙种毒品,如使用化学方法将吗啡制作成海洛因。四是使用化学方法以外的方法使丙种毒品变成丁种毒品,如将盐酸吗啡加入蒸馏水,使其成为注射液。五是使用混合等物理方法加工、配制毒品,如将甲基苯丙胺或者其他甲基苯丙胺类毒品与其他毒品混合成麻古或者摇头丸。六是毒品量的精制,即分装毒品,是指将毒品进行分割,并装入一定的容器,在毒品犯罪集团中,有的犯罪人专门从事该项活动。七是非法按照一定的处方针对特定人的特定情况调制毒品。八是法律、司法解释规定的其他情况。"两高"、公安部2012年6月18日颁布的《关于办理走私、非法买卖麻黄碱类复方制剂等刑事案件适用法律若干问题的意见》规定:"以加工、提炼制毒物品制造毒品为目的,购买麻黄碱类复方制剂,或者运输、携带、寄递麻黄碱类复方制剂进出境的,依照《刑法》第三百四十七条的规定,以制造毒品罪定罪处罚。""明知他人利用麻黄碱类制毒物品制造毒品,向其提供麻黄碱类复方制剂,为其利用麻黄碱类复方制剂加工、提炼制毒物品,或者为其获取、利用麻黄碱类复方制剂提供其他帮助的,以制造毒品罪的共犯论处。"在制造毒品的共同犯罪案件中,研制配方、指挥他人制造的人,是正犯;单纯为制造毒品添柴加水的,宜认定为帮助犯。[8]

例如,如何理解《2008年大连会议纪要》中"为便于隐蔽运输、销售、使用、欺骗购买者,或者为了增重,对毒品掺杂使假,添加或者去除其他非毒品物质,不属于制造毒品的行为"的规定?本书持保留意见:其一,添加其他非毒品物质的行为,确不属于制造毒品;其二,去除其他非毒品物质的行为,系毒品的精制,属于制造毒品的范畴。

---

[8] 张明楷:《刑法学(第5版)》,1144页,北京,法律出版社,2016。

（二）违法性

本罪的保护法益是毒品的不可泛滥性和公众的身体健康。具体内容参见本章第一节。

（三）有责性

本罪为故意犯罪。责任形式为故意，包含直接故意和间接故意两种形式，即行为人明知走私、贩卖、运输、制造毒品的行为会发生毒品泛滥、危害公众健康的结果，并且希望或者放任这种结果发生。

1. 贩卖毒品的行为人须为年满十四周岁且具有辨认和控制自己行为能力的人，走私、运输、制造毒品的行为人须为年满十六周岁且具有辨认和控制行为能力的人

根据《刑法》第十七条规定，已满十六周岁的人犯罪，应当负刑事责任。已满十四周岁不满十六周岁的人，犯故意杀人、故意伤害致人重伤或者死亡、强奸、抢劫、贩卖毒品、放火、爆炸、投毒罪的，应当负刑事责任。已满十四周岁不满十八周岁的人犯罪，应当从轻或者减轻处罚。因不满十六周岁不予刑事处罚的，责令他的家长或者监护人加以管教；在必要的时候，也可以由政府收容教养。

2. 行为人认识到自己实施了走私、贩卖、运输、制造毒品的行为，并且希望或放任这种结果发生

（1）概念。行为人认识到自己实施了走私、贩卖、运输、制造毒品的行为，易言之，行为人认识到自己走私、贩卖、运输、制造的是（包括肯定是或可能是）毒品，但不要求行为人认识到毒品的名称、化学成分、效用等具体性质。所以，如果行为人在客观上走私、贩卖、运输、制造的是毒品，但由于被蒙蔽等原因，并未认识到行为对象是毒品，即不具备本罪的犯罪故意，不成立本罪；如果行为人明知不是毒品而欺骗他人是毒品以获取对价的，也不具备本罪的犯罪故意，可以诈骗罪论处。

（2）主观明知的认定。在司法实践中，判断被告人是否明知行为对象是毒品，不能仅凭被告人供述，而应当依据被告人实施毒品犯罪行为的过程、方式、毒品被查获时的情形等证据，结合被告人的年龄、阅历、智力等情况，进行综合分析判断。根据 2012 年 5 月 16 日最高人民检察院、公安部颁布的《关于公安机关管辖的刑事案件立案追诉标准的规定（三）》，"走私、贩卖、运输毒品主观故意中的'明知'，是指行为人知道或者应当知道所实施的是走私、贩卖、运输毒品行为。具有下列情形之一，结合行为人的供述和其他证据综合审查判断，可以认定其'应当知道'，但有证据证明确属被蒙骗的除外：①执法人员在口岸、机场、车站、港口、邮局和其他检查站点检查时，要求行为人申报携带、运输、寄递的物品和其他疑似毒品物，并告知其法律责任，而行为人未如实申报，在其携带、运输、寄递的物品中查获毒品的；②以伪报、藏匿、伪装等蒙蔽手段逃避海关、边防等检查，在其携带、运输、寄递的物品中查获毒品的；③执法人员检查时，有逃跑、丢弃携带物品或者逃避、抗拒检查等行为，在其携带、藏匿或者丢弃的物品中查获毒品的；④体内或者贴身隐秘处藏匿毒品的；⑤为获取不同寻常的高额或者不等值的报酬为他人携带、运输、寄递、收取物品，从中查获毒品的；⑥采用高度隐蔽的方式携带、运输物品，从中查获毒品的；⑦采用高度隐蔽的方式交接物品，明显违背合法物品惯常交接方式，从中查获毒品的；⑧行程路线故意绕开检查站点，在其携带、运输的物品中查获毒品的；⑨以虚假身份、地址或者其他虚假方式办理托运、寄递手续，在托运、寄递的物品中查获毒品的；⑩有其他证据足以证明行为人应当知道的。""制造毒品主观故意中的'明知'，是指行为人知道或者应当知道所实施的是制造毒品行为。有下列情形之一，结合行为人的供述和其他证据综合审查判断，可以认定其'应当知道'，但有证据证明确属被蒙骗的除外：①购置了专门用于制造毒品的设备、工具、制毒物品或者配制方案的；②为获取不同寻常的高额或者不等值的报酬为他人制造物品，经检验是毒品的；③在偏远、隐蔽场所制造，或者采取对制造设备进行伪装等方式制造物品，经检验是毒品的；④制造人员在执法人员检查时，有逃跑、抗拒检查等行为，在现场查获制造出的物品，经检验是毒品的；⑤有其他证据足以证明行为人应当知道的。"

（3）对毒品种类的事实认识错误。受制于我国毒品犯罪现行"单一型"的立法模式，刑法将"毒品"而不是具体的毒品种类规定为构成要件要素。所以，对毒品种类产生事实认识错误的，不阻却毒品犯罪故意的成立。理由有：一是根据法律及司法解释规定，毒品种类实际上是决定法定刑的要素，并不决定犯罪的成立，行为人对毒品种类产生错误，实际上是对自己行为在法定刑上有不正确的认识；二是行为人对毒品种类产生错误，也属于广义上对象认识错误的范畴，按照法定符合说，毒品种类的不同并不影响毒品具有危害公共的身体健康这一质的规定性，因此对象认识错误并不影响毒品犯罪故意的成立，原则上成立毒品犯罪的既遂犯。

二、走私、贩卖、运输、制造毒品罪的认定

（一）走私、贩卖、运输、制造毒品罪的停止形态

1. 走私毒品罪的停止形态

走私毒品，分为输入毒品和输出毒品两种形式。

（1）输出毒品的既遂标准。对于输出毒品，应当以逾越国（边）境线、使毒品离开我国领域的时刻为犯罪既遂标准。

（2）输入毒品的既遂标准。输入毒品又细分为陆路输入和海路、航空输入。应区分情形分别讨论不同输入形式的犯罪既遂标准。

① 陆路输入毒品的既遂标准。对于陆路输入毒品，应当以逾越国（边）境线、使毒品进入我国领域的时刻为既遂标准。

② 海路、航空输入毒品的既遂标准。对于海路、航空输入毒品的犯罪既遂标准，国外刑法理论上至少有五种观点：第一种观点是领海、领空说，即装载毒品的船舶或航空器进

入本国领海或领空时为既遂,否则为未遂;第二种观点是到达说,即装载毒品的船舶到达本国港口或航空器到达本国领土内时为既遂,否则为未遂;第三种观点是关税线说,即毒品经由保税区等海关支配、管理的地域时,毒品转移到保税区外才是既遂,否则为未遂;第四种观点是搬出可能说,即装载毒品的船舶或者航空器在本国港口停靠或在机场着陆后,出现可能将毒品搬出航空器或船舶外状态的为既遂,否则为未遂;第五种观点是登陆说,即将毒品从船舶转移到本国领土内时,或将毒品由航空器转移到地面时为既遂,否则为未遂。本书初步认为,大体可采用上述第二种观点,以装载毒品的船舶或航空器到达本国港口或领土为犯罪既遂标准,司法实践中也较容易把握。

2. 贩卖毒品罪的停止形态

在通常情况下,贩卖毒品以毒品实际上交付转移由买方占有作为犯罪既遂的时点,交付转移毒品后行为人是否实际获取了相应对价或利益,并不影响贩卖毒品既遂的成立。毒品尚未完成交付,即使已经达成转移交付的协议,或者行为人已经获取了相应对价或利益,也不宜认定为贩卖毒品既遂,可按贩卖毒品未遂处理。如前文所述,为从严控制毒品的流转范围,也可以认为"为卖而买"属于"贩卖"语义射程范围内可能具有的含义。所以按照司法实务中的通常做法,行为人以贩卖为目的而购买毒品但尚未出售给他人,也属于贩卖毒品罪的既遂。

实践中会发生误将假毒品认为是毒品予以贩卖的案件。理论和实践中存在未遂说和无罪说两种立场。最高人民法院 1994 年 12 月 20 日颁布的《关于适用〈全国人民代表大会常务委员会关于禁毒的决定〉的若干问题的解释》第十七条认为,对这种行为应当认定为贩卖毒品罪的未遂犯。刑法理论界也有人主张未遂说。张明楷教授主张无罪说,主要考虑是"刑法规定的贩卖毒品罪要求行为人所贩卖的必须是毒品,仅因行为人误认为是毒品,便认定为行为人贩卖毒品,有违罪刑法定原则之嫌"。近来也有司法机关的部分处理意见(无罪判决、不起诉决定、不立案决定等)按照无罪说处理。本书采取折中说,对于这种情况需要具体判断是否存在"贩卖毒品的具体危险",进而分别认定为贩卖毒品罪未遂或者无罪。对于是否具有"贩卖毒品的具体危险"的判断,可借助后文所述事后判断法,即在不是贩卖毒品的场合,根据科学的因果法则事后考虑假定存在什么事实才会制造毒品既遂,再考虑这种假定的事实有无存在可能性,进而决定有无具体危险。比如,仅因购销中某一环节出现疏漏,碰巧将假品当作毒品予以贩卖,从事后观点看当时贩卖的是毒品属于通常或多数情况,则具有"贩卖毒品的具体危险",应认定为贩卖毒品罪未遂,否则属于不可罚的不能犯,通常应认定为无罪。

3. 运输毒品罪的停止形态

关于运输毒品,有三个时间点在规范上比较重要:①为了运输而开始搬运毒品;②使毒品离开原处或转移存放地;③到达目的地。有不同观点分别采用上述三个时间点为既遂标准。本书初步认为,"为了运输而开始搬运毒品"应为运输毒品的着手,"使毒品离开原处或转移存放地"才是运输毒品的既遂标准。对于有观点将"到达目的地"

作为运输毒品的既遂标准,明显与运输毒品罪作为举动犯的性质相违背。例如,行为人采取邮寄方式运输毒品时,将装有毒品的邮件交给邮局,属运输毒品既遂;行为人采取使用交通工具运输毒品时,装有毒品的交通工具开始行进(离开原地),即属运输毒品既遂。

4. 制造毒品罪的停止形态

制造毒品应当以实际上制造出毒品为既遂标准,至于所制造出来的毒品数量多少、纯度高低等,均不影响成立制造毒品既遂。

问题是,A5购买一定数量的原料与配料用于制造毒品,但实际上未能制造出毒品,A5的行为应如何定性?本书认为,这涉及未遂犯与不可罚的不能犯的区分,两者区分的关键在于是否存在"制造出毒品的具体危险"。如果客观上存在"制造出毒品的具体危险",则应成立制造毒品未遂;如果客观上不存在"制造出毒品的具体危险",则不能成立制造毒品未遂,一般不作为犯罪处理。对于是否具有"制造出毒品的具体危险"的判断,在刑法理论上有纯粹主观说、抽象的危险说、具体的危险说、客观的危险说和修正的客观的危险说等观点。本书采用修正的客观的危险说。在修正的客观的危险说内部,大体有两种判断方法:第一种方法是日本刑法学家山口厚教授提出的,即事后判断法,按照这种方法,在没有制造出毒品的场合,根据科学的因果法则,事后考虑假定存在什么事实才会制造毒品既遂,再考虑这种假定的事实有无存在的可能性,进而决定有无具体危险。比如,A5事先准备的原料和配合本来可以制造出毒品,只是缺少某一种配料或者只是原料、配料的配比上出现问题才导致制造失败,从事后的观点看当时准备好这一种配套或者掌握好原料、配料的比例是完全可能的,则A5的行为具有"制造出毒品的具体危险",应成立制造毒品未遂;再如,A5是受到别人"恶作剧"的误导,其事先准备的原料、配料是不可能制造出毒品的,则A5的行为不具有"制造出毒品的具体危险",则属于不可罚的不能犯。第二种方法是日本刑法学家前田雅英教授提出的,即事前概率判断法,按照这种方法,在没有制造出毒品的场合,应当以行为时存在的一切客观事实作为基础,以行为时作为判断时点,判断从行为时来看制造出毒品的合理(科学)概率,当然在进行危险性判断时,没有必要连细枝末节的具体情况也考虑进去,对客观事实有必要进行某种程度的抽象化。如果认为从A5实施制造行为的时点看,成功制造出毒品的概率较高,虽然最后未能制成毒品,也成立制造毒品未遂,否则成立不可罚的不能犯。

(二) 走私、贩卖、运输、制造毒品罪的共同犯罪

对于走私、贩卖、运输、制造毒品罪的共同犯罪,应根据刑法总则的规定以及共同犯罪的原理予以认定和处理。

1. 贩卖毒品的共同犯罪

《2015年武汉会议纪要》规定:"办理贩卖毒品案件,应当准确认定居间介绍买卖毒品行为,并与居中倒卖毒品行为相区别。居间介绍者在毒品交易中处于中间人地位,发

挥介绍联络作用,通常与交易一方构成共同犯罪,但不以牟利为要件;居中倒卖者属于毒品交易主体,与前后环节的交易对象是上下家关系,直接参与毒品交易并从中获利。居间介绍者受贩毒者委托,为其介绍联络购毒者的,与贩毒者构成贩卖毒品罪的共同犯罪;明知购毒者以贩卖为目的购买毒品,受委托为其介绍联络贩毒者的,与购毒者构成贩卖毒品罪的共同犯罪;受以吸食为目的的购毒者委托,为其介绍联络贩毒者,毒品数量达到《刑法》第三百四十八条规定的最低数量标准的,一般与购毒者构成非法持有毒品罪的共同犯罪;同时与贩毒者、购毒者共谋,联络促成双方交易的,通常认定与贩毒者构成贩卖毒品罪的共同犯罪。居间介绍者实施为毒品交易主体提供交易信息、介绍交易对象等帮助行为,对促成交易起次要、辅助作用的,应当认定为从犯;对于以居间介绍者的身份介入毒品交易,但在交易中超出居间介绍者的地位,对交易的发起和达成起重要作用的被告人,可以认定为主犯。"

2. 运输毒品的共同犯罪

《2015 年武汉会议纪要》规定:"两人以上同行运输毒品的,应当从是否明知他人带有毒品,有无共同运输毒品的意思联络,有无实施配合、掩护他人运输毒品的行为等方面综合审查认定是否构成共同犯罪。受雇于同一雇主同行运输毒品,但受雇者之间没有共同犯罪故意,或者虽然明知他人受雇运输毒品,但各自的运输行为相对独立,既没有实施配合、掩护他人运输毒品的行为,又分别按照各自运输的毒品数量领取报酬的,不应认定为共同犯罪。受雇于同一雇主分段运输同一宗毒品,但受雇者之间没有犯罪共谋的,也不应认定为共同犯罪。雇用他人运输毒品的雇主,及其他对受雇者起到一定组织、指挥作用的人员,与各受雇者分别构成运输毒品罪的共同犯罪,对运输的全部毒品数量承担刑事责任。"

(三) 走私、贩卖、运输、制造毒品罪的一罪与数罪

本罪属选择性罪名,行为人实施走私、贩卖、运输、制造毒品四种行为之一即构成犯罪,四种行为同时实施也只构成一罪。行为人既有走私毒品的行为,又有走私其他物品的行为且构成犯罪的,或者同一走私行为的对象既有毒品又有其他物品的,应分别定走私毒品罪与相应之走私犯罪,实行数罪并罚。

三、走私、贩卖、运输、制造毒品罪的处罚

(一) 刑法规定

《刑法》第三百四十七条第二款规定,走私、贩卖、运输、制造毒品,有下列情形之一的,处十五年有期徒刑、无期徒刑或者死刑,并处没收财产:(1)走私、贩卖、运输、制造鸦片一千克以上、海洛因或者甲基苯丙胺五十克以上或者其他毒品数量大的;(2)走私、贩卖、运输、制造毒品集团的首要分子;(3)武装掩护走私、贩卖、运输、制造毒品的;(4)以

暴力抗拒检查、拘留、逮捕，情节严重的；(5)参与有组织的国际贩毒活动的。

第三款规定，走私、贩卖、运输、制造鸦片二百克以上不满一千克、海洛因或者甲基苯丙胺十克以上不满五十克或者其他毒品数量较大的，处七年以上有期徒刑，并处罚金。

第四款规定，走私、贩卖、运输、制造鸦片不满二百克、海洛因或者甲基苯丙胺不满十克或者其他少量毒品的，处三年以下有期徒刑、拘役或者管制，并处罚金；情节严重的，处三年以上七年以下有期徒刑，并处罚金。

第五款规定，单位犯第二款、第三款、第四款罪的，对单位判处罚金，并对其直接负责的主管人员和其他直接责任人员，依照各该款的规定处罚。

第六款规定，利用、教唆未成年人走私、贩卖、运输、制造毒品，或者向未成年人出售毒品的，从重处罚。

第七款规定，对多次走私、贩卖、运输、制造毒品，未经处理的，毒品数量累计计算。

第三百五十七条第二款规定，毒品的数量以查证属实的走私、贩卖、运输、制造、非法持有毒品的数量计算，不以纯度折算。

《刑法》第三百五十六条规定，因走私、贩卖、运输、制造、非法持有毒品罪被判过刑，又犯本节规定之罪的，从重处罚。

(二)认定中的特殊问题

1. 关于"利用、教唆未成年人走私、贩卖、运输、制造毒品，从重处罚"的理解

如前所述，《刑法》第三百四十七条第六款规定，利用、教唆未成年人走私、贩卖、运输、制造毒品，或者向未成年人出售毒品的，从重处罚。这里所说的"未成年人"系未满十八周岁的人。对于利用、教唆未成年人走私、贩卖、运输、制造毒品，要区分情形处理。

(1)未成年人达到了刑事责任年龄(实施走私、运输、制造毒品行为，已满十六周岁；或实施贩卖毒品行为，已满十四周岁)，行为人与未成年人构成走私、贩卖、运输、制造毒品罪的共同犯罪，行为人系共同实行犯或教唆犯，根据本款规定应从重处罚。在行为人构成教唆犯情形下，除本款规定外，《刑法》第二十九条第一款还规定，教唆不满十八周岁的人犯罪的，应当从重处罚。但这并不意味着教唆未成年人走私、贩卖、运输、制造毒品的犯罪分子具有两个从重处罚情节(即在《刑法》第二十九条第一款从重处罚的基础上再根据本款规定从重处罚)，本款规定其实只是对刑法第二十九条第一款规定的重申，对于教唆未成年人走私、贩卖、运输、制造毒品的犯罪分子，只需要适用本款规定从重处罚，无须再援引《刑法》第二十九条第一款规定。

(2)未成年人没有达到刑事责任年龄(实施走私、运输、制造毒品行为，未满十六周岁；或实施贩卖毒品行为，未满十四周岁)，不构成贩卖毒品罪等罪，按照我国刑法理论通说，行为人系间接正犯，适用本款规定从重处罚，这其实是共犯从属性理论中极端从属性说的结论。按照日本等大陆法系国家通行的共犯从属性理论(限制从属性说系通说，最小从属性说系新近的有力说)，可继续分情形讨论：①未成年人没有达到刑事责任年龄，但知晓走私、贩卖、运输、制造毒品的行为是法律所禁止的(具有规范性认识障碍),在符合构成要件且具有违法性的层面,行为人仍与未成年人构成走私、贩卖、运输、制造毒品罪的共同犯罪,行为人构成共同实行犯或教唆犯,适用本款规定从重处罚,未成年人的行为虽然符合走私、贩卖、运输、制造毒品的构成要件且具有违法性,但因没有达到刑事责任年龄而阻却责任,不成立犯罪。②未成年人由于年龄过小等原因,不知晓走私、贩卖、运输、制造毒品的行为是为法律所禁止的(不具有规范性认识障碍),行为人系间接正犯,适用本款规定从重处罚。

2. 关于毒品再犯规定的理解

《刑法》第三百五十六条规定了毒品再犯。毒品再犯的成立条件如下:

(1) 行为人之前曾犯走私、贩卖、运输、制造、非法持有毒品罪。包含《刑法》规定的两个罪名,即《刑法》第三百四十七条规定的走私、贩卖、运输、制造毒品罪,以及《刑法》第三百四十八条规定的非法持有毒品罪。法院按照这两个罪名判决的,可以成立毒品再犯的前罪。需要注意的是,行为人的行为符合走私、贩卖、运输、制造、非法持有毒品罪,但由于犯罪竞合、牵连、吸收等原因,法院最终以其他罪名判决(如窝藏毒品罪等)的,仍符合毒品再犯的前罪条件。

(2) 行为人因上述犯罪"被判过刑"。行为人因犯走私、贩卖、运输、制造、非法持有毒品罪被判过刑,又实施毒品犯罪,说明行为人具有实施毒品犯罪的较高人身危险性和再犯可能性,具有从重处罚的必要。"被判过刑"包括被法院宣告判处过主刑,也包括被法院单处附加刑。这里需要注意以下四个问题:其一,毒品再犯的前罪包括被判处缓刑的情形。缓刑,是法院确定被告人刑期后,决定暂缓执行,并进行缓刑考验的一种制度。如果缓刑考验合格,原判刑罚不再执行;如果未通过缓刑考验,则撤销缓刑,执行原判刑罚。缓刑的适用是以对被告人判处一定期限的有期徒刑或拘役为前提的,只是对所判自由刑的暂缓执行。所以,行为人因前罪被判缓刑,应属"被判过刑"。其二,毒品再犯的前罪不包括定罪免刑的情形。定罪免刑,是指对被告人在宣告有罪的基础上,免予刑事处罚,不属于"被判过刑"的范围。其三,毒品再犯的前罪不包括判决未生效的情形。如被告人因走私、贩卖、运输、制造、非法持有毒品被法院一审判刑后,在上诉期内或进入二审后法院判决尚未作出判决,被告人又犯毒品犯罪的,不成立毒品再犯。

(3) 行为人又犯本节规定之罪。"又犯本节规定之罪",是指行为人在实施上述特定毒品犯罪之后,又犯《刑法》分则第六章第七节规定的犯罪行为。

问题是,A6 于 2012 年 5 月因贩卖毒品罪被判处有期徒刑三年六个月,2015 年 11 月刑满释放,于 2017 年 12 月又犯容留他人吸毒罪。A6 的行为除符合《刑法》第三百五十六条毒品再犯的规定外,还符合《刑法》第六十五条第一款累犯的规定。《刑法》第六十五条第一款规定,被判处有期徒刑以上刑罚的犯罪分子,刑罚执行完毕或者赦免以后,在五年以内再犯应当判处有期徒刑以上刑罚之罪的,是累犯,应当从重处罚,但是过失犯罪和不满十八周岁的人犯罪的除外。需要研究,对于 A6 的行为,应当仅适用《刑法》第三百六十五条毒品再犯的规定从重处罚,还是仅适用《刑法》第六十五条第一款累犯的规定从重处罚,抑或同时适用以上两条规定从重处罚?

司法文件的规定有一个变化过程:《2000年南宁会议纪要》规定:"同时构成再犯和累犯的被告人适用法律和量刑的问题。对依法同时构成再犯和累犯的被告人,今后一律适用《刑法》第三百五十六条规定的再犯条款从重处罚,不再援引刑法关于累犯的条款。"《2008年大连会议纪要》规定:"对同时构成累犯和毒品再犯的被告人,应当同时引用刑法关于累犯和毒品再犯的条款从重处罚。"《2015年武汉会议纪要》规定:"对于因同一毒品犯罪前科同时构成累犯和毒品再犯的被告人,在裁判文书中应当同时引用刑法关于累犯和毒品再犯的条款,但在量刑时不得重复予以从重处罚。对于因不同犯罪前科同时构成累犯和毒品再犯的被告人,量刑时的从重处罚幅度一般应大于前述情形。"本书认为,《2015年武汉会议纪要》具有合理性,但考虑到累犯不仅比毒品再犯多出"不得假释、减刑"的要求,且在从重处罚幅度上一般要大于毒品再犯,既然"不得重复予以从重处罚",实际上就是以累犯论处,只是要同时按照司法文件规定"在裁判文书中应当同时引用刑法关于累犯和毒品再犯的条款"。换言之,只有对于不符合累犯条件的毒品再犯行为,才能适用《刑法》第三百六十五条毒品再犯的规定。对于不满十八周岁的人,不适用累犯规定从重处罚,按照"举重以明轻"的当然解释,也不适用毒品再犯规定从重处罚。

第三节　其他毒品犯罪

一、非法持有毒品罪

(一)非法持有毒品罪的构成

1. 构成要件符合性

(1)非法持有毒品。非法持有毒品,是指违反国家毒品管理法规,未经有关主管部门批准或许可,擅自占有、携有、藏有、保存或以其他方式控制毒品。持有以实际占有或者能够支配为条件,至于毒品来源则无限制,可以是祖辈遗留的,朋友赠予的,偶然拾捡的,为自我吸食而购买的,还可以是通过盗窃、诈骗等方式非法取得的。

(2)非法持有毒品"数量较大"。非法持有毒品"数量较大"的标准是,非法持有鸦片二百克以上、海洛因或者甲基苯丙胺十克以上或者其他毒品数量较大的。

2. 违法性

本罪的保护法益是毒品的不可泛滥性和公众的身体健康。

3. 有责性

本罪为故意犯罪。责任形式为故意,即行为人明知是(包括可能是)毒品而非法持有。

（二）非法持有毒品罪的认定

1. 罪与非罪的界限

因医疗、科研、教学等需要，经有关主管部门批准或者许可而合法持有毒品的，不构成本罪。

吸毒者在购买、运输、存储毒品过程中被抓获的，若无证据证明其实施了其他毒品犯罪，不应定罪，但数量较大的，以本罪论处。

2. 本罪与走私、贩卖、运输、制造毒品罪及窝藏、转移毒品罪的区别

行为人实施走私、贩卖、运输毒品的行为自然会伴随持有毒品的状态，制造毒品行为得逞后也会出现拥有毒品的状态，因走私、贩卖、运输、制造而持有毒品的，无论数量多少，均以走私、贩卖、运输、制造毒品罪论处。

由于其他原因而非法持有毒品，或者行为人拒不说明毒品来源，而司法机关又无法查清的，只要数量较大，均可构成本罪。

有证据证明行为人不是以营利为目的，为他人代买仅用于吸食的毒品，数量较大的，托购者、代购者均构成本罪。

（三）非法持有毒品罪的处罚

《刑法》第三百四十八条规定，犯本罪的，非法持有鸦片二百克以上不满一千克、海洛因或者甲基苯丙胺十克以上不满五十克或者其他毒品数量较大的，处三年以下有期徒刑、拘役或者管制，并处罚金；情节严重的，处三年以上七年以下有期徒刑，并处罚金；非法持有鸦片一千克以上、海洛因或者甲基苯丙胺五十克以上或者其他毒品数量大的，处七年以上有期徒刑或者无期徒刑，并处罚金。

关于其他毒品数量较大或者数量大的标准，最高人民法院在《关于审理毒品案件定罪量刑标准有关问题的解释》中作了具体规定。

二、包庇毒品犯罪分子罪

（一）包庇毒品犯罪分子罪的构成

1. 构成要件符合性

包庇走私、贩卖、运输、制造毒品的犯罪分子。所谓包庇，是指向司法机关作假证明掩盖其罪行，或者帮助其毁灭罪证，使其逃避法律制裁的行为。

2. 违法性

本罪的主要保护法益是毒品的不可泛滥性和公众的身体健康，次要保护法益是司法活动秩序。

3. 有责性

本罪为故意犯罪。责任形式为故意，即明知是（包括可能是）走私、贩卖、运输、制造毒品的犯罪分子而予以包庇的行为。

（二）包庇毒品犯罪分子罪的认定

如果行为人事先与走私、贩卖、运输、制造毒品的犯罪人通谋，事后进行包庇的，以走私、贩卖、运输、制造毒品罪的共犯论处。

（三）包庇毒品犯罪分子罪的处罚

根据《刑法》第三百四十九条第一款规定，犯本罪的，处三年以下有期徒刑、拘役或者管制；情节严重的，处三年以上十年以下有期徒刑。

第二款规定，缉毒人员或者其他国家机关工作人员掩护、包庇走私、贩卖、运输、制造毒品的犯罪分子的，依照前款规定从重处罚。

三、窝藏、转移、隐瞒毒品、毒赃罪

（一）窝藏、转移、隐瞒毒品、毒赃罪的构成

1. 构成要件符合性

窝藏、转移、隐瞒毒品、毒赃。表现为走私、贩卖、运输、制造毒品的犯罪分子窝藏、转移、隐瞒毒品或者犯罪所得财物的行为。所谓窝藏，是指将犯罪分子的毒品、毒赃藏匿于某处，从而逃避司法机关追查。所谓转移，是指将毒品、毒赃从一地位移到另一地，以逃避司法机关追缴、制裁或便于犯罪分子交易。所谓隐瞒，是指在司法机关询问、调查有关情况时，行为人就毒品、毒赃问题知情不报或者作虚假陈述。

2. 违法性

本罪的主要保护法益是毒品的不可泛滥性和公众的身体健康，次要保护法益是司法活动秩序。

3. 有责性

本罪为故意犯罪。责任形式为故意，即明知是走私、贩卖、运输、制造毒品犯罪分子的毒品或者犯罪所得财物，而为其窝藏、转移、隐瞒的行为。

（二）窝藏、转移、隐瞒毒品、毒赃罪的认定

本罪与掩饰、隐瞒犯罪所得、犯罪所得收益罪存在着法条竞合关系，如果行为人窝藏、转移、隐瞒的是走私、贩卖、运输、制造毒品罪以外的其他毒品犯罪的毒品、毒赃或者其他刑事犯罪的赃款、赃物的，构成掩饰、隐瞒犯罪所得、犯罪所得收益罪。如果行为人事先与走私、贩卖、运输、制造毒品的犯罪人通谋，事后为其窝藏、转移、隐瞒毒品、毒赃的，以走私、贩卖、运输、制造毒品罪的共犯论处。

（三）窝藏、转移、隐瞒毒品、毒赃罪的处罚

根据《刑法》第三百四十九条第一款规定，犯本罪的，处三年以下有期徒刑、拘役或者

管制;情节严重的,处三年以上十年以下有期徒刑。

第二款规定,缉毒人员或者其他国家机关工作人员掩护、包庇走私、贩卖、运输、制造毒品的犯罪分子的,依照前款规定从重处罚。

四、走私制毒物品罪

(一) 走私制毒物品罪的构成

1. 构成要件符合性

走私制毒物品,是指违反国家规定,非法运输、携带醋酸酐、乙醚、三氯甲烷或者其他用于制造毒品的原料或者配剂,进出国(边)境的行为。

2. 违法性

本罪的保护法益是毒品的不可泛滥性和公众的身体健康。

3. 有责性

本罪为故意犯罪。责任形式为故意,即行为人明知是(包括可能是)制毒物品而走私。

(二) 走私制毒物品罪的认定

行为人为自己制造毒品而走私制毒物品的,属本罪与制造毒品罪的牵连犯,应择重罪即制造毒品罪论处。根据《刑法》第三百五十条第二款之规定,行为人明知他人制造毒品而为其走私制毒物品的,以制造毒品罪的共犯论处。

(三) 走私制毒物品罪的处罚

根据《刑法》第三百五十条第一款、第三款规定,犯本罪的,处三年以下有期徒刑、拘役或者管制,并处罚金;走私制毒物品数量大的,处三年以上十年以下有期徒刑,并处罚金。单位犯前款罪的,对单位判处罚金,并对其直接负责的主管人员和其他直接责任人员,依照上述规定处罚。

五、非法买卖制毒物品罪

(一) 非法买卖制毒物品罪的构成

1. 构成要件符合性

非法买卖制毒物品,是指违反国家规定,在境内非法买卖醋酸酐、乙醚、三氯甲烷或者其他用于制造毒品的原料和配剂的行为。所谓非法买卖,是指未经有关主管部门批准而擅自出售或者购买制毒物品以及虽经批准但违规或者超量买卖制毒物品的行为。

2. 违法性

本罪的保护法益是毒品的不可泛滥性和公众的身体健康。

3. 有责性

本罪为故意犯罪。责任形式为故意，即行为人明知是（包括可能是）制毒物品而非法买卖。

（二）非法买卖制毒物品罪的认定

（1）为他人制毒提供原料（制毒物品）行为的定性。我国《刑法》第三百五十条第二款规定，明知他人制造毒品而为其提供前款规定的物品（即醋酸酐、乙醚、三氯甲烷或者其他用于制造毒品的原料或者配剂，简称制毒物品）的，以制造毒品罪的共犯论处。本书认为，在解释该款规定时，应附加"他人已经着手实施制造毒品行为"这一限定性要素。对于行为人在明知他人制造毒品还为其提供制毒物品的案件，应当视情况分别处理：（1）如果他人已经着手实施制毒行为，对行为人应认定为制造毒品罪的共犯；（2）如果他人尚未实施制毒行为（包括还在购买、搬运其他制毒物品或实施其他准备行为），对行为人则不宜认定为制造毒品罪的共犯，若行为人有偿提供的，应认定为非法买卖制毒物品罪；若行为人无偿提供的，则应当按无罪处理。

第一，这种解释符合共犯的基本原理。对于制造毒品罪而言，他人实施的制毒行为是正犯行为，行为人向他人提供制毒原料或配剂的行为是共犯行为（帮助行为）。在他人还没有着手实行制毒行为之时，制造毒品的正犯尚未成立，更谈不上为制毒提供帮助的共犯行为的成立了。虽然我国《刑法》在第二十九条第二款规定了对教唆未遂的处罚规定，但没有对帮助未遂的处罚规定，在被帮助的人（制造毒品的人）没有犯被帮助的罪的情况下，如果对帮助者（提供制毒物品的行为人）按照制造毒品罪的帮助犯加以处罚，就明显违背了罪刑法定原则。

第二，这种解释符合罪刑均衡的基本原则。在以上第二种情况下，他人计划制造毒品但尚未着手实行，他人充其量只成立非法买卖制毒物品罪或制造毒品罪的预备犯，如果机械性地理解《刑法》第三百五十条第二款的规定，行为人由于已经为他人提供了制毒物品就必须成立处罚较重的制造毒品罪的共犯，这未免过于严厉。

（2）根据《刑法》第一百五十五条之规定，在我国内海、领海、界河、界湖非法买卖制毒物品以及直接向走私制毒物品的人非法收购制毒物品的，应以走私制毒物品罪论处。根据《刑法》第三百五十条第二款之规定，行为人明知他人制造毒品而为其提供制毒物品的，以制造毒品罪的共犯论处。

（三）非法买卖制毒物品罪的处罚

根据《刑法》第三百五十条第一款、第三款规定，犯本罪的，处三年以下有期徒刑、拘役或者管制，并处罚金；走私制毒物品数量大的，处三年以上十年以下有期徒刑，并处罚金。单位犯前款罪的，对单位判处罚金，并对其直接负责的主管人员和其他直接责任人员，依照上述规定处罚。

六、非法种植毒品原植物罪

（一）非法种植毒品原植物罪的构成

1. 构成要件符合性

非法种植毒品原植物，表现为非法种植数量较大的罂粟、大麻、古柯树等毒品原植物，或者经公安机关处理后又种植，或者抗拒铲除的行为。所谓毒品原植物，是指罂粟、大麻、古柯树等可以加工、提炼、制成鸦片、吗啡、海洛因、可卡因等毒品的植物。所谓非法种植，是指未经国家有关主管部门批准，擅自种植或者虽经批准但超量种植的。种植包括播种、插栽、施肥、灌溉等行为。

2. 违法性

本罪的保护法益是毒品的不可泛滥性和公众的身体健康。

3. 有责性

本罪为故意犯罪。责任形式为故意，即行为人明知是（包括可能是）毒品原植物而非法种植。

（二）非法种植毒品原植物罪的认定

行为人利用自己种植的毒品原植物制造毒品的，属本罪与制造毒品罪的牵连犯，应以重罪即制造毒品罪论处。

（三）非法种植毒品原植物罪的处罚

根据《刑法》第三百五十一条第一款、第二款、第三款规定，犯本罪的，处五年以下有期徒刑、拘役或者管制，并处罚金；非法种植罂粟三千株以上或者其他毒品原植物数量大的，处五年以上有期徒刑，并处罚金或者没收财产。非法种植罂粟或者其他毒品原植物，在收获前自动铲除的，可以免除处罚。

七、非法买卖、运输、携带、持有毒品原植物种子、幼苗罪

（一）非法买卖、运输、携带、持有毒品原植物种子、幼苗罪的构成

1. 构成要件符合性

表现为非法买卖、运输、携带、持有未经灭活的毒品原植物种子或者幼苗，数量较大的行为。未经灭活的毒品原植物种子、幼苗，是指没有经过物理、化学等方法灭杀植物生长细胞，还能继续繁殖、发芽或生长的毒品原植物种子或幼苗。

2. 违法性

本罪的保护法益是毒品的不可泛滥性和公众的身体健康。

3. 有责性

本罪为故意犯罪。责任形式为故意,即行为人明知是(包括可能是)毒品原植物种子、幼苗而非法买卖、运输、携带、持有。

(二)非法买卖、运输、携带、持有毒品原植物种子、幼苗罪的处罚

根据《刑法》第三百五十二条规定,犯本罪的,处三年以下有期徒刑、拘役或者管制,并处或者单处罚金。

八、引诱、教唆、欺骗他人吸毒罪

(一)引诱、教唆、欺骗他人吸毒罪的构成

1. 构成要件符合性

引诱、教唆、欺骗他人吸毒,表现为引诱、教唆、欺骗他人吸食、注射毒品的行为。所谓引诱,是指以财物或者含毒的物品(掺毒香烟)让他人吸食,或者进行鼓动,勾引、拉拢本无吸毒意愿的人就范。所谓教唆,是指以宣扬吸毒后的"体验"、示范吸毒方法等授意、怂恿,促使他人产生吸毒兴趣进而就范的行为。所谓欺骗,是指采取欺骗方法隐瞒真相,在香烟、药品等物品中掺入毒品,使他人在不知情的情况下上瘾的行为。

2. 违法性

本罪的保护法益是毒品的不可泛滥性和公众的身体健康。

3. 有责性

本罪为故意犯罪。责任形式为故意。

(二)引诱、教唆、欺骗他人吸毒罪的认定

为向他人贩卖毒品而先引诱、教唆、欺骗他人吸食、注射毒品的,属本罪与贩卖毒品罪的牵连犯,应择重罪即贩卖毒品罪论处。

(三)引诱、教唆、欺骗他人吸毒罪的处罚

根据《刑法》第三百五十三条第一款、第三款规定,犯本罪的,处三年以下有期徒刑、拘役或是管制,并处罚金;情节严重的,处三年以上七年以下有期徒刑,并处罚金;引诱、教唆、欺骗未成年人吸食、注射毒品的,从重处罚。

九、强迫他人吸毒罪

(一)强迫他人吸毒罪的构成

1. 构成要件符合性

表现为违背他人意志,强行迫使他人吸食、注射海洛因、吗啡等毒品。

2. 违法性

本罪的保护法益是毒品的不可泛滥性和公众的身体健康。

3. 有责性

本罪为故意犯罪。责任形式为故意。

（二）强迫他人吸毒罪的认定

对于强迫他人吸食、注射毒品致人死亡的，应区别对待：如果强迫他人吸食、注射少量毒品，意外导致他人重伤、死亡的，属本罪与过失致人重伤罪、过失致人死亡罪的想象竞合，由于本罪是重罪，以本罪论处；如果欲通过强迫他人吸食、注射大量毒品方法加害他人，则定故意伤害罪或故意杀人罪。

（三）强迫他人吸毒罪的处罚

根据《刑法》第三百五十三条第二款、第三款规定，犯本罪的，处三年以上十年以下有期徒刑；强迫未成年人吸食、注射毒品的，从重处罚。

十、容留他人吸毒罪

（一）容留他人吸毒罪的构成

1. 构成要件符合性

表现为容留他人吸毒的行为，如向吸毒者提供吸食、注射毒品的场所，一般是酒店、宾馆、会所、酒吧、迪吧、KTV 等经营性场所，也包括汽车、游轮等交通工具。

2. 违法性

本罪的保护法益是毒品的不可泛滥性和公众的身体健康。

3. 有责性

本罪为故意犯罪。责任形式为故意。

（二）容留他人吸毒罪的认定

如果行为人以容留他人吸毒为条件向他人出售毒品的，应数罪并罚。例如，毒贩 A7 在家中以三百元的价格向 B7 售卖 0.5 克海洛因。由于当时 A7 的毒瘾已经开始发作，A7 遂将 B7 带入客房让其吸食刚购买的毒品。公安机关接举报后迅速出警将 A7 和 B7 抓获。问题是，对于 A7 贩毒后容留吸食的行为是构成一罪还是数罪。有观点认为，A7 只成立贩卖毒品罪。因为 A7 容留 B7 在自己家中吸食毒品的行为，是之前贩卖毒品行为的自然延伸，属于刑法上不可罚的事后行为，没必要单独定罪处罚。本书认为，A7 的行为成立贩卖毒品罪和容留他人吸毒罪，应数罪并罚。主要涉及对刑法上不可罚的事后行为的理解。所谓"不可罚的事后行为"，是指在行为人直接针对同一犯罪对象实施的前后相继的两个犯罪行为中，如果后行为的实施只是利用了前行为的犯罪结果，或者只是为了确保或利用前行为所得的不法利益,则可以认为这种后行为就属于"不可罚的事后行为",不宜另行认定为其他犯罪。之所以不能单独对这种后行为定罪处罚,其主要理由是,虽然孤立地看,这种后行为符合其他犯罪的构成要件,具有可罚性,但从整体上看,后行为属于前行为的自然延伸,并且基本上可以包含在前行为的构成要件范围内,所以对后行为的处罚实际上已经包含在前行为的定罪量刑中了。不可罚的事后行为之所以不另行成立其他犯罪,其实质根据一是后行为没有侵犯新的法益(欠缺法益侵犯性),二是后行为不具有期待可能性(欠缺归责可能性)。因此,如果后行为侵犯了另一法益,并且不缺乏期待可能性,则不成立不可罚的事后行为,应将前后两个行为认定为数罪。在本案中,A7应成立贩卖毒品罪与容留他人吸毒罪两罪。这两个犯罪行为在刑法设定的基本目标上具有一定的差异性,立法者设置贩卖毒品罪,主要是为了通过打击贩毒行为压缩毒品在全社会的流转空间;而设置容留他人吸毒罪,在进一步挤压毒品的流通面基础上,主要是出于保护家庭成员正常生活秩序的考虑。这决定了两罪在保护法益上具有重要区别。具体而言,贩卖毒品罪的保护法益是国家对毒品的管理秩序及公众健康;容留他人吸毒罪则是以国家对毒品的管理秩序为主要保护法益,以家庭成员的生活安宁为次要保护法益。本案中A7容留B7在自己家吸食毒品的后行为与贩毒行为的前行为相比,虽然都具有严重侵犯毒品管理秩序的共性,但后行为在侵犯家庭成员的生活秩序这一点上无疑具有新的法益侵害性,并且后行为还具有期待可能性,应将前后两个行为分别认定为贩卖毒品罪与容留他人吸毒罪,并对这两罪实行数罪并罚。

（三）容留他人吸毒罪的处罚

《刑法》第三百五十四条规定,犯本罪的,处三年以下有期徒刑、拘役或者管制,并处罚金。

十一、非法提供麻醉药品、精神药品罪

（一）非法提供麻醉药品、精神药品罪的构成

1. 构成要件符合性

表现为违反国家规定,向明知是吸食、注射毒品的人提供国家规定管制的麻醉药品、精神药品的行为。本罪主体为特殊主体,包括依法从事生产、运输、管理、使用国家管制的麻醉药品、精神药品的单位和人员。

2. 违法性

本罪的保护法益是毒品的不可泛滥性和公众的身体健康。

3. 有责性

本罪为故意犯罪。责任形式为故意,即明知是麻醉药品、精神药品而非法提供。

（二）非法提供麻醉药品、精神药品罪的认定

根据《刑法》第三百五十五条第二款之规定,行为人向走私、贩卖毒品的犯罪分子提

供麻醉药品、精神药品的,以走私、贩卖毒品罪论处;以牟利为目的,向吸食、注射毒品的人提供麻醉药品、精神药品的,以贩卖毒品罪论处。需要注意,前述第一种提供行为有偿或无偿皆可,第二种提供行为须为有偿。

(三) 非法提供麻醉药品、精神药品罪的处罚

《刑法》第三百五十五条第一、第二款之规定,犯本罪的,处三年以下有期徒刑或者拘役,并处罚金;情节严重的,处三年以上七年以下有期徒刑,并处罚金;单位犯本罪的,对单位判处罚金,并对其直接负责的主管人员和其他直接责任人员,依照上述规定处罚。

第十一章 毒品犯罪与刑事诉讼法的适用

【学习目标】 学习本章,需要掌握以下要点:毒品犯罪案件侦查的原则和侦查措施;毒品的提取、扣押、称量、取样、送检的基本原则及基本要求;毒品检验、鉴定的基本方法;毒品犯罪证据的特点、毒品犯罪证据收集的原则、毒品犯罪证据的审查判断,等等。

第一节 毒品犯罪案件的立案和侦查

一、毒品犯罪案件的立案管辖

(一) 毒品犯罪案件的立案管辖的概念

毒品犯罪案件的立案管辖,是指公安机关[1]在毒品犯罪案件受理权限上的划分。

(二) 确定毒品犯罪案件立案管辖的原则

根据现行执法体系和毒品犯罪案件的特性,公安机关确定对毒品犯罪案件的立案管辖应当遵循以下原则:

1. 职权一致原则

职权一致原则是指对毒品犯罪案件的立案管辖应当与公安系统内部各部门的行政管理职能相一致。即各部门在其行政管理职能范围内发现的毒品犯罪案件由其立案侦查。职权一致可以减少毒品犯罪案件的交叉管辖,避免各部门对毒品犯罪案件管辖的争抢或推诿;同时可以促进各部门之间的配合,有利于各部门做好其管辖的毒品犯罪案件的立案、侦查、采取强制措施以至侦查终结和移送审查起诉等工作,保障国家惩罚毒品犯罪目的的实现。

2. 便于侦查原则

由于毒品犯罪案件证据收集难度大,案件侦破难,因此,确定毒品犯罪的立案管辖,应当有利于侦查机关开展工作,有利于收集毒品犯罪证据,有利于及时捕获犯罪嫌疑人,

---

〔1〕 根据《刑事诉讼法》和《公安机关办理刑事案件程序规定》,毒品犯罪案件主要由公安机关立案侦查,但军队保卫部门和监狱对发生在军队内和监狱内的毒品犯罪案件分别有立案管辖权。公安机关禁毒部门、中国民航公安局、铁路公安局(处)、海关总署缉私局及各地分局、公安边防部队(含海警部队)等查办毒品犯罪案件是常态,且根据我国现行法律法规和公安体制设计,上述五个部门的公安业务都要受公安部领导,故为表述方便,下文中所称"公安机关"包括所有对毒品犯罪案件有管辖权的部门。

确保准确、及时地查明犯罪事实,实现刑事诉讼法的基本任务。

3. 原则性与灵活性相结合原则

由于毒品犯罪案件具有地域跨度大、流动范围广、涉案人员众多以及法律规定重叠等特点,往往多个部门对同一案件都有管辖权,因此,为了有利于对毒品犯罪案件的侦办,现行法律既规定了各部门在职权范围内行使毒品犯罪案件管辖权的原则,又以指定管辖、属人管辖、联合协办等灵活应对措施做出了变通。如依据现行管辖规定,公安边防管理部门在边境管理区和沿海地区查获的走私、贩卖、运输毒品案和走私制毒物品案,由边防管理部门管辖,这体现了毒品犯罪案件管辖的原则性;但对于跨省(自治区、直辖市)和涉外的毒品犯罪案件,需要公安禁毒部门协助侦查的,公安禁毒部门应当主动、积极配合,或者由公安边防部队移交公安禁毒部门处理,这是立案管辖灵活性的体现。

(三)毒品犯罪案件立案管辖的分类

根据《刑事诉讼法》《公安机关办理刑事案件程序规定》(以下简称《刑事案件程序规定》)、《公安部刑事案件管辖分工规定》等规定,公安机关对毒品犯罪案件立案管辖的分类有三种:

1. 公安机关的级别管辖

公安机关的级别管辖,是指不同级别的公安机关在受理涉毒犯罪案件上的权限分工。根据《刑事案件程序规定》第二十一条之规定,县级公安机关负责侦查其辖区内的毒品犯罪案件;设区的市一级以上公安机关管辖本辖区内发生的重大涉毒集团犯罪案件;上级公安机关认为有必要管辖的毒品犯罪案件和下级公安机关认为案情重大需要上级公安机关管辖,并请求上级公安机关管辖的,由上级公安机关管辖。

2. 公安机关的地域管辖

公安机关的地域管辖,是指不同地域的同级公安机关之间在管辖毒品犯罪案件上的权限划分。根据现行法律规定,地域管辖根据以下两项原则确定:

(1)以犯罪地公安机关侦查为主,犯罪嫌疑人居住地公安机关管辖为辅的原则

根据《刑事案件程序规定》第十五条之规定,涉毒犯罪案件由犯罪地的公安机关管辖。如果由犯罪嫌疑人居住地的公安机关管辖更为适宜的,可以由犯罪嫌疑人居住地的公安机关管辖。即在确定涉毒犯罪案件的地域管辖时,首先要考虑由犯罪地公安机关管辖。这是因为由犯罪地公安机关管辖有利于收集证据,能够高效、准确、及时地查明案件事实。根据现行法规定[2],毒品犯罪案件的犯罪地包括犯罪行为发生地和犯罪结果发生地。具体包括犯罪预谋地、毒资筹集地、交易进行地、毒品生产地、毒资、毒赃和毒品的实际取得地、藏匿地、转移地、使用地、销售地,走私或者贩运毒品的目的地、犯罪行为连续、

---

〔2〕《刑事程序规定》第十五条第二款、第三款和第十六条,最高人民法院、最高人民检察院、公安部于2007年12月发布的《办理毒品犯罪案件适用法律若干问题的意见》和最高人民法院于2008年12月印发的《全国部分法院审理毒品犯罪案件工作座谈会纪要》(《2008大连会议纪要》)。

持续或继续地及犯罪嫌疑人被抓获地等;进行网络毒品犯罪的,用于实施犯罪行为的网站服务器所在地、网络接入地以及网站建立者或者管理者所在地、被侵害的计算机信息系统及其管理者所在地以及犯罪过程中犯罪分子和被害人使用的计算机信息系统所在地,都是犯罪地。

同时,在侦查实践中,怀孕、哺乳期妇女等涉嫌毒品犯罪的,查获地公安机关认为其居住地公安机关管辖更有利于采取强制措施和查清犯罪事实的,经共同的上级公安机关批准,可以由犯罪嫌疑人居住地公安机关办理。居住地包括常住地、户籍地及其临时居住地。

(2) 以最初受理的公安机关侦查为主,主要犯罪地公安机关侦查为辅的原则

根据《刑事程序规定》第十八条规定,当几个公安机关都有权管辖某个毒品犯罪案件时,由最初受理的公安机关管辖。必要时,可以由主要犯罪地的公安机关管辖。"必要时",通常是指对查明毒品犯罪案件的主要事实和及时侦破案件更为有利的情况。在这种情况下,已经受理毒品犯罪案件的公安机关可以将案件移送主要犯罪地的公安机关管辖。

3. 公安机关的指定管辖

指定管辖是指上级公安机关以指定的方式确定下级公安机关的侦查管辖。指定管辖的实质,是赋予上级公安机关在特殊情况下有权变更和确定案件管辖,以适应侦查实践的需求,保证及时侦破案件。由于毒品犯罪案件通常涉及多个公安机关的管辖区域,因而不可避免地存在着管辖不明确、对管辖权有争议的情形。在这种情况下,通常由各个公安机关"本着有利于查清犯罪事实便于开展侦查工作"的原则协商解决管辖问题,经协商无法达成一致的,报共同的上级公安机关指定管辖。

二、毒品犯罪案件的立案

(一) 毒品犯罪案件的立案的概念

毒品犯罪案件的立案是指公安机关依法对报案、控告、举报、自首材料、自行发现的毒品犯罪线索、被扭送的毒品犯罪嫌疑人予以审查,认为有毒品犯罪事实并需要追究刑事责任,且属于本部门管辖的,决定将该事件列为刑事案件进行侦查的一种诉讼活动。

毒品犯罪案件的立案是侦查、起诉、审判等诉讼活动的前提和基础,是公安机关对存在需要追究刑事责任的毒品犯罪事实的初步确认,是毒品犯罪案件侦查程序启动的标志,由此,毒品犯罪案件的调查正式进入司法阶段。

(二) 毒品犯罪案件的立案条件

立案条件是立案的法律依据。根据《刑事诉讼法》第一百零八条第三款和第一百一十条的规定,毒品犯罪案件立案应具备以下三个条件:有毒品犯罪事实;需要追究刑事责

任;受案部门有管辖权。

1. 有毒品犯罪事实

即有一定证据表明刑法规定的毒品犯罪事实业已发生或正在发生。具体而言:一是刑法规定的毒品犯罪事实存在。根据我国现行法律体系,只有刑法才能规定犯罪与刑罚,即何种行为构成犯罪以及如何处罚,只能由刑法规定,毒品犯罪亦不例外。就是说,某种涉毒行为是否构成犯罪,必须以刑法的相关规定为唯一标准。因此,无论是公安机关自行发现的线索,还是他人报案、举报、控告,行为人的行为只有符合刑法有关毒品犯罪的规定时,才能考虑对其立案。需要说明的是,这里的有毒品犯罪事实仅指有某种触犯刑法的社会危害行为的发生,至于犯罪嫌疑人的具体情况和犯罪过程、情节等事实,不需要在立案时查明。二是有相应的证据予以证明。即毒品犯罪事实的发生,必须是有法定证据材料予以证实的结果。

2. 需要追究刑事责任

有毒品犯罪事实存在,通常就应当立案并追究行为人的刑事责任。但依法不需要追究行为人刑事责任或者不能现实地追究行为人的刑事责任的案件,就不能立案以启动刑事诉讼程序。《刑事诉讼法》第十六条规定,有以下情节之一的,尚未立案的不予立案:(1)情节显著轻微、危害不大,不认为是犯罪的;(2)犯罪已过追诉时效期限的;(3)经特赦令免除刑罚的……(5)犯罪嫌疑人、被告人死亡的……第(2)(3)(5)项,均是追究行为人刑事责任的障碍条款,而(5)项,完全不存在追究刑事责任的客观条件,无法现实地追究行为人的刑事责任。所以,对于不需要追究刑事责任或者实际上无法追究刑事责任的毒品犯罪,就没必要立案侦查。

3. 受案部门有管辖权

根据《刑事诉讼法》第一百零八条、《刑事案件程序规定》和《公安部刑事案件管辖分工规定》,按照管辖范围划分,受理毒品犯罪案件的公安机关应当是对该毒品犯罪案件有管辖权的部门。这里所说的受案公安机关对毒品犯罪案件的管辖权,既有公安系统内部的分工管辖,亦有上下级公安机关之间的级别管辖,还有与犯罪地密切相关的地域管辖等。所以,公安机关对毒品犯罪案件决定立案时,除了审查是否有犯罪事实需要追究刑事责任外,还要遵守管辖分工的相关规定。

(三) 毒品犯罪案件的立案程序

1. 毒品犯罪案件材料的接受

毒品犯罪案件材料的接受,是指公安机关对毒品犯罪的扭送、报案、控告、举报、自动投案材料以及其他部门移送的毒品案件材料的受理。根据《刑事诉讼法》第一百一十条和《刑事程序规定》第一百六十六条、第一百六十七条、第一百六十八条、第一百六十九条、第一百七十条的规定精神,公安机关对毒品犯罪案件材料的接受,应当把握如下几点:首先,涉毒报案、控告、举报可以用书面或者口头方式提出。接受口头报案、控告、举报的,工作人员应尽量问清楚犯罪的时间、地点、方法、后果、犯罪嫌疑人的特征等情况,并制作笔录,经确认无误后,由报案人、控告人、举报人签名或者盖章。其次,受理控告、举报的工作人员,应当向控告人、举报人说明诬告应负的法律责任,说明诬告陷害与控告、举报失实、错告之间的区别,要求其实事求是地行使控告、举报的权利和履行相应的义务。再次,有证据材料的,应进行登记,制作接受证据材料清单,并由相关人员签名确认。必要时,受理人员应拍照或录音录像,并妥善保管。复次,决定受理案件的,应由受案的工作人员填写《受案登记表》,制作《受案回执》,送达控告人,并存档备查。最后,受案部门要保守秘密,保障扭送人、报案人、控告人、举报人及其近亲属的安全。

在禁毒工作实践中,毒品犯罪案件的立案材料主要来源于公开查缉、特情、群众举报、在押犯交代、吸毒人员供述等。

2. 对毒品犯罪案件材料的审查

毒品犯罪案件材料的审查是指公安机关对涉毒报案、控告、举报、主动投案的材料和被扭送的毒品犯罪嫌疑人,进行核对和调查的活动。对毒品犯罪案件材料审查的任务是查明是否符合立案条件,从而作出是否立案的决定。根据《刑事诉讼法》第一百一十条和《刑事程序规定》第一百七十一条、第一百七十二条、第一百七十四条之规定,公安机关对于接受的涉毒案件和发现的毒品犯罪线索,应当迅速作三个方面的审查工作。首先,是否有毒品犯罪事实。若现有证据不能判明犯罪事实是否发生的,或者对立案材料尚有疑问的,可以要求报案人、控告人、举报人补充材料或者进一步说明;若毒品犯罪事实或线索不明的,经办案部门负责人批准,可以进行初查;在初查中,可以采取询问、查询、勘验、鉴定和调取证据材料等不限制被调查对象人身、财产权利的措施。其次,是否需要追究刑事责任。根据现行法律规定,在有毒品犯罪事实的前提下,只要涉案的犯罪嫌疑人达到刑事责任年龄、具有刑事责任能力,且无《刑事诉讼法》第十六条规定情形的,就应当追究涉案的犯罪嫌疑人的刑事责任。最后,对该案是否有管辖权。

3. 对毒品犯罪案件材料审查后的处理

对毒品犯罪案件材料审查后的处理,是指公安机关对涉毒报案、控告、举报、主动投案的材料以及被扭送的毒品犯罪嫌疑人进行审查后,根据事实和法律作出的处理决定。

(1)立案。认为有毒品犯罪事实需要追究刑事责任,并属于自己管辖的,作出立案的决定;或者根据上级公安机关指示或者人民检察院《通知立案书》要求,对有关毒品犯罪案件作出立案决定。需要立案的案件,先由承办人员填写《呈请立案报告书》,经本机关主管领导批准后,制作《立案决定书》,由该负责人签名或者盖章。

(2)认为有毒品犯罪事实需要追究刑事责任,但无管辖权的,依法移交有管辖权的机关处理。

(3)对于不够刑事处罚需要给予行政处理的,依法予以处理或者移送有关部门。

(4)不予立案。认为没有毒品犯罪事实,或者毒品犯罪事实显著轻微不需要追究刑事责任,或者具备《刑事诉讼法》第十六条条规定情形之一的,由受案机关制作《呈请不予立案报告书》,经县级以上公安机关负责人批准,作出不予立案的决定。对有控告人的案件,决定不予立案的,公安机关应当制作《不予立案通知书》,并在三日内日送达控告人。

(四)对不立案决定的复议复核与检察监督

根据《刑事诉讼法》第一百一十条规定的精神和《刑事案件程序规定》第一百七十六条规定,控告人对公安机关不立案决定不服的,可以在收到通知七日内向作出不予立案决定的公安机关申请复议;公安机关应当在收到复议申请后七日内作出决定,并书面通知控告人;控告人对不予立案的复议决定不服的,可以在收到复议决定的七日内向上一级公安机关申请复核。

根据《刑事诉讼法》第一百一十一条规定的精神以及最高人民法院、最高人民检察院、公安部、司法部、全国人大常委会法制工作委员会《关于实施刑事诉讼法若干问题的规定》第一十八条规定,人民检察院认为公安机关对应当立案侦查的案件而不立案侦查的,或者毒品犯罪案件的被害人、报案人、控告人、举报人等认为公安机关应当立案侦查而不立案侦查,向人民检察院提出立案监督申请的,人民检察院应当发出《要求说明不立案理由通知书》,要求公安机关七日内书面说明不予立案的理由。人民检察院认为公安机关不立案理由不能成立的,应当发出《通知立案书》,并将有关证明应当立案的材料移送公安机关;公安机关在收到《通知立案书》后,应当在十五日内决定立案,并将《立案决定书》送达人民检察院。

三、毒品犯罪案件的侦查

(一)毒品犯罪案件侦查的概念

毒品犯罪案件的侦查,是指公安机关缉毒部门在办理毒品犯罪案件过程中,依照法律进行的专门调查工作和采取有关的强制性措施。

毒品犯罪案件侦查的任务是收集毒品犯罪证据,查明毒品犯罪事实和抓获毒品犯罪嫌疑人,为打击和预防毒品犯罪,保护国家、集体利益和公民的合法权益,保障刑事诉讼的顺利进行提供可靠保障。

(二)毒品犯罪案件侦查的原则

所谓毒品犯罪案件侦查的原则,是指公安机关缉毒部门及其侦查人员在侦查毒品犯罪案件中应当遵守的若干基本行为准则。毒品犯罪案件的侦查原则,总的可以分为一般原则和特殊原则,前者是指毒品犯罪案件作为刑事犯罪案件的组成部分,公安机关缉毒部门及其侦查人员应当遵循的一般侦查原则;后者则是指基于毒品犯罪案件的特殊性,公安机关缉毒部门及其侦查人员应当遵循并必须特别重视的特殊侦查原则。分述如下:

1. 一般原则

(1)客观全面原则

这包括三个方面内容:一是要求公安机关缉毒部门及其侦查人员从毒品犯罪案件的实

际情况出发,既不夸大也不缩小,实事求是地了解案情;二是全面地调查了解毒品犯罪案件情况,对全案证据进行深入、仔细的分析,甄别证据材料的真伪,排除证据材料之间的矛盾,形成完整且相互印证的证据链条,确保案件事实脉络清晰,证据合理、确实、充分。不能仅仅根据案件的某个情节或部分材料就对案件盖棺定论;三是既全面收集、调取能够证明毒品犯罪嫌疑人有罪、罪重的证据,也要收集、调取毒品犯罪嫌疑人罪轻、无罪的证据。

(2)专门机关与群众工作相结合原则

专门机关与群众工作相结合的原则,是我党群众路线在刑事犯罪案件侦查中的具体表现,毒品犯罪侦查工作亦必须遵守这一原则。这一原则要求缉毒部门及其侦查人员在毒品犯罪侦查工作中,首先要确立相信群众、依靠群众的深刻观念,摒弃办案中的神秘主义和孤立主义倾向;其次不仅要积极主动地开展专门毒品犯罪调查工作,还要深入到群众中,调动群众参与案件侦破的积极性,发动广大群众为发现犯罪案件、收集犯罪证据、抓获犯罪嫌疑人等提供线索,使案件得以及时侦破。总之,在侦查毒品犯罪案件中,缉毒部门专门工作与群众工作应当有机结合起来:一方面,缉毒部门及其侦查人员依其职责开展专门工作;另一方面,该专门工作又以群众工作为基础。

(3)程序法治原则

贯彻程序法治原则是刑事诉讼的基本要求,旨在将刑事诉讼活动纳入法治的轨道,防止国家专门机关滥用职权,恣意侵犯公民权利,确保刑事诉讼依法进行。毒品犯罪侦查工作作为刑事诉讼的一项重要内容,必须遵循以下要求:一是严格遵守法定程序,依法适用侦查措施和收集毒品犯罪证据材料。二是保障犯罪嫌疑人的法定诉讼权利,不得强迫其自证有罪,严禁以刑讯逼供、暴力、威胁等非法方法收集证据。三是以非法方法收集的言词证据予以排除,违反法定程序收集的物证、书证,必须予以补正或作出合理解释,否则依法排除。

(4)保守秘密原则

侦查工作的性质和特点决定了在侦查工作中要注意保守秘密,严禁将侦查工作的范围、内容、适用时段、适用对象、保障措施等向无关人员泄露。侦查毒品犯罪中的保守秘密原则有两层含义:一是缉毒部门及其侦查人员不得以违反侦查目的的方式把有关侦查的情况向犯罪嫌疑人泄漏;二是除法律另有规定或者权利人同意外,缉毒部门及其侦查人员不得对外泄漏侦查情况以及侦查过程中了解到的情况[3]。保守秘密原则应当成为缉毒部门及其侦查人员一项铁的纪律,违者,需视情节之轻重分别给予批评教育、纪律处分、行政处分乃至追究刑事责任。

2. 特殊原则

(1)快速适时原则

这一原则的基本含义是:首先,要求公安机关缉毒部门受理毒品犯罪案件后,应立即

〔3〕 孙长永:《侦查程序与人权》,34~37页,北京,中国方正出版社,2000。

组织侦查力量,制定侦查方案,采取侦查措施,展开侦查活动;其次,要求缉毒部门及其侦查人员应当根据毒品犯罪个案的特点,把握破案时机,避免过早或过迟破案导致证据收集不全、犯罪分子逃脱等不利后果。现实中,毒品犯罪具有隐蔽性强、毒品交易快速、毒品证据容易湮灭等特点,因此,只有采取快速适时原则,把"快"和"准"统一起来,才能在侦查毒品犯罪中,牢牢第把握斗争主动权。

（2）联合作战原则

所谓联合作战,主要是指全国各缉毒部门之间,在上级统一指挥下,在打击、侦查毒品犯罪中,联合侦办、证据互用、协同收网、战果共享;联合作战也指全国禁毒部门与其他有关部门之间在打击、侦查毒品犯罪中,相互配合、相互协作、相互支持;联合作战还指我国辑毒部门积极加强与相关国家、地区缉毒部门开展跨国、跨境执法合作,共同应对毒品犯罪对全人类的威胁。毒品犯罪往往跨地区、跨省,甚至跨国界、洲界,具有很强的流动性,因此,侦查毒品犯罪案件,只有采取联合作战原则,汇聚力量,才能形成全链条打击毒品犯罪的态势,收取最大效果。

（3）人赃俱获原则

所谓人赃俱获原则,是指在侦查毒品犯罪案件时,当场缴获在案毒品和抓获毒品犯罪嫌疑人,以便获得确实、充分的涉毒证据。毒品犯罪案件通常只有查获经过材料、毒品及其鉴定结论、毒品犯罪嫌疑人的供述等少量证据,而普通刑事案件所具有的一些证据,例如被害人陈述、视听材料、证人证言、勘验笔录等则不包括其中[4]。因此,将当场缴获的毒品与当场抓获的毒品犯罪嫌疑人两者之间进行相互印证,往往成为破获毒品犯罪案件的关键。所以,在侦查毒品犯罪案件中,必须重视人赃俱获原则的正确运用。

（4）侦情结合,拓展情报来源原则

毒品犯罪通常都是在十分秘密、高度隐蔽的情况下进行,若离开情报来源,毒品犯罪侦查工作将会陷入"无源之水,无本之木"的困境。因此,缉毒部门及其侦查人员在缉毒工作中,务必高度重视拓展毒品犯罪情报来源环节。实践中,侦情结合,拓展情报来源原则的要求和基本内涵是:第一,在缉毒人员头脑中,要确立情报来源是毒品犯罪侦查工作的基础的深刻观念;第二,组建布局合理、素质较高的缉毒秘密力量;第三,夯实禁毒情报工作队伍的建设,举行禁毒情报研判培训,提升毒品犯罪情报工作整体水平;第四,推动禁毒信息化的深度应用和推动毒品犯罪情报监测预警体系建设。

（三）毒品犯罪案件的侦查措施

毒品犯罪案件的侦查措施,通常分为一般措施和特殊措施。前者是指适用于所有刑事案件的侦查措施,这包括讯问犯罪嫌疑人、询问证人和被害人、现场勘查、通报、通缉、追缴赃款赃物、鉴定、辨认等;后者则是指针对毒品犯罪特点所采取的特有的侦查措施,

---

〔4〕 肇恒伟、关纯兴:《禁毒学教程》,271页,沈阳,东北大学出版社,2003。

主要是指公开查缉、控制下交付、金融调查三种。本目所讨论的是毒品犯罪案件侦查的特殊措施。简述如下：

1．公开查缉

（1）公开查缉的概念、特点

毒品犯罪中的公开查缉，是指公安机关缉毒部门及侦查人员，依法对可能藏匿毒品的人员、物品、交通工具、娱乐场所、居民住所等处，进行公开的检查、盘查、搜查，以便收集毒品犯罪证据，查获毒品犯罪嫌疑人，进而揭露、惩治毒品犯罪行为的一项侦查措施。毒品犯罪中的公开查缉，有两个显著特点：一是公开性，即公安机关缉毒部门及其侦查人员的活动是公开而非秘密地进行；二是依法性，即公安机关缉毒部门及其缉毒人员的检查、搜查等活动，应当依法进行。

（2）公开查缉的法律依据

一是《刑事诉讼法》。《刑事诉讼法》第一百三十四条规定，为了收集犯罪证据、查获犯罪人，侦查人员可以对犯罪嫌疑人以及可能隐藏罪犯或者犯罪证据的人的身体、物品、住处和其他有关的地方进行搜查。该法第一百三十六条第一款规定，进行搜查，必须向被搜查人出示搜查证；第二款规定，在执行逮捕、拘留的时候，有紧急情况，不另用搜查证也可以进行搜查。二是《人民警察法》。《人民警察法》第九条规定，为维护社会秩序，公安机关的人民警察对有违法犯罪嫌疑的人员，经出示相应证件，可以当场盘问、检查。经盘问、检查有下列行为之一的，可以带至公安机关继续盘问：有被指控有犯罪行为的；有现场作案嫌疑的；有作案嫌疑身份不明的；携带的物品可能是赃物的。该法第八条规定，公安机关的人民警察对严重危害社会治安秩序和威胁公共安全的人员可以强行带离现场，可以依法拘留或者采取法律规定的其他措施。

（3）公开查缉的基本内容和做法

根据侦查实践，毒品犯罪公开查缉的基本内容和做法主要有：其一，是盘问。即在常规关口、复杂场所等处的查缉中，仔细查问有关人员，以发现犯罪嫌疑情况。其二，是观察。即对通关的人员和物品进行认真的观察、分析，以发现携带、贩卖毒品的人员及藏匿有毒品的物品、工具。其三，是检查。即对于毒品犯罪嫌疑人、涉毒的交通工具（车、船、飞机）等进行检查，其中，有一般检查和重点检查（例如对涉毒重点省份的涉毒高危人群、车辆进行重点检查）之别，必要时得借助检测仪器、警犬，作进一步检查。其四，是搜查。搜查是缉毒人员发现、收集、保全毒品犯罪证据的重要方法。搜查具有搜索检查之意，故内容上与检查有重合之处。但是，搜查又是针对特定对象（通常包括住宅、人身、交通工具）进行更为彻底、更为全面的检查，因此它与检查也是有区别的。由于搜查既是公开查缉的基本内容和做法之一，又是《刑事诉讼法》规定的侦查措施之一，因此公安机关及其缉毒人员进行搜查时，必须严格履行法律规定的程序和手续，这些程序和手续，除了"公开查缉的法律依据"所指出外，尚包括：搜查只能由公安机关的侦查人员进行，且不得少于两人；应当有被搜查人或者他的家属、邻居或者其他见证人在场见证；搜查妇女的身体,应当由女性工作人员进行;搜查情况应当写成笔录,由侦查人员和被搜查人或者他的家属、邻居或其他见证人签名或盖章。如果被搜查人或他的家属在逃或拒绝签名、盖章的,应当在笔录上注明。其五,是对于在搜查中查获的毒品,应当予以及时扣押和封存,不得使用、调换或者损毁。

总之,无论何种方式的公开查缉,公安机关缉毒部门都要在国家禁毒委员会和上级的部署下,与公安边防、铁路、民航、森林、海关、邮政等部门通力合作,快速反应,形成合力。同时,在缉毒斗争过程中,要灵活运用公开查缉的基本手段,不可拘泥某种形式;此外,要根据禁毒实践的发展,不断创新公开查缉新形式。

2. 控制下交付

(1) 控制下交付的源起

控制下交付,即英文中的"Controlled Delivery",作为打击毒品犯罪的重要侦查措施之一,并非凭空产生,而是基于现实的需求,在应对毒品泛滥的进程中逐步发展起来的。所以,控制下交付与打击毒品犯罪运动的兴起有紧密的联系。根据陈永生、蔡其颖在《控制下交付的历史沿革探析》一文中分析,控制下交付源起于二十世纪初的美国,发展于欧洲的二十世纪六十至八十年代,兴盛于全球的二十世纪九十年代至今。[5] 在长期司法实践的基础上,我国于 2012 年 3 月通过的《刑事诉讼法(修正案)》正式将其列为法定侦查措施之一。

(2) 控制下交付的概念

目前,我国《刑事诉讼法》和《刑事案件程序规定》仅规定了控制下交付的适用范围,未对控制下交付概念作出明确界定。理论上对控制下交付作了多种定义,这里不再一一列举。我们拟根据《联合国禁止非法贩运麻醉药品和精神药物公约》之规定,阐明控制下交付的内涵。

《联合国禁止非法贩运麻醉药品和精神药物公约》第一条(g)项规定,"控制下交付"系指一种技术,即在一国或多国的主管当局知情或监督下,允许货物中非法或可疑的麻醉药品、精神药物、本公约表一和表二所列物质或它们的替代物质运出、通过或运入其领土,以期查明按本公约第三条第一款确定的犯罪(即本书第十二章所说的"严格的毒品犯罪")的人。

结合我国《刑事诉讼法》的规定及司法实践,我们认为,涉毒品的控制下交付,是指公安机关在获得涉嫌毒品犯罪的情报或者线索后,在对毒品进行严密监视和确保案件发展进程可以控制的情况下,允许犯罪涉及的毒品或者替代物继续运转,经过一国或数国领土,按照毒贩之需要最终到达目的地,以便彻底查明与本案或者其他毒品案件有关的犯罪嫌疑人,并将其全部抓获的侦查措施。

---

〔5〕 陈永生,蔡其颖:《控制下交付的历史沿革探析》,载《山东警察学院学报》,2013(3)。

（3）控制下交付的特点

归纳起来,涉毒品控制下交付的特点有五,简述如下:

第一是风险性。这种风险性表现在:控制下交付的毒品犯罪,其毒品交易量通常都比较大,一旦某个工作环节出现问题,这些毒品就可能会流入社会,诱发次生犯罪,危及人民群众的生命、健康和财产安全。同时还会对执法机关的公信力造成损害,降低其权威性。因此,针对大宗毒品交易,公安机关在决定是否适用控制下交付时,都应进行风险评估,力求将风险降至最低,取得最大战果。

第二是秘密性。即是说,公安机关实施控制下交付必须高度重视保密工作,并将获得毒品犯罪的线索、实施控制下交付的决定和具体实施办法,严格控制在有限的可知范围内。唯有这样,才能通过控制已知的毒品犯罪进程,破获更多、更严重的毒品犯罪案件,抓获更多的犯罪嫌疑人(包括主犯、毒品犯罪集团的首要分子)。如果泄密,就会打草惊蛇,毒品犯罪分子必然会隐匿潜逃,控制下交付也就失去意义。因此,保密工作的好坏是控制下交付成败的关键,

第三是可变性。这主要体现在两个方面:一方面,是犯罪分子实施毒品犯罪的情况多变。与其他犯罪相比,贩毒等毒品犯罪分子往往多疑、狡猾,为了不被发现,他们可能会随时终止犯罪,也可能会多次变更交易时间、地点和交易对象,从而增加侦查工作难度。另一方面,是公安机关侦查工作的可中止性。具体说,公安机关并不是一旦决定实施控制下交付,就必须进行到底的,它可以并且应当根据案情变化,在其监控的任何一个工作环节选择中止控制下交付。进一步说,当出现难以控制的局面或突发情况,致使控制下交付不能继续时,公安机关必须当机立断,立即中止控制下交付,对犯罪分子进行抓捕。

第四是以物找人。根据控制下交付的定义,我们就可以发现,实现毒品的控制下交付,其目的就在于通过监控毒品、可疑物或它们的替代品(如果是人货一体,也包括对犯罪分子的监控)的交易进程,进一步发现、查获未被掌握的交易主体,即寻找参与该毒品交易的犯罪分子,进而实现对该毒品犯罪网络的彻底打击。这是典型的"以物找人"的侦查过程。这是控制下交付所表现出的最具个性的特征,同时也是此种侦查措施的核心价值所在。[6]

第五是多样性。这种多样性从两个方面看:一方面是参与主体的多样性。即是说,涉毒控制下交付虽然是由特定公安机关机关发起的,但在实际执行过程中却往往调动多方主体参与,包括不同地区的多个侦查机关、邮电部门、海关部门、电信部门以及交通管理部门等。各部门都在某一侦查机关的统一领导下,配合监控目标毒品、毒资或者涉案人员,从而使控制下交付的主体表现出"一方主导,多方参与"的特点。另一方面是采取侦查措施的多样性。控制下交付在实际执行过程中,往往会使用秘密侦查、行踪监控、通信

---

〔6〕　兰跃军、应建洪:《毒品犯罪侦查中的控制下交付》,载《犯罪研究》,2016(6)。

监控、密搜密捕等一系列侦查措施,从而适时了解监控下的毒品及涉案人员的动向。这充分彰显出涉毒控制下交付中侦查方法的多样性。

(4) 控制下交付的分类

根据实施的地域范围不同,可以分为国内控制下交付与国际控制下交付。控制下交付如果完全在一国领域内实施的,就称为国内控制下交付。针对带有跨国性质的贩毒等毒品犯罪,需要在不同国家领土上实施监控,并相互协作、相互配合、相互支持的,则称为国际控制下交付。

根据毒品运送方式的不同,可以分为人货同行的控制下交付与人货分离的控制下交付。前者是指,对运送人直接携带毒品进行运送、人货同行的方式而实施的控制下交付;后者则是指,对运送人采取邮寄、快递、托运、货物进口等人货分离方式携带毒品的方式而实施的控制下交付。

根据对毒品是否进行替换,分为替代品控制下交付和毒品控制下交付。替代品控制下交付,是指公安机关为了避免所控毒品中途失落危险,将查获的毒品替换成仿真的其他材料而实施的控制下交付。毒品控制下交付,则是指公安机关仍然以查获的毒品实施的控制下交付。

(5) 控制下交付的作用

首先,有助于深挖毒品犯罪,扩大战果。这就是说,通过有效的控制手段,顺藤摸瓜,深挖毒品犯罪线索,使更多的贩毒集团成员,甚至主犯、首要分子暴露在侦查视野之内,最后将其一网打尽,从而扩大禁毒斗争成果。

其次,有助于全面搜集、固定毒品犯罪的证据。这就是说,通过有效的控制手段,掌握相关人员参与贩毒及其他毒品犯罪的证据,最后达到人赃俱获,以确实、充分的证据证明犯罪嫌疑人的犯罪活动,为后续的起诉和审判工作奠定坚实的基础。

再次,有助于掌握毒品犯罪的活动规律、特点。这就是说,通过有效的控制手段,摸清贩毒及其他毒品犯罪集团的结构、分工、犯罪成员情况,毒品的来源地、途经地和目的地,毒品流通渠道和贩运网络,贩毒、运毒等手法、特点和发展趋势,为研究今后如何预防和打击毒品犯罪提供了第一手确实的资料。

最后,有利于加强各个国家和地区的警务合作以打击全球性的毒品犯罪。对于跨国(境)的毒品犯罪,仅仅依靠一国的侦查力量往往难以给予其有力打击。因此,必须加强国家与国家之间,国家与地区之间的警务合作,运用涉毒品的控制下交付共同应对,才能够有效遏制跨国毒品犯罪,摧毁国际贩毒组织,维护全球安全和良好秩序。

(6) 控制下交付的适用条件

根据《刑事诉讼法》第一百五十三条第二款和《刑事案件程序规定》第二百六十三条规定的精神,涉毒品的控制下交付的适用条件如下:

其一,实施控制下交付的主体只能是公安机关。即是说,除公安机关外,任何其他国家机关和单位都无权实施控制下交付。根据《中华人民共和国人民警察法(修订草案稿)》第二条第二款规定,这里的公安机关是指县级以上人民政府主管公安工作及其人民警察的行政机关。

其二,实施控制下交付的对象必须是涉及给付毒品的犯罪。这里所说的涉及给付毒品的犯罪,是指《刑法》第六章第七节规定的走私、贩卖、运输毒品等犯罪,同时这些犯罪必须正在发生中,包括犯罪预备阶段和犯罪实行阶段。如果涉毒品的犯罪业已完成或者毒品已被缴获入库,原则上不能再适用控制下的交付。

其三,实施控制下交付必须具有必要性和可行性。就必要性来说,控制下交付通常针对的是那些案情比较复杂、毒品数量较大、涉及犯罪成员较多的案件;反之,案情比较简单、毒品数量较少、涉及犯罪成员较少的案件,则没有实施控制下交付的必要性。从可行性来看,通常应当考虑实施该侦查措施人员的素质、通信及交通条件、能否确保参战人员的安全、犯罪嫌疑人是否会脱逃、被监控的毒品和毒资是否会流入社会形成危害等;如果是国际控制下交付,还应当考虑到国家间可否实行司法协助、对毒犯可否引渡等问题。只有符合条件的,才可实施控制下的交付。

(7) 控制下交付的适用步骤与方法

首先,发现有毒品给付的犯罪。

如前所述,实施控制下交付的必要前提是发现有涉及给付毒品的犯罪。通常情况下,发现给付毒品犯罪事实的来源主要是公安机关在日常工作中查获毒品或根据情报信息获取的涉毒犯罪线索。例如公安边防部队在进(出)边境管理区通道设置的检查站在其日常例行检查中发现正在运输、邮寄的货物以及运输工具中藏有毒品,或者进(出)边境管理区人员以人体藏毒的方式贩运毒品,公安机关据此发现有涉及毒品的犯罪。

其次,做出决定。

公安机关在查获毒品或发现毒品犯罪线索后,对于是否实施控制下交付,应进行毒品控制下交付的必要性和可行性的论证,并尽快做出决定。

再次,制定控制下交付的行动方案。

一旦决定要实施控制下交付,公安机关就应尽快与毒品流转路线中所涉及的相关禁毒执法部门协商,共同拟订行动方案。行动方案通常应当包括以下内容:一是已知案件的基本情况,即何时、何地、以何种方式发现给付毒品犯罪,涉案毒品的种类、数量、藏匿位置、运送方式和运送的起始地、中转地、目的地等;二是已知涉案人员的情况,即姓名、别名、化名、绰号、性别、籍贯、年龄、就业情况、常住地址、有无犯罪前科等信息;三是有害控制下交付还是无害控制下交付;四是对毒品和相关涉案人员实施秘密监控的措施;五是行动涉及的相关部门的主要任务和基本要求;六是相关应急措施和后备方案。

复次,控制下交付的实施。

这是控制下交付的核心阶段。通过这一阶段的工作,所有的“马仔”、犯罪头目和幕后老板都将随着毒品的流转而逐一暴露。在此过程中,侦查人员应采用秘密跟踪、情报侦查、技术监控等方式对毒品流转的过程予以监视。同时对此过程中出现的与该毒品犯罪有关的人员进行秘密调查、取证,弄清楚毒品的来源和去向,理顺所有涉案人员的关系,固定相关证据,为下一阶段的收网抓捕工作奠定基础。在这一阶段,能用技术侦查措施的,优先使用技术侦查措施,这既能防止毒贩察觉,又能保障人员安全。

最后,抓捕犯罪嫌疑人。

此阶段是控制下交付的最后阶段。侦查人员最好在毒品运达最终目的地,涉案人员均暴露后,双方交易过程中或"接货"之时等能够达到人赃俱获效果的时机采取行动,抓捕所有犯罪嫌疑人。当然,出现毒品可能失控、相关人员(秘密力量)面临安全威胁的情况时,应立即中止控制下交付,及时安排相关人员的撤退并抓捕犯罪嫌疑人。同时,在抓获相关犯罪嫌疑人后,公安机关应立即开展取证工作:一是深入搜查藏匿的毒品、毒资等犯罪证据;二是当场对犯罪嫌疑人进行人身搜查;三是现场进行毒品、毒资等赃物的清点;四是尽量在现场进行毒品样品的检材封存;五是在现场进行指认;六是对现场及现场活动进行拍照、摄像。

(8)实施控制下交付应当注意的事项

控制下交付是公安机关与毒品犯罪嫌疑人,甚至跨国、边境毒品犯罪集团斗智斗勇的侦查行动,需要公安机关及其侦查人员精心谋划、缜密组织、措施得力,才能在确保随案毒品安全的情况下,达到预期目的。所以,适用毒品的控制下交付,应当注意做好以下工作:

其一是统一指挥。控制下交付大多是跨地区甚至跨国协同作战,多警种联合侦查,必须加强统一指挥工作,做到协调统一、令行禁止、步调一致,避免多头指挥,各自为政,推诿扯皮。一般应该以毒品等违禁品或者财物的发现地侦查机关为主,统一指挥,实施控制下交付。在实施国际控制下交付时,也应该注意互相配合、统一指挥权的问题。

其二是有效控制毒品。实施毒品的控制下交付时,如果有条件直接控制毒品的,可以考虑无害控制下交付;如果无条件直接控制毒品而实施无害控制下交付的,一定要严密做好监控工作,防止毒品失控。跨地区控制下交付的,要与毒品的途径地和目的地的公安机关做好衔接,保证毒品的"安全"流转。实施国际控制下交付时,必须在毒品出境之前,通知其途径地国和目的地国的警察机关,严格控制毒品的流转过程,防止毒品失控。

其三是在保证毒品绝对安全的情况下,尽快、尽可能地发现更多的犯罪嫌疑人。

其四是使用高新技术装备,如卫星监控系统、公共场所的视频监控系统、道路视频监控系统、GPS定位等进行实时监控,以便加强秘密取证和监控毒品及犯罪嫌疑人的工作。

其五是灵活应对,适时出击。犯罪嫌疑人在交付毒品前,经常采用屡次推迟交付时间,深夜突然提出交付,临时改变交付地点等手段试探虚实,或者选择人多且场面混乱的地方秘密交付,为收网工作增加难度。因此,公安机关对此必须充分考虑,并针对各种可能突发情况制定方案,以便能够随机应对:若能人赃俱获,一网打尽最好;如果可能出现不可控情况时,则提前中止,抓获毒贩。

其六是固定证据。应当及时对控制下交付过程进行暗中拍照、摄像;除了毒品,还要注意搜集其他能证明犯罪嫌疑人犯罪的证据,如犯罪嫌疑人遗留在毒品包装物上的指纹;贩运毒品使用的交通工具;进行毒品交易的通话记录等。

3.金融调查

(1)金融调查的概念及目的

所谓金融调查,是指公安机关缉毒部门在银行和其他金融机构的配合下,对毒品犯罪的所得及其产生的收益、可疑毒品犯罪资金依法所进行的监测、调查工作。实施金融调查的目的,一是追缴毒品犯罪所得及其产生的收益,削弱、剥夺毒犯再犯罪的能力;二是有力地打击洗钱犯罪活动,维护一国或地区良好的金融秩序;三是通过监测、调查工作,进一步发现毒品犯罪线索,把侦查毒品犯罪工作引向深入。

(2)金融调查的法律依据

一是《刑法》依据。《刑法》第一百九十一条第一款规定,"明知是毒品犯罪、黑社会性质的组织犯罪、恐怖活动犯罪、走私犯罪、贪污受贿犯罪、破坏金融管理秩序犯罪、金融诈骗犯罪的所得及其产生的收益,有下列行为之一的,没收实施以上犯罪的所得及其产生的收益,处五年以下有期徒刑或者拘役,并处或者单处洗钱数额百分之五以上百分之二十以下罚金;情节严重的,处五年以上十年以下有期徒刑,并处洗钱数额百分之五以上百分之二十以下罚金:(1)提供资金账户的;(2)协助将财产转换为现金、金融票据、有价证券的;(3)通过转账或者其他结算方式协助资金转移的;(4)协助将资金汇往境外的;(5)以其他方法掩饰、隐瞒犯罪所得及其收益的来源和性质的"。该法第二款规定,"单位犯前款罪的,对单位判处罚金,并对其直接负责的主管人员和其他直接责任人员,处五年以下有期徒刑或者拘役;情节严重的,处五年以上十年以下有期徒刑"。

二是《禁毒法》依据。《禁毒法》第二十九条规定,"反洗钱行政主管部门应当依法加强对可疑毒品资金的监测。反洗钱行政主管部门和其他依法负有反洗钱监督管理职责的部门、机构发现涉嫌毒品犯罪的资金流动情况,应当及时向侦查机关报告,并配合侦查机关做好侦查、调查工作"。

三是《刑事诉讼法》依据。《刑事诉讼法》第一百四十四条规定,"人民检察院、公安机关根据侦查犯罪的需要,可以依照规定查询、冻结犯罪嫌疑人的存款、汇款、债券、股票、基金份额等财产。有关单位和个人应当配合"。

(3)金融调查的基本途径

作为世界各国(地区)侦查毒品犯罪案件常用的侦查措施,金融调查的基本途径有两种:从人到案和从案到人。前者是指,公安机关缉毒部门从对毒品犯罪嫌疑人的讯问着手,查清毒品可疑资金的流向情况,并依法对毒品犯罪所得及其非法收益予以追缴的侦查措施。后者则是指,公安机关缉毒部门从对毒品可疑资金的流向情况着手,查清其来源及性质,并依法追缴毒品犯罪所得及其收益,依法追查毒品犯罪嫌疑人的侦查措施。从人到案的金融调查在司法实践中运用较多,而从案到人的金融调查则在司法实践中运用较少。

（4）金融调查中应当注意的三个问题

根据《刑事诉讼法》第一百四十五条和《禁毒法》第二十八条规定的精神，金融调查中应当注意两个问题：其一，正确区分毒品犯罪嫌疑人合法收益与非法收益的界限；其二，正确区分毒品犯罪嫌疑人个人所有的财物与他人所有财物的界限；其三，对于冻结犯罪嫌疑人的存款、汇款、债券、股票、基金份额等财产，经查明确实与本案无关的，应当在三日内解除冻结，予以退还。

4. 技术侦查

根据《刑事案件程序规定》第二百五十五条之规定，技术侦查措施是指由设区的市一级以上公安机关负责技术侦查的部门实施的记录监控、行踪监控、通信监控、场所监控等措施。实践中，技术侦查措施通常包括电子侦听、电话监听、电子监控、秘密拍照、录像、进行邮件检查等秘密的专门技术手段。由于技术侦查措施可能涉及侵犯个人通信秘密或其他个人隐私等问题，故《刑事诉讼法》第二编第二章第八节和《刑事案件程序规定》第八章第十节对此做出了严格规定：一是仅适用于立案后的严重危害社会的犯罪案件，包括重大毒品犯罪案件。二是只能由设区的市一级以上公安机关负责技术侦查的部门实施，且必须由该级公安机关负责人批准，并制作采取技术侦查措施决定书。三是只能适用于犯罪嫌疑人、被告人以及与犯罪活动直接关联的人员。四是必须严格按照批准的措施种类、适用对象和期限执行。五是对复杂、疑难的案件，经负责技术侦查的部门审核后，报批准机关负责人批准，可以多次延长，但每次批准的期限不得超过三个月。有效期限届满，技术侦查部门应当立即解除技术侦查措施。六是技术侦查过程中知悉的国家秘密、商业秘密和个人隐私，应当保密。七是采取技术侦查措施收集的材料，应当严格依照有关规定存放，只能用于对犯罪的侦查、起诉和审判，不得用于其他用途；收集的与案件无关的材料，必须及时销毁，并制作销毁记录。八是使用技术侦查措施收集的材料作为证据时，可能危及有关人员的人身安全或可能产生其他严重后果的，应当采取不暴露有关人员身份和使用的技术设备、侦查方法等保护措施。

5. 隐匿身份侦查

隐匿身份侦查，是指公安机关基于查明案件的需要，经县级以上公安机关负责人决定，由公安机关指定本单位人员或者其他人员隐匿身份实施的侦查活动。

隐匿身份侦查包括卧底侦查、特情侦查和诱惑侦查。[7]

卧底侦查是指公安机关指定的人员隐匿真实身份，虚构另一种身份进入跨国毒品犯罪组织或走私、贩卖、运输、制造毒品集团组织等，充当其成员，暗中查明其实施毒品犯罪的情况，并收集相关证据的侦查活动。

特情侦查是指公安机关选定的隐秘人员（也称为"线人"或"耳目"）隐匿真实身份，通

---

〔7〕 程雷：《刑事诉讼法（修正案）中的隐藏身份实施侦查与控制下交付》，载《中国检察官》，2012（4）。

过虚构身份与毒品犯罪人员接触,查明其犯罪情况,收集其犯罪情报和犯罪证据的侦查活动。

诱惑侦查,又称"陷阱侦查"或者"诱饵侦查",本书在前章中已有提及,这里进一步说明其含义:它是指公安机关人员或其协助者,特意设计某种诱发犯罪的情境,或者根据犯罪活动的倾向提供实施毒品犯罪的条件和机会,等待毒品犯罪嫌疑人实施犯罪或自我暴露,然后将其人赃俱获的侦查活动。诱惑侦查通常包括"假买"和"假卖"的方式。

根据《刑事诉讼法》第一百五十三条和《刑事程序规定》第二百六十二条之规定,隐匿身份侦查应当符合以下要求:一是目的在于"查明案情"。二是遵循"必要性原则",即使用其他侦查措施无法查获犯罪证据、抓获犯罪嫌疑人时,才能采取隐匿身份侦查。三是经县级以上公安机关负责人决定,由侦查人员或者公安机关指定的其他人员实施。四是不得诱使他人犯罪。五是不得采用危及公共安全或者发生重大人身危险的方法,以确保相关人员的安全。

(四)毒品犯罪案件的侦查终结

毒品犯罪案件的侦查终结,是公安机关对于自己立案侦查的毒品犯罪案件,经过一系列的侦查活动,认为案件事实清楚,证据确实、充分,足以认定毒品犯罪嫌疑人是否犯罪和应否追究其刑事责任,从而决定结束侦查,依法对案件作出起诉、不起诉或者撤销案件决定的一项诉讼活动。

侦查终结是侦查活动的最后一项工作,标志着整个侦查活动的结束,同时侦查终结又处于侦查阶段和起诉阶段的交叉点上,因此公安机关要对整个案件作出事实和法律上的认定,并依法决定案件是否移送起诉,或撤销案件。做好侦查终结工作,对于准确、及时地提起公诉,依法惩罚毒品犯罪分子和保障公民的合法权利极为重要。

1. 毒品犯罪案件侦查终结的条件

根据《刑事诉讼法》第一百六十二条之规定和司法实践,侦查终结的条件是:

(1)犯罪事实清楚。毒品犯罪事实清楚是侦查终结的首要条件。它是指对于毒品犯罪人、犯罪时间和地点、犯罪动机和目的、犯罪手段、犯罪后果都已查清,没有遗漏的罪行和应当追究刑事责任的人。

(2)证据确实、充分。证据确实、充分是侦查终结的重要条件。它是指毒品犯罪案件的证据材料来源可靠,经核对无误,证据与案件事实之间的联系,以及案内各种证据之间能够相互印证,可以形成完整的证据体系,排除合理怀疑,足以确证犯罪嫌疑人的行为构成犯罪。

(3)案件定性准确。这是侦查终结的关键所在。它是指公安机关根据获取的毒品犯罪证据材料和法律规定,查明了案件事实,能够确定行为人的行为是否构成犯罪、构成何种犯罪。

(4)法律手续完备。侦查机关进行毒品犯罪各项侦查活动时,必须履行相应的法律手续,如拘留要有拘留证,逮捕要有逮捕决定书。侦查终结时,各种法律手续必须齐全、完备,才能从法律上证明调查取证程序合法,证据确实有效,能够对案件事实定性。所以,法律手续完备才可侦查终结。

2. 毒品犯罪案件侦查终结的程序

毒品犯罪案件的侦查终结,应按以下程序进行:

(1) 听取辩护律师意见。毒品犯罪案件侦查终结前,辩护律师提出要求的,侦查机关应当听取辩护律师的意见,并记录在案。辩护律师提出书面意见的,应当附卷,随卷移送人民检察院审查起诉。

(2) 制作结案报告。毒品犯罪案件侦查终结的案件,侦查人员应当制作结案报告。结案报告应包含以下内容:毒品犯罪嫌疑人的基本情况;是否对其采取了强制措施及其理由;毒品犯罪案件的事实和证据;法律依据和处理意见。

(3) 审批。毒品犯罪侦查终结案件的处理,由县级以上公安机关负责人批准;对于重大、复杂疑难案件应当经过集体讨论决定。

(4) 依法处理。对于毒品犯罪事实清楚,证据确实、充分,犯罪性质和罪名认定正确,法律手续完备,依法应当追究刑事责任的案件,侦查人员应当制作《起诉意见书》,经县级以上公安机关负责人批准后,连同案卷材料、证据,一并移送同级人民检察院审查起诉;同时将案件移送情况告知犯罪嫌疑人及其辩护律师。发现毒品犯罪嫌疑人不应被追究刑事责任的,应当撤销案件;犯罪嫌疑人已被逮捕的,应当立即释放,发给释放证明,并通知原批准检察院;需要行政处理的,经县级以上公安机关负责人批准,对嫌疑人依法予以处理或者移交其他有关部门处理。

(5) 整理和移送案卷。毒品犯罪案件侦查终结后,公安机关侦查人员应当将全部案卷材料加以整理,按要求装订立卷。同时向人民检察院移送诉讼卷,将侦查卷存档备查。技术侦查获取的材料,需要作为证据公开使用时,应当按照规定进行相应的处理。

(五) 毒品犯罪案件的补充侦查

补充侦查,是指公安机关或者人民检察院依照法定程序,在原有侦查工作的基础上进行补充收集证据的一种侦查活动。补充侦查只适用于事实不清、证据不足或者遗漏罪行、遗漏同案犯罪嫌疑人的案件。补充侦查由人民检察院决定,公安机关或者人民检察院实施。审查起诉阶段和审判阶段的补充侦查都以二次为限,且均应在一个月以内完毕。

第二节 毒品的提取、扣押、称量、取样、送检程序

毒品的提取、扣押、称量、取样、送检,是毒品检验、鉴定的法定前置程序,而毒品的检验、鉴定作为一项重要的技术手段,其产生的结果即鉴定意见是揭露、证实、惩治毒品犯

罪行为不可或缺的证据。

一、毒品的提取、扣押、称量、取样和送检程序

为了规范毒品的提取、扣押、称量、取样和送检工作，提高办理毒品犯罪案件的质量和效率，最高人民法院、最高人民检察院和公安部于 2016 年联合制定了《办理毒品犯罪案件提取、扣押、称量、取样和送检程序若干问题的规定》(以下简称《规定》)，对毒品的提取、扣押、称量、取样和送检的基本原则及基本要求作出了明确的规定。下面，分若干要点予以阐明。

(一) 提取、扣押、称量、取样和送检毒品的种类

根据《规定》第三十五条规定，提取、扣押、称量、取样和送检毒品，包括毒品的成品、半成品、疑似物以及含有毒品成分的物质；毒品犯罪案件中查获的制毒物品及其半成品、含有制毒物品成分的物质、毒品原植物及其种子和幼苗。

(二) 提取、扣押、称量、取样和送检毒品的基本原则

《规定》第二条规定，公安机关对于毒品的提取、扣押、称量、取样和送检工作，应当遵循依法、客观、准确、公正、科学和安全的原则，确保毒品实物证据的收集、固定和保管工作严格依法进行。分别来说，毒品提取、扣押、称量、取样和送检应当遵循以下原则：

1. 合法原则

合法原则是指毒品的提取、扣押、称量、取样和送检必须严格按照法律、法规、规章规定的方式、标准、程序进行。具体包括：一是对与案件有关的毒品检材的提取、扣押、称量、取样和送检程序，必须符合法定要求，并履行相关手续；二是必须按照法律、法规、规章所划定的范围和确定的比例提取、扣押、称量、取样与案件有关的毒品检材，不得违背法律、法规、规章的要求；三是工作中所使用器皿、方法、计量标准应当符合法定要求。

毒品的提取、扣押、称量、取样和送检程序存在瑕疵的，应当予以合理解释；不能合理解释的，应当予以排除，不能作为证据使用。

2. 客观、公正原则

客观公正原则要求对毒品的提取、扣押、称量、取样和送检必须实事求是，既不夸大也不缩小。这包括三方面内容：其一是如实地固定、提取、采集与毒品犯罪案件有关的毒品检材，并如实记录、保存；其二是要如实称重、量取、计数查获的毒品检材，并如实记录；其三是取样、送检的毒品检材，必须与查获的毒品完全一致，不能前后不一。

3. 科学、准确原则

科学、准确原则要求运用科学的方法和符合科学要求的工具，精确地提取、扣押、称量、取样毒品检材。具体要求如下：一是提取、扣押毒品检材时，应当精确确定涉毒品犯罪案件检材范围，既不能把与案件无关的物品作为检材扣押，也不能遗漏与案件有关的

检材;二是精确称重、量取、计数涉毒品犯罪案件毒品,严防草率、马虎记录,影响对案件定性;三是取样、送检的毒品检材必须具有典型性,能够全面反映查获的毒品的名称、属性个质量;四是取样、送检的毒品检材的数量或重量必须达到检验、鉴定所需求的用量。

4. 安全原则

安全原则要求的内容是:在对毒品检材的提取、扣押、称量、取样、送检过程中,应当采取有力的防护措施,确保整个流程安全、可靠,不发生任何事故。一方面要防止涉毒检材对侦查人员、检验人员和鉴定人员造成伤害,或者造成上述人员感染疾病,以确保相关人员的健康和生命安全;另一方面要采取恰当措施保存毒品检材,防止毒品检材在提取、扣押、称量、取样、送检过程中变质、腐蚀器皿,或者不当泄漏,造成不应有的损害。

(三)毒品的提取、扣押、称量、取样和送检的基本要求

1. 毒品提取、扣押的基本要求

(1)毒品的扣押应当在有犯罪嫌疑人在场并有见证人的情况下,由两名以上侦查人员执行。毒品的提取、扣押情况应当制作笔录,并当场开具扣押清单。侦查人员、犯罪嫌疑人和见证人应当在笔录和扣押清单上签名。犯罪嫌疑人拒绝签名的,应当予以注明。笔录和扣押清单中应当载明查获的毒品的编号、名称、数量、查获位置以及包装、颜色、形态等外观特征。

(2)对同一案件在不同位置查获的两个以上包装的毒品,应当根据不同的查获位置进行分组;对同一位置查获的两个以上包装的毒品,应当按照以下方法进行分组:其一,毒品或者包装物的外观特征不一致的,根据毒品及包装物的外观特征进行分组;其二,毒品及包装物的外观特征一致,但犯罪嫌疑人供述非同一批次毒品的,根据犯罪嫌疑人供述的不同批次进行分组;其三,毒品及包装物的外观特征一致,但犯罪嫌疑人辩称其中部分不是毒品或者不知是否为毒品的,对犯罪嫌疑人辩解的部分疑似毒品单独分组。

(3)对体内藏毒的案件,首先,公安机关应当监控犯罪嫌疑人排出体内的毒品,并及时提取、扣押并制作笔录,笔录应当由侦查人员和犯罪嫌疑人签名。其次,公安机关在保障犯罪嫌疑人隐私权和人格尊严的情况下,可以对排毒的主要过程进行拍照或者录像。再次,体内藏毒的犯罪嫌疑人为女性的,应当由公安机关女性工作人员或者医师检查其身体,并由女性工作人员监控其排毒。必要时,可以在排毒前对犯罪嫌疑人体内藏毒情况进行透视检验并以透视影像的形式固定证据。

(4)现场提取、扣押工作完成后,一般应当由两名以上侦查人员对提取、扣押的毒品及包装物进行现场封装,记录在笔录中,并在犯罪嫌疑人和见证人的见证下进行;应当使用封装袋封装毒品并加密封口,或者使用封条贴封包装,做好标记和编号,由侦查人员、犯罪嫌疑人和见证人在封口处、贴封处或者指定位置签名并签署封装日期。犯罪嫌疑人拒绝签名的,侦查人员应当注明。确因情况紧急、现场环境复杂等客观原因无法在现场实施封装的,经公安机关办案部门负责人批准,可以及时将毒品带至公安机关办案场所

或者其他适当的场所进行封装,并对毒品移动前后的状态进行拍照,作出书面说明。封装时,不得将不同包装内的毒品混合。对不同组的毒品,应当分别独立封装,封装后可以统一签名。

(5)必要时,侦查人员应当对提取、扣押和封装的主要过程进行拍照或者录像。照片和录像资料应当反映提取、扣押和封装活动的主要过程以及毒品的原始位置、存放状态和变动情况。照片应当附有相应的文字说明,文字说明应当与照片反映的情况相对应。

(6)公安机关应当设置专门的毒品保管场所或者涉案财物管理场所,指定专人保管封装后的毒品及包装物,并采取措施防止毒品发生变质、泄漏、遗失、损毁或者受到污染等。

对易燃、易爆、具有毒害性以及对保管条件、保管场所有特殊要求的毒品,在处理前应当存放在符合条件的专门场所。公安机关没有符合条件的场所的,可以借用其他单位符合条件的场所保管。

2. 毒品称量的基本要求

毒品的称量是指对查获的毒品进行称重、量取、计数等获取毒品数量的措施。

对毒品称量的基本要求是:

(1)一般应当由两名以上侦查人员在查获毒品的现场完成。

(2)能够现场称量的,应当现场称量;不具备现场称量条件的,应当根据《规定》第九条的规定对毒品及包装物封装后,带至公安机关办案场所或者其他适当的场所进行称量。

(3)称量应当在有犯罪嫌疑人和见证人的情况下进行,并制作称量笔录。对已经封装的毒品进行称量前,应当在有犯罪嫌疑人在场并有见证人的情况下拆封,再进行称量。称量结束后,应当就称量的全过程制作称量笔录,并由称量人、犯罪嫌疑人和见证人签名。犯罪嫌疑人拒绝签名的,应当在称量笔录中注明。

(4)应当使用适当精度和称量范围的衡器。称量的毒品质量不足一百克的,衡器的分度值应当达到零点零一克;一百克以上且不足一千克的,分度值应当达到零点一克;一千克以上且不足十千克的,分度值应当达到一克;十千克以上且不足一百千克的,分度值应当达到十克;一百千克以上且不足一吨的,分度值应当达到一百克;一吨以上的,分度值应当达到一千克。

称量所使用的衡器应当经过法定计量检定机构检定并在有效期内,一般不得随意搬动。法定计量检定机构出具的计量检定证书复印件应当归入证据材料卷,并随案移送。

(5)称量前,称量人应当将衡器示数归零,并确保其处于正常的工作状态。

(6)对两个以上包装的毒品,应当分别称量,并统一制作称量笔录,不同包装物内的毒品不得混合后称量。

对同一组内的多个包装的毒品,可以采取全部毒品及包装物总质量减去包装物质量的方式确定毒品的净质量。

多个包装的毒品系包装完好、标识清晰完整的麻醉药品、精神药品制剂的,可以按照其包装、标识或者说明书上标注的麻醉药品、精神药品成分的含量计算全部毒品的质量,或者从相同批号的药品制剂中随机抽取三个包装进行称量后,根据麻醉药品、精神药品成分的含量计算全部毒品的质量。

(7) 对体内藏匿毒品的,应当将犯罪嫌疑人排出体外的毒品逐一称量,统一制作称量笔录。犯罪嫌疑人供述所排出的毒品系同一批次或者毒品及包装物的外观特征相似的,可以采取全部毒品及包装物总质量减去包装物质量的方式确定毒品的净质量,但不同包装物内的毒品不得混合。

(8) 对同一容器内的液态毒品或者固液混合状态毒品,应当采用拍照或者录像等方式对其原始状态进行固定,再统一称量。必要时,可以对其原始状态固定后,再进行固液分离并分别称量。

(9) 现场称量后将毒品带回公安机关办案场所或者送至鉴定机构取样的,应当对毒品及包装物进行封装。

(10) 侦查人员应当对称量的主要过程进行拍照或者录像。照片和录像资料应当清晰显示毒品的外观特征、衡器示数和犯罪嫌疑人对称量结果的指认情况。

3. 毒品取样的基本要求

毒品的取样是指对已查获的毒品提取一定数量的样品供检验的一项措施。其基本要求有八点,简述如下:

(1) 取样一般应当在称量工作完成后,由两名以上侦查人员在查获毒品的现场或者公安机关办案场所进行毒品的取样工作;必要时,可以指派或者聘请具有专门知识的人进行取样。无法在现场或者公安机关办案场所当场取样的,应当根据《规定》第九条的规定对毒品及包装物进行封装后,送至鉴定机构并委托鉴定机构进行取样。

(2) 所取样品应当具有代表性、全面性和均匀性。

(3) 在查获毒品的现场或者公安机关办案场所取样的,取样应当在有犯罪嫌疑人在场并有见证人的情况下进行,并制作取样笔录。对已经封装的毒品进行取样前,应当在有犯罪嫌疑人在场并有见证人的情况下拆封,并记录在取样笔录中。

(4) 在查获毒品的现场或者公安机关办案场所取样的,应当使用封装袋封装检材并加密封口,做好标记和编号,由取样人、犯罪嫌疑人和见证人在封口处或者指定位置签名并签署封装日期。犯罪嫌疑人拒绝签名的,侦查人员应当注明。从不同包装中选取或者随机抽取的检材应当独立封装,不得混合。对取样后剩余的毒品及包装物,应当进行封装。

(5) 委托鉴定机构进行取样的,对毒品的取样方法、过程、结果等情况应当制作取样笔录,但鉴定意见包含取样方法的除外。同时,委托鉴定机构进行取样的,应当使用封装袋封装取样后剩余的毒品及包装物并加密封口,做好标记和编号,由侦查人员和取样人在封口处签名并签署封装日期。

（6）取样笔录应当由取样人、犯罪嫌疑人和见证人签名。犯罪嫌疑人拒绝签名的，应当在取样笔录中注明。委托鉴定机构进行取样的笔录应当由侦查人员和取样人签名，并随案移送。必要时，侦查人员应当对拆封和取样的主要过程进行拍照或者录像。

（7）毒品取样的方法，分为三个方面：

其一，对单个包装的毒品，应当按照毒品的不同形态采取合适的方法选取或者随机抽取检材：

① 粉状。将毒品混合均匀，并随机抽取约一克作为检材；不足一克的全部取作检材。

② 颗粒状、块状。随机选择三个以上不同的部位，各抽取一部分混合作为检材，混合后的检材质量不少于一克；不足一克的全部取作检材。

③ 膏状、胶状。随机选择三个以上不同的部位，各抽取一部分混合作为检材，混合后的检材质量不少于三克；不足三克的全部取作检材。

④ 胶囊状、片剂状。先根据形状、颜色、大小、标识等外观特征进行分组；对于外观特征相似的一组，从中随机抽取三粒作为检材，不足三粒的全部取作检材。

⑤ 液态。将毒品混合均匀，并随机抽取约二十毫升作为检材；不足二十毫升的全部取作检材。

⑥ 固液混合状态。按照以上各项规定的方法，分别对固态毒品和液态毒品取样；能够混合均匀成溶液的，可以将其混合均匀后按照第五项规定的方法取样。

其二，对同一组内两个以上包装的毒品，应当按照下列标准确定选取或者随机抽取独立最小包装的数量，再根据不同形态毒品的取样方法从单个包装中选取或者随机抽取检材：

① 少于十个包装的，应当选取所有的包装；

② 十个以上包装且少于一百个包装的，应当随机抽取其中的十个包装；

③ 一百个以上包装的，应当随机抽取与包装总数的平方根数值最接近的整数个包装。

对选取或者随机抽取的多份检材，应当逐一编号或者命名，且检材的编号、名称应当与其他笔录和扣押清单保持一致。

其三，多个包装的毒品系包装完好、标识清晰完整的麻醉药品、精神药品制剂的，可以从相同批号的药品制剂中随机抽取 3 个包装，再根据不同形态毒品的取样方法从单个包装中选取或随机抽取检材。

（8）毒品样品的保管：选取或者随机抽取的检材应当由专人负责保管。在检材保管和送检过程中，应当采取妥善措施防止其发生变质、泄漏、遗失、损毁或者受到污染等。

4. 毒品送检的基本要求

毒品的送检是指将查获的毒品或取样获得的检材送至鉴定机构检验的一项措施。其基本要求是：

（1）对查获的全部毒品或者从查获的毒品中选取或者随机抽取的检材，应当由两名以上侦查人员自毒品被查获之日起三日以内，送至鉴定机构进行鉴定。具有案情复杂、查获毒品数量较多、异地办案、在交通不便地区办案等情形之一的，送检时限可以延长至七日。

（2）公安机关应当向鉴定机构提供真实、完整、充分的鉴定材料，并对鉴定材料的真实性、合法性负责。送检的侦查人员应当配合鉴定机构核对鉴定材料的完整性、有效性，并检查鉴定材料是否满足鉴定需要。

（3）侦查人员送检时，应当持本人工作证件、鉴定聘请书等材料，并提供与鉴定事项相关的其他材料。需要复核、补充或者重新鉴定的，还应当持原鉴定意见复印件。

（4）公安机关鉴定机构应当在收到鉴定材料的当日作出是否受理的决定，决定受理的，应当与公安机关办案部门签订鉴定委托书；不予受理的，应当退还鉴定材料并说明理由。

（四）毒品提取、扣押、称量、取样、送检的其他要求

毒品提取、扣押、称量、取样、送检，除以上基本要求外，尚需注意以下几点：

（1）扣押、封装、称量或者在公安机关办案场所取样时，无法确定犯罪嫌疑人、犯罪嫌疑人在逃或者犯罪嫌疑人在异地被抓获且无法及时到场的，应当在有见证人的情况下进行，并在相关笔录、扣押清单中注明。

犯罪嫌疑人到案后，公安机关应当以告知书的形式告知其扣押、称量、取样的过程、结果。犯罪嫌疑人拒绝在告知书上签名的，应当将告知情况形成笔录，一并附卷；犯罪嫌疑人对称量结果有异议，有条件重新称量的，可以重新称量，并制作称量笔录。

（2）毒品的提取、扣押、封装、称量、取样活动有见证人的，笔录材料中应当写明见证人的姓名、身份证件种类及号码和联系方式，并附其常住人口信息登记表等材料。但下列人员不得担任见证人：

① 生理上、精神上有缺陷或者年幼，不具有相应辨别能力或者不能正确表达的人；

② 犯罪嫌疑人的近亲属，被引诱、教唆、欺骗、强迫吸毒的被害人及其近亲属，以及其他与案件有利害关系并可能影响案件公正处理的人；

③ 办理该毒品犯罪案件的公安机关、人民检察院、人民法院的工作人员、实习人员或者其聘用的协勤、文职、清洁、保安等人员。

由于客观原因无法由符合条件的人员担任见证人或者见证人不愿签名的，应当在笔录材料中注明情况，并对相关活动进行拍照并录像。

（3）"以上""以内"包括本数，"日"是指工作日。

（4）在毒品的称量、取样、送检等环节，毒品的编号、名称以及对毒品外观特征的描述应当与笔录和扣押清单保持一致；不一致的，应当作出书面说明。

第三节　毒品的检验与鉴定

一、对毒品的检验所产生的鉴定意见在惩治毒品犯罪中的作用

　　首先,对毒品的检验所产生的鉴定意见为侦查破获毒品犯罪案件提供线索、侦查方向和范围。因为毒品的鉴定意见可以确定案件的性质从而为侦查部门是否开展进一步的侦查活动提供指引;毒品的鉴定意见还可以通过科学地界定毒品的名称、属性、纯度等,从而为侦查部门获悉毒品的来源地、国内国际贩毒路径等毒品犯罪信息奠定基础。其次,毒品鉴定意见直接关系到被告人的定罪和量刑。这就是说,如果没有毒品鉴定意见,是既不能对被告人作有罪判决,也不能对被告人作出刑罚轻重不同的判决的。

　　总之,对毒品的检验所产生的鉴定意见在惩治毒品犯罪中起着其他证据不可替代的作用,而这种作用则是鉴定意见这种证据自身所具有的特点决定的。在《刑事诉讼法》第五十条规定的八种证据中,证人证言、犯罪嫌疑人、被告人供述和辩解等,无疑是惩治毒品犯罪的重要的证据之一,但是,这些证据由于容易受主观因素(例如犯罪嫌疑人、被告人为自保而避重就轻、为保护亲友和他人而包揽责任;证人受收买、威胁等)和客观环境的影响,表现出多变的特点,因而缺乏客观性和确证性。它们往往需要和其他证据相互印证,才能作为定案的依据。然而,通过毒品检验所获得的鉴定意见,则不以人的意志为转移,可以用来审查其他证据的真伪。一句话,毒品鉴定意见是惩治毒品犯罪的首要证据。

二、毒品检验、鉴定的实验室方法

　　所谓毒品检验、鉴定的实验室方法,就是鉴定部门(通常在实验室)运用化学、物理、生物等原理、技术以及现代仪器,对毒品可疑物质进行全面、准确的鉴别与测定,从而确定毒品的名称、种类、属性、纯度等的刑事诉讼活动。

　　毒品检验、鉴定的实验室方法有很多,这里简要介绍一些比较常用的方法。[8]

(一) 化学法

　　化学法主要是利用特定的化学试剂与毒品检材发生显色、沉淀、显微结晶、气体的产生等化学反应来鉴定毒品种类的一种毒品检验方法。其特点是:简单、直观、容易操作、反应速度快、反应灵敏度好、反应专属性较好。其主要作用是:作定性分析用,具有排除、筛选的指向作用,用于现场毒品检验和实验室检验的初筛实验。

　　化学法虽具有以上的特点和优势,但由于化学方法不易检出低含量、化学结构相似

---

〔8〕 刘建宏:《新禁毒全书》(第二卷),414～438 页,北京,人民出版社,2014。

的毒品,当毒品中杂质去除不彻底时,结果不可靠。因此,化学法的检验结果不能直接作为法庭审理的肯定证据使用,化学法检验的阳性结果则必须经过实验室确认。

(二)色谱法

1906 年,俄国化学家茨维特在一支装有碳酸钙粉末的直立的玻璃管中倒入植物色素的提取液,以纯净石油醚洗脱,经过一段时间洗脱之后,植物色素在碳酸钙柱中实现分离,由一条色带分散为数条平行的色带,称之为"色谱"(Chromatography)。以此为基础发展起来的分离分析的方法通称为色谱法。后来无色物质也广泛使用该方法进行分离。色谱法需要借助色谱仪来实现对样品的检测。

色谱法的基本原理,是利用不同物质在不同的两相(相指一个体系中的某一均匀部分)中具有不同的分配系数(也称溶解度),当两相(固定相和流动相)作相对运动时,物质在两相中反复进行多次分配,使那些即便分配系数差异极小的组分,也能产生很大的分离效果,从而使不同的组分得到完全的分离。

毒品检验中常用的色谱法包括:(1)薄层色谱法(Thin Layer Chromatography)。该方法也称薄层层析,常用 TLC 表示,是利用吸附剂(硅胶、氧化铝等)对不同组分吸附能力的差异从而达到分离目的的方法。薄层色谱法在一般毒品检验中应用较广。(2)气相色谱法(Gas Chromatography)。该方法是指以流动相为气体,固定相为固体或液体的色谱分析方法。气相色谱法主要用来分析易挥发和在一定温度下能够气化的物质。(3)高效液相色谱法(High Performance Liquid Chromatography,简称 HPLC)。该方法又称高压液相色谱法、高速液相色谱法、高分离度液相色谱法、现代液相色谱等,是在经典液相色谱法的基础上,于二十世纪六十年代后期引入了气相色谱理论而迅速发展起来的一种毒品检验方法。它与经典液相色谱相比,具有分离效率高、灵敏度高、样品用量少、分析速度快、应有范围广的特点。高效液相色谱法要借助高效液相色谱仪来完成分析,其主要设备有进样系统、输液系统、分离系统、检测系统和数据处理系统。

色谱法是毒品检验最常用的方法之一,可以对未知物质进行定性和定量分析。

(三)质谱法

质谱法(Mass Spectrometry,MS)是利用电磁学原理,对荷电分子或亚分子裂片按其质量和电荷的比值(质荷比,m/z)的不同进行分离和分析的一种毒品检验方法。

质谱法的基本原理是有机物样品在离子源中发生电离,生成不同质荷比的带正电荷离子,经加速电场的作用,形成离子束,进入质量分析器,在其中再利用电场或磁场使其发生色散、聚焦,获得质谱图,从而确定不同离子的质量,然后通过解析,可获得有机化合物的分子式,提供其一级结构信息。

质谱法的特点有四,它们是:(1)信息量大,应用范围广,是研究有机化学和结构的有力工具。(2)由于分子离子峰可以提供样品分子的相对分子量的信息,所以质谱法也是测定分子量和确定分子式的常用方法。(3)分析速度快、灵敏度高、分辨率高的质谱仪可以提供分子或离子的精密测定。(4)质谱仪器比较精密,价格比较贵,工作环境要求比较高,限制了该方法的普及。

质谱法是应用最为广泛的分析方法,主要应用于分析样品元素组成、确定无机、有机及生物的分子结构、复杂混合物的定性定量分析。该法与色谱方法联用(CC/MS)可以准确分析毒品混合物中各种组分的含量。

目前,离子迁移质谱(IMS)作为毒品检验的一种方法,由于成本低、环境条件要求不高(在常压下操作、几乎不需要样品的制备过程),并且具有分析速度快、灵敏度很高、操作简单等特点,所以该法普及较广。

(四) 气相色谱—质谱联用法(GC-MS)

气相色谱—质谱联用通常由气相色谱单元、接口和质谱单元组成。其中气相色谱单元可以认为是质谱仪的进样器,主要起分离作用,使试样经分离后以纯物质形式进入质谱单元,在质谱中实现对试样中组分的分析。

气相色谱法和质谱法可以实现优势互补。气相色谱法的最大优势在于具有高效的分离能力和较高的灵敏度,是分离混合物的有效手段。但该法的缺点是对未知化合物的定性能力较差。质谱法的主要特点是能给出化合物的分子量、元素组成、经验式分子结构信息,具有定性专属性强、灵敏度高、检测快速的优势。但该法由于对样品的纯度要求高,所以不适于混合物的直接分析。实践中,将色谱法和质谱法联用,不仅可以发挥各自的优点,还可以弥补相互的不足。目前气相色谱—质谱联用技术是毒品定性分析的主要手段,在毒品检验中占据重要位置。

(五) 红外光谱法(IR)

一般来说,物质的分子在红外线的照射下选择性地吸收其中某些频率,形成一些吸收谱带,称红外光谱(infrared spectrum,IR)。红外光谱除不能区别旋光异构体外,可以对物质的分子进行定性分析,这就是说,由于有机物大多数基团相对地独立存在红外光谱仪定频率范围,出现特征吸收峰,故红外光谱能进行定性分析,并能鉴定物质分子中的基团。因此,红外光谱法实质上是一种根据分子内部原子间的相对振动和分子转动等信息来确定物质分子结构和鉴别化合物的分析方法。依据红外光谱原理进行检验毒品的方法就称为红外光谱法。

红外光谱法具有特征性强、快速测定、不破坏试样、试样用量少,操作简便,能分析各种状态等优点,但也存在分析灵敏度较低、定量分析误差大等缺点。

由于红外光谱法对样品有特定的要求(例如试样纯度应大于百分之九十八、试样不应含水、所有试样应当经过干燥处理等),因此,该法在毒品检验方面的应用受到一定的限制。

(六) 紫外—可见分光光度法

紫外—可见分光光度法(Ultraviolet Visible Spectrophotometry,UVS)是利用物质

在紫外、可见光区的分子吸收光谱,对物质进行定性、定量分析及结构分析的方法。按所吸收光的波长区域不同,分为紫外分光光度法(60～400nm)和可见分光光度法(400～750nm),合称为紫外—可见分光光度法。

由于不同物质具有不同的分子、原子和不同的分子空间结构,吸收光能量的情况也不相同,每种物质就形成了其特有的、固定的吸收光谱曲线;因此,可根据吸收光谱上的某些特征波长处的吸光度的高低判别或测定该物质的含量,这就是分光光度定性和定量分析的基础。

紫外—可见分光光度是最有用的分析方法之一。它具有适用浓度范围广、灵敏度高、选择性好、准确度好、分析成本低、操作简便、快速等优点,但存在对样品纯度有较高的要求、固体样品要配成溶液、容易破坏原材料等缺点。

该法和红外光谱法一样,在毒品检验中的应用受到一定限制。

(七) 免疫分析法(IA)

免疫分析法(IA)是以抗原与抗体间的特异并且可逆的结合反应为基础的分析方法。免疫分析法具有灵敏度高、选择性强、操作简便、检材用量少等特点,近年来广泛应用于体内毒品分析,是分析生物检材中微量、痕迹量毒品的有效方法。

三、毒品检验、鉴定的现场方法

与毒品检验、鉴定的实验室方法不同,毒品检验、鉴定的现场方法是公安机关缉毒部门对现场发现的毒品可疑物、吸毒可疑人进行快速检验并作出判断的方法。公安机关缉毒部门之所以采取毒品检验、鉴定的现场方法,其目的是通过对毒品可疑物、吸毒可疑人的快速检测、识别,确定案件的性质,为进一步对毒品犯罪展开侦查提供指引。

毒品检验、鉴定的现场方法是基于缉毒斗争需要而产生的,但该方法实际上起到的是初检、筛选的作用,其结论通常不能作为毒品犯罪定罪的证据。这就是说,上述结论还必须通过有关实验室作毒品定性定量的分析,以确证毒品可疑物是何种毒品、毒品含量是多少、毒品含有哪些成分,才能最终作为毒品犯罪定罪的证据。对毒品进行现场检验、鉴定,常常借助一定的装置和设备,这些装置、设备包括:检验箱、各种毒品检验包、检验管、检验笔、试纸等。毒品检验、鉴定的现场方法主要包括:

(一) 观察方法

即通过目测、鼻嗅等方法对毒品可疑物的外观、气味、颜色进行观察,通过目测对吸毒可疑人进行观察,从而初步判断可疑物是否为毒品,吸毒可疑人是否吸毒的一种毒品检验、鉴定的现场方法。例如,从外部特征来看,海洛因多为白色粉末,合成毒多为白色片剂等;又如,吸毒成瘾者,其身体上会留有痕迹,同时伴随着瞳孔缩小,皮肤发蓝,口干舌燥,行动和反应缓慢,皮肤发凉,声音沙哑等特征;吸食海洛因者,其肌肉反应缓慢,特别是鼻子周围的皮肤有刺痕感或发痒；鼻吸可卡因的人鼻孔通常是红的，鼻孔周围有轻微的瘙痒和破裂的血管等。[9]

（二）化学检验方法

化学检验方法通常在滴板上进行。即将可疑样品置于滴板的凹槽中，再加上滴加试剂，通过观察反应得到的颜色，来确定可疑样品是否毒品。该方法简单易操作，其缺点是使用某些试剂不方便，有些试剂也并不能在上面进行。[10]

（三）薄层分析方法

该方法具有操作简单、快速、分离效果好、灵敏度和成本低、能使用腐蚀性基色剂等优点，是司法鉴定中常规分析法，也是现场毒品检验的主要分析方法。[11]

第四节　毒品犯罪案件证据的收集与审查判断

一、毒品犯罪案件证据概述

（一）毒品犯罪案件证据的概念、意义

毒品犯罪案件的证据，属于刑事诉讼证据的范畴，与刑事诉讼的证据是属种关系，它必须符合刑事诉讼证据内涵的要求，存在于刑事诉讼证据的外延之内。根据《刑事诉讼法》第五十条第一款规定：可以用于证明案件事实的材料，都是证据。所以，毒品犯罪案件的证据，就是可以用来证明毒品犯罪案件事实的材料。

犯罪证据是依法展开刑事诉讼活动、追诉犯罪嫌疑人的前提和基础，没有犯罪证据，刑事诉讼活动根本无法开展，更谈不上追究犯罪嫌疑人的刑事责任。毒品犯罪证据与其他刑事犯罪证据相比，有其自身的特点；而毒品犯罪的证据特点，则与毒品犯罪的特点有紧密的联系：毒品犯罪形式的多变性，决定了毒品犯罪证据的复杂性；毒品犯罪手段的隐蔽性，决定了毒品犯罪证据收集的困难性。因此，从理论上，研究毒品犯罪证据的特点，毒品犯罪证据的收集、固定、保全，毒品犯罪证据的审查和判断等问题，对于完善刑事立法、指导司法实践、更有效地惩罚毒品犯罪、保护无辜者免受冤屈，都具有重要的意义。

（二）毒品犯罪案件证据的特点

概括起来，毒品犯罪证据的特点有四，分析如下：

1. 在人赃俱获的情况下，毒品作为物证，对定案具有很强的证据证明力

对于已经完成毒品交易的案件，因毒品和毒资都已转移或者消耗，通常不可能收集

[9]　苏智良、赵长青：《禁毒全书》（下），931～932页，北京，中国民主法制出版社，1998。
[10]　刘建宏：《新禁毒全书》（第三卷），457页，北京，人民出版社，2014。
[11]　刘建宏：《新禁毒全书》（第三卷），457页，北京，人民出版社，2014。

到相关物证,毒品犯罪嫌疑人、被告人又往往拒不认罪,在这种情况下,要认定案件事实就缺乏足够的证据。但是在人赃俱获的情况下,毒品作为物证,大大增强了定案证据的证明力。

2. 毒品犯罪嫌疑人、被告人的供述容易出现反复

基于我国对于毒品犯罪采取严厉处罚的立场,毒品犯罪嫌疑人在归案后,普遍存在避重就轻、蒙混过关甚至拒供心理,在案件进入审判阶后表现更为强烈,经常当庭翻供。[12] 在这种情况下,司法人员往往难以认定案件事实。

3. 缺乏言辞证据,并且证明力较弱

这表现在毒品犯罪案件中,犯罪嫌疑人之间通常单线联系,大多用暗语或隐语交流;还表现在由于毒品交易极其隐蔽而快速,贩卖毒品的上、下线通常在完成交易后立即斩断关系,因而难以取得毒品犯罪嫌疑人相互指认的供述,也缺乏旁证;还表现在毒品犯罪案件通常没有被害人、报案人,因而缺乏被害人陈述;最后还表现在现场查获的毒品犯罪嫌疑人多为被雇用的"马仔",他们对毒品的数量、种类、来源、去向等知之不多甚至根本不知,他们的供述对认定案件事实作用不大。

4. 间接证据难以形成证据链

理论上,间接证据是指不能单独直接证明案件主要事实,需要与其他证据结合才能证明案件主要事实的证据。在毒品犯罪案件中,由于毒品流动性强,毒品易于伪装及伪装巧妙性、犯罪嫌疑人之间单线联系以及交易的隐蔽性,极易导致各个犯罪行为脱节。[13]因此,司法实践中,公安机关缉毒部门对毒品犯罪案件的证据难以全面收集,因而难以形成有力的间接证据链条,直接影响对犯罪嫌疑人的追诉以及对被告人的定罪、量刑。

5. 鉴定意见是毒品犯罪定性和量刑的首要证据

在司法实践中,涉案毒品的名称、性质、属性、数量、纯度等特征,只有通过毒品鉴定来予以确定,因此,鉴定意见是毒品犯罪定性和量刑的首要证据。

二、毒品犯罪案件主要证据的种类

刑事诉讼证据的种类,既有学理上的分类,又有法定分类。证据的学理分类主要有言辞证据和实物证据、原始证据和传来证据、直接证据和间接证据、有罪证据和无罪证据;法定分类则是依据《刑事诉讼法》第五十条第二款规定所作的分类,具体包括:(1)物证;(2)书证;(3)证人证言;(4)被害人陈述;(5)犯罪嫌疑人、被告人供述和辩解;(6)鉴定意见;(7)勘验、检查、辨认、侦查实验等笔录;(8)视听资料、电子数据。

从禁毒工作实践来看,毒品犯罪证据主要有以下几种:

---

[12] 高贵君:《毒品犯罪审判理论与实践》,285 页,北京,人民法院出版社,2009。
[13] 刘建宏:《新禁毒全书》(第二卷),525 页,北京,人民出版社,2014。

（一）物证

物证有狭义和广义之分，"狭义的物证是指以其外部特征、存在状态、物质属性等来证明有关案件事实的物品和痕迹"；[14]而广义的物证则包括狭义的物证、书证和视听资料。《刑事诉讼法》中的物证采用狭义说。物证通过其客观存在的特征实现其证明功能。就毒品犯罪案件而言，物证主要包括：（1）毒品类。包括毒品的成品、半成品、疑似物、含有毒品成分的物质；制造毒品、非法生产制毒物品的原料、配剂、成品、半成品；毒品原植物及其种子和幼苗。（2）痕迹类。主要是指犯罪嫌疑人留下的手印痕迹、足迹、工具痕迹、枪弹痕迹等以及与毒品犯罪有关的气味、纤维、粉尘、体液等微量物证。（3）其他物证。包括毒资、毒品犯罪所得及其收益、作案工具等。毒资是指毒品交易过程中使用的各种货币、支票、汇票、存单；毒品犯罪所得及其收益是指犯罪分子通过贩毒等活动所获得的非法收益。毒品犯罪分子的作案工具，具体包括制造毒品的工具和毒品的包装物、运输毒品的交通工具，以及用于贩毒等活动的武器弹药及固定电话、手机、卫星电话以及对讲机等通信器材。

（二）犯罪嫌疑人、被告人的供述和辩解

犯罪嫌疑人、被告人的供述和辩解，是指毒品犯罪嫌疑人、被告人就有关自己是否犯罪以及犯罪的具体情况向公安司法机关所作的陈述，即通常所说的"口供"或"自白"。具体包括：（1）犯罪嫌疑人、被告人承认自己犯罪事实的供述。（2）犯罪嫌疑人、被告人说明自己无罪或者罪轻的辩解。（3）犯罪嫌疑人、被告人揭发检举同案其他人的犯罪行为的陈述。应当注意的是，毒品犯罪案件如同其他刑事案件一样，若只有口供而无其他证据，是不能认定罪嫌疑人、被告人有罪并追究其刑事责任的；反之，虽然没有口供，但其他证据确凿、充分的，是可以认定犯罪嫌疑人、被告人有罪并追究其刑事责任的。

（三）证人证言

证人证言是指当事人以外的了解案件情况的人，就其所了解的案件情况向公安司法机关所作的陈述。[15]在毒品犯罪案件中，主要的证人证言有：（1）知情人、见证人、关系人、中间人的证言，如侦查人员在实施勘验、检查、搜查以及侦查实验等措施时，在场见证的人就上述过程所作的陈述。（2）购买毒品者、被利用人、被教唆人的证言，如被毒品犯罪分子蒙蔽或者受经济利益驱使，在不明真相的情况下为毒品犯罪分子携带、运输毒品的人所作的证言。（3）毒品吸食者、注射者就贩毒人员特征（身高、长相、绰号、联系方式等）所作的证言。（4）报案人、举报人的证言，即公民向公安司法机关就他人从事毒品犯罪活动所提供的线索。（5）"抓获经过"，又称"查获经过"，是指侦查人员从犯罪嫌疑人身

---

〔14〕 何家弘、刘品新：《证据法学》，150页，北京，法律出版社，2010。

〔15〕 陈光中：《刑事诉讼法》，212页，北京，北京大学出版社、高等教育出版社，2016。

上、体内、携带的物品、控制的交通工具中、居所、住所以及其他藏放毒品的地方查获毒品或者对正在实施中的其他毒品犯罪抓现行的经过说明。[16] (6)其他类证人证言。如特情证言以及从他人口中得知毒品的来源的人提供的证言(即传来证据)。

(四)书证

书证主要指以文字、符号、图画等方式记载的内容或者表达的思想来证明案件事实的文件或其他物品。毒品犯罪案件中的书证通常包括：(1)记录类证据。如犯罪嫌疑人记录的毒品往来数量、交易对象、时间及地点、往来资金额等。(2)票证类证据。主要包括发货单、托运单、收货单、藏匿毒品的货物的报关单,支票、汇票、发票、银行及现金账单等。(3)交流类证据。主要包括来往的信件、纸条、电子邮件、聊天记录等。司法实践中,毒品犯罪的书证比较少见。

(五)鉴定意见

刑事诉讼中的鉴定意见,是指国家专门机关就案件中的专门性问题,指派或聘请具有专门知识的人进行鉴定后作出的判断性意见。[17] 毒品犯罪案件中的鉴定意见包括：(1)毒品鉴定意见。即对毒品的名称、性质、数量、纯度、主要成分等的鉴定。(2)制毒物品鉴定、毒品原植物种类鉴定意见。(3)其他鉴定意见。包括与案件有关的文书、笔迹、录像带、录音带、光盘的鉴定以及体液、指纹等鉴定。

(六)勘验、检查等笔录

勘验、检查笔录,是指公安司法人员对与案件有关的场所、物品、人身、尸体进行勘验、检查时所作的实况记载。在司法实践中,主要是针对人赃俱获的毒品犯罪案件,公安司法人员对查获的毒品、犯罪嫌疑人人身、随身携带的物品以及发现场所进行勘验、检查,并客观记载而形成勘验、检查笔录。通常,勘验、检查笔录包括现场照相、录像、现场绘图、提取各种物证和周边的环境记录情况等。[18]

(七)视听资料、电子数据

视听资料,是以录音、录像、电子计算机及其他电磁方式记录储存的音像信息证明案件事实的证据。[19] 毒品犯罪案件中的视听资料主要有：(1)执法设备辑录的发现、查获毒品犯罪的音频、视频。(2)技术侦查手段获取的有关毒品犯罪过程的音频、视频。(3)公安机关讯问毒品犯罪嫌疑人的同步录音录像资料。

随着通信技术的发展,毒品犯罪分子使用网络、通信工具、通信软件的情况越来越多,电子数据不断增多。因此,修正后的《刑事诉讼法》增加了电子数据作为证据的一种。

---

[16] 刘建宏:《新禁毒全书》(第二卷),529页,北京,人民出版社,2014。
[17] 陈光中:《刑事诉讼法》,216页,北京,北京大学出版社、高等教育出版社,2016。
[18] 刘建宏:《新禁毒全书》(第二卷),530页,北京,人民出版社,2014。
[19] 何家弘、刘品新:《证据法学》,159页,北京,法律出版社,2010。

根据最高人民法院、最高人民检察院、公安部于 2016 年 9 月颁布的《关于办理刑事案件收集提取和审查判断电子数据若干问题的规定》第一条之规定,电子数据是案件发生过程中形成的,以数字化形式存储、处理、传输的,能够证明案件事实的数据。毒品犯罪案件中的电子数据主要有:(1)利用网页、博客、微博客、朋友圈、贴吧、网盘等网络平台发布的传授制毒方法、贩卖毒品的信息;(2)实施毒品犯罪时使用的手机短信、电子邮件、即时通信、通讯群组等网络应用服务的通信信息;(3)涉毒犯罪人员注册信息、身份认证信息、电子交易记录、通信记录、登录日志等信息;(4)涉毒犯罪的文档、图片、音视频、数字证书、计算机程序等电子文件;(5)其他如毒品犯罪中使用的电子数据交换信息、电子签名、域名等。以数字化形式记载的证人证言、被害人陈述以及犯罪嫌疑人、被告人供述和辩解等证据,不属于电子数据。

三、毒品犯罪案件证据收集的原则

毒品犯罪案件证据的收集,是指公安司法机关为了查明案件事实,客观公正地处理案件,运用法律许可的方法和手段,发现、采集、提取和固定与毒品犯罪案件有关的各种证据的专门活动。毒品犯罪证据的收集,也就是通常所说"取证"。

取证工作是刑事诉讼活动的基础性工作,是判断、认定和确认案件事实的必要前提。根据法律的规定及司法实践,毒品犯罪证据收集的原则有四个方面,分述如下:

1. 依照法定程序收集

根据《刑事诉讼法》第五十二条规定的精神,收集毒品犯罪证据和收集其他犯罪证据一样,必须依照法定程序进行。即是说,公安司法机关的侦查人员、检察人员、审判人员必须依照法定程序,收集能够证实毒品犯罪嫌疑人、被告人有罪或者无罪、犯罪情节轻重的各种证据。并且严禁刑讯逼供和以威胁、引诱、欺骗以及其他非法方法收集证据。根据《刑事诉讼法》第五十六条规定的精神,对采用刑讯逼供等非法方法收集的毒品犯罪嫌疑人、被告人供述和采用暴力、威胁等非法方法收集的涉毒品犯罪的证人证言,应当予以排除。如果收集涉毒品犯罪的物证、书证不符合法定程序,可能严重影响司法公正的,应当予以补正或者作出合理解释;不能作出合理解释的,对该证据应当予以排除。另外,在侦查、审查起诉、审判毒品犯罪时发现有应当排除的证据的,应当依法予以排除,不得作为起诉意见、起诉决定和判决的依据。

2. 不得以强迫自证其罪的方式收集

这就是说,根据《刑事诉讼法》第五十二条后半段规定的精神,公安司法机关的侦查人员、检察人员和审判人员,在毒品犯罪案件中,不能强迫毒品犯罪嫌疑人、被告人、证人以及其他公民违背其真实意愿供认自己有罪。不得强迫自证其罪原则是社会进步的显著标志,它与依照法定程序收集证据原则相互补充、相得益彰,共同规范毒品犯罪证据收集。

3. 及时收集证据

基于毒品犯罪的特殊性,其证据(例如毒品)容易受到自然因素和人为因素的影响,存在可能灭失或者精确性降低的实际风险,因此,公安司法机关的侦查人员、检察人员、审判人员应当尽快按照法定程序和采取必要措施固定、提取这些证据,防止因证据灭失或者受损而影响对毒品犯罪案件事实的认定。

4. 尽量收集原始证据、直接证据

在收集毒品犯罪证据过程中,为了能够有力地对案件事实定性,公安司法机关的侦查人员、检察人员、审判人员应当充分考虑证据证明力的大小,尽量收集原始证据、第一手证据资料。只有在收集原始证据不可能的情况下,才考虑收集第二手证据资料或者传来证据,且不可因有了第二手证据或传来证据,就放弃对原始证据的收集。同时,还要尽可能地收集证据证明力较强的直接证据,便于直接认定毒品犯罪案件事实。

四、毒品犯罪案件证据的审查判断

毒品犯罪证据的审查判断,是指公安司法机关的侦查人员、检察人员、审判人员对于收集的毒品犯罪证据的合法性、真实性、关联性予以分析、研究,从而对它们能否作为认定毒品犯罪案件事实而作出正确判断的一项活动。

(一)毒品犯罪案件证据审查判断的总体要求

对毒品犯罪案件证据的审查判断,首先应当遵循审查判断证据的一般要求,即对证据的合法性、关联性和真实性问题进行审查判断。总的来说,如果证据材料的取得不具有合法性,不能作为定案的依据;如果证据材料的取得不真实,数量再多不能作为定案的依据;如果证据材料虽然真实,但相互之间缺乏关联性,不能相互印证,也不能作为定案的依据。因此,毒品犯罪证据是否同时具有合法性、真实性、关联性,是认定毒品犯罪证据是否确实充分的根本标准。

(二)毒品犯罪案件主要证据的个别审查判断

对毒品犯罪案件证据的审查判断,除了应当遵循审查判断证据的一般要求外,尚需结合毒品犯罪的特点进行个别审查判断。根据现行法律、法规及司法解释规定的精神,毒品犯罪案件证据个别审查判断的具体内容如下:

1. 对毒品的审查判断

毒品犯罪案件最常见的物证就是毒品,对毒品的审查判断应着重考虑以下几个方面:(1)是否为《刑法》第三百五十七条或《禁毒法》第二条规定的毒品;(2)毒品的名称、数量、纯度等;(3)毒品的来源、去向、所有者、持有者;(4)对不随案件移送的毒品,是否拍成照片附卷,同时清楚地表明毒品原物存放地;(5)确认毒品归属关系的证据是否齐全、有效,如是否从毒品外包装提取犯罪嫌疑人的指纹、体液等进行比对,或者是否经犯

罪嫌疑人指认确认,应当提取而未提取的,是否作出合理说明;(6)毒品的封存、移交是否依法进行,各环节衔接是否紧密,法律手续是否完备,是否确保毒品种类、数量、质量的同一性。

2. 对毒品鉴定意见的审查判断

对毒品鉴定意见的审查,主要包括:(1)鉴定机构及其鉴定人的资质是否符合法律规定,鉴定人是否存在法定回避事由;(2)检材是否齐全、可靠,是否与待检毒品为同一物质;(3)鉴定方法是否科学、鉴定步骤是否符合相关专业的规范要求;(4)鉴定意见与勘验、检查笔录、相关照片等其他证据是否存在矛盾;(5)鉴定意见是否依法及时告知相关人员,当事人对鉴定意见有无异议。

3. 对犯罪嫌疑人、被告人的供述与辩解的审查判断

对毒品犯罪嫌疑人、被告人的供述与辩解的审查判断,主要从以下几个方面着手:(1)对于犯罪嫌疑人、被告人的供述和辩解是否依法收集,即是说,有无刑讯逼供、威胁、引诱、欺骗以及其他非法方法收集证据,若有,则不能作为证据使用。(2)审查犯罪嫌疑人、被告人供述与辩解的动机,以甄别其口供的真伪;审查犯罪嫌疑人、被告人供述和辩解的逻辑性、合理性,以甄别口供的真实程度;审查口供与其他证据之间的关系,以确定其口供的真伪以及证明力的大小。[20](3)对于犯罪嫌疑人、被告人的多次口供前后不一致的,应当认真加以研究,找出问题所在,再结合全案进行分析判断其真伪。对于犯罪嫌疑人、被告人翻供的,应通过查明其主客观原因以及运用其他证据加以判断其真伪。

4. 对证人证言的审查判断

对毒品犯罪案件中的证人证言,主要审查以下内容:(1)证人是否适格,即证人是否有认知水平、表达能力等证明能力。(2)获取证人证言的程序是否合法,有无暴力、威胁、引诱、欺骗等非法方法取证。(3)证人是否与犯罪嫌疑人、被告人及本案的处理结果具有利害关系。(4)"污点证人"的证言,与其他证据材料能否相互印证、有无矛盾。(5)询问未成年证人时,是否通知其法定代理人或者有关人员到场,其法定代理人或者有关人员是否到场。(6)对于"抓获经过"这种特殊人证,应着重审查是否对毒品犯罪案件侦破的时间、地点、抓获人和被抓获人情况、查获的毒品和毒资、抓获的具体环境等描述得具体、清楚。

5. 对勘验、检查笔录的审查判断

勘验、检查笔录是公安司法机关的侦查人员、检察人员、审判人员以及受公安司法机关指派或聘请的具有专门知识的人对同犯罪有关的场所、物品、人身、尸体等进行勘验、检查所作的记载。对毒品犯罪案件中的勘验、检查笔录,需要审查判断其记载的内容与犯罪现场是否一致,勘验、检查笔录制作人的业务水平和工作态度如何,勘验、检查记录的内容是否与其他证据相互佐证、有无矛盾,一句话,主要审查判断该勘验、检查笔录是

---

〔20〕　刘建宏:《新禁毒全书》(第二卷),第536页,北京,人民出版社,2014。

否具有客观性、真实性和全面性。

6. 电子数据的审查判断

随着利用现代科技手段进行涉毒犯罪案件的不断增加,电子数据也日益成为备受关注的证据之一。因此,如何做好对电子数据的审查判断,显得尤其重要。根据"两高一部"2016 年联合出台的《关于办理刑事案件收集提取和审查判断电子数据若干问题的规定》(以下简称《规定》),公安机关、人民检察院、人民法院应当围绕真实性、合法性、关联性 审查判断电子数据。其中,在电子数据真实性方面应当着重审查是否移送原始存储介质;在原始存储介质无法封存、不便移动时,有无说明原因,并注明收集、提取过程及原始存储介质的存放地点或者电子数据的来源等情况;电子数据是否具有数字签名、数字证书等特殊标识;电子数据的收集、提取过程是否可以重现;电子数据有增加、删除、修改等情形的,是否附有说明;电子数据的完整性是否可以保证。

审查电子数据的的完整性方面,应当根据保护电子数据完整性的相应方法着重考虑以下几点:一是审查原始存储介质的扣押、封存状态;二是审查电子数据的收集、提取过程,查看录像;三是比对电子数据完整性校验值;四是与备份的电子数据进行比较;五是审查冻结后的访问操作日志;六是其他方法。

审查收集、提取电子数据的合法性方面,应当着重审查以下内容:其一,收集、提取电子证据是否为二名以上侦查人员进行,取证方法是否符合相关技术标准;其二,收集、提取电子数据,是否附有笔录、清单,并经侦查人员、电子数据持有人(提供人)、见证人签名或者盖章;没有持有人(提供人)签名或盖章的,是否注明原因;对电子数据的规格、类别、文件格式等注明是否清楚;其三,是否依照有关规定由符合条件的人员担任见证人,是否对相关活动进行录像;其四,电子数据检查是否将电子数据存储介质通过写保护设备接入检查设备;有条件的,是否制作电子数据备份,并对备份进行检查;无法制作备份且无法使用写保护设备的,是否附有录像。

认定犯罪嫌疑人、被告人的网络身份与现实身份的同一性,可以通过核查相关 IP 地址、网络活动记录、上网终端归属、相关证人证言以及犯罪嫌疑人、被告人供述和辩解等进行综合判断。认定犯罪嫌疑人、被告人与存储介质的关联性,则可以通过核查相关证人以及犯罪嫌疑人、被告人供述和辩解等进行综合判断。

第十二章　禁毒国际合作

【学习目标】　学习本章内容,需要了解世界禁毒体制的形成与禁毒国际合作开展的基本情况、禁毒国际合作的基本内容、我国法律以及禁毒国际公(条)约关于禁毒国际合作中涉案财物处理的有关规定。重点掌握禁毒国际合作五个基本原则及主要禁毒国际公(条)约的内容。在上述基础上,思考各国应如何完善禁毒国际合作。

第一节　禁毒国际体制的形成与禁毒国际合作的开展

一、禁毒国际合作的背景

在当前国际关系的发展趋势下,世界范围内政治、经济以及文化等方面逐渐呈现出更加频繁的交往模式,相互依存和共同发展的各国关系已经使国际社会形成一个整体,仅仅依靠个别或者少数国家来维持稳定的国际秩序已不大可能,取而代之的必定是日益密切的国际之间的合作。近年来,无孔不入的国际毒品问题越来越受到大众的关注,而毒品问题的特殊性在于任何一个国家都不能独善其身,仅靠单一国家或者少数几个国家的力量无法解决,需要世界各国合作应对。这就是说,国际社会之间要团结协作,相互协调,遵循相同的准则和目标的集体行动,即加强国际间的禁毒合作是从根源上减少和解决世界毒品问题的必由之路。

禁毒国际合作是国家之间就禁毒事务而开展的相互给予支持、援助和提供便利的活动。当前,禁毒国际合作主要表现在国家之间在打击毒品犯罪领域相互给予支持、援助和提供便利。在国际合作的背景下,统一的禁毒国际体制的形成是国际间禁毒合作开展的前提和基础。在国际禁毒体制形成过程中,首先是国际禁毒公(条)约的制定。而为了达成国际间的共同协议,就需要各国有合作诚意地共同参与谈判协商的过程。其次,在谈判的过程中,各国需相互支持和相互妥协,通过求同存异,将公(条)约确立的国际目标作为各国的最终目标。最后,在禁毒国际合作体制的实施过程中,需要各个国家运用公(条)约及各自的法律进行自我约束和国际间相互约束。

历史上,发生过若干次局限于某一国家或者地区的毒品滥用现象,这包括 19 世纪中期到新中国成立之前鸦片烟毒在旧中国的滥用和盛行以及第二次世界大战后甲基苯丙胺(冰毒)在日本的盛行等。不过,从全球范围来看,这些毒品的滥用和盛行仅给特定国家、地区的带来了严重的后果,尚未形成国际范围的严重后果。但是在最近三十年左右的时间,随着全球化程度的逐渐加深和发展,130 多个国家和地区的毒品消费,毒品滥用逐渐呈现出较为显著的全球化趋势[1],对人类的健康构成严重的威胁。同时,170 个国家和地区涉及毒品贩运,并且毒品犯罪已经与恐怖主义、有组织犯罪紧密交织,对国家和地区安全构成严重的威胁。基于以上因素考量,国际社会对于毒品的预防和打击开始进行不懈的努力。联合国大会在 1981 年 12 月通过了题为"国际药物滥用管制战略"的决议,督促有关国家开始重视禁毒工作和毒品方面的管制[2]。这一会议拉开了当代国际禁毒合作的序幕。

二、禁毒国际公(条)约体系的建立

禁毒国际体制的形成离不开禁毒国际公(条)约体系的建立[3]。在以美国为首的一些西方国家的坚持下,以禁药为基础的毒品管制在国际上变得越来越重要,美国及其殖民地在发现国内人民面临药物滥用成瘾和国内医学中药品供应短缺这一矛盾同时存在时,及时选择了阻止毒品流入国内的举措。但是西方国家对于毒品的禁止却从另一方面刺激了全球非法毒品贸易的发展,且在控制毒品来源方面,上述方法没有取得全面的成功[4]。在这样的前提下,国际社会开始考虑建立一个全球化的国际统一的禁毒公(条)约体系。

(一)上海"万国禁烟会议"及九条决议案

在美国的倡议下,"万国禁烟会议"(The 1909 Shanghai Conference)于 1909 年 2 月 1 日至 26 日在上海外滩汇中饭店召开。中国、日本、英国、法国、德国、美国以及葡萄牙等 13 个国家的 41 名代表参加了这次会议。作为人类历史上第一次多边禁毒国际会议,"万国禁烟会议"揭开了国际联合反毒禁毒斗争的序幕。这次会议对中国禁除鸦片烟出产行销之事所付出的真诚努力和获得的进步予以承认;会议认为医药用途以外的鸦片在与会国必须实行禁止,并通过颁布严密条例,使之逐渐消减;会议在与会各国境内或属地内,对吗啡的制售流布予以取缔等做出了九项决议案。虽然九项决议案仅作为建议性质,当时对签字国不具有法律约束力,但其却具有重大的历史意义:其一,确立了反毒禁毒不再是中国或者是各国的"内部事务"而是各国的"共同事务"这一全新的禁毒理念。其二,从此,国际社会开始把毒品视为全人类的公敌而采取一致的行动。并且,由此延伸的禁毒责任分担原则被纳入了以后的禁毒国际公(条)约中,为国际社会所认可。其三,促成各

---

〔1〕 刘志民:《当前的毒品形势与禁毒斗争》,315~317 页,载《中国药物依赖性杂志》,2001(4)。

〔2〕 Jelsma, M. (2016). UNGASS 2016: Prospects for treaty reform and UN system-wide coherence on drug policy. *Journal of Drug Policy Analysis.*

〔3〕 金莲:《国际禁毒立法面临的挑战分析》,85~88 页,载《湖南科技学院学报》,2016(8)。

〔4〕 Sinha, Jay. *The history and development of the leading international drug control conventions.* Library of Parliament,Canada,2001.

个参会国在鸦片、吗啡等毒品问题上达成初步共识,并开始制订国际性的禁毒初步方案和行动计划。其四,促成了海牙第二届"万国禁烟会议"召开以及 1912 年《海牙国际鸦片公约》的签订。

(二)海牙第二届"万国禁烟会议"及《海牙国际鸦片公约》

1911 年末,在美国的主导下,国际社会在海牙召开第二届"万国禁烟会议"。这次会议中,美国向会议主办方荷兰政府提交了一份备忘录,其中阐述了美国对世界性鸦片问题的看法,即"美国政府认为鸦片问题是重要的世界性问题,其与生产、贸易具有重大的经济关系……在国际鸦片会议召开之前,美国国会即已制定法律,禁止医药用以外的鸦片输入美国。然而美国原非鸦片产地,为厉行现有规则,达到绝对去除烟毒的目的,须得鸦片生产地诸国的协助,避免各国相互干戈与各自为政,严格取缔鸦片的输入"[5]。

海牙"万国禁烟会议"从 1911 年 12 月 1 日召开,一直持续到 1912 年 1 月底结束。该会议的宗旨是"为履行 1909 年上海国际鸦片调查委员会制定的方针,并使之有进一步的提升。会议期待逐渐遏止及禁止诸如由鸦片、吗啡、可卡因等及此类物质制造及衍生出来的具有同等毒害药品"[6]。1912 年 1 月 23 日,在该会议上,世界范围内第一个关于禁毒的国际公约即《海牙国际鸦片公约》(*The International Opium Convention*)在荷兰签署。该公约共六章(二十五条),各章要点简述如下:

第一章:针对生鸦片的生产、分配及输出等有效法令及规则进行了约定。规定"没有各缔约国正当的许可,禁止生鸦片的进出口"。

第二章:缔约国对于"鸦片烟膏"的制造、使用及管制,应渐次采取禁止的措施。

第三章:针对"药用鸦片、吗啡、可卡因及其他相似药品"作出了规定。

第四章:专门针对"中国及中国国内租借地鸦片管制问题"进行了约定,要求缔约国减少在中国国内的生鸦片及鸦片烟膏贩卖店的数量。

第五章:要求各国尽快制定、完善鸦片相关的法律条款。

第六章:就各缔约国签署及批准的手续进行了正式规定。

为了检验《海牙国际鸦片公约》的实施情况以及解决禁止贩运毒品问题,在美国及国际鸦片咨询委员会(第一次世界大战结束后成立的国际联盟于 1920 年 12 月举行了第一届执行会议,同时成立了鸦片咨询委员会,该鸦片咨询委员会每年召开一次会议,并向国际联盟提出督促禁毒的建议;鸦片咨询委员会的英文名称:Opium Advisory Committee,OAC)的提议下,国际社会于 1924—1925 年间先后召开了两次日内瓦国际禁毒会议,并于 1925 年 2 月 11 日签订了《关于熟鸦片的制造、国内贸易及使用的协定》,后又于 1925 年 2 月 19 日签订了修订版的《日内瓦国际鸦片公约》。该公约共七章三十九条,于 1928

---

　　〔5〕　法制网,世界首部国际禁毒公约百年回望,来自:http://www.legaldaily.com.cn/zmbm/content/2012-02/07/cont tm? node=20350。

　　〔6〕　李恩堂:《全球禁毒的开端:1909 年的上海万国禁烟会》,57 页,载《江南论坛》,2009(7)。

年 9 月 25 日生效,签约国家包括美国、中国、法国、英国、意大利、日本、荷兰、伊朗、葡萄牙、俄罗斯以及暹罗(泰国的旧称)。

此外,为了补充《海牙国际鸦片公约》和《日内瓦国际鸦片公约》的内容,更加严格地限制麻醉药品的制造,国际社会于 1931 年 7 月 13 日在日内瓦签订了《限制制造及调节分配麻醉品公约》;于 1931 年 11 月 27 日在曼谷签订了《远东管制吸食鸦片协定》;于 1936 年 6 月 26 日在日内瓦签订了《禁止非法买卖麻醉品公约》。《禁止非法买卖麻醉品公约》第一次把非法制造、变造、提制、调制、持有、供给、兜售、分配、购买麻醉品等行为规定为国际犯罪,这是国际禁毒立法上的一项重大突破。[7]

(三) 三大禁毒国际公约

自 1912 年《海牙国际鸦片公约》签订以来,国际社会通过了一系列国际禁毒公约。目前,仍在生效的有四个,即《禁止非法买卖麻醉品公约》《1961 年麻醉品单一公约》(*Single Convention on Narcotic Drugs*)、《1971 年精神药物公约》(*Convention on Psychotropic Substances*,1971)以及 1988 年《联合国禁止非法贩运麻醉药品和精神药物公约》(*United Nations Convention against Illicit Traffic in Narcotic Drugs and Psychotropic Substances*,简称《八八公约》)。其中,后三个公约加入的缔约国较多,影响范围较广,因此被称为三大禁毒国际公约。中国于 1985 年和 1989 年先后加入上述三大禁毒国际公约。

1961 年 3 月 30 日,联合国在纽约举行了特别国际大会,通过了《1961 年麻醉品单一公约》(1964 年生效)。该公约开始对过去签订的有关麻醉品管制的公约和协定进行了合并和修订。根据该公约,对毒品的管制,不但扩大到与公约中规定的物质(药品)具有相似影响的其他任何物质(药品),而且也包含对天然麻醉品原料的种植实行管制等方面内容。此外,该公约对有关管辖权的问题也作了规定,将增加或者删减毒品目录的权利授予了联合国麻醉药品委员会和世界卫生组织,国际麻醉药管制委员会负责控制麻醉药品的生产、运输、国际间贸易活动等,而联合国药物管制和预防犯罪办事厅则代表国际麻醉药管制委员会进行日常事务工作,监督每个国家执行公约的状况,并与各个国家当局协作,保证各国禁毒工作与该公约保持一致性。

1972 年,联合国在日内瓦召开会议,对《1961 年麻醉品单一公约》进行了修订,正式订立了《修正 1961 年麻醉品单一公约的议定书》,即《1972 年议定书》,并以《经〈修正 1961 年麻醉品单一公约的议定书〉修正的 1961 年麻醉品单一公约》为名,提交各国批准。《1972 年议定书》修订的主要内容是:扩大了国际麻醉药管制委员会的权力,例如该委员会可以敦促缔约国采取行动;授权国际麻醉药管制委员会负责打击非法贩运麻醉品;增加关于麻醉品犯罪者引渡的规定;缔约国应对吸毒者的治疗、康复和回归社会给予关注,

---

〔7〕 苏智良、赵长青:《禁毒全书(上)》,623 页,北京,中国民主法制出版社,1998。

等等。

1971年2月21日，联合国在维也纳通过了《1971年精神药物公约》。该公约内容主要包括如下几个部分：其一，精神药物的管制范围及分类管制；其二，规定缔约国的基本责任；其三，对精神药物的国际贸易管制；其四，规定联合国麻醉药品委员会和国际麻醉药管制委员会的职责；其五，协力取缔精神药品的非法产销、防止精神药品的滥用及罚则。该公约的目的、宗旨、基本管制模式与《1961年麻醉品单一公约》基本类似，它明确地指出，要确认精神药物在医学和科学用途上不可或缺，并且这种用途不应受不当限制，但其前提是限于合法用途。该公约也强调，各缔约国应承认联合国在精神药物管制方面的职权。

从逻辑关系来看，《八八公约》是对《1961年麻醉品单一公约》和《1971年精神药物公约》的肯定和进一步延伸，它规定通过国际合作来制止海上非法贩运毒品，并区分毒品犯罪的种类和形式，对毒品犯罪的处罚类别进行规定和限制。考虑到各个国家和地区的差异性，它对不同地区的刑罚替代措施以帮助吸毒者回归社会等进行了规定。此外，它对毒品犯罪确定了普遍管辖原则，并要求缔约国严格执行司法惩治，控制毒品犯罪的假释，并且将毒品犯罪与政治或者经济犯罪区分开来。《八八公约》还首次以国际公约的形式确认了控制下交付这一新兴的特殊侦查手段，为国际禁毒合作的开展提供了便捷的方式。总之，该公约的诞生，标志着禁毒国际刑法规范的日益完善，对加强国际刑事合作，取缔国际非法贩运毒品的犯罪活动，具有重要意义。[8]

在上述三大公约的基础上，各国先后制定出符合本国国情的相关禁毒法律法规，并在此基础上进行有序的国际间禁毒合作。

三、禁毒国际合作的开展

（一）国际禁毒日的确立

国际禁毒日的全称是"反麻醉品的滥用和非法贩运国际日"。1987年6月12日开始，联合国在奥地利首都维也纳召开了有138个国家和地区组成的3000名代表参加的"麻醉品滥用和非法贩运问题"的部长级会议。这次会议通过了《管制麻醉品滥用今后活动的综合性多学科纲要》，提出了在未来的禁毒活动中开展综合治理的建议。此外，会议还提出了"爱生命，不吸毒"的口号。为了纪念这次规模庞大、态度坚决的国际禁毒会议，1987年6月26日，在大会结束时，与会代表一致建议，从1988年开始，将每年的6月26日定为"国际禁毒日"，以引起全世界对毒品问题的重视。这项建议在同年召开的第四十二届联合国大会上表决通过，之后正式确立每年的6月26日为"反麻醉品的滥用和非法贩运国际日"，即"国际禁毒日"。从1992年起，每一年的国际禁毒日都有一个与毒品有

---

〔8〕　苏智良、赵长青：《禁毒全书》（上），624页，北京，中国民主法制出版社，1998。

关的活动主题,以引起全社会的广泛关注和共同参与。例如,国际禁毒日 1992 年的主题是"毒品,全球问题,需要全球解决";1993 年的主题是"实施教育,抵制毒品";1994 年的主题是"女性,吸毒,抵制毒品";2015 年和 2018 年的主题是"抵制毒品,参与禁毒";2016 年与 2017 年的主题是"无毒青春,健康生活"。

(二) 世界毒品问题政治宣言的发表

处理世界毒品问题的两大里程碑文件,是联合国会员国分别于 1998 年和 2009 年通过和发表的两份政治宣言。这两份宣言发表的目的都在于加强国际合作,共同应对世界范围内的毒品问题。

1998 年,联合国大会第二十届特别会议(第二次禁毒特别联大)通过并发表了《政治宣言》。该《政治宣言》要求会员国每两年向联合国麻醉药品委员会报告其为实现有关目标所做的努力,并请联合国麻醉药品委员会对这些成员国的禁毒报告进行分析,以便加强禁毒国际合作。与 1990 年版的《政治宣言》(1990 年 2 月 20 日至 23 日,联合国在纽约召开第十七届特别会议,又称第一次禁毒特别联大,包括中国在内的 40 多个国家和地区的代表参加了这次会议,会议通过了禁毒的《政治宣言》和《全球行动纲领》,宣布 1991 年至 2000 年为联合国禁毒十年)相比,新版的《政治宣言》有若干新的突破(例如,强调要为吸毒成瘾的儿童、妇女和男子拨出必要的资源,为他们提供治疗和康复措施,使他们重新融入社会,并恢复其尊严和希望;提醒要特别注意合成药物非法制造、贩卖和消费方面出现的新趋势,等等)。它把 2003 年、2008 年作为两个重要的时间节点,提出了今后五年和十年内国际药物管制和禁毒的目标,规定在 2008 年前使全球毒品需求大量减少。[9]

2009 年 3 月 11 日至 12 日,联合国麻醉药品委员会在维也纳举行第五十二届高级别会议,来自 132 个国家的元首、部长和政府代表参加了会议。会议正式通过了《关于开展国际合作以综合、平衡战略应对世界毒品问题的政治宣言和行动计划》用以加强国际合作。该《政治宣言》共四十条,内容包括多方面,但其主要亮点是:将 2019 年确定为各国根除或大幅度、可衡量地减少非法毒品的预定日期,即减少罂粟、古柯叶和大麻植物的种植;减少麻醉药品和精神药物的非法需求;减少与毒品有关的健康和社会风险;减少精神药物包括合成药物的非法生产、制造、销售、分销和贩运;减少制造毒品前体的转移和非法贩运;减少与非法药物有关的洗钱行为。[10] 该《行动计划》则确立从减少毒品的供给和需求两个方面进行国际层面的合作,同时,通过国际合作来打击洗钱和促进司法合作。[11]

2016 年 4 月 19 日至 21 日,联合国在总部召开第三十届特别会议,会议目的是在三项禁毒国际公约以及联合国其他相关文书框架内审查《关于开展国际合作以综合、平衡

---

〔9〕 刘建宏:《新禁毒全书》(第六卷),129 页,北京,人民出版社,2015。
〔10〕 刘建宏:《新禁毒全书》(第六卷),135 页,北京,人民出版社,2015。
〔11〕 参见《关于开展国际合作以综合、平衡战略应对世界毒品问题的政治宣言和行动计划》,2009 年 3 月 11 日至 12 日,维也纳。

战略应对世界毒品问题的政治宣言和行动计划》的执行进展情况,以及评估解决世界毒品问题取得的成就和面临的挑战。[12]

(三)我国对禁毒国际合作的广泛参与

当前,我国毒品问题的主要特征之一是毒源在境外。因此,就我国来说,加强禁毒的国际合作,特别是和邻国之间的禁毒合作,对于从根本上解决我国当前面临的毒品问题,促进世界范围内的禁毒工作开展具有重要的现实意义。中国政府一向主张毒品消费国、生产国以及过境国之间加强合作,切实承担起本国的责任,并建立完善的新型的禁毒国际合作关系。

1. 我国政府积极参与、举办世界性的禁毒会议

从 1984 年起,中国政府多次派代表团出席联合国、国际刑警组织、世界海关组织和世界卫生组织召开的禁毒国际会议。1990 年 2 月和 1998 年 6 月,中国政府代表团先后参加联合国第十七次和第二十次禁毒特别会议,向国际社会表达中国政府对禁毒的坚定立场和态度。1996 年 11 月,我国在上海主办了由联合国禁毒署组织召开的国际兴奋剂专家会议。2000 年 7 月,我国在北京主办了国际刑警组织第五届海洛因大会,60 多个国家和国际组织的约 200 名代表参加了这次大会,会议对进一步加强国际刑警组织及其成员国在打击海洛因犯罪和地区性执法合作方面起着重要的作用。2009 年 2 月,国家禁毒委员会、外交部、公安部、上海市人民政府在上海成功举办了"万国禁烟会"百年纪念活动,来自 17 个国家和联合国毒品与犯罪问题办公室(UNODC)、国际麻醉药管制委员会的 100 余位高级别代表出席纪念活动。这次活动推动了国际和区域多边禁毒合作事业的健康发展,有效地扩大了我国在禁毒国际领域的影响力。[13] 2012 年,中国政府组团参加第五十五届联合国麻醉品委员会会议,与美国等国共提《纪念海牙公约一百周年》决议。2016 年 4 月 19 日,世界毒品问题特别联大在美国纽约召开,我国时任国务委员、国家禁毒委员会主任、公安部部长郭声琨率领中国代表团出席并发表讲话。他强调,中国将继续支持联合国禁毒机构工作,积极参与国际禁毒事务和区域禁毒合作,共同打击跨国毒品犯罪,继续推进实施可持续的替代发展战略,合力推动国际禁毒事业向前发展。[14]

2. 在东亚次区域禁毒合作框架、"东盟＋中国"禁毒合作框架、"东盟＋中日韩"禁毒合作框架、上海合作组织框架和金砖国家框架下开展禁毒国际合作

(1)在东亚次区域禁毒合作框架下开展禁毒国际合作。

早在 1991 年 5 月,国家禁毒委员会在北京主办了第一届由中国、泰国、缅甸与联合国禁毒署高级官员参加的会议,旨在商讨开展次区域禁毒活动的多边合作问题。1992 年 6 月,中国、泰国、缅甸和联合国禁毒署在缅甸举行会议,签署了《中国、缅甸和联合国禁毒

---

〔12〕　参见《2016 联合国大会世界毒品问题特别会议成果文件》,2014 年 4 月 19 日至 21 日,纽约。

〔13〕　中国国家禁毒委员会办公室:《中国禁毒报告》,2011 年。

〔14〕　中国国家禁毒委员会办公室:《中国禁毒报告》,2017 年。

署三方禁毒合作项目》。1993 年 10 月,中国、缅甸、泰国、老挝和联合国禁毒署代表在联合国总部纽约正式签署了次区域合作的《东亚次区域禁毒谅解备忘录》(MOU),确定在东亚次区域禁毒国际合作中,各方保持高级别接触,每年举行一次高级别例会,商讨禁毒合作事宜。在东亚次区域禁毒合作框架(简称 MOU 次区域禁毒合作框架)下,1995 年 5 月,联合国禁毒署和东亚次区域各国在北京举行了第一届东亚次区域禁毒合作部长级会议,通过了《次区域禁毒行动计划》和《北京宣言》,接纳柬埔寨和越南为《东亚次区域禁毒谅解备忘录》正式成员国。从那以后,MOU 部长级会议每两年举办一次(从 1995 年至 2017 年二十二年间,MOU 部长级会议共举办了十二届),MOU 签约方高官会议则每年召开一次。MOU 部长级会议和 MOU 签约方高官会议的主要任务是,根据对东亚次区域毒品形势的研判,进一步更新、完善《次区域禁毒行动计划》,不断提升次区域禁毒合作层次和水平。MOU 次区域禁毒合作框架是世界上较早成立的次区域禁毒合作框架;《次区域禁毒行动计划》则是世界上第一个次区域禁毒合作行动计划。经过二十多年的发展,MOU 次区域禁毒合作机制不断完备,已成为在国际社会中有广泛声誉的区域禁毒合作典范。在 MOU 次区域禁毒框架下,我国与缅甸、老挝、泰国、柬埔寨、越南等国在减少毒品需求、防治艾滋病、实施毒品原植物替代项目、打击毒品犯罪等方面进行了卓有成效的国际合作。

(2)在"东盟＋中国"禁毒合作框架、"东盟＋中日韩"禁毒合作框架下开展禁毒国际合作

"东盟＋中国"禁毒合作框架(简称 ACCORD 禁毒合作框架)和"东盟＋中日韩"禁毒合作框架是东亚次区域禁毒合作框架的延伸和发展。前一框架包括了东盟十国和中国,后一框架则包括了东盟十国和中、日、韩三国。基于遏制本地区毒品严峻形势的共同需要和禁毒合作的共同愿望,2000 年 10 月,东盟国家和中国在泰国曼谷举行了第一届东盟和中国禁毒合作国际会议,中国时任国务委员罗干率团参加并作主旨发言。会议主题为"实现 2015 年东盟无毒品:统一观点,改变进程"。会议通过了《曼谷政治宣言》和《东盟和中国禁毒合作行动计划》,根据该计划,中国和东盟将建立打击毒品犯罪的合作体系以及对合作发展进行评估的机制,并在加强社会禁毒意识、遏制毒品需求、加强禁毒执法工作和杜绝毒品生产四个领域展开具体合作。该计划的签署正式确立了"东盟＋中国"区域禁毒合作框架。[15] 在"东盟＋中国"禁毒合作框架下,东盟各国和中国在毒品预防教育、缉毒执法、戒毒康复、实施毒品原植物替代项目等领域开展了有效的合作,取得了丰硕的成果,进一步扩大了本地区禁毒工作在国际社会上的影响力。2004 年 1 月 11 日,首届"东盟＋中日韩"打击跨国犯罪部长级会议在泰国曼谷举行。会议期间,中国与东盟各国签署了《非传统安全领域合作谅解备忘录》,确定了反恐、禁毒和打击国际经济犯罪作为重点合作领域,明确了各领域的中长期目标,规定了中国与东盟各国通过信息交流、人

---

〔15〕 刘稚:《中国与东盟禁毒合作的现状与前景》,34～38 页,载《当代亚太》,2005(3)。

员交流与培训、执法协作和共同研究等方式加强合作。[16]

（3）在上海合作组织框架下开展禁毒国际合作

上海合作组织，简称上合组织，其成员国共八个国家，即中国、哈萨克斯坦共和国、吉尔吉斯斯坦共和国、俄罗斯联邦、塔吉克斯坦共和国、乌兹别克斯坦共和国、印度、巴基斯坦。一直以来，上合组织在安全领域的优先合作方向是禁毒合作。为此，上合组织成员国历届元首峰会都高度重视成员国之间的禁毒合作，禁毒合作始终是元首峰会通过的宣言和联合公报中的一项重要内容。

2004 年 6 月，上合组织成员国元首在塔什干峰会上签署了《上合组织成员国关于合作打击非法贩运麻醉药品、精神药物及其前体的协议》，自此拉开了上合组织禁毒国际合作序幕。2006 年，上合组织成员国首次缉毒执法研讨会在北京召开，会议就建立禁毒情报信息交流机制、打击通过贩毒为恐怖主义融资的犯罪行为以及如何建立上合组织禁毒合作机制进行了研讨，确定了禁毒部门高级官员定期会晤制度和联络员机制。2008 年 4 月，上合组织成员国秘书处首次召集禁毒领域会议，就落实上合组织禁毒合作协议和在本组织框架内建立长效禁毒机制等问题进行了研讨。2009 年 5 月，为推动上合组织禁毒合作，经中方提议，上合组织首次禁毒部门领导人会议决定建立禁毒部门高官会议制度，设立法律基础、缉毒执法、易制毒化学品管制、减少毒品需求四个常设专家工作组，正式启动上合组织禁毒合作机制化进程。2011 年 6 月，上合组织成员国元首在阿斯塔纳峰会上批准了《2011—2016 年上合组织成员国禁毒战略》及《落实行动计划》，明确了成员国在应对阿富汗毒品威胁、禁毒预防教育、戒毒康复、国际合作等领域的相关措施及落实机制，为成员国禁毒合作指明了方向。2015 年 7 月，在乌法峰会上，成员国元首共同发表了《上合组织成员国元首关于毒品问题的声明》。2017 年 4 月 14 日，上海合作组织成员国禁毒部门领导人第七次会议在阿斯塔纳市举行。各方代表团对联合国毒品与犯罪问题办公室（UNODC）和上合组织开展主题为《联合国与上合组织禁毒：共同威胁与共同行动》所采取的共同措施表示欢迎。会议指出，阿富汗及"金三角"地区毒品制造持续增长，严重威胁了国际和地区安全与稳定，需要国际社会采取协同措施；同时强调，利用现代信息通信技术手段导致毒品种类增多、新精神活性物质快速蔓延以及以毒资恐等禁毒领域的新问题，将进一步损害本国、地区和全球安全。因此，必须进一步加强上海合作组织成员国的禁毒合作，采取联合措施，制止毒品蔓延，打击毒品交易。[17] 2018 年 6 月，在上合组织青岛峰会上，成员国元首批准了《上合组织预防麻醉药品和精神药品滥用构想》。

总之，在上合组织框架下，面对共同的毒品威胁，各成员国不断加强沟通协调，在禁毒政策制定、减少毒品需求、缉毒执法、易制毒化学品管制等领域开展了双边和多边合

---

〔16〕 刘稚：《中国与东盟禁毒合作的现状与前景》，34～38 页，载《当代亚太》，2005(3)。

〔17〕 上海合作组织，上海合作组织成员国禁毒部门领导人第七次会议，来自：http://chn.sectsco.org/politics/20170414/252429.html。

作,不断推动建立完善的地区禁毒体系。

（4）在金砖国家框架下开展禁毒国际合作

金砖国家（BRICS），是巴西（Brazil）、俄罗斯（Russia）、印度（India）、中国（China）、和南非（South Africa）五国的简称。由于 BRICS 与英文 BRICK（砖）相近，以上五国被称为"金砖国家"。2009 年至 2018 年，金砖国家领导人会晤已举行十次（每年举行一次）。金砖国家领导人年度会晤发表的历届"领导人宣言"均呼吁加强地区和国际间的禁毒合作。例如，2015 年 7 月 9 日发表的《金砖国家领导人第七次会晤乌法宣言》第二十八项写道："考虑到全球麻醉品生产和需求的空前增长，我们呼吁采取更加积极措施应对该问题，并在相关国际场合进行讨论。我们赞赏禁毒部门间的合作，欢迎 2015 年 4 月 22 日在莫斯科举行的金砖国家禁毒部门负责人会议所作出的决定，包括建立应对世界毒品问题联动机制；我们也注意到 2015 年 4 月 23 日在莫斯科召开的第二届国际禁毒合作部长级会议的相关成果"。

又如，2017 年 9 月 4 日发表的《金砖国家领导人厦门宣言》第四部分"国际和平与安全"中指出："我们重申致力于按照联合国毒品控制公约，通过整体、全面、平衡的方式减少毒品需求的战略，解决国际毒品问题。我们强调第三十届世界毒品问题特别联大成果文件的重要性，呼吁加强国际和地区协调合作，应对非法生产和贩运毒品，特别是鸦片制剂对国际社会造成的威胁。我们深为关切地注意到，在世界有些地区，贩毒、洗钱、有组织犯罪和恐怖主义之间的关联日益紧密"。

在金砖国家框架下，我国就建立禁毒工作组联络机制、情报交流、缉毒执法、国际禁毒政策协调、人员培训等方面合作与相关国家达成了共识，并于 2017 年 8 月 16 日在山东省威海市召开的第三届金砖国家禁毒工作组会议上通过了首个《金砖国家禁毒工作组工作规则》，不断把双边及多边禁毒合作推向深入。

3. 在中美执法合作联合联络小组（JLG）机制和边境地区禁毒联络官办公室机制下开展禁毒国际合作

中美执法合作联合联络小组，英文名称是 Joint Liaison Group on Law Enforcement Cooperation，简称 JLG，成立于 1998 年，是中美双方在执法领域进行协调和沟通的主要机制及平台。JLG 设打击网络犯罪等七个工作组和禁毒分小组，通常每年轮流在中美两国召开一次会议。[18] 经过二十年的发展，中美执法合作联合联络小组机制在协调和促进中美两国禁毒执法方面发挥了重要的作用，成为中美两国禁毒合作不可或缺的一部分。

在长期的禁毒实践中，我国与缅甸、老挝、越南、蒙古以及俄罗斯等国探索出建立边境地区禁毒联络官办公室这一符合国家战略、地区利益和边境实际的禁毒国际合作新路子。例如，2001 年至今，中国与老挝、越南先后建立了磨憨—磨丁、河口—老街、天保—河江、东兴—越南、凭祥—同登等边境禁毒联络官办公室，中国江城—老挝约乌—越南奠边

---

〔18〕 http://www.enorth.com.cn，2011 年 11 月 3 日。

边境禁毒联络官办公室(这是三国成立的第一个三方边境禁毒联络官办公室),并依托边境禁毒合作联络官办公室开展跨境禁毒合作。所有的边境禁毒联络官办公室都共同纳入联合国边境管控项目框架,接受联合国技术、设备及规范支持,以进一步加强各国跨境禁毒合作。

第二节　禁毒国际合作的基本原则

一、禁毒国际合作基本原则的概念及特征

禁毒国际合作的基本原则,是指国际社会在开展禁毒国际合作中应当共同遵守的基本法则或标准。概括起来,禁毒国际合作的基本原则具有如下特征:

(一)为国际社会公认

这就是说,在禁毒国际合作领域,只有得到国际社会的普遍认可的原则,才能称之为禁毒国际合作的基本原则。这是因为,作为禁毒国际合作基础的禁毒国际公(条)约以及由此形成的禁毒国际法,不是一国或者少数几个国家制定的,而是国际社会共同参与制定的。因此,个别国家或者少数国家国家提出的对禁毒国际合作有益的建议或者原则,可能会对禁毒国际合作产生重大的影响,并发挥重要的作用,但却不能称之为禁毒国际合作原则。只有当这些有益的建议或者原则得到国际社会的公认时,才能转变成为禁毒国际合作的基本原则。[19]

(二)具有普遍指导意义

这就是说,禁毒国际合作的基本原则是对全部禁毒国际领域具有全局性指导意义的原则,而不是对禁毒国际个别领域或者若干领域发挥作用的具体原则。进一步说,禁毒国际合作的基本原则必须贯穿于禁毒国际合作的整个过程和各个方面,适用于禁毒国际合作的一切具有效力的各个层面中。

(三)构成禁毒国际合作的基础

这一特征包括如下两层意思:其一,禁毒国际合作的基本原则是禁毒国际公(条)约以及由此形成的禁毒国际法制定其他各项原则、规章制度的基础,后者是从前者的基本原则中衍生或者发展而来的;其二,禁毒国际公(条)约以及由此形成的禁毒国际法制定的其他各项原则、规章制度必须符合禁毒国际合作基本原则的精神和实质,且与之相对应,否则将视作无效。

总之,只有同时符合上述三个特征,才能视作为禁毒国际合作的基本原则。

---

[19] 王凌:《国际禁毒法基本原则初探》,载《当代法学》,1995(1)。

二、确立禁毒国际合作基本原则的法理依据

1.《联合国宪章》的规定

《联合国宪章》(*Charter of the United Nations*)是联合国的基本大法,它规定了成员国的责任、权利和义务,也规定了处理国际关系、维护世界和平与安全的原则与方法。《联合国宪章》第二条第一项规定:本组织系基于各会员国主权平等之原则。第二条第四项规定:各会员国在其国际关系上不得使用威胁或武力,或以与联合国宗旨不符之任何其他方法,侵害任何会员国或国家之领土完整或政治独立。

2. 现行的禁毒国际公约的规定

现行的禁毒国际公约对禁毒国际合作中应当遵守的基本原则做了一系列的规定。

《八八公约》第二条第二项规定:缔约国应以符合各国主权平等和领土完整以及不干涉别国内政原则的方式履行其按本公约所承担的义务;该条第三项规定:任一缔约国不得在另一缔约国的领土内行使由该另一缔约国国内法律规定完全属于该国当局的管辖权和职能。[20]

1990 年 2 月 20 日至 23 日在联合国第十七届特别会议上通过的《政治宣言》强调:"重申我们决心与麻醉品滥用和非法贩运麻醉药品和精神药物的祸害进行战斗,在行动中严格遵守《联合国宪章》的原则和国际法的准则,特别是尊重各国的主权和领土完整、不干涉各国内政的原则、在国际关系中不进行武力威胁或使用武力以及各项国际麻醉品管制公约的规定"。该《政治宣言》又指出:"重申在与麻醉品滥用和非法贩运麻醉药品和精神药物进行斗争中分担责任的原则;深知促进发展中国家发展的国际合作应当予以加强,使所有国家能够更充分的参加有效取缔麻醉品的战斗;取缔这类犯罪活动需要所有国家给予更高的优先地位,并在国家、区域和国际各级采取协同一致行动……"[21]。

1990 年 2 月 20 日至 23 日在联合国第十七届特别会议上通过的《全球行动纲领》指出:"国际社会面临着一个十分剧烈的吸毒及麻醉药品和精神药物的非法种植、生产、加工、分销和贩运问题……各国无法单独对付这一祸患,因此需要国际社会团结一致,同时采取协同、集体的行动"。

3. 我国《禁毒法》的规定

我国《禁毒法》第五十三条规定:中华人民共和国根据缔结或者参加的国际条约或者按照对等原则,开展禁毒国际合作。这就是说,我国与其他国家开展禁毒国际合作,其依据是我国已经缔结或者参加的国际条约(国际法主体之间缔结的设定相互权利义务关系的协议)。但如果我国与其他国家没有缔结或参加的国际条约的,则要按照对等原则进行。

---

〔20〕 参见 1988 年《联合国禁止非法贩运麻醉药品和精神药物公约》。

〔21〕 参见《联合国宪章》。

三、禁毒国际合作的五个基本原则

根据上述规定的精神,当前禁毒国际合作的基本原则主要有五个,分述如下:

(一) 以《联合国宪章》的宗旨为指导的原则

以《联合国宪章》的宗旨为指导是一个总的原则,其主要内容包括如下两个方面:

1. 尊重各国主权平等和领土完整原则

主权是国家最重要的属性,是国家固有的在国内的最高权利和国际上的独立权力,它不可分割、不可让与、不应受到外来意志的干预。尊重各国主权平等原则的核心思想是各个国家主权平等,就是说,即使各国之间在经济、社会、政治或者其他方面存在差异性,但是在国家主权方面各国均具有享有平等的权利和承担平等的责任,共同作为国际社会中的平等成员。

尊重各国主权平等原则是现代国际关系的基石。只有坚持各国主权平等,才能让各国充分自由地表达本国意愿;反之,若主权不平等,则会形成霸权主义控制之局面,也就是说,在这种情况下,霸权主义国家会把自己的意志强加于别国,利用强权取代公理。因此,只有坚持主权平等的原则,才能使禁毒国际合作沿着有利于国际社会健康的方向发展。

"领土"一词在国际法中的定义是:国家在一定的区域之内,对人和对物行使的具有排他性的管辖权。领土完整则指凡是属于国家的领土,一寸都不能丢失,一寸不能被分裂。当前的毒品犯罪活动频繁地存在于跨国之间,国际禁毒活动也会随之涉及他国的地域和领土,因此在禁毒国际合作中强调尊重各国的领土完整就具有重要的意义。《全球行动纲领》中第五十七条规定,"为了取缔麻醉药品和精神药物的非法跨界移动,有关国家可以考虑按照国际法和《联合国宪章》共同设立边境检查站的可能性,但不影响各国的国家主权和领土完整"。[22]

2. 互不干涉内政原则

互不干涉内政原则是主权平等原则的延伸。其基本含义,是各国之间不准以任何借口干涉他国的内部事务,一国不准以任何手段强迫别的国家接受其意愿和管辖。这一原则运用于禁毒国际合作中,要求各缔约国从制定禁毒国际公(条)约到履行禁毒国际公(条)约的过程中,首先做好本国的内部管理事务,然后再根据禁毒国际公(条)约来进行国际间的禁毒合作。在禁毒国际合作的过程中,凡涉及别国的国内禁毒事务,一国必须根据禁毒国际公(条)约的规定,通过合理的洽谈、建议等方式进行合作。坚决不允许通过强制手段将本国的意志强加给了别国,甚至干涉别国内务。只有坚持互不干涉内政原

---

〔22〕 王凌:《国际禁毒法基本原则初探》,载《当代法学》,1995(1)。

则,才能创造平等、为了共同的禁毒工作目标而协同努力的国际环境。[23]

(二)责任分担原则

分担责任原则是国际法的一项原则之一,它应用于国际社会各个合作领域。该原则的基本含义是:对国际社会的共同问题和共同设立的目标,有必要采取协调统一的行动去解决或实现。责任分担原则的目的是使禁毒各国通力合作,不仅要谋求自身的利益,同时还要考虑其他各国的利益并且给予适当的帮助和支持。实践表明,各国只有在其国家层面上分担履行其自身禁毒义务,国际社会对毒品的管制才会有显著成效。自2008年以来,联合国安理会专门为国际社会对毒品的管制召开过多次会议,这些会议重申了国际社会关于对贩运可卡因犯罪问题方面的分担责任原则。

(三)对等原则

对等原则,简单地说,就是在禁毒国际合作中,一国如何对待自己的国家,本国就如何对待它。对等原则是基于主权国家之间,在司法上应平等对待的理论所确立的原则,是国际上公认的一项诉讼原则。[24] 我国《民事诉讼法》第五条第一款规定:"外国人、无国籍人、外国企业和组织在人民法院起诉、应诉,同中华人民共和国公民、法人和其他组织有同等的诉讼权利义务"。但该法第五条第二款同时规定:"外国法院对中华人民共和国公民、法人和其他组织的民事诉讼权利加以限制的,中华人民共和国法院对该国公民、企业和组织的民事诉讼权利,实行对等原则"。这就是说,如果外国法院对我国公民、法人和其他组织的民事诉讼权利加以限制的,人民法院对该国公民、企业和组织的民事诉讼权利,也采取相应措施,加以限制。对等原则延伸到禁毒国际合作领域具有重要的意义:它既维护了国家的主权,又确保了在司法上实现国家之间的平等权利,从而从根本上维护了主权国家的利益。

(四)毒品犯罪必须承担刑事责任原则

毒品犯罪具有严重的社会危害性,因此毒品犯罪者必须要承担刑事责任,这就确立了毒品犯罪和刑法之间的因果关系。《八八公约》中指出,"加强并增进国际刑事合作的有效法律手段,对于取缔国际非法贩运的犯罪活动具有重要意义"。这一公约在其第三条中阐明了毒品犯罪及其制裁,并建议各缔约国将这些故意犯罪行为列入本国的相关法律条文中。例如"违反《1961年麻醉品单一公约》、经修正的《1961年麻醉品单一公约》或《1971年精神药物公约》的各项规定,生产、制造、提炼、配制、提供、兜售、分销、出售、以任何条件交付、经纪、发送、过境发送、运输、进口或出口任何麻醉药品或精神药物"的行为都是犯罪行为,各缔约国均应追究其刑事责任。禁毒国际合作中确立的这一原则,旨在

〔23〕 王凌:《国际禁毒法基本原则初探》,载《当代法学》,1995(1)。

〔24〕 黄太云:《中华人民共和国禁毒法解读》,184页,北京,中国法制出版社,2008。

纠正一些国家对严重毒品犯罪处罚存在轻刑化倾向或者间接放纵了毒品犯罪的情形。此外,根据上述原则,各缔约国还需保证对毒品罪行的刑罚执行措施取得尽可能大的成效,进而对毒品犯罪起到威慑作用。

(五)非政治性、非歧视性原则

非政治性原则的基本含义是:毒品犯罪是全人类的公敌,同毒品犯罪行为作斗争是正义与邪恶的较量。因此,在禁毒国际合作中,任何国家都不能将毒品问题政治化,就是说,不能将国家之间的政治问题与毒品问题混同起来,并因政治问题使国际毒品罪行逃脱应得之惩罚。非歧视性原则则是国际法上国家主权平等原则在禁毒国际合作领域中的延伸。该原则强调,在禁毒国际合作中,任何国家都不能搞"区别对待",即不能因为毒品犯罪分子的国别、种族、民族、肤色、语言、宗教、性别、性取向等不同,在调查、起诉、定罪、量刑等方面搞歧视对待;也不能因各国之间在经济、政治、社会或者其他方面存在差异性,在实施毒品原植物替代项目等对外援助方面搞歧视性处遇。在禁毒国际合作中,坚持非政治性、非歧视性原则,其巨大的意义是不言而喻的:在全球构建"禁毒命运共同体",从而在全世界形成禁毒的合力,共同应对和解决毒品这一世界性的祸害。

第三节 禁毒国际合作的基本内容

《禁毒法》第五章用三个条文即第五十五条、第五十六条和第五十八条明确规定了禁毒国际合作的主要内容。第五十五条规定:"涉及追究毒品犯罪的司法协助,由司法机关依照有关法律的规定办理";第五十六条规定:"国务院有关部门应当按照各自职责,加强与有关国家或者地区执法机关以及国际组织的禁毒情报信息交流,依法开展禁毒执法合作";第五十八条规定:"国务院有关部门根据国务院授权,可以通过对外援助等渠道,支持有关国家实施毒品原植物替代种植、发展替代产业"。

本节拟以《禁毒法》规定的内容为基础,结合禁毒国际公(条)约的相关规定,主要从禁毒执法、禁毒情报交流、司法协助、国际核查协作、实施毒品原植物替代项目以及其他形式的禁毒国际合作六个方面讨论禁毒国际合作的基本内容。

一、禁毒执法的国际合作

(一)禁毒执法国际合作的法理基础

为促进禁毒执法国际合作的开展,各国首先需要明确哪些涉毒行为属于刑事犯罪。为此,《八八公约》对各类毒品犯罪做了详细的分类,并且规定,各缔约国应采取可能必要的措施将下列各类涉及毒品的故意行为确定为其国内法中的刑事犯罪:

1. 严格的毒品犯罪

第一类是直接的毒品犯罪。《八八公约》第三条第一款第一项指明以下涉毒行为都属于严格的毒品犯罪：包括如前述的违反《1961年麻醉品单一公约》、经修正的《1961年麻醉品单一公约》或《1971年精神药物公约》的各项规定，生产、制造、提炼、配制、提供、兜售、分销、出售、以任何条件交付、经纪、发送、过境发送、运输、进口或出口任何麻醉药品或精神药物的行为；也包括为了进行上述所列的任何活动，占有或购买任何麻醉药品或精神药物的行为；还包括违反《1961年麻醉品单一公约》和经修正的《1961年麻醉品公约》的各项规定，为生产麻醉药品而种植罂粟、古柯或大麻植物的行为；第四还包括明知其用途或目的是非法种植、生产或制造麻醉药品或精神药物而制造、运输或分销设备、材料或经常用于非法制造麻醉药品或精神药物的物质的行为；最后还包括组织、管理或资助上述行为的任何犯罪行为。

第二类是与毒品相关的财产犯罪。这包括两种情况：一是，明知其财产来自第一类直接毒品犯罪，或参与此种犯罪的行为，仍为了隐瞒或掩饰该财产的非法来源，或为了协助任何涉及此种犯罪的人逃避其行为的法律后果而转换或转让该财产；二是，明知财产来自第一类直接毒品犯罪，或参与此种犯罪的行为，隐瞒或掩饰该财产的真实性质、来源、所在地、处置、转移相关的权利或所有权。其实质就是将毒品犯罪所得的洗钱活动合法化。

第三类是其他毒品犯罪。各缔约国在不违背其宪法原则及其法律制度基本概念的前提下，规定的其他毒品犯罪包括以下四种类型。第一，在收取财产时明知财产来自第一类直接毒品犯罪或参与此种犯罪的行为而获取、占有或使用该财产；第二，明知其被用于或将用于非法种植、生产或制造麻醉药品或精神药物而占有设备、材料或经常用于非法制造麻醉药品或精神药物的物质；第三，以任何手段公开鼓动或引诱他人去犯按照本公约第三条确定的任何罪行或非法使用麻醉药品或精神药物；第四，参与进行，合伙或共谋进行，进行未遂，以及帮助、教唆、便利和参谋进行按本公约第三条确定的任何犯罪。

2. 有弹性的毒品犯罪

以个人毒品消费为目的的部分行为，也被《八八公约》要求纳入犯罪范围。公约规定，各缔约国应在不违背其宪法原则和法律制度基本概念的前提下，采取可能必要的措施，在其国内法中将违反《1961年麻醉品单一公约》、经修正的《1961年麻醉品单一公约》或《1971年精神药物公约》的各项规定，故意占有、购买或种植麻醉药品或精神药物以供个人消费的行为，确定为刑事犯罪。这体现出对此类涉毒行为是否进行法律制裁具有弹性，以适应不同国家的具体情况，满足不同国家禁毒工作的需要。

《八八公约》第三条的规定严格而具体地界定了各类型的毒品犯罪行为，为各缔约国制裁毒品犯罪提供了法律依据，便利了各国之间进行禁毒的执法合作。

为促进禁毒执法合作的开展，《八八公约》第九条第一款规定，缔约国应在符合其各自国内法律和行政制度的情况下，相互密切合作，以期增强为制止以上犯罪而采取的执法行动的有效性。该公约第九条第一款第三项明确阐明了各缔约国应如何进行国际执法合作：缔约国在适当的案件中并在不违背其国内法的前提下，建立联合小组执行本款规定,同时应考虑到必须保护人员安全和执法活动的安全;参加联合小组的任何缔约国官员均应按拟在其领土上进行执法活动的缔约国有关当局的授权行事;在所有这些情况下,所涉缔约国应确保充分尊重拟在其领土上进行执法活动的缔约国的主权。为了缔约国之间根据本公约进行合作,该公约第三条第十款指明:在不影响缔约国的宪法限制和基本的国内法的情况下,凡依照本条确定的犯罪均不得视为经济犯罪或政治犯罪或认为是出于政治动机。

从以上可知,联合国《八八公约》明确了各类毒品刑事犯罪行为,指出了国际间禁毒执法合作的注意事项,促进了世界范围内禁毒执法合作的标准化和规范化。

(二) 主要国家禁毒执法合作概况

1. 我国与东盟国家的禁毒执法合作概况

我国与世界上许多国家签署了双边或多边禁毒合作条约,开展了禁毒执法合作,但是与东盟国家禁毒执法合作开展最多、程度最深。

首先,我国积极与缅甸、老挝、泰国三个"金三角"地区国家开展禁毒执法合作。云南省因为地理位置靠近"金三角",与老挝、缅甸、越南毗邻,成为我国参与东南亚地区开展禁毒执法合作的主体和前沿之一。自 2001 年以来,云南省先后和"金三角"地区国家建立了边境地区禁毒联络官办公室机制,开展了包括协作办案等多种形式的缉毒执法合作。仅 2004 年,云南省公安机关与缅甸禁毒部门就开展了 12 次边境会晤,组织了 6 次边境联合执法行动,抓获重要毒贩 11 名。

从国家合作层面来看,我国与缅甸、老挝和泰国的禁毒执法合作取得了丰硕的成果。2001 年,在中缅两国政府的共同努力下,拥有 200 人私人武装、控制着中缅边境 60% 以上毒品交易的被国际刑警组织发布红色通缉令通缉的盘踞在"金三角"地区的新生代最大毒枭谭晓林被缉拿归案,同年 4 月 20 日,缅甸政府将其向我国政府移交。2004 年 5 月10 日,昆明市中级人民法院一审判处谭晓林死刑。[25] 2003 年 1 至 10 月,我国与缅甸、老挝在边境地区联合开展了 38 次缉毒执法行动,缴获海洛因 281 公斤、冰毒 8 公斤、鸦片429 公斤,19 名境外大毒枭或涉案在逃毒贩被缅甸方面抓获并移交中方。[26] 2005 年,通过中、缅、老、泰四国警方共同努力,历时 11 个月,成功侦破"11·2"特大跨国贩毒案件,铲除了涉及中、缅、老三国多个地区的贩毒网络。2012 年,中国充分运用湄公河流域安全执法合作机制和云南省边境地区禁毒联络官办公室机制,积极与老、缅、泰三国密切合作,成功侦破了"10·5"湄公河惨案,彻底摧毁了糯康犯罪集团,这是我国加强与周边国家进行禁毒执法合作的典范。[27] 针对湄公河流域毒品犯罪猖獗的形势,在我国的倡议下,2013 年 4 月中、缅、老、泰四国开展了第一届"平安航道"联合扫毒行动行动,破获了一

---

〔25〕 搜狐视频:红色通缉令,智擒毒枭谭晓林。

〔26〕 中国国家禁毒委员会办公室:《中国禁毒报告》,2004 年。

〔27〕 中国国家禁毒委员会办公室:《中国禁毒报告》,2013 年。

系列有影响的跨国毒品大案。

其次,我国也积极拓展与东盟其他国家展开禁毒执法合作。2015年12月,我国与东盟国家在广州启动了"共同打击苯丙胺类毒品犯罪联合行动",中国、菲律宾、马来西亚、印度尼西亚、新加坡、缅甸、泰国以及中国香港、中国澳门地区的禁毒执法部门参加了这次行动,在禁毒执法层面形成了高效运行的协作机制。12月19日,我国公安机关与菲律宾禁毒署联合侦破了"邵春天特大跨国贩冰毒案",在菲律宾捣毁了面积约3000平方米的冰毒工厂,共抓获犯罪嫌疑人20名,缴获麻黄素1吨,冰毒350公斤,易制毒化学品近万箱及制毒设备8套,缴获毒资320万元,取得了很大战果。[28] 2015年,中、缅、老、泰四国邀请越南、柬埔寨两国共同签订了《中缅老泰柬越"平安航道"联合扫毒行动规划(2016—2018)》。据此,2016年9月至11月,我国与老挝、缅甸、泰国、柬埔寨以及越南六国开展2016年第二阶段"平安航道"联合扫毒行动,取得巨大成果,共破获毒品案件6476起,抓获罪犯嫌疑人9927名,缴获各类毒品共12.7吨。[29] 从2013年4月至2018年7月,各国行动区域已累计破获湄公河流域毒品犯罪案件3.3万起,抓获犯罪嫌疑人5.3万名,缴获各类毒品99.3吨。[30]

总之,我国与东盟国家开展的一系列禁毒执法合作行动,有力地打击了国际毒品犯罪,也为不断拓展禁毒国际合作领域奠定了基础。

2. 我国与上合组织成员国的禁毒执法合作概况

上合组织自2001年6月成立至今,成员国秉持禁毒执法合作先行的原则,积极开展跨国控制下的交付(近年来,中、俄、哈、吉、塔、巴六国开展跨国控制下交付达16次),强化边境地区联合扫毒,增进禁毒经验交流,相互提供技术支持等,合力侦办了一批跨国案件,有力地打击了跨国毒品犯罪,使成员国的禁毒执法能力得到进一步提高。从2011年到2017年上半年,各成员国共缴获160吨海洛因、1500吨大麻脂、300吨鸦片,海洛因和大麻植物占欧亚大陆缴获总量的38%,大麻脂占欧亚地区缴获总量的26%。[31]

3. 我国与美国的禁毒执法合作概况

20世纪80年代以来,中美双方在禁毒执法领域一直合作良好,成效显著。早在1988年9月3日至6日,中、美两国仅用89个小时就联合成功侦破了著名的"锦鲤鱼"跨国贩毒案件(贩毒分子试图通过国际航班利用锦鲤鱼腹把海洛因从我国上海市走私到美国旧金山市)。此案是中美双方实施"控制下交付"破获海洛因案件的首例,中、美两国共抓获王宗晓、卢竹良、梅坚毅、谭锦强、李继雄、梁德伦等18名涉案人员,缴获高纯度4号海洛因4500克,冲锋枪、手枪、长枪各1枝。从联合侦破此案至今三十年,中、美两国禁毒执法部门保持密切合作,相继破获了一大批有影响力的跨国、跨境制贩、走私毒品大

---

〔28〕 文章来源:http//www.com.cn。
〔29〕 中国国家禁毒委员会办公室:《中国禁毒报告》,2017年。
〔30〕 参见《新华网》,2018年7月26日。
〔31〕 参见《环球网》,2018年6月9日。

案。仅 2017 年,中、美两国禁毒部门联合侦破 4 起重大毒品犯罪案件,包括跨国走私氯胺酮邮包案件、走私可卡因系列案件、孙某某团伙涉美走私新精神活性物质案件和王某某、李某某团伙制贩、走私 a-PVP 案件。其中,跨国走私氯胺酮邮包案件共抓获犯罪嫌疑人 17 名(我国境内抓获 4 名,美国境内抓获 13 名),缴获各类毒品 280 公斤,毒资逾百万美元;走私可卡因系列案件共抓获涉案人员 9 名,缴获准备运往澳大利亚的可卡因 91.792 公斤;孙某某团伙涉美走私新精神活性物质案件共抓获团伙成员 6 名,缴获 Ethylone2727.72 克、4-cmc45.87 克,冻结涉案资金人民币 350 余万元,抓获团伙供应商刘某某,并缴获 Ethylone 等 13 种新精神活性物质约 1 公斤;王某某、李某某团伙制贩、走私 a-PVP 案件共抓获犯罪嫌疑人 14 名,缴获 a-PVP 等新精神活性物质约 213.3 公斤,捣毁新精神活性物质地下加工厂和仓储窝点各 1 个。[32]

4. 阿富汗与各国的禁毒执法合作概况

阿富汗的毒品问题一直备受全世界的关注,这主要是因为其罂粟种植面积和鸦片产量多年来高居不下(据联合国统计,2017 年,阿富汗罂粟种植面积和鸦片产量分别为 32.8 万公顷和 9000 吨),毒品走私问题严峻,毒品问题与有组织犯罪、恐怖活动犯罪、军火走私、洗钱、艾滋病等紧密相连,严重地影响了该国的社会治安和经济发展,也危及周边邻国及世界各国。基于此,阿富汗不断寻求与国际社会进行禁毒合作。具体而言:

我国与阿富汗两国禁毒职能部门有着长期稳定的合作关系。2006 年,我国政府与阿富汗政府签订了禁毒合作协议,自此,两国联合破获了多起贩卖毒品案件。2006 年 12 月,阿富汗内政部副部长达乌德访华,与中国政府签署了《中华人民共和国政府和阿富汗伊斯兰共和国政府关于禁止非法贩运和滥用麻醉药品及精神药物的合作协议》。[33] 2012 年,我国公安部与阿富汗内政部禁毒警察部队签署了加强禁毒合作的备忘录,我国大使馆也多次向阿富汗政府禁毒部提供支持。2018 年 12 月 11 日,中国国家禁毒办副主任闵天石率代表团访问阿富汗,先后与阿富汗内政部副部长巴赫蒂亚和阿富汗禁毒部长阿兹米进行会晤。巴赫蒂亚向中国代表团介绍了阿富汗当前的毒情和 2018 年以来的禁毒执法情况,表示阿富汗的毒情严峻,希望中国继续加强对阿富汗禁毒事业的帮助和支持。闵天石则表示,希望双方以 2006 年签订的禁毒合作协议为基础,继续加强在禁毒执法等领域的合作,并且中方将在人员培训和设备援助等方面给予阿方力所能及的支持。近年来,两国禁毒执法部门不断修订、充实禁毒合作意向书。

由于历史原因,美国在阿富汗事务中发挥着举足轻重的作用,在禁毒领域也是如此。美国禁毒署在阿富汗禁毒行动中扮演了重要的角色,在阿富汗首都喀布尔设立了主管禁毒工作的办公室,负责协调美国和阿富汗的禁毒执法行动以及搜集阿富汗的毒品生产、走私的情报。同时,为了在阿富汗开展联合禁毒行动,美国禁毒署制订并实施了"五根支

---

〔32〕 搜狐视频:缉毒重案录:1988 年锦鲤鱼国际贩毒案。

〔33〕 来源:中国网,2007 年 6 月 18 日。

柱计划"(This Five Pillar Plan)[34]。该计划中的"铲除罂粟"和"封锁毒品贩卖通道"内容都是以美国为主导的美阿两国禁毒执法合作的组成部分。但是,由于阿富汗复杂的国情、美国基于自身利益的考虑以及其对阿富汗禁毒政策的内在矛盾等因素,以美国为主导的美阿两国禁毒执法合作乃至整个禁毒领域合作的成效仍然比较有限。

从2009年开始,美国和俄罗斯两国启动双边高层禁毒合作机制以应对阿富汗的毒品问题。2009年11月,美国和俄罗斯在双方成立的高层禁毒工作组下成立联合行动小组,共同打击阿富汗的毒品贩运犯罪。2010年10月,美国和俄罗斯两国首次在阿富汗联合开展禁毒行动,这次行动共摧毁了生产毒品的工厂4个,缴获了大量的海洛因,使毒贩因此遭受超过10亿美元的损失。[35]

除上以外,阿富汗也开展与周边国家的禁毒执法合作。2011年12月,阿富汗以及周边七个国家(伊朗、吉尔吉斯斯坦共和国、巴基斯坦、哈萨克斯坦共和国、塔吉克斯坦共和国、土库曼斯坦和乌兹别克斯坦共和国)的部长级代表在奥地利维也纳共同发起了联合国毒品与犯罪问题办公室(UNODC)应对阿富汗毒品问题的"2011至2014年区域方案",从而加强了区域性打击毒品犯罪的力度,以维护区域的稳定。[36] 根据以上方案,参与国家开展了一系列打击毒品走私和有组织犯罪的合作,包括培训禁毒执法人员、开展联合突击、缴获毒品、边界巡逻,应对跨界非法资金流动等行动。

5. 伊朗与周边国家的禁毒执法合作概况

伊朗毗邻世界上重要的毒品鸦片生产地"金新月"地区,从而成为世界缉毒的前线。伊朗政府一直加强同阿富汗、巴基斯坦、中国等周边国家以及国际组织的合作,共同打击毒品走私犯罪活动。

首先,伊朗加强与阿富汗、巴基斯坦的禁毒执法合作。由于地缘关系,伊朗、阿富汗和巴基斯坦受到阿富汗鸦片的毒害最为严重。联合国毒品与犯罪问题办公室(UNODC)执行理事安东尼奥·马里亚·卡斯塔说,"世界上90%的鸦片来源于阿富汗,其中大多数是经由伊朗和巴基斯坦走私到其他国家"。[37] 因此,为了遏制毒品贩卖、走私,以上三国于2009年10月27日在维也纳参加了由联合国毒品与犯罪问题办公室(UNODC)出面协商的"三角倡议"部长级会议。在此次会议上,三国达成如下共识:决定在伊朗首都德黑兰设立"三角倡议"联合规划小组常设联络官;在三国边境地区设立边境联络办公室;增强联合禁毒部队的力量和加强禁毒执法行动,等等。

其次,伊朗近年来重视与中国的禁毒执法合作。2013年7月4日,中国时任国务委员、国家禁毒委员会主任、公安部部长郭声琨在北京与伊朗内政部长纳贾尔就中国公安部和伊朗内政部进一步加强执法安全合作,特别是在打击毒品犯罪与恐怖主义方面深化

---

[34] 曹伟、杨恕:《美国在阿富汗的禁毒行动及成效分析》,载《新疆师范大学学报》,2011(4)。

[35] 来源:http//www.enorth.com.cn,2011年4月21日。

[36] 《联合国促成亚洲八国合作应对阿富汗毒品问题》,来源:国际在线专稿。

[37] 来源:甘肃禁毒网,2019年11月27日。

合作举行了会谈。会谈后,双方签署了《中华人民共和国政府和伊斯兰共和国政府关于打击跨国犯罪的合作协议》[38]。2016年4月19日,中国时任国务委员、国家禁毒委员会主任、公安部部长郭声琨在纽约联合国总部出席2016年世界毒品问题特别联大会议期间,会见了伊朗内政部长法兹利,他希望双方执法安全部门加强交流互访,密切协调配合,不断提升在禁毒、反恐、打击跨国犯罪等领域的合作水平,维护两国和地区安全稳定。法兹利则表示,伊方坚定不移地致力于深化两国关系和务实执法合作,推进禁毒、打击"三股势力"和跨国犯罪的进程。[39] 2017年3月12日至14日,公安部国际合作局局长廖进荣率中国公安执法代表团访问伊朗,与伊朗内政部、治安部队和情报部官员就落实中伊两国领导人加强执法安全合作的共识,打击恐怖主义和跨国毒品犯罪等进行了深入、友好的交流。[40] 2018年7月10日,国家禁毒委员会副主任、公安部反恐专员刘跃进与伊朗禁毒总部副秘书阿夫沙尔在北京举行会谈,就双方全面落实政府间禁毒合作谅解备忘录,建立双边禁毒合作机制,开展案件合作,共同打击跨国毒品犯罪活动等达成共识。[41]

6. 墨西哥和美国的禁毒执法合作概况

墨西哥的毒品问题十分严重,该国政府不断加强与其他国家的禁毒执法合作,试图解决本国的毒品问题。

墨美之间的禁毒执法合作始于20世纪的60年代。20世纪80年代以来,墨西哥与美国先后签署了"墨美扫毒合作协议""引渡条约""司法互助条约"以及"关于交换金融机构货币交易情报、打击违法活动的互助合作协定",开展禁毒执法合作。1996年3月,墨、美两国总统决定成立"控制毒品高级联络小组"(GCAN),目的是建立高层次的禁毒合作框架,保持紧密联系,促进两国缉毒的执法合作。1997年5月,两国总统又签署了"墨美缉毒联合声明",两国的双边禁毒执法合作得到进一步加强。[42] 目前,墨、美两国的禁毒执法合作是在"梅里达计划"(Merida Initiative)和"西南边境安全计划"(South-West Border Security Initiative)这两个合作框架基础上展开。这两个计划的要点是:若干年内,美国向墨西哥提供大量的缉毒设备、资金;美国重新部署边境缉毒人员、运用新设备加强边境检查,等等。墨西哥政府自2006年发动"扫毒战争"以来,在美国政府的强力支持下,至2016年共十年时间就抓捕了超过1.2万名贩毒集团成员。2018年,墨美两国执法部门在芝加哥成立联络小组,旨在打击贩毒集团及洗钱行为,缉拿贩毒集团组织头目,以遏制墨美两国的毒品犯罪形势。这是墨美两国第一次采取的禁毒执法合作新形式。[43]

---

〔38〕来源:新华网,2013年7月4日。

〔39〕参见《法制日报》,2016年4月21日。

〔40〕来源:新华社,2017年3月16日。

〔41〕来源:中国警察网,2018年7月11日。

〔42〕来源:http//www.docin.com。

〔43〕来源:环球网,2018年8月17日。

7. 南非与国际组织、欧盟及中国的执法合作

20 世纪 80 年代以来，南非的毒品问题日益突出，为此南非政府采取了一系列措施来预防和打击该国的毒品犯罪。其中除继续保持与联合国有关机构、国际刑警组织等开展禁毒执法合作外，还不断加强与欧盟及中国的禁毒执法合作。

在南非等国的推动下，2002 年 11 月"欧盟—南共体"部长级会议在莫桑比克首都马普托召开，会议通过了《柏林宣言》修订案。根据这一修订案，欧盟允诺五年内提供 1.01 亿欧元帮助南部非洲发展共同体（简称"南共体"）国家去改善交通、通讯等基础设施，发展对外贸易，从事艾滋病防治及打击国际毒品犯罪等。

南非也加强与中国的禁毒执法合作，共同打击跨国毒品犯罪。自 2005 年以来，我国向南非派驻警务联络官，开创了中南警务合作的新起点。我国公安机关通过高层互访、专家交流和人员培训等多种方式与南非合作，在打击跨国有组织犯罪、毒品犯罪、警务经验与技术交流等方面开展了更为务实有效的合作。

二、禁毒的情报交流

（一）禁毒情报交流的法理基础

情报交流是推动各国禁毒合作进行必不可少的一部分。为此，联合国《八八公约》第二十条第一款、第二款明确规定了缔约国应当提供情报，包括第一，缔约国应通过秘书长（指联合国秘书长，以下同）向联合国麻醉品委员会提供关于在其领土内执行本公约的情报，特别是：为实施本公约而颁布的法律和法规的文本；在其管辖范围内发生的非法贩运案件中缔约国认为因其涉及所发现的新趋势、所涉及的数量、获得有关物质的来源或从事非法贩运的人使用的手段而具有重要性的案件的详情。第二，缔约国应依照联合国麻醉品委员会可能要求的方式和日期提供此种情报。

为了保障禁毒情报交流的畅通，《八八公约》第九条第一款第一项明确规定，各缔约国应建立并保持其主管机构和部门之间的联系渠道，以利于安全而迅速地交换关于严格的毒品犯罪各个方面的情报，如有关缔约国认为适当，包括与其他犯罪活动的联系的情报。

（二）主要国家禁毒情报交流及工作成果概况

1. 中美两国禁毒情报交流及工作成果概况

中美两国于 1985 年开始双边禁毒合作，于 1987 年两国政府签署了《中美禁毒合作备忘录》，从此，在缉毒情报交流、协作办案等方面开展了富有成效的合作。仅从 1992 年至 1996 年，中美警方互相交流禁毒线索情报每年就有近百次。在联合国公（条）约和双边合作框架下，从 2002 年起至 2018 年，中美两国联合召开了九届"中美禁毒情报交流会"，积极开展禁毒情报交流。这些中美禁毒情报交流会已成为双方在禁毒执法和禁毒

情报交流领域增进相互信任、解决问题、加强务实合作的平台。[44] 在禁毒情报交流的基础上,中美两国的禁毒合作取得了显著的成绩。例如,2014 年 8 月 19 日,我国公安部禁毒局根据美国缉毒局(DEA)提供的情报,指导上海警方和海关等部门,在上海洋山港成功查获来自南美洲的可卡因约 70 公斤。这次基于情报交流成功而破获的毒品贩运案,是上海市有史以来查获的数量最大的单宗贩运可卡因的案件。[45] 又如,2015 年 1 月至 8 月,双方在 10 余条涉毒情报线索进行交流基础上,联合侦办了 3 起跨国贩毒案件。[46]

2. 中国与周边国家的禁毒情报交流及成果概况

我国十分重视和周边国家的禁毒情报交流。早在 2005 年,在联合国毒品与犯罪问题办公室(UNODC)的主持下,中国与东盟十国于 1 月 26 日至 28 日在马来西亚首都吉隆坡召开了区域禁毒情报系统建立与协调工作会议。会议的目的是建立区域性情报数据收集与协调信息系统,从而有效地打击区域性毒品犯罪活动。中、缅、老、泰、柬、越六国针对湄公河流域毒品犯罪开展的"平安航道"扫毒行动之所以取得巨大战绩,与各参战国的禁毒情报交流密不可分:仅在 2013 年中、缅、老、泰四国开展"平安航道"行动期间,我国向联合行动指挥部提供涉毒线索 102 条、涉毒人员 109 名、毒嫌电话 102 个。[47]

此外,我国长期与巴基斯坦强化热线联络机制,有力促进禁毒情报交流和执法合作。例如,2006 年,巴基斯坦在国际机场加强了查缉力度,向我国通报了数十起贩毒情报线索。同年 11 月 27 日,中巴禁毒执法部门联合行动,缴获"金新月"海洛因 12 公斤,摧毁了一长期盘踞在广东的外籍贩毒团伙,抓获外籍犯罪嫌疑人 7 名。[48]

3. 中国与南美洲国家的禁毒情报交流及成果概况

除上以外,我国也不断加强与南美重点国家的禁毒情报交流。例如我国于 2013 年与厄瓜多尔国家警察反毒总局就"70614H"案进行深入会谈,开展情报交流和调查取证工作合作,进一步提升了两国情报交流和执法合作的能力。[49]

三、司法协助

(一)司法协助的法理基础

1. 司法协助的概念

这里所说的司法协助,主要是指刑事司法协助,即涉及追究毒品犯罪的司法协助。刑事司法协助有广义和狭义之分,广义的刑事司法协助包括罪犯的引渡、诉讼移管、外国

---

〔44〕 参见环球网,2017 年 10 月 30 日。
〔45〕 参见《中国防伪报道》,2014(8)。
〔46〕 来源:中国禁毒网,2015 年 9 月 18 日。
〔47〕 中国国家禁毒委员会办公室:《中国禁毒报告》,2014 年。
〔48〕 来源:中国网,2007 年 6 月 18 日。
〔49〕 中国国家禁毒委员会办公室:《中国禁毒报告》,2014 年。

法院判决的承认、执行以及其他诉讼行为;狭义的司法协助,则是指一国应另一国的请求,通过本国司法机关的活动为使请求国的刑事诉讼顺利进行而提供有关案件的证据、文书送达、情报传递等帮助,不包括罪犯的引渡、诉讼的移管和对外国刑事判决的承认及执行。[50] 本书所言及的司法协助,是指广义上的刑事司法协助。实行刑事司法协助,必须以国家之间签订的双边(多边)司法协定或者国际公(条)约或者实际存在的互惠关系为前提。

2. 司法协助的法理依据

根据联合国《八八公约》的有关规定,各缔约国之间应提供广泛的司法协助。

该公约第七条第一款规定,缔约国应遵照本条规定,在对严格的毒品犯罪进行的调查、起诉和司法程序中相互提供最广泛的法律协助。该公约第七条第三款则规定,各缔约国可相互提供被请求国国内法所允许的任何其他形式的相互法律协助。

我国《刑事诉讼法》第十八条规定,"根据中华人民共和国缔结或者参加的国际条约,或者按照互惠原则,我国司法机关和外国司法机关可以相互请求刑事司法协助"。

3. 请求司法协助的内容及注意事项

根据《八八公约》第七条第二款规定,缔约国可为下列目的提出相互法律协助的请求:(1)获取证据或个人证词;(2)送达司法文件;(3)执行搜查及扣押;(4)检查物品和现场;(5)提供情报和证物;(6)提供有关文件及记录的原件或经证明的副本,其中包括银行、财务、公司或营业记录;(7)识别或追查收益、财产、工具或其他物品,以作为证据。

另外,根据该公约第七条第四款规定,缔约国应根据请求,在符合其国内法律和实践的范围内,便利或鼓励那些同意协助调查或参与诉讼的人员,包括在押人员,出庭或在场;根据该公约第七条第五款规定,缔约国不得以保守银行秘密为由拒绝提供本条规定的相互法律协助;根据该公约第七条第六款规定,本条各项规定不得影响依任何其他全部或局部规范,或将规范相互刑事法律协助问题的双边或多边条约所承担的义务。

4. 请求司法协助的程序及相关规定

根据《八八公约》第七条第八款、第九款、第十款、第十一款、第十二款、第十三款、第十四款、第十七款、第十八款、第十九款的规定精神,请求司法协助的程序如下:

第一,缔约国应指定一个当局或在必要时指定若干当局,使之负责和有权执行关于相互法律协助的请求,或将该请求转交主管当局加以执行。应将为此目的指定的当局通知秘书长。相互法律协助请求的传递以及与此有关的任何联系均应通过缔约国指定的当局进行;这一要求不得损害缔约国要求通过外交渠道以及在紧急和可能的情况下,经有关缔约国同意,通过国际刑警组织渠道传递这种请求和进行这种联系的权利。

第二,请求应以被请求国能接受的语文书面提出。各缔约国所能接受的语文应通知秘书长。在紧急情况下,如有关缔约国同意,这种请求可以口头方式提出,但应尽快加以

---

〔50〕 黄太云:《中华人民共和国禁毒法解读》,189页,中国法制出版社,2008。

书面确认。

第三，相互司法协助的请求书应载有：（1）提出请求的当局的身份；（2）请求所涉的调查、起诉或诉讼的事由和性质，以及进行此项调查、起诉或诉讼的当局的名称和职能；（3）有关事实的概述，但为送达司法文件提出的请求除外；（4）对请求协助的事项和请求国希望遵循的特殊程序细节的说明；（5）可能时，任何有关人员的身份、所在地和国籍；（6）索取证据、情报或要求采取行动的目的。

第四，被请求国可要求提供补充情报，如果这种情报是按照其国内法执行该请求所必需或有助于执行该请求。

第五，请求应根据被请求国的国内法予以执行。在不违反被请求国国内法的情况下，如有可能，还应遵循请求书中列明的程序。

第六，请求国如事先未经被请求国同意，不得将被请求国提供的情报或证据转交或用于请求书所述以外的调查、起诉或诉讼。

第七，请求国可要求被请求国，应对请求一事及其内容保密，除非为执行请求所必需。如果被请求国不能遵守这一保密要求，它应立即通知请求国。

第八，相互法律协助可因与正在进行的调查、起诉或诉讼发生冲突而暂缓进行。在此情况下，被请求国应与请求国磋商，以决定是否可按被请求国认为必要的条件提供协助。

第九，同意到请求国就一项诉讼作证或对一项调查、起诉或司法程序提供协助的证人、专家或其他人员，不应由于其离开被请求国领土之前的行为、不行为或定罪而在请求国领土内受到起诉、拘禁、惩罚或对其人身自由施加任何其他限制。如该证人或专家或个人已得到正式通知，司法当局不再需要其到场，自通知之日起连续十五天或在缔约国所议定的任何期限内有机会离开，但仍自愿留在该国境内，或在离境后又出于自己的意愿返回，则此项安全保障即予停止。

第十，执行请求的一般费用应由被请求国承担，除非有关缔约国另有协议。如执行该请求需支付巨额或特殊性质的费用，有关缔约国应相互协商，以确定执行该请求的条件以及承担费用的办法。

5. 请求司法协助的除外规定

《八八公约》第七条第十五款对司法协助作出了的除外规定，即缔约国在下列情况下可拒绝提供相互法律协助：（1）请求未按本条规定提出；（2）被请求国认为执行请求可能损害其主权、安全、公共秩序或其他基本利益；（3）若被请求国当局依其管辖权对任何类似犯罪进行调查、起诉或诉讼时，其国内法禁止执行对此类犯罪采取被请求的行动；（4）同意此项请求将违反被请求国关于相互法律协助的法律制度。同时，该公约第七条第十六款规定，拒绝相互协助时，应说明理由。

（二）引渡——司法协助的重要表现形式

所谓引渡，是指一个国家把在该国境内而被他国指控为犯罪、被判处刑罚的人，根据有关国家的请求移交给请求国审判或处罚。在现代国际关系中,引渡成为两国之间司法协助的重要形式。

在国际法上,任何国家都没有必须引渡罪犯的一般义务,要求引渡罪犯的国家必须签订双边引渡条约或协定。联合国《八八公约》第六条用十二款对涉毒犯罪引渡作了详细的规定,成为各国开展引渡的法律依据。该公约确定引渡的具体内容是:

(1)引渡适用于缔约国按照该公约确定的严格的毒品犯罪。

(2)本条适用的各项犯罪均应视为缔约国之间现行的任何引渡条约应予包括的可引渡的犯罪。各缔约国承诺将此种犯罪作为可予引渡的犯罪,列入它们之间将要缔结的每一引渡条约之中。

(3)如某一缔约国要求引渡须以存在有一项条约为条件,在接到与之未订有引渡条约的另一缔约国的引渡请求时,它可将《八八公约》视为就本条适用的任何犯罪进行引渡的法律依据。缔约国若需具体立法才能将本公约当作引渡的法律依据,则应考虑制定可能必要的立法。

(4)引渡应遵守被请求国法律或适用的引渡条约所规定的条件,包括被请求国可拒绝引渡的理由。

(5)被请求国在考虑根据本条提出的请求时,如果有充分理由使其司法或其他主管当局认为按该请求行事就会便利对任何人因其种族、宗教、国籍或政治观点进行起诉或惩罚,或使受该请求影响的任何人由于上述任一原因而遭受损害,则可拒绝按该请求行事。

(6)对于本条所适用的任何犯罪,缔约国应努力加快引渡程序并简化对有关证据的要求。

(7)被请求国在不违背其国内法及其引渡条约各项规定的前提下,可在认定情况必要且紧迫时,应请求国的请求,将被要求引渡且在其领土上的人予以拘留,或采取其他适当措施,以确保该人在进行引渡程序时在场。

(8)为执行一项刑罚而要求的引渡,如果由于所要引渡的人为被请求国的国民而遭到拒绝,被请求国应在其法律允许并且符合该法律的要求的情况下,根据请求国的申请,考虑执行按请求国法律判处的该项刑罚或未满的刑期。

(9)各缔约国应谋求缔结双边和多边协定以执行引渡或加强引渡的有效性。

(10)缔约国可考虑订立双边或多边协定,不论是特别的或一般的协定,将由于犯有本条适用的罪行而被判处监禁或以其他形式剥夺自由的人移交其本国,使他们可在那里服满其刑期。

(三)司法协助的实践及存在的问题

在联合国《八八公约》《刑事诉讼法》和《禁毒法》的框架下,我国积极与缔约国开展禁毒国际合作,并将司法协助视为打击跨国毒品犯罪的有效途径。目前我国已与世界上五十多个国家签订了双边刑事司法协助条约或协定,与三十多个国家签订了双边引渡条约。在以上双边刑事司法协助条约(协定)、双边引渡条约以及联合国毒品与犯罪问题办公室(UNODC)"跨境执法合作"项目的框架下,我国与美国、缅甸、老挝、泰国、越南、柬埔寨、菲律宾、印度尼西亚等国在打击跨国毒品犯罪、维护公民生命财产安全方面展开了一次又一次成功的国际合作,为亚洲乃至世界的禁毒事业作出了贡献。

但是,由于国际司法合作的开展与各国国内的政治和主权问题紧密相连,因此司法协助的执行力还需要进一步完善和拓展。这就是说,虽然我国与这些国家签订了一系列的备忘录、行动计划、双边和多边条约,但是这些区域性的禁毒协议大多是意向性的,尽管双方有合作,但是其执行并没有法律保障。[51] 尽管许多国家修订了司法协助的程序,但仍然难以评估其执行率,特别是在程序要求上的差别、银行保密、保护国家利益、翻译要求和拖延等方面,还仍然存在问题。[52]

实践中,对国际毒贩实行引渡,在法律制度差异、拖延、程序及语言问题方面,依然困难重重。[53] 一方面,实行引渡的前提是国家之间必须签订引渡的条约、协议,而这些条约、协议往往为一些贩毒者制造了可利用的法律漏洞和机会,便于他们逃往执法不力、不愿引渡的国家,在那里寻求庇护。这是问题的一方面。另一方面,国际刑事法院管辖范围有限,它的审判权仅局限在"整个国际社会关切的最严重的罪行",这包括:种族灭绝罪、危害人类罪、战争罪和侵略罪。于是,一些人建议,国际刑事法院应该扩大它的管辖权,将贩毒罪行包括在它的管辖权之内。质言之,国际上需要一部统一的法律制裁贩毒,也需要国际化的场所来起诉毒品犯罪。[54]

四、国际核查协作

(一)国际核查协作的法理基础

国际核查协作也是禁毒国际合作的一部分。其基本含义是指,为了防止易制毒化学品流入非法渠道,一国(地区)政府主管部门和另一国(地区)政府主管部门合作,对易制毒化学品进出口经营者的真实性、资质、进出口易制毒化学品的用途及用量的合理性等进行核对、查验并采取相应措施的活动。

关于国际核查,联合国《八八公约》第十二条第九款明确指出,各缔约国应就表一和表二(是指依次编号附于《八八公约》后并按照该公约第十二条随时修订的物质清单,详见本书第七章第二节)所列物质采取下列措施:

〔51〕 尹赛群:《中国参与东南亚地区禁毒国际合作——从全球治理的视角进行的分析》,上海,复旦大学,2009。

〔52〕 联合国毒品和犯罪问题办公室:《关于开展国际合作以综合、平衡战略应对世界毒品问题的政治宣言和行动计划》,2009。

〔53〕 同上注。

〔54〕 Rosen B S. *Cooperation with Drug Transit Countries of Illegal Drugs* [M]. Nova Science Publishers Incorporated,2009,p. 25.

（a）建立并实施监测表一和表二所列物质的国际贸易的制度，以便查明可疑交易。这类监测制度应同制造商、进口商、出口商、批发商和零售商密切合作予以实施，他们应向主管当局报告可疑订货和交易；

（b）规定扣押有充分证据证明被用于非法制造某一麻醉药品或精神药物的表一或表二所列的任何物质；

（c）如有理由怀疑进出口或过境的表一或表二所列某一物质将被用于非法制造麻醉药品或精神药物，则应尽快通知有关缔约国的主管当局和部门，其中应特别包括关于支付手段和引起怀疑的任何其他主要因素的情报；

（d）要求进出口货物应贴上适当标签，并附有必要的单据。在发票、载货清单、海关、运输及其他货运单证等商业文件中应按表一或表二所定的名称写明进口或出口的物质的名称、进口或出口的数量，以及进口商、出口商和所掌握的收货人的姓名和地址；

（e）确保本款（d）项所述的单证至少保存两年，并可提供主管当局检查。

同条第十款规定：（a）除本条第九款规定外，根据有利害关系的缔约国向秘书长提出的请求，有表一所列物质将从其领土输出的各缔约国，应确保在输出前由主管当局向进口国的主管当局提供下列情报：出口商、进口商和所掌握的收货人的姓名和地址；表一所列物质的名称；该物质将要出口的数量；预期的入境口岸和预期的发运日期；缔约国相互拟定的任何其他情报。（b）如缔约认为可取或者必要，可制订比本款规定更为严格或者严厉的控制措施。

（二）我国与其他国家（地区）对易制毒化学品进出口实行国际核查协作的实践与成果概况

20 世纪 80 年代末，我国开始对易制毒化学品进出口严格实行国际核查制度。进入 90 年代以来，我国与其他国家（地区）在易制毒化学品进出口的国际核查方面进行了协作，有效地阻止了易制毒化学品在进出口过程中有可能流入非法渠道。例如，我国于 1998 年全年共核查 297 件 504 吨易制毒化学品出口，并成功地阻止了 3 件共 24 吨麻黄素的出口，受到有关国家和国际组织的赞扬。又如，1999 年我国又及时阻止了 35 笔易制毒化学品和 3 笔咖啡因非法出口贸易，涉及易制毒化学品 3380 吨、咖啡因 6.6 吨。同时，作为世界上高锰酸钾最大生产国和出口国，我国积极支持参与了世界主要的高锰酸钾生产国、进出口国联合进行防治高锰酸钾流入非法渠道的全球"紫色行动"，仅 1999 年 4 月至 12 月，共核查发现非法贸易 6 起，制止了 1160 吨高锰酸钾出口，占整个"紫色行动"阻止总量的 64％以上。[55]

为了进一步规范易制毒化学品进出口国际核查工作，我国在对原外经部、公安部制定的《易制毒化学品进出口国际核查管理规定》进行修订以及《向特定国家（地区）出口易

---

〔55〕 中国国家禁毒委员会办公室：《中国禁毒报告》，1998 年、1999 年。

制毒化学品暂行管理规定》(2005 年 9 月 1 日起施行)规定内容的基础上,于 2006 年 10 月 7 日发布了新的《易制毒化学品进出口国际核查管理规定》。该规定共十四个条文和一个附件"国际核查易制毒化学品管理目录",全面规定了我国对易制毒化学品进出口实行国际核查的范围、主管部门及具体规定。2009 年 1 月 30 日,我国和欧洲共同体成员国签署了《中华人民共和国政府与欧洲共同体关于易制毒化学品管制的合作协议》,加强了我国与欧洲共同体成员国在易制毒化学品进出口国际核查方面的协作。

近年来,我国与其他国家(地区)在易制毒化学品进出口国际核查方面的协作又有了进一步的发展。以下试以 2012 年至 2016 年五年的相关数据加以说明:

2012 年,我国共发出易制毒化学品出口前通知书 701 份,涉及易制毒化学品 99210 吨,暂停出口 43 批共计 1441.52 吨,成功阻止危地马拉一非法公司进口苯乙酸酯贸易。2013 年,我国共发出易制毒化学品出口前通知书 630 份,涉及 59 个国家和地区,42 家出口企业,12 种易制毒化学品,共计 79112.481 吨;审核 64 份易制毒化学品进口核查通知书,涉及 16 个国家和地区进口易制毒化学品共计 32158.09 吨;成功地阻止了 37 批易制毒化学品可疑出口贸易。2014 年,我国共发出易制毒化学品出口提前通知书 687 份,涉及 58 个国家和地区,16 种易制毒化学品,共计 61378.05 吨。其中,国际核查通过出口 655 单,共 55495 吨;暂停出口 32 单,共 5883.05 吨。2015 年,我国共发出易制毒化学品出口核查函 678 份,涉及 59 个国家和地区,12 种易制毒化学品,共 43000 吨。经国际核查,暂停出口 38 单,涉及离锰酸钾、醋酸酐、胡椒醛、麻黄碱 4 个品种,共 1058 吨。2016 年,我国共发出易制毒化学品出口核查函 617 份,阻止了 53 批共计 2562 吨易制毒化学品出口贸易。[56]

总之,我国政府高度重视与其他国家(地区)在易制毒化学品进出口国际核查方面的协作,为此付出了很大的努力并取得了很大的成果。

五、实施毒品原植物替代项目

(一) 实施毒品原植物替代项目的法理基础

实施毒品原植物替代项目,是指为了根除非法种植毒品原植物,而实施毒品原植物替代种植、发展替代产业之意。联合国《八八公约》第十四条中明确向各缔约国提出根除非法种植含麻醉品成分植物的要求和措施。该条第一款规定:缔约国遵照本公约采取的任何措施,其严厉程度应不低于《1961 年麻醉品单一公约》、经修正的《1961 年麻醉品单一公约》和《1971 年精神药物公约》中适用于根除非法种植含有麻醉药品或精神药物成分的植物的规定。该条第二款规定:各缔约国应采取适当措施防止非法种植并根除在其领土上非法种植的含有麻醉药品或精神药物成分的植物,诸如罂粟、古柯和大麻植物。所

---

〔56〕 中国国家禁毒委员会办公室:《中国禁毒报告》,2013 年、2014 年、2015 年、2016 年、2017 年。

采取的措施应尊重基本人权,并应适当考虑到有历史证明的传统性正当用途以及对环境的保护。

《八八公约》不但鼓励各缔约国利用替代项目取代非法种植,而且鼓励各国在实施替代项目中积极合作。该公约在第十四条第三款中指明:缔约国可相互合作,以增强根除活动的有效性。这种合作除其他形式外,要酌情包括支持农村综合发展,以便采用经济上可行的办法取代非法种植。在实施这种农村发展方案前,应考虑到诸如进入市场、资源供应和现有的社会经济条件等因素。缔约国可商定任何其他适当的合作措施。缔约国还应从事便利科技情报的交流,并进行有关根除活动的研究。凡有共同边界的缔约国,应设法相互合作,在各自沿边界地区实施根除方案。

如前所言,我国《禁毒法》第五十八条对我国开展以毒品原植物替代种植、发展替代产业也作了明确的规定。

(二) 主要国家实施毒品原植物替代项目概况

1. 中缅、中老的毒品原植物替代种植合作

我国与缅甸、老挝是邻国。我国政府长期以来与缅甸、老挝政府开展禁毒国际合作,对这两国特别是缅甸的"替代罂粟工程"提供了很大的帮助。20世纪90年代以来,我国云南省地方人民政府有关部门尝试在缅甸北部地区开展罂粟替代种植工作,帮助当地居民摆脱对罂粟种植的依赖,取得了颇为显著的效果。1998年,我国时任国务委员罗干出席第五十二届联合国大会禁毒特别会议,郑重地向世界宣布将替代发展作为中国开展禁毒国际合作的三大主张之一。2001年和2006年,中缅两国政府分别签署了包含替代发展合作内容的《加强禁毒合作谅解备忘录》和《中华人民共和国政府和缅甸联邦政府关于禁止非法贩运和滥用麻醉药品和精神药物的合作协议》。2007年,双方根据该协议正式签署了《中缅替代种植的行动方案》。根据该行动方案,中缅两国主要通过支持有实力的企业以项目合作的方式,加强在缅甸北部地区开展罂粟替代种植。[57] 同时,国务院专门出台了资金、信贷、免税、人员和货物出入境便利等一系列支持政策,鼓励企业在中缅两国政府商定的区域开展罂粟替代种植。[58] 在上述实践基础上,2011年11月1日,中缅两国替代发展合作部长级会议在缅甸掸邦木姐县召开,双方就进一步推进中缅替代发展合作深入地交换了意见,并签署了《中缅替代发展合作部长级会议纪要》。2013年7月,中老两国政府签署了《中华人民共和国国家禁毒委员会与老挝人民民主共和国国家禁毒委员会关于推进罂粟替代种植工作的谅解备忘录》。同年,我国商务部、公安部、财政部和云南省商务厅替代办、禁毒办完成了《中缅罂粟替代种植规划纲要(2014—2020)》,并启动了中老罂粟替代种植工作规划(一期)编制工作。经过中缅两国、中老两国双方长期

---

[57] 广西新闻网-广西日报,2007年11月26日。

[58] www.people.com.cn,2011年11月1日。

的共同努力,毒品原植物替代项目逐渐成规模,罂粟禁种效果明显。至 2015 年底,我国对缅北、老北累计实施替代项目 200 多个,替代种植面积 300 多万亩。[59]

2. 美国帮助阿富汗实施毒品原植物替代种植的战略

阿富汗现行的毒品政策是在美国的主导下制定的。美国通过以下五项措施帮助阿富汗实施毒品原植物替代种植:

第一,进一步加强"表现良好者倡议计划"的实施,即对表现良好的阿富汗中央及地方有关部门进行奖励,将发展援助资金和他们的实际表现挂钩,从而督促阿富汗各级政府采取措施减少鸦片的种植,同时也能提高援助资金的使用效率。

第二,完善阿富汗农作物和牲畜改良计划。主要是通过改进耕作方法、推广高附加值的农作物,发展面向市场的高附加值农牧产业,增加阿富汗农牧业生产利润。同时鼓励阿富汗农民种植蔬菜水果,帮助农村家庭短时间内增加收入,为其长期受益打下基础。

第三,扩大阿富汗私营部门参与,鼓励其私营部门发挥作用。通过与他们签订合约,规定农产品出售价格,降低市场风险,从而鼓励农民种植新的农产品。同时,鼓励饲草、蔬菜等收效快的农产品经过种植、加工、包装在阿富汗国内的销售,从而为阿富汗农民家庭提供更多的工作机会。

第四,加强对阿富汗乡村基础设施的建设。通过资金注入,开展援助计划,改善阿富汗当地农民的生活质量,以此赢得本地农民的支持,从而有助于进一步促进反毒品战略的开展。

第五,积极参与阿富汗的农业人才的培养。即美国农业部计划加强对阿富汗农业人才培养方面的力度,帮助阿富汗培养农业人才。同时,美国政府正在加强其农业部门和阿富汗政府官员以及相关大学开展合作,促进阿富汗农业技术的发展。[60]

六、其他形式的禁毒国际合作

其他形式的禁毒国际合作,主要是指国际间的禁毒培训、研修工作。《八八公约》第九条第二款规定:各缔约国应在必要的范围内提出、制订或改进对其负责制止严格的毒品犯罪的执法人员和其他人员,包括海关人员的具体培训方案。此种方案应特别包括下述方面:(1)对于严格的毒品犯罪的侦查和制止方法;(2)嫌疑涉及严格的毒品犯罪的人使用的路线和技术,特别是在过境国使用的路线和技术,以及适当的对付办法;(3)对麻醉药品、精神药物和经常用于非法制造麻醉药品或精神药物的物质进出口情况的监测;(4)对严格的毒品犯罪的收益和财产的转移情况,以及用于或意图用于此种犯罪的麻醉药品、精神药物和经常用于非法制造麻醉药品或精神药物的物质和工具的转移情况的侦查和监测;(5)转让、隐瞒或掩饰这类收益、财产和工具的方法;证据的收集;在自由贸易

〔59〕 中国国家禁毒委员会办公室:《中国禁毒报告》,2016 年。
〔60〕 刘建宏:《新禁毒全书(第一卷)全球化视角下的毒品问题》,231 页,北京,人民出版社,2014。

区和自由港的管制技术;(6)现代化执法技术。该公约第九条第三款规定:缔约国应相互协助计划和实施旨在交流本条第二款所述各领域专门知识的研究与培训方案,为此目的,还应酌情利用区域和国际会议及研讨会,促进合作和促使讨论共同关心的问题,包括过境国的特殊问题和需要。

我国一贯重视国际间的禁毒培训、研修工作。国际间的禁毒培训、研修工作主要表现形式有两种:一是利用国外资源进行禁毒培训、研修。这种形式又可分为两种具体形式:其一,邀请其他国家的禁毒执法机构来华培训我国的禁毒执法人员(例如,2012年,我国联合美国禁毒署在华举办禁毒资产收缴、反洗钱以及易制毒化学品执法培训班,培训我国禁毒民警70名)。其二,组织我国的禁毒执法人员走出国门,接受其他国家禁毒执法机构的培训、参加禁毒研修活动(例如,2009年,我国公安部禁毒局派员参加了加拿大皇家骑警国际禁毒执法观察员培训项目;又如,2010年,我国组团赴英国、法国、美国,就毒品犯罪案件立案追诉标准、禁毒法律法规体系、禁毒执法程序等开展考察和研修)。二是利用国内资源进行禁毒培训、研修。即利用中国人民公安大学、云南警官学院、新疆警察学院、山东警察学院等公安院校以及云南省公安厅禁毒总队、广西公安厅禁毒总队等实务部门为缅甸、老挝、柬埔寨、越南、菲律宾、阿富汗、巴基斯坦、哈萨克斯坦共和国等周边国家和其他国家举办培训、研修班,培训其禁毒执法官员。例如,截至2017年,我国为哈萨克斯坦共和国、吉尔吉斯斯坦共和国、塔吉克斯坦共和国、乌兹别克斯坦共和国、巴基斯坦举办双边禁毒执法培训班19期,238名执法官员参加训练;举办上合组织多边禁毒培训班4期,69名学员参加了学习。[61] 又如,截至2018年,依托我国的警察高等院校,我国为阿富汗举办了10期禁毒培训班,培训了其200余名禁毒执法人员。以上这些禁毒培训、研修工作,进一步提升了我国周边国家和其他国家的禁毒执法能力。

向周边禁毒重点国家提供缉毒设备援助、向其他国家组织禁毒出访团组、接待国外的禁毒来访团组、和其他国家共享禁毒信息数据以及进行毒品样品交换等也是我国多年来经常开展禁毒国际合作的其他形式。

第四节　禁毒国际合作中涉案财物的处理

一、与涉案财物相关的概念

(一)非法所得、非法所得获得的收益

所谓非法所得,是指直接或间接地通过毒品犯罪而获得或取得的任何财产。例如贩卖、走私毒品所得的财物即为适例。所谓非法所得获得的利益,则是指犯罪分子通过毒

---

〔61〕 来自 http://huanqiu.com/.

品犯罪获得财物后,在此基础上进行办公司、投资证券、期货等间接获得的财物。

(二) 供毒品犯罪使用的财物

这里所说的供毒品犯罪使用的财物,是指犯罪分子用于实施毒品犯罪的财物,包括麻醉药品、精神药品、材料、设备或其他工具。

(三) 没收

《八八公约》中规定的"没收",是指由法院或者主管当局下令对财产的永久剥夺。我国《刑法》规定的"没收",分为刑罚性质的没收(即没收财产刑)和非刑罚性质的没收。依据《刑法》第五十九条,刑罚性质的没收是附加刑的一种,指法院判决将罪犯个人一部分或全部财产强制无偿收归国有;依据《刑法》第六十四条,非刑罚性质的没收是指没收与犯罪相关的特定财物,如违禁品、犯罪工具等。

二、禁毒国际合作中涉案财物处理的原则

《八八公约》对在禁毒国际合作中破获毒品犯罪所没收(缴获)的相关财物如何处理做了原则性规定,以便各国能够公平、合理地处理涉案财物。

《八八公约》第五条第五款规定:缔约国所没收的收益或财产,应由该缔约国按照其国内法和行政程序加以处理;缔约国按本条规定依另一缔约国的请求采取行动时,该缔约国可特别考虑就下述事项缔结协定:(1)将这类收益和财产的价值,或变卖这类收益或财产所得的款项,或其中相当一部分,捐给专门从事打击非法贩运及滥用麻醉药品和精神药物的政府间机构;(2)按照本国法律、行政程序或专门缔结的双边或多边协定,定期地或逐案地与其他缔约国分享这类收益或财产,或由变卖这类收益或财产所得的款项。

我国《禁毒法》第五十七条规定:"通过禁毒国际合作破获毒品犯罪案件的,中华人民共和国政府可以与有关国家分享查获的非法所得、由非法所得获得的收益以及供毒品犯罪使用的财物或者财物变卖所得的款项"。这就是说,对于在禁毒国际合作中破获毒品犯罪案件的,无论是我国司法机关没收(缴获)的涉毒财物,还是外国司法机关没收(缴获)的涉毒财物,我国政府都有权分享。